ALGORITMOS

JOSÉ AUGUSTO N. G. MANZANO
JAYR FIGUEIREDO DE OLIVEIRA

ALGORITMOS

Lógica para desenvolvimento de programação imperativa de computadores

30ª edição

gen | LTC

- Data do fechamento do livro: 31/01/2025

- **Atendimento ao cliente: (11) 5080-0751 | faleconosco@grupogen.com.br**

- Capa: Tiago Fabiano Dela Rosa

- Editoração eletrônica: Padovan Serviços Gráficos e Editoriais

- Ficha catalográfica

CIP-BRASIL. CATALOGAÇÃO NA PUBLICAÇÃO
SINDICATO NACIONAL DOS EDITORES DE LIVROS, RJ

M252a Manzano, José Augusto
30. ed.

Manzano, José Augusto N. G. (José Augusto Navarro Garcia), 1965-
Algoritmos : lógica para desenvolvimento de programação imperativa de computadores / José Augusto N. G. Manzano, Jayr Figueiredo de Oliveira. - 30. ed. - Rio de Janeiro : LTC, 2025.

Apêndice
Inclui bibliografia
ISBN 978-65-5811-007-1

1. Algorítmos. 2. Estruturas de dados (Computação). 3. Programação (Computadores). I. Oliveira, Jayr Figueiredo de. II. Título.

25-96445 CDD: 005.1
CDU: 004.421

Gabriela Faray Ferreira Lopes - Bibliotecária - CRB-7/66431

Dedicatória

À minha esposa Sandra, Sol do meu dia, Lua da minha noite, vento que me abraça em seu amor, brisa que refresca minha alma, chuva que acalenta o meu ser. Te amo, te amo, te amo.

À minha filha Audrey, encanto de pessoa, flor que enfeita o meu caminho e o de minha esposa.

Aos meus alunos que, com suas dúvidas, perguntas e questionamentos, fazem com que eu me aprimore cada vez mais. Um grande abraço a todos.

Augusto Manzano

Aos meus amores, dedico este trabalho:

À minha mãe, Dorothy, com todo o meu carinho, admiração e respeito.

À Marcella, pelo companheirismo, pela paciência e pela motivação.

Aos meus filhos, Isabella e Raphael, meus tesouros.

Ao meu único e fiel amigo, Don.

Lembrem-se: minha família é minha vida.

Jayr Figueiredo

"Amarás o Senhor teu Deus, com todo teu coração,
com toda tua alma e com toda tua mente."

Mateus (22, 37)

Agradecimentos

Ao amigo e editor Antonio Marco (in memoriam), cuja confiança no meu trabalho, desde nosso primeiro contato, foi uma fonte inesgotável de inspiração. Sua presença continua viva em cada linha deste projeto, especialmente nesta marcante 30ª edição.

Aos amigos e professores Wilson Yamatumi, Roberto Affonso, Paulo Giovani, Avelino Bazanela e André Zanin, pela generosa troca de ideias e pelas discussões técnicas que enriqueceram este trabalho de forma inestimável.

Um agradecimento especial a toda a equipe do Grupo GEN pela acolhida atenciosa e profissional desde o início da nossa parceria. Seu carinho e dedicação foram fundamentais para que esta edição se tornasse realidade.

Augusto Manzano

Aos meus alunos, cujas exigências e anseios cobram um aprofundamento maior do meu universo de conhecimentos.

Jayr Figueiredo

Sobre os Autores

José Augusto N. G. Manzano

É professor e mestre, possui formação em Análise de Sistemas, Ciências Econômicas e licenciatura em Matemática. Atua na área de Tecnologia da Informação (desenvolvimento de *software*, ensino e treinamento) desde 1986. Participou do desenvolvimento de aplicações computacionais para as áreas de telecomunicações e comércio. Na carreira docente, iniciou sua atividade em cursos livres, trabalhando, posteriormente, em empresas de treinamento e atuando nos ensinos técnico e superior. Atuou em empresas como ABAK, SERVIMEC, CEBEL, SPCI, BEPE, ORIGIN, OpenClass, entre outras.

Atualmente, é professor com dedicação exclusiva no IFSP (Instituto Federal de Educação, Ciência e Tecnologia de São Paulo, antiga Escola Técnica Federal). Em sua carreira docente, possui condições de ministrar componentes curriculares de Lógica de Programação (algoritmos imperativos e declarativos), Estruturas de Dados, Microinformática, Informática, Linguagens de Programação Estruturada, Linguagens de Programação Funcionais, Linguagens de Programação Orientada a Objetos, Engenharia de Software, Tópicos Avançados em Processamento de Dados, Sistemas de Informação, Engenharia da Informação, Arquitetura de Computadores e Tecnologias Web. Possui conhecimento em diversas linguagens de programação, destacando-se: Ada, Assembly, AWK, C, C++, C#, Classic BASIC, COBOL, COMAL, D, Dart, Elixir, F#, FORTRAN (77 e 95), Go, Groovy, Haskell, Hope, HTML (XHTML), Java (puro e JSP), JavaScript, Julia, Kotlin, Lua, Logo, Miranda, MODULA-2, ML, OCaml, PASCAL, PHP, Pike, Python, Scala, Scratch, Structured BASIC, Raku, Ruby, Rust, Standard LISP (Commom LISP), Tcl, TypeScript, Visual Basic .Net, VBA, entre outras. Possui mais de uma centena de livros publicados, além de artigos no Brasil e no exterior.

Jayr Figueiredo de Oliveira

Pós-doutorado em Administração, na área de Sistemas e Tecnologias da Informação (Universidade de São Paulo - FEA/USP), doutorado em Educação, na área de Novas Tecnologias e mestrado em Administração e Planejamento (Pontifícia Universidade Católica - PUC/SP); especializações em Administração de Sistemas (Fundação Escola de Comércio Álvares Penteado - FECAP), Didática do Ensino Superior e Ciência da Computação (Universidade Presbiteriana Mackenzie), MBA em Inovação, Tecnologia e Conhecimento (FEA/USP) e é bacharel em Administração de Empresas.

Desde 1977, atua como profissional em Administração de Sistemas de Informação e, desde 1985, como docente em Educação Superior, tendo ocupado, em ambas as atividades, inúmeros cargos de chefia. Publicou mais de 15 livros e inúmeros artigos nas áreas de Sistemas e Tecnologias da Informação, Liderança, Gestão Organizacional e Negócios.

Prefácio

Este trabalho surgiu da necessidade de conciliar o ensino de técnicas de programação clássicas imperativas, que abrangem os paradigmas de programação: estruturado, modular e orientado a objetos, com os programas curriculares das instituições de ensino em que trabalhamos e de outras escolas, tanto no Brasil como no exterior. No decorrer dos vários anos de experiência no ensino, como educadores e professores, sentimos falta de um material que atendesse às nossas necessidades e expectativas básicas. Foi dessa necessidade que este livro veio à luz.

Esta obra, fundamentada no estilo de ensino "*old school*", traz o máximo de detalhes iniciais e estruturalmente fundamentados possíveis para a aprendizagem de pessoas iniciantes no estudo da aplicação de algoritmos e lógica de programação de computadores, desde o uso do paradigma da programação estruturada, passando pelo paradigma da programação modular até a abordagem introdutória das principais noções do paradigma da programação orientada a objetos temperada por pitadas de temas relacionados com o estudo das *estruturas de dados* (classificação, pesquisa, pilha, fila e recursividade), de tal maneira que o leitor não necessite buscar, em um primeiro momento, informações complementares em outras obras do mesmo tema.

Em relação ao estudo e à apresentação de algoritmos, o enfoque central é feito em três etapas: primeiro, a fase de entendimento, descrita muitas vezes em passos numerados, chegando a parecer uma receita culinária; segundo, a forma do algoritmo, com base na representação gráfica do raciocínio lógico por meio de diagramas de blocos a partir do uso da norma ISO 5807:1985 (norma internacional que todo desenvolvedor de *software* deveria plenamente conhecer) e, por último, o algoritmo textual, codificado na forma de português estruturado, considerado como pseudolinguagem de programação, a qual pode ser facilmente traduzida para qualquer linguagem formal de programação que esteja inserida no contexto da programação imperativa.

Como suporte há, no serviço de versionamento GitHub, rico repositório de programas com exemplos relacionados com o tema de cada capítulo: **https://github.com/J-AugustoManzano/livro_Algoritmos_Logica**. Trata-se de uma coleção de programas com base nos exemplos de demonstração do livro codificados em diversas linguagens diferentes. Se desejar, aponte para o QR Code a seguir e tenha acesso ao repositório indicado.

Este livro está dividido em cinco partes conceituais, abrangendo um programa completo de estudo inicial de técnicas imperativas de programação.

uqr.to/1wj3n

A primeira parte aborda temas introdutórios e conceituais, como lógica de programação, mercado de trabalho, organização de computadores, linguagens e paradigmas de programação, além de ferramentas técnicas como compiladores e interpretadores, e outros temas.

Na segunda parte, é enfatizada a prática do estudo de lógica, começando dos pontos básicos, passando pelo estudo de técnicas de programação com decisões e laços (forma estruturada).

A terceira parte apresenta algumas técnicas auxiliares para facilitar a organização de dados em memória.

Na quarta parte, destaca-se a programação de forma modular, com o uso de sub-rotinas e, por fim, a apresentação dos conceitos centrais e básicos da programação orientada a objetos.

A quinta parte é formada por apêndices que apresentam a resolução de alguns poucos exercícios de fixação e também alguns exemplos de codificação de uma versão do programa de calculadora escrito nos interpretadores de algoritmos em português e em algumas linguagens de programação formais.

De modo geral, este trabalho, em cada capítulo, é fundamentado na estrutura operacional:

- Introdução a certo conceito de programação;
- Exercícios de demonstração do conceito apresentado;
- Exercícios de aprendizagem com aplicação do conceito apresentado;
- Exercícios de fixação dos conceitos apresentados.

Entre a primeira edição, publicada em 1996, e a trigésima edição que está em suas mãos, o livro passou por muitos ajustes e transformações, crescendo, evoluindo e sendo aperfeiçoado. Um livro é um "ser" que possui vida, que deve acompanhar o tempo em que está inserido, principalmente por se tratar de um livro de aplicação educacional, prolongando-se e, quiçá, se perpetuando. Como autores, sabemos que um dia este trabalho atingirá sua plena maturidade e não precisará mais de ajustes. Só esperamos estar em condições físicas e mentais para manter a atenção neste trabalho pelo maior tempo possível.

Esperamos, sinceramente, que este trabalho seja bastante útil não só aos nossos estudantes diretos e indiretos, mas também a você, colega e profissional da área de ensino, pois foi elaborado com base em experiências adquiridas ao longo de mais de 30 anos de sala de aula, o que resultou em um livro bastante didático.

Um abraço a todos!

Os autores

Carta ao Docente

Olá, esperamos que nossos colegas estejam bem.

Não é à toa que uma obra literária chega até esta edição, principalmente por se tratar de um livro técnico para a área de desenvolvimento de *software*, cujo mercado é bastante específico. Nesse contexto, esta obra pode ser considerada um *best-seller* e, por isso, temos muito a agradecer aos leitores, principalmente a você, profissional do ensino, que, nesses anos de jornada, legitimou nosso trabalho, indicando-o aos seus estudantes e confiando-nos a tarefa de vetores e auxiliares no seu trabalho de transmissão deste conhecimento.

Quem nos acompanha conhece nossa trajetória e este trabalho, que se iniciou como uma proposta diminuta em 1996 e, ao longo desses anos, incorporou diversos conceitos usados na lida da programação de computadores, tanto do paradigma estruturado/modular como da orientação a objetos. Cabe ressaltar que, como livro de algoritmos, este trabalho é pioneiro no sentido de apresentar as técnicas iniciais de orientação a objetos com aplicação da norma ISO 5807:1985, tema considerado por muitos profissionais da área e professores impossível de ser tratado, obscuro e perturbador. O pioneirismo alcançado por este trabalho não se reflete só no Brasil, mas também em outros países.

Os livros tradicionais de algoritmos focam, em média, no uso das estruturas básicas de programação, como sequência, decisões, laços, matrizes e sub-rotinas; ou no uso das técnicas de estrutura de dados sob a ótica da programação estruturada/modular e do uso de algoritmos apenas descritivos, chamados por alguns de *portugol* (consideramos este nome horrível. Parece nome de remédio para coisa muito ruim). Não que esta ótica não seja importante; tanto é importante que é tratada neste trabalho com a nomenclatura de *português estruturado* (há de convir nome mais elegante). O diferencial deste texto é o fato de acrescentar a dinâmica de uso da ótica voltada à programação estruturada, modular e orientada a objetos contextualizadas à luz da norma ISO 5807:1985, em conjunto com os diagramas de classes e de objetos da UML (*Unified Modeling Language* - Linguagem Unificada de Modelagem).

A primeira edição deste trabalho foi publicada para atender, principalmente, a uma necessidade particular e foi escrita de uma maneira muito simples e inocentemente genérica. No mesmo ano, tivemos a surpresa de lançar a segunda edição. Esse foi o sinal de que a obra teria futuro. Houve períodos em que foram publicadas duas ou três edições por ano, até que, no segundo semestre de 2000, surgiu a décima edição, quatro anos depois do lançamento da primeira. Só para ter uma ideia, no primeiro semestre de 2000, foram publicadas duas edições, sendo a oitava e a nona. A vigésima edição desta obra foi publicada no ano de 2006 (seis anos após a décima edição). Apesar da aparente queda na quantidade de edições entre a décima e a vigésima, continuamos otimistas, pois, na verdade, diversas condições de mercado levaram a essa queda, e não a qualidade de nosso trabalho. Esse efeito nos fez repensar o trabalho, pois, até a nona edição, a obra amadureceu, foram feitas mudanças, melhorias e correções implementadas. Da sétima para a oitava edição, foram acrescentados novos exercícios. Da décima até a décima quinta edição ocorreram alguns novos ajustes. A partir da décima sexta edição, o livro passou a contar com mais de 140 exercícios de lógica de programação, enquanto a primeira edição trazia em torno de 70 exercícios. Após a décima sexta e até a vigésima primeira edição foram feitos pequenos ajustes e algumas correções necessárias, porém, mantendo a obra praticamente com a mesma estrutura desde a primeira edição.

Na vigésima segunda edição (2009), este livro passou por grande reforma e atualização na estrutura do texto, saindo de uma fase infantil para a sua adolescência. Foram acrescentados novos detalhes técnicos e alguns pontos foram ajustados e realinhados. Foram incluídos dois capítulos de introdução à programação orientada a objetos apresentados de maneira inédita em livros sobre algoritmos e ensino de lógica de programação para iniciantes: um capítulo aborda os conceitos gerais da orientação a objetos em si e o outro mostra exemplos de aplicações simplificadas desse paradigma, por meio do uso de diagramas de UML (diagrama de classe e objeto), integrados com os diagramas de blocos (norma internacional ISO 5807:1985) e com o código em português estruturado. Acreditamos que elevamos a qualidade da obra, tornando-a mais confortável para o trabalho de todos que dela fazem uso.

Depois vieram, entre 2009 e 2010, a vigésima terceira e a vigésima quarta edições, que necessitaram de alguns pequenos ajustes e acertos. A vigésima quarta edição foi apresentada em duas reimpressões, sendo uma em 2010 e a outra no primeiro semestre de 2011. Ainda em 2011, chegamos à vigésima quinta edição, com algumas mudanças que, apesar de pequenas, foram significativas, principalmente nos Capítulos 5 e 10. No Capítulo 5, o comando "português estruturado" **continua** passa a ser denominado **execute**, tornando a proposta lógica de sua ação mais direta e clara do ponto de vista do idioma português (até mesmo o nosso *português estruturado* passa por mudanças). No Capítulo 10, os programas de manipulação de pilha e fila foram reescritos para exemplificar melhor o uso de sub-rotinas e passagens de parâmetro. Na vigésima quinta edição, foram acrescidos alguns exercícios de fixação em alguns capítulos.

Na vigésima sexta edição foram efetuados pequenos ajustes ao longo de todo o texto, como pequenas correções que se fizeram necessárias. A novidade foi o acréscimo, no Capítulo 12, do tema "classes e funções amigas" (que, mais tarde, foi retirado por não ter dado o tom didático que desejávamos, além de ser um tema mais exclusivo de um conjunto menor de linguagens como C++, C#, Swift e TypeScript), ajustes de algumas figuras, como o diagrama de Venn para o operador de negação, além de deixar mais claras as explicações dos conceitos de orientação a objetos. Outros ajustes ocorreram nas três reimpressões da vigésima sexta edição, entre eles algumas melhorias nas figuras do Capítulo 12.

Com a vigésima sétima edição, publicada em 2016, ocorreram outros ajustes na obra, sendo o acréscimo do tópico sobre definição de dados e informações no Capítulo 1, algumas melhorias no texto do Capítulo 2 com o acréscimo do tópico sobre linguagem de programação de computadores e alguns ajustes nos textos dos Capítulos 3, 10 e 12, além de alguns ajustes nos códigos dos programas do Apêndice B.

Com a vigésima oitava edição, publicada em 2016, foram realizados ajustes no texto da obra, principalmente nos Capítulos 1, 5 e 6, este último tendo como acréscimo a implementação de um exemplo de uso de matriz em estilo dinâmico. Nesta edição, foram realizadas mudanças mais significativas no Capítulo 12, pois, desde a vigésima segunda edição, quando foi introduzido, de forma inédita em um livro de algoritmos, o uso de princípios do paradigma de programação orientação a objeto, sentimos que seu conteúdo necessitava ser melhorado no quesito simplicidade. Assim, o texto foi revisto, diversos ajustes foram implementados e alguns elementos considerados desnecessários dentro do foco didático abordado, foram retirados, como a definição de herança pública, privada ou protegida, usados principalmente na linguagem C++ e inexistentes em outras linguagens. A intenção deste capítulo é apresentar de forma introdutória, a mais genérica possível, o paradigma de programação orientada a objetos, com o maior grau de simplicidade possível. Por isso, recebeu maior atenção. Outro detalhe inserido foi o exemplo do programa calculadora codificado, então, na linguagem de programação D.

Na vigésima nona edição, publicada no primeiro semestre de 2019, foram estabelecidos alguns pequenos ajustes ao longo do texto de toda a obra, além do acréscimo de novos exercícios no Capítulo 3. Em relação ao Capítulo 12, foi realizada uma nova reestruturação, tornando-o o mais didático possível, dentro da filosofia de orientação a objetos, pois, desde a vigésima sexta edição, quando esse capítulo foi inserido na obra, ele passou a ser o ponto principal de nossa atenção. Essas mudanças decorrem da interação com estudantes em sala de aula e a partir do posicionamento de dúvidas apresentadas e explicações dadas. Outra mudança significativa nesta edição foi a supressão do Apêndice C, por não ser mais possível estabelecer uma tabela comparativa entre os comandos das linguagens de programação exemplificadas devido à quantidade de linguagens em uso, além da supressão do tópico "classes e métodos amigos" do Capítulo 12. Buscamos com isso manter o foco da obra dentro de seus parâmetros de maior simplicidade possível.

A trigésima edição, ora apresentada, recebeu diversas alterações, ampliações e melhorias de modo geral, inclusive em seu título, que faz alusão ao estudo da lógica de programação "imperativa". Essa preocupação não existia, pois pouco se falava sobre programação funcional, mas, na medida em que a programação funcional, que faz parte do paradigma de desenvolvimento declarativo, começou a ser considerada para o mundo da programação comercial/industrial, tornou-se necessário ter o cuidado em especificar que tipo de estudo lógico esta obra aborda, uma vez que atualmente está em voga tanto o uso da programação imperativa (estruturada: modular e orientada a objetos) como a programação declarativa (funcional).

No Capítulo 1 desta edição, foi acrescido um tópico sobre interpretadores de linguagens algorítmicas e suas relações diretas e indiretas com a forma de escrita dos códigos em *português estruturado* desta obra. Foi redefinido o tópico sobre paradigmas de programação para melhor atender a conceitos e detalhes que se desenvolveram ao longo desses anos. Nos Capítulos 2 (este recebeu dois novos tópicos), 10 e 12 foram feitos ajustes gerais melhorando diversos detalhes e trocando-se alguns exemplos do Capítulo 4 para ajustar a obra ao contexto sócio-político em que vivemos. Em especial, o Capítulo 5 foi aperfeiçoado com o acréscimo de detalhes sobre o uso de laços anteriormente não considerados, foram estabelecidas certas estratégias na execução de laços e como implementá-los quando a linguagem de programação em uso não os possui. O Capítulo 10 passou por forte revisão, tendo sido aprimorado no que tange ao tema sobre o uso de sub-rotinas (módulos) e recursividade (simples e de cauda). O Apêndice B teve seu texto refeito e passou por forte reforma (parte de seu conteúdo foi transferido para o repositório GitHub já sinalizado). Houve mudança na nomenclatura de definição de comentários de código, que antes usava chaves e passou a usar barras duplas para tornar o visual do código menos poluído e mais elegante. Nesta edição, o livro se torna interativo, contendo acesso a material externo complementar na forma de *scripts* de programas e vídeos do canal YouTube AM-42 (**youtube.com/@am-42**) e, também, a partir de um repositório exclusivo de programas no GitHub (**https://github.com/J-AugustoManzano**). Essa nova perspectiva permitiu retirar parte do Apêndice B relacionada com a apresentação dos códigos de programação formal. Este livro, na presente edição, passa de sua fase de adolescência para a sua juventude.

uqr.to/1wj3o

uqr.to/1wj3p

À medida que as edições avançam, percebemos a necessidade de inserir exercícios e outros detalhes que, em certo momento, não tínhamos notado serem importantes ou que até deixamos passar despercebidos. Sabemos que, em certo momento, quando o trabalho atingir uma fase adulta de maturidade, essa atitude não mais ocorrerá, pois os espaços existentes estarão preenchidos. Nesse momento, saberemos que nosso trabalho, dentro do escopo e contexto pretendidos, estará finalizado. Nesta ocasião, o livro estará pronto para ocupar seu espaço de perenidade e poderá ser deixado como legado a gerações futuras. Nossa intenção é ampliar ao máximo as possibilidades para que você, profissional da educação técnica, tenha em mãos um material do qual possa selecionar a bateria de exercícios que esteja de acordo com o nível do curso ministrado, ou mesmo direcionar o foco do ensino de programação imperativa vinculado às estratégias da programação estruturada, modular e orientada a objetos.

Como de costume, esperamos que nosso trabalho (por mais simples que seja, por mais básico que esteja) facilite sua tarefa de preparar e conduzir suas aulas.

Cordialmente, um grande abraço!

Os autores

Carta ao Estudante

Olá, normalmente, alguns profissionais (a partir da década de 1980) e mesmo alguns aprendizes influenciados por pessoas possivelmente despreparadas afirmam que é perda de tempo desenvolver o algoritmo (diagrama de blocos e pseudocódigo) de um programa, como é tratado aqui. Que é bem mais prático e rápido desenvolvê-lo diretamente em um computador; porém, geralmente essas pessoas não conseguem entregar seus programas ou sistemas nos prazos estipulados e tentam encontrar métodos e maneiras mirabolantes de conseguirem manter-se dentro dos prazos que elas mesmas estabelecem, mas não cumprem. Quando julgam estar com seus programas prontos, acabam por descobrir uma série de erros de lógica e de sintaxe, quando não de requisitos. Esses erros fazem com que o programador passe horas, ou mesmo dias, em frente ao computador, perdendo um tempo precioso, tentando localizar o que está errado e, assim, acaba ultrapassando os prazos por ele estipulados. Tente trabalhar com alta plataforma em computadores de grande porte com essa mentalidade e você estará fadado ao insucesso certo e total em curto espaço de tempo. No universo da baixa plataforma, você até consegue sobreviver por certo tempo, mas será, com toda a certeza, um caminho penoso; como diz o dito popular, "quem corre por gosto não cansa", e que bom que os engenheiros civis não administram obras como muitos escrevem seus programas de computador, pois, se assim fosse, estaríamos morando debaixo de escombros.

O excesso de erros de sintaxe denota um "profissional" com pouca experiência na utilização de certa linguagem de programação, enquanto erros de lógica mostram grande despreparo na "arte" de programar computadores. Acreditando que os erros podem ser retirados no momento da compilação do programa, as pessoas perdem muito mais tempo do que imaginam, e assim entram em um círculo vicioso de querer resolver o problema (erros de sintaxe e de lógica) por tentativa e erro, o que é abominável do ponto de vista profissional. Imagine se outros profissionais, como engenheiros, comandantes de aeronaves, médicos, advogados, entre tantos outros, pensassem dessa forma. Certamente, a humanidade estaria com sérios problemas, se é que ainda estaria habitando este planeta.

Até o fim da década de 1970, os programadores e demais profissionais seguiam rigorosos procedimentos para o desenvolvimento de programas e sistemas, o que resultava em produtos de excelente qualidade, dentro dos prazos estabelecidos. Chamamos esse período de *old-school*. Com o surgimento dos microcomputadores e sua popular utilização a partir de meados da década de 1970, alguns novos "profissionais" (isso mesmo, entre aspas) passaram a deixar de lado os procedimentos adequados e adquiriram vícios e defeitos graves. Muitos desses "profissionais", sem o devido preparo, passaram a achar que os conceitos até então utilizados eram ultrapassados e abrir mão deles traria maior velocidade na entrega de trabalhos. Surge o grupo desprezível da linha *new-school*. Infelizmente, essa mentalidade *new-school* se espalhou negativamente por praticamente todo o planeta (a propósito, as coisas más se alastram mais rapidamente que as coisas boas), apesar de existirem profissionais sérios tentando orientar o contrário.

Imagine uma prova de maratona com vários corredores. Assim que é dada a largada, alguns saem correndo desesperados para ficar à frente dos demais corredores. Algum tempo depois, sem fôlego, acabam perdendo o ritmo e também sua posição, normalmente chegando nos últimos lugares. Enquanto alguns saem correndo de maneira desesperada, outros procuram poupar-se e, quando estão quase no fim, usam o fôlego para disputar os primeiros lugares.

Assim como um corredor experiente, um programador de computadores precisa saber poupar-se. É melhor ir devagar no início do desenvolvimento do que achar que, ao pular algumas etapas, conseguirá ganhar a corrida. Fazer os algoritmos preliminares de um programa pode parecer demorado, porém essa atitude proporciona visão adequada de todo o problema, garantindo ausência de erros no programa final.

Esperamos, sinceramente, que este trabalho seja muito útil ao seu aprendizado e proporcione as condições básicas necessárias para que consiga alçar voos mais altos. Pedimos que preste atenção ao que lhe é ensinado pelo professor em sala de aula e faça todos os exercícios de fixação solicitados, consultando o professor sempre que surgirem dúvidas.

Cordialmente, um grande abraço!

Os autores

Material Suplementar

Este livro conta com os seguintes materiais suplementares:

- *Slides* para docentes cadastrados.

O acesso ao material suplementar é gratuito. Basta que o leitor se cadastre, faça seu *login* em nosso *site* (www.grupogen.com.br) e, após, clique em Ambiente de aprendizagem.

O acesso ao material suplementar online fica disponível até seis meses após a edição do livro ser retirada do mercado.

Caso haja alguma mudança no sistema ou dificuldade de acesso, entre em contato conosco (gendigital@grupogen.com.br).

- Gabarito para *download* em QR Code (livre).

uqr.to/1ypxj

- QR Codes, ao longo do livro, com *links* diversos para conteúdos adicionais (livre).

Para acessá-los, é necessário posicionar a câmera do *smartphone* ou *tablet* sobre o código.

Sumário

CAPÍTULO 1

ABORDAGEM CONTEXTUAL

Este capítulo apresenta, de maneira introdutória e despretensiosa, os detalhes gerais que norteiam a área de estudo denominada ciência da computação. Abrange de forma ampla os elementos conceituais da área e seu desenvolvimento. Apresenta de maneira simplificada a organização de um computador eletrônico, do ponto de vista de um iniciante na área da computação, e indica as unidades de medidas mais populares utilizadas na área de T. I. (Tecnologia da Informação) direcionadas ao público iniciante. Abrange detalhes sobre a utilização da tabela ASCII, apresenta informações gerais do mercado de computação, das linguagens de programação e suas classificações.

1.1 Introdução à Computação

A necessidade de elaborar ferramentas que facilitassem o uso e o manuseio de operações matemáticas levou o ser humano ao estágio atual de desenvolvimento na área da computação. Esse processo começou há muito tempo, com o surgimento do primeiro dispositivo de cálculo, o ábaco, e estima-se que tenha ocorrido a partir do surgimento do primeiro computador denominado *ábaco* por volta de 3.500 a.C. na região da Mesopotâmia, passando pela China, chamado *Suàn Pán*, e Japão, chamado *Soroban* (Alcalde; Garcia; Penuelas, 1991, p. 8), e seu uso estende-se até os dias atuais. As Figuras 1.1 e 1.2 mostram, respectivamente, os modelos de ábacos chinês e japonês.

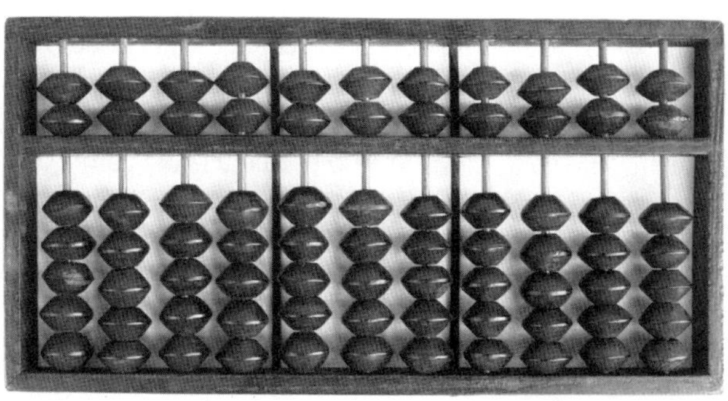

Figura 1.1 Ábaco chinês (*Suàn Pán*/Tabuleiro de Calcular/算盤).

yotto/iStockPhoto

Figura 1.2 Ábaco japonês (*Soroban*/Instrumento de calcular/そろばん).

Não é objetivo desta obra se estender em méritos históricos ou tecer explanações sobre a arquitetura dos computadores ou outros detalhes a este respeito, pois existem trabalhos muito bons sobre esse assunto já publicados.[1] No entanto, faz-se necessário passar ao iniciante no aprendizado da programação de computadores uma rápida visão da estrutura de um computador e sua funcionalidade básica. Assim, o primeiro item a ser entendido é o termo *computador*.

A palavra *computador* origina-se do termo em latim *computatore*, um substantivo masculino que significa "aquele ou aquilo que efetua cálculos". No contexto desta obra, o termo *computador* está associado a um equipamento de característica eletrônica capaz de executar algumas etapas de trabalho, como receber, armazenar, processar de maneira lógica e/ou aritmética dados com o objetivo de resolver problemas com base em soluções algorítmicas.

O computador eletrônico, como é conhecido atualmente, origina-se das ideias estabelecidas pelo cientista, matemático e filósofo inglês Charles Babbage (Figura 1.3), considerado o pai do computador, que em 1834 apresentou os fundamentos da *máquina analítica*, considerada precursora dos modernos computadores eletrônicos, apesar de, nessa ocasião, a área de eletrônica ainda não ter sido desenvolvida. Charles Babbage nasceu em 26 de dezembro de 1791 e faleceu em 18 de outubro de 1871.

gettyimages/Photos.com

Figura 1.3 Charles Babbage.

Malvino (1985, p. 6) afirma que:

> A palavra "computador" é ilusória porque sugere uma máquina que pode resolver somente problemas numéricos. Mas um computador é mais do que uma máquina automática de somar. Ele pode executar jogos, traduzir idiomas, desenhar imagem etc. Para sugerir esta ampla faixa de aplicações, um computador muitas vezes é denominado processador de dados.

Tanto os computadores como a tecnologia da informação, desde o início de seu desenvolvimento, passaram, lentamente, a fazer parte da vida das sociedades e das pessoas. Sua influência se faz presente em diversas áreas, como saúde, educação, entretenimento, indústria, economia, produção, comunicação etc. Ter fluência no conhecimento e no uso de tecnologias da informação por meio de ferramentas computacionais tornou-se essencial para o ser humano atuar em um mundo conectado por meio de dispositivos digitais.

---

1 Um bom livro introdutório sobre arquitetura de computadores, em especial a arquitetura Intel, apesar de antigo para os dias atuais, é a obra *Microcomputadores e microprocessadores*, do autor Albert Paul Malvino (1985), publicado no Brasil pela editora McGraw-Hill.

1.1.1 Organização de um Computador

O computador eletrônico, não importando seu tamanho, é uma coleção de componentes interligados com o objetivo de efetuar (processar) operações aritméticas e lógicas de grandes quantidades de dados. A Figura 1.4 mostra de forma esquemática e simplificada os componentes básicos de um computador eletrônico.

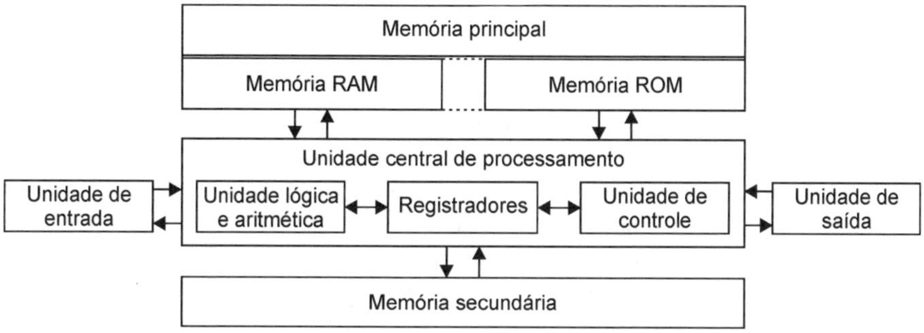

Figura 1.4 Estrutura dos componentes de um computador eletrônico.

O componente denominado *unidade de entrada* é responsável pela entrada de dados no computador. Os dados inseridos em um computador podem ser armazenados no componente *memória secundária* ou processados no componente *memória principal*, mais precisamente na *memória RAM* (*Random Access Memory* - Memória de Acesso Randômico). A *unidade de entrada* pode ser representada pelos periféricos *teclado*, *scanner*, *mouse*, *câmeras de vídeo*, *microfone*, *arquivos*, *sensores de movimento*, entre outros.

O componente *unidade de saída* é responsável pela apresentação de dados e/ou informações que tenham sido processados na memória principal ou que estejam armazenados na memória secundária do computador. Esse tipo de componente pode ser representado pelos periféricos *monitores de vídeo*, *impressoras*, *arquivos*, *alto-falantes*, entre outros.

O componente denominado *unidade central de processamento* é responsável pelo controle das operações de entrada e de saída de um computador. Além disso, esse componente é também responsável por todo o controle operacional, sendo o "cérebro" e o "sistema nervoso" de um computador. A unidade central de processamento é, *grosso modo*, subdividida em três componentes auxiliares, a saber:

- A *unidade lógica e aritmética* é responsável por processar operações matemáticas (unidade aritmética) e/ou operações lógicas (unidade lógica). Esse componente, é sem dúvida, o mais importante da CPU (*Central Processing Unit* - Unidade Central de Processamento).
- Os *registradores* são componentes internos da unidade central de processamento que apresentam alta performance de velocidade na execução de instruções de processamento aritmético ou lógico. São usados no armazenamento temporário de dados que auxiliam a execução dessas instruções.
- A *unidade de controle* executa instruções de controle do computador. Dependendo da instrução executada, esse componente faz o desvio do controle para a unidade lógica ou unidade aritmética ou, ainda, envia dados para componentes externos à CPU.

A *memória principal* é formada principalmente pelos componentes de memórias RAM e ROM (*Read-Only Memory* - Memória Somente de Leitura).

- A *memória RAM* é utilizada pela CPU para manter temporariamente dados e instruções que são usados no processamento. O controle operacional da execução de instruções e armazenamento de dados nessa memória é realizado por um conjunto de circuitos lógicos. Por esta razão, esse tipo de operação é muito rápido. Apesar de possuir vantagem na velocidade de execução, essa memória é volátil, ou seja, os dados nela armazenados são perdidos quando o computador é desligado da energia elétrica ou tem seu sistema reinicializado.
- A *memória ROM* é utilizada pela CPU para inicializar o computador quando é ligado e faz a busca do sistema operacional instalado em *memória secundária*, a qual gerencia as funções de trabalho e permite usar o computador de modo mais fácil. A memória ROM não pode ser alterada ou regravada como ocorre com os dados e instruções da memória RAM, pois nela estão gravadas as características definidas pelo fabricante do computador em uso.

A *memória secundária*, também conhecida como *memória de massa*, tem por finalidade armazenar dados a longo prazo, pois os dados armazenados nesse tipo de memória são preservados mesmo quando o computador está desligado da rede elétrica. Essa memória possui, normalmente, acesso lento. São exemplos os periféricos de armazenamento: disquetes (em desuso), discos rígidos (HDs - *Hard Disks*), *pen drives*, cartões de memória, discos óticos (CDs - *Compact Discs*, DVDs - *Digital Video Discs* e BDs - *Blu-ray Discs*), SSDs (*Solid-State Drives*), CSDs (*Computational Storage Devices*), entre outros.

1.1.2 Unidades de Medidas Computacionais

A menor unidade de dado manipulada por um computador eletrônico chama-se *bit* (***bi**nary digi**t*** - dígito binário), o qual é matematicamente representado pelos valores numéricos "1" (um) e "0" (zero). Os valores binários são eletronicamente usados pelo computador para representar estados eletromagnéticos dos circuitos que compõem a sua estrutura funcional e, assim, possibilitam representar dados do mundo exterior, além de estabelecer as bases de funcionamento da própria máquina. O estado eletrônico "1" representa a ativação (ligamento) de determinado recurso ou circuito interno, enquanto o estado eletrônico "0" representa a desativação (desligamento) de determinado recurso ou circuito interno. Note que um computador eletrônico opera com dados binários, ou seja, opera na base dois.

O computador tem a capacidade de utilizar dados e informações do mundo exterior e representá-los de forma binária em seus circuitos e memórias. Assim, os dados básicos existentes no mundo exterior, como dados numéricos e alfabéticos, incluindo os símbolos de pontuação, possuem um valor binário particular para representá-los no computador.

A representação de um dado externo na memória de um computador usa um octeto de *bits*, denominado, em inglês, *byte*. Desse modo, um *byte* (que é usado para representar um caractere qualquer) é um conjunto de oito *bits*.

Tomando por base o valor numérico 2 referente à base de operação interna de um computador eletrônico (o *bit*) e elevando esse valor ao expoente 8 referente à quantidade de *bits* de um *byte* (2^8), obtém-se o valor 256. Esta é a quantidade máxima de caracteres que podem ser usados em um computador eletrônico a partir do que se encontra definido junto à tabela ASCII (*American Standard Code for Information Interchange*) indicada no tópico 1.1.3, sem levar em consideração o uso e a existência de caracteres acentuados e de diferentes idiomas que são encontrados na tabela UTF (*Unicode Transformation Format* - Formato de Transformação Unicode), substituta natural da tabela ASCII. Mantêm-se assim os 256 códigos ASCII na forma UTF-8 e se estende sua abrangência a outros idiomas. A tabela UTF representa caracteres com os modos de 8 (UTF-8), 16 (UTF-16) e 32 (UTF-32) *bits*.

A estratégia de uso de dígitos binários pelos computadores permite maior armazenamento de dados em memória do que se essa mesma tarefa utilizasse dígitos decimais. Se fossem usados dígitos decimais, haveria a necessidade de operar dez símbolos numéricos, o que seria um desperdício de memória e exigiria processadores mais complexos.

Por meio dos dígitos binários (considerando apenas a tabela ASCII), consegue-se fazer uso de 256 caracteres diferentes, que são mais do que suficientes para representar caracteres alfabéticos, numéricos e de pontuação ocidentais, que, na prática, utilizam apenas 128 das 256 possibilidades, sobrando ainda um conjunto de 128 *bytes* para a representação de outros caracteres particulares e de uso específico dos fabricantes de computadores (*hardware*) e dos desenvolvedores de programas (*software*).

A partir da definição da base binária é estabelecido um padrão de mensuração da quantidade de caracteres que um computador pode usar tanto na memória principal quanto na memória secundária. É também pela quantidade de *bits* que se determina o padrão de processamento de um computador.

Os primeiros microcomputadores Altair 8800 (1975), Apple II (1976) e TRS-80 Model I (1977) efetuavam seu processamento à taxa de oito *bits*. Esses equipamentos conseguiam processar apenas um *byte* por vez.

Em 1980, a empresa IBM, que, até então, operava somente no mercado de computadores de grande porte (*mainframes*), lança seu primeiro microcomputador de 16 *bits*, chamando-o de IBM-PC. A sigla PC vem de *Personal Computer* (computador pessoal) e é usada para classificar qualquer computador de pequeno porte.

O IBM-PC tinha a capacidade de processar dois *bytes* por vez, ou seja, processava uma *word* (palavra). Em 1984, a empresa Apple lança o microcomputador Macintosh equipado com um microprocessador que operava à taxa de 32 *bits*, processava duas palavras por vez, ou seja, uma *double word* (palavra dupla). O padrão 32 *bits* foi seguido pela empresa Intel, a partir de 1985, e depois por seus concorrentes. A partir de 2003, a empresa AMD lança seu microprocessador que trabalha à taxa de 64 *bits*, processando assim quatro palavras por vez, ou seja, uma *quad word* (palavra quádrupla). A partir daí não se teve nenhum outro salto evolucionário na quantidade de *bits* de processamento: assim, quando será o surgimento dos processadores de 128 *bits*? Não se sabe!

O volume de dados a ser processado em uma memória principal ou armazenado em uma memória secundária é medido em relação à quantidade de *bytes* manipulados. A Tabela 1.1 apresenta algumas unidades de medida utilizadas.

Tabela 1.1 Unidade de medidas computacionais

Unidade	Quantidade de caracteres
Bit (b)	Conjunto de 2 *bits* que possibilita a ativação e a desativação de recursos e circuitos eletrônicos.
Byte (B)	Conjunto de 8 *bits* que possibilita a definição e o uso de 256 (2^8) símbolos para representação de caracteres numéricos, alfabéticos, de pontuação e gráficos (opcional).
Kbyte (KB)	Definição da quantidade de caracteres a ser utilizada e armazenada em memórias: principal e secundária. 1 Kbyte (*kilobyte*) equivale a 1.024 caracteres, sendo obtido a partir de 2^{10}.
Mbyte (MB)	Definição da quantidade de caracteres a ser utilizada e armazenada em memórias: principal e secundária. 1 Mbyte (*megabyte*) equivale a 1.048.576 caracteres (1.024 Kbytes), sendo obtido a partir de 2^{20}.
Gbyte (GB)	Definição da quantidade de caracteres a ser utilizada e armazenada em memórias: principal e secundária. 1 Gbyte (*gigabyte*) equivale a 1.073.741.824 caracteres (1.024 Mbytes), sendo obtido a partir de 2^{30}.
Tbyte (TB)	Definição da quantidade de caracteres a ser utilizada e armazenada em memórias: principal e secundária. 1 Tbyte (*terabyte*) equivale a 1.099.511.627.776 caracteres (1.024 Gbytes), sendo obtido a partir de 2^{40}.

Unidade	Quantidade de caracteres
Pbyte (PB)	Definição da quantidade de caracteres a ser utilizada e armazenada em memórias: principal e secundária. 1 Pbyte (*petabyte*) equivale a 1.125.899.906.842.624 caracteres (1.024 Tbytes), sendo obtido a partir de 2^{50}.
Ebyte (EB)	Definição da quantidade de caracteres a ser utilizada e armazenada em memórias: principal e secundária. 1 Ebyte (*exabyte*) equivale a 1.152.921.504.606.846.976 caracteres (1.024 Pbytes), sendo obtido a partir de 2^{60}.
Zbyte (ZB)	Definição da quantidade de caracteres a ser utilizada e armazenada em memórias: principal e secundária. 1 Zbyte (*zettabyte*) equivale a 1.180.591.620.717.411.303.424 caracteres (1.024 Ebytes), sendo obtido a partir de 2^{70}.
Ybyte (YB)	Definição da quantidade de caracteres a ser utilizada e armazenada em memórias: principal e secundária. 1 Ybyte (*yottabyte*) equivale a 1.208.925.819.614.629.174.706.176 caracteres (1.024 Zbytes), sendo obtido a partir de 2^{80}.

Além das unidades de medida indicadas na Tabela 1.1, pode-se fazer uso das seguintes unidades de medida relacionadas com a quantidade de *bits*, sendo:

- *Kilobit* (kb): equivale a 1.000 *bits*.
- *Megabit* (Mb): equivale a 1.000.000 *bits*.
- *Gigabit* (Gb): equivale a 1.000.000.000 *bits*.
- *Terabit* (Tb): equivale a 1.000.000.000.000 *bits*.
- *Petabit* (Pb): equivale a 1.000.000.000.000.000 *bits*.
- *Exabit* (Eb): equivale a 1.000.000.000.000.000.000 *bits*.
- *Zettabit* (Zb): equivale a 1.000.000.000.000.000.000.000 *bits*.
- *Yottabit* (Yb): equivale a 1.000.000.000.000.000.000.000.000 *bits*.

Essas unidades de medida são utilizadas principalmente para expressar a largura de banda em sistemas de computação ou indicar a capacidade de armazenamento de periféricos de armazenamento. Por exemplo, é comum encontrar unidades de armazenamento que possuam capacidade de armazenamento na casa de *terabytes*. Mas é comum também usar essas unidades de medida para expressar a largura de banda de uma rede de computadores, como, por exemplo, 100 Mb/s (*megabits* por segundo), que indica que a rede transmite 100.000.000 *bits* por segundo.

1.1.3 Tabela ASCII

A representação dos 256 caracteres ocidentais utilizados por computadores eletrônicos obedece à estrutura de uma tabela de caracteres oficial chamada ASCII (*American Standard Code for Information Interchange* - Código Americano Padrão para Intercâmbio de Informações), a qual deve ser pronunciada como *ásquí* ou, em inglês, como *ass key* - ésqui (Singh, 2011), e não *asqui dois*, como algumas pessoas inadvertidamente o fazem.

A tabela ASCII (Figura 1.5) foi desenvolvida entre os anos 1963 e 1968 com a participação e a colaboração de várias companhias de comunicação estadunidenses. Seu objetivo foi substituir o até então utilizado código de *Baudot*, o qual usava cinco *bits* e possibilitava a obtenção de 32 combinações diferentes de caracteres, sendo útil para a comunicação entre dois teleimpressores (telegrafia), conhecidos no Brasil como rede TELEX que fora operacionalizada pelos CORREIOS para envio de telegramas até o fim do século XX. O código *Baudot* utilizava apenas os símbolos numéricos e letras maiúsculas, tornando-o impróprio para o intercâmbio de informações entre computadores.

O código ASCII padrão permite a utilização de 128 símbolos diferentes (representados pelos códigos decimais de 0 até 127). Nesse conjunto de símbolos está previsto o uso de 96 caracteres imprimíveis, como números, letras minúsculas, letras maiúsculas, símbolos de pontuação e caracteres não imprimíveis, como retorno do carro de impressão (*carriage return* - tecla <Enter>), retrocesso (*backspace*), salto de linha (*line feed*), entre outros.

Da possibilidade de uso dos 256 caracteres, faz-se uso apenas dos 128 primeiros, o que deixa um espaço para outros 128 caracteres estendidos endereçados pelos códigos decimais de 128 até 255. A parte da tabela endereçada de 128 até 255 é reservada para que os fabricantes de computadores e de programas de computador possam definir seus próprios símbolos.

A Figura 1.5 mostra, respectivamente, a tabela ASCII padrão, códigos de 0 até 127, e a parte estendida, códigos de 128 até 255, utilizada para a representação de caracteres especiais pela empresa IBM quando da criação do seu padrão de microcomputadores durante a década de 1980, denominado padrão IBM-PC. A tabela apresentada mostra o valor numérico decimal e o caractere correspondente. Lembre-se de que cada um desses caracteres é representado internamente em um computador eletrônico como valor binário, cada caractere é representado por um conjunto de 8 *bits*, formando o chamado *byte*.

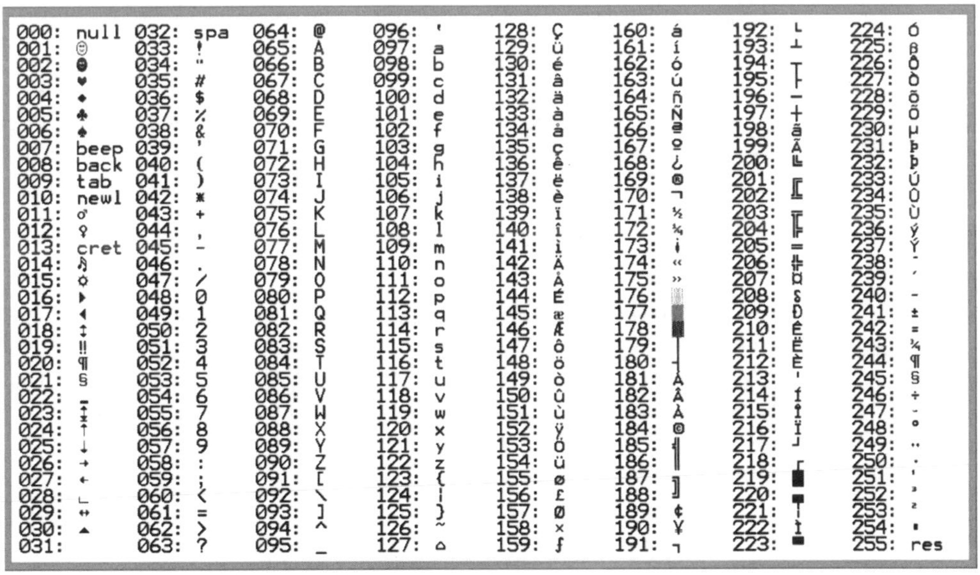

000: null	032: spa	064: @	096: `	128: Ç	160: á	192: └	224: Ó
001: ☺	033: !	065: A	097: a	129: ü	161: í	193: ┴	225: ß
002: ☻	034: "	066: B	098: b	130: é	162: ó	194: ┬	226: Ô
003: ♥	035: #	067: C	099: c	131: â	163: ú	195: ├	227: Ò
004: ♦	036: $	068: D	100: d	132: ä	164: ñ	196: ─	228: õ
005: ♣	037: %	069: E	101: e	133: à	165: Ñ	197: ┼	229: Õ
006: ♠	038: &	070: F	102: f	134: å	166: ª	198: ã	230: µ
007: beep	039: '	071: G	103: g	135: ç	167: º	199: Ã	231: þ
008: back	040: (	072: H	104: h	136: ê	168: ¿	200: ╚	232: Þ
009: tab	041:)	073: I	105: i	137: ë	169: ®	201: ╔	233: Ú
010: newl	042: *	074: J	106: j	138: è	170: ¬	202: ╩	234: Û
011: ♂	043: +	075: K	107: k	139: ï	171: ½	203: ╦	235: Ù
012: ♀	044: ,	076: L	108: l	140: î	172: ¼	204: ╠	236: ý
013: cret	045: -	077: M	109: m	141: ì	173: ¡	205: ═	237: Ý
014: ♫	046: .	078: N	110: n	142: Ä	174: «	206: ╬	238: ¯
015: ☼	047: /	079: O	111: o	143: Å	175: »	207: ¤	239: ´
016: ►	048: 0	080: P	112: p	144: É	176: ░	208: ð	240: -
017: ◄	049: 1	081: Q	113: q	145: æ	177: ▒	209: Ð	241: ±
018: ↕	050: 2	082: R	114: r	146: Æ	178: ▓	210: Ê	242: ‗
019: ‼	051: 3	083: S	115: s	147: ô	179: │	211: Ë	243: ¾
020: ¶	052: 4	084: T	116: t	148: ö	180: ┤	212: È	244: ¶
021: §	053: 5	085: U	117: u	149: ò	181: Á	213: ı	245: §
022: ▬	054: 6	086: V	118: v	150: û	182: Â	214: Í	246: ÷
023: ↨	055: 7	087: W	119: w	151: ù	183: À	215: Î	247: ¸
024: ↑	056: 8	088: X	120: x	152: ÿ	184: ©	216: Ï	248: °
025: ↓	057: 9	089: Y	121: y	153: Ö	185: ╣	217: ┘	249: ¨
026: →	058: :	090: Z	122: z	154: Ü	186: ║	218: ┌	250: ·
027: ←	059: ;	091: [	123: {	155: ø	187: ╗	219: █	251: ¹
028: ∟	060: <	092: \	124: ¦	156: £	188: ╝	220: ▄	252: ³
029: ↔	061: =	093:]	125: }	157: Ø	189: ¢	221: ¦	253: ²
030: ▲	062: >	094: ^	126: ~	158: ×	190: ¥	222: Ì	254: ■
031:	063: ?	095: _	127: ⌂	159: ƒ	191: ┐	223: ▀	255: res

Figura 1.5 Códigos ASCII (imagem gerada pelo programa emu8086).

1.1.4 Dados e Informação

Um computador, como máquina de processamento de dados (Malvino, 1985, p. 6), necessita que tais dados sejam informados (entrada de dados), para que sejam processados (processamento de dados) e assim forneçam saídas (saída de dados) que sejam adequadas a quem necessita dessas informações a partir dos dados fornecidos.

Para Gil (1992), o dado é a matéria-prima da informação. Para que uma dada informação exista, é necessário que um conjunto de dados relevantes a um usuário seja processado. Por sua vez, a informação é o resultado advindo do processamento de dados e da análise de um conjunto de dados existentes, informação é o produto final obtido a partir de dados que sejam efetivamente relevantes. Nome, estado civil, número de filhos e salário de um indivíduo quando vistos separadamente são dados, mas em conjunto podem fornecer o perfil financeiro desta pessoa, ou seja, fornecer informação.

1.2 Mercado Computacional

Um ponto que precisa ficar claro é a noção básica da dimensão do mercado computacional em que esta obra está inserida. Por serem os microcomputadores muito populares, a maior parte das pessoas enfatiza apenas esse tipo de computador no aprendizado, esquecendo-se de que o mercado de computação mundial é formado por três segmentos de computadores muito distintos: os computadores de grande porte (*mainframes*), médio porte (*minicomputadores*) e de pequeno porte (*microcomputadores*). Os microcomputadores estão divididos em duas categorias: os computadores de mesa (*desktops*) e os portáteis (*laptops*[2] ou *notebooks* e os *handhelds*[3]).

O ensino de programação proposto é voltado para a programação de computadores de modo geral, independentemente da categoria de inserção no mercado, pois a lógica de programação utilizada em um computador é a mesma para qualquer tipo de computador, uma vez que todas essas máquinas operam segundo a mesma estrutura de arquitetura computacional. O que de fato muda é o foco da aplicação computacional desenvolvida e as linguagens de programação mais utilizadas em cada um dos segmentos de mercado.

Os computadores de grande porte (*mainframes*) são equipamentos com alto poder de processamento por trabalharem e controlarem grandes volumes de dados na casa de milhões de instruções por segundo. Possuem grandes capacidades de memória, principalmente memória secundária, e custo de aquisição e manutenção bastante elevado, tendo seu público-alvo configurado como grandes empresas e órgãos (universidades, centros de pesquisa, bancos, aviação etc.). Esse computador é capaz de fornecer serviços de processamento a milhares de terminais e usuários simultaneamente conectados em rede.

Um *mainframe* ocupa, normalmente, uma sala com muitos metros quadrados. Segundo Norton (1996, p. 30), a origem do termo *mainframe* é desconhecida, mas cita que na empresa IBM existem documentos com referência ao termo *frame* (estrutura) para componentes integrados a um computador e que, a partir disso, pode-se supor que o computador que integrava esses componentes passou a ser chamado *mainframe* (estrutura principal).

Os minicomputadores são equipamentos com médio poder de processamento, capazes de suportar serviços de processamento na casa de duas centenas de terminais e usuários simultaneamente conectados em rede. Normalmente são equipamentos usados como estações de trabalho. São máquinas que se inserem em um nível intermediário de processamento, podendo estar muito próximas em capacidade de um computador de grande porte menos robusto, como estar muito próximas em capacidade de uma estação de trabalho a partir do mais alto poder de computação conseguido com o uso de microcomputadores.

---

2 *Laptop* é a junção das palavras em inglês *lap* (colo) e *top* (em cima). Refere-se a computadores portáteis que podem ser usados em cima das pernas. Os termos *laptop* e *notebook* são considerados sinônimos, duas referências ao mesmo tipo de equipamento.

3 *Handhelds* são computadores de tamanho pequeno, de mão, utilizados como assistentes digitais pessoais, conhecidos também como *Personal Digital Assistants* (PDAs). São encontrados em diversos formatos e cada vez mais comuns até em telefones celulares.

Por ter um custo de aquisição e manutenção mais baixo que os computadores de grande porte e ocupar basicamente quase que o espaço de um microcomputador de mesa, esse equipamento vem sendo cada vez mais utilizado no lugar de computadores de grande porte menos robustos. São muito usados em empresas de grande e médio portes.

O termo minicomputador surgiu no início da década de 1960, quando a empresa DEC lançou o computador PDP e a imprensa começou a chamá-lo de minicomputador pelo fato de ser menor que um computador de grande porte (Norton, 1996, p. 30).

Os microcomputadores (micros ou computadores pessoais), sejam de mesa (*desktop*), portáteis (*laptops* ou *notebooks*) ou de mão (*handhelds*), são equipamentos com baixo poder de processamento, quando comparados com os computadores de médio porte e de grande porte. São normalmente utilizados na computação pessoal, em escritórios, consultórios, escolas e também em empresas de modo geral. Atendem às necessidades e aplicações básicas como processamento de texto, planilhas eletrônicas, manipulação de bancos de dados de pequeno a médio porte, apresentações, editorações, além de serem muito utilizados como terminais de acesso à rede mundial internet.

Por terem um custo de aquisição e manutenção extremamente baixo, são os equipamentos mais facilmente encontrados e estão à disposição do público em geral. As configurações mais robustas podem e são usadas como estações de trabalho. Esse tipo de computador pode ser operado tanto em redes como fora delas, diferentemente dos computadores de grande e médio portes que sempre estão em rede. Quando usado em redes, o conjunto de microcomputadores em operação pode fornecer, a um baixo custo, um poder de processamento próximo ao encontrado nos minicomputadores.

Os microcomputadores de mesa e os portáteis são genericamente chamados PCs. O termo microcomputador surgiu em 1975, quando começaram a aparecer pequenos computadores que podiam ser utilizados por pessoas em suas casas, pois antes o uso era restrito a órgãos governamentais, empresas e universidades.

Parece não existir um estudo estatístico oficial que apresente o percentual de participação e utilização dos tipos de computadores (plataformas) no mercado mundial, mas, fazendo uma pesquisa nos principais serviços de busca da internet (*Google* – *google.com.br*, *Sapo* – *sapo.pt* e *Yahoo* – *br.search.yahoo.br*), é possível especular o grau de interesse do público nesses segmentos. Nos valores apresentados não se consideram prós ou contras de cada um dos segmentos, apenas o valor médio[4] de referências apresentadas com a pesquisa das palavras-chave *mainframe*, *minicomputer* e *microcomputer*. Os dados de referência apresentados na Tabela 1.2 foram obtidos em 12 de outubro de 2024, sendo valores cotados a partir da quantidade aproximada de referências encontradas.

Tabela 1.2 Referências encontradas

Número de referências encontradas					
Plataforma	***Google***	***Sapo***	***Yahoo***	**Média**	**%**
MAINFRAME	39.200.000	393.000	349.000	13.314.000	61
MINICOMPUTER	7.900.000	68.600	66.000	2.678.200	12
MICROCOMPUTER	17.600.000	211.000	214.000	6.008.333	27

4 Média aritmética.

Com base nos valores médios encontrados, a Figura 1.6 mostra a média da divisão de participação dos segmentos computacionais segundo as referências encontradas a partir da indicação de cada palavra-chave nos três principais buscadores de conteúdo da internet.

Mesmo não sendo a Figura 1.6 a representação real de participação da indústria no mercado mundial de cada segmento computacional, ela fornece uma ideia do número de referências encontradas para as palavras-chave *mainframe*, *minicomputer* e *microcomputer*.

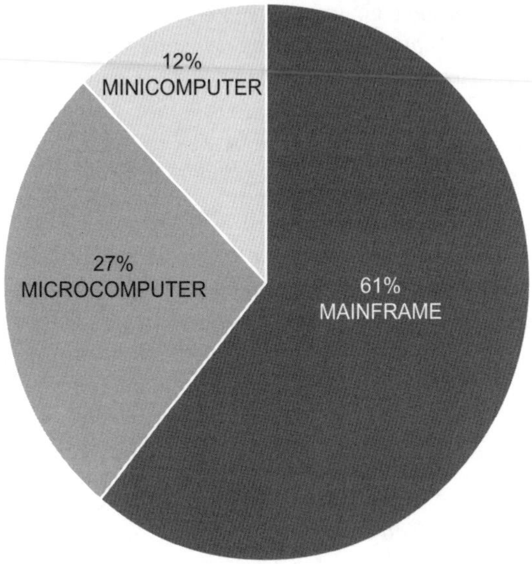

Figura 1.6 Mercado computacional mundial.

Os computadores de grande porte representam uma parcela considerável de mercado no que tange ao volume médio de referências encontradas para a palavra-chave *mainframe* nos serviços de busca. Isso denota alto grau de interesse do público nesse segmento, apesar de algumas pessoas o verem com certo descrédito por considerarem os computadores antiquados, o que não é em nada verdade (veja informações sobre a plataforma Z da IBM). Este é um segmento computacional usado pelas grandes empresas e costuma pagar excelentes salários, pois existe escassez de profissionais.

Os minicomputadores representam uma parcela de mercado pequena em relação ao número médio de referências encontradas para a palavra-chave *minicomputer* nos serviços de busca. Este é um segmento computacional usado por grandes e médias empresas e costuma pagar ótimos salários, tendo um volume de concorrência profissional de pequeno e médio grau, o que o torna um segmento muito atraente.

Os microcomputadores, plataforma bastante popular, representam uma parcela de mercado não muito elevada em relação ao número médio de referências comparadas às dos demais segmentos computacionais. Esse segmento paga, em média, os menores salários de mercado apesar de serem bons salários, com exceção de alguns serviços específicos nas áreas de *hardware* e desenvolvimento de *software* para equipamentos da linha *handhelds* (*mobile*). O volume de concorrência profissional é grande, o que diminui o valor dos salários pagos. O conhecimento na área de negócios geralmente não é exigido, mas esse quadro vem mudando nos últimos anos devido à popularidade dessa plataforma.

1.3 Linguagens de Programação

Para que um computador eletrônico funcione, ele deve ser programado. O processo de programação é uma "conversa" controlada entre um ser humano (tecnicamente preparado) e o computador. O processo de comunicação se faz com o uso de uma linguagem de programação que o computador "entenda". É possível comunicar-se com um computador utilizando linguagem de baixo ou alto nível. Para Jansa e Klamber (1999, p. 1), os programas de computador, conhecidos como *softwares*, são formados por uma série de instruções executadas no sentido de realizar as operações desejadas, sendo essa série de instruções conhecida como programação.

As linguagens de baixo nível possibilitam uma comunicação mais natural com a máquina. É uma maneira de codificação considerada por muitos como de grande dificuldade para uso. Destacam-se nessa categoria as linguagens de *máquina* e *assembly*. A linguagem *assembly* (e não *assembler*) é mais fácil de usar do que uma linguagem de máquina, por basear-se em comandos de instruções em formato mnemônico (siglas com significado definido de suas ações).

Para dar ideia de uso da linguagem de programação *assembly*, considere um programa de computador que apresente na tela de um microcomputador padrão IBM-PC (*Personal Computer*) com microprocessador Intel/AMD (padrão 8086) a palavra **mundo**:

```
MOV AH, 09h
LEA DX, palavra
INT 21h
INT 20h

palavra: DB 6Dh, 75h, 6Eh, 64h, 6Fh, 24h
```

Agora, veja o mesmo programa escrito em código de máquina (*opcode*), uma forma de codificação bem mais complexa que a linguagem *assembly*, que é naturalmente utilizada pelo computador, sendo esta linguagem expressa totalmente por valores numéricos hexadecimais:

```
0100 B4 09
0102 BA 09 01
0105 CD 21
0107 CD 20
0108
0109 6D 75 6E 64 6F 24
```

Os códigos anteriores mostram o mesmo programa escrito em *assembly* (que se utiliza de mnemônicos) e em *opcode* (que utiliza valores numéricos em hexadecimais).

As linguagens de alto nível possibilitam maior facilidade de comunicação com um computador pelo fato de serem expressadas de maneira mais próxima à comunicação humana, pois baseiam-se em palavras do idioma inglês. Destacam-se, nessa categoria, linguagens de programação como FORTRAN, COBOL, BASIC, PASCAL, C, JAVA, Lua, C++, entre outras. Esse tipo de linguagem é mais facilmente assimilado por seres humanos. Assim, o número de pessoas que as conhece é bastante grande. Neste sentido, considere o exemplo de um programa que apresenta a palavra **mundo** na tela, codificado nas linguagens de alto nível (Pascal, C++ e C), e observe que elas são eminentemente mais fáceis de expressar uma ideia do que suas equivalentes em baixo nível.

```
program EXEMPLO;
begin
  write('mundo');
end.
```

```
// EXEMPLO
#include <iostream>
int main(void)
{
  std::cout << "mundo";
  return 0;
}
```

```
// EXEMPLO
#include <stdio.h>
int main(void)
{
  printf("mundo");
  return (0);
}
```

Tanto as linguagens de programação em baixo nível como em alto nível, quando em uso em um computador eletrônico, são traduzidas internamente para uma forma numérica convencional grafada em formato binário, representada pelos símbolos numéricos 1 (um) e 0 (zero). O valor 1 indica que algum componente interno do computador se encontra ligado e, se estiver com valor 0, indica que o componente se encontra desligado. Não importa o tamanho ou o tipo de computador em uso, pois todo computador só é operado internamente com códigos binários. O código seguinte representa, aproximadamente, o que ocorre no microprocessador da máquina quando um programa está em execução, neste caso, o programa que mostra na tela a palavra **mundo**:

```
0000 0001 0000 0000 1011 0100 0000 1001
0000 0001 0000 0010 1011 1010 0000 1001 0000 0001
0000 0001 0000 0101 1100 1101 0010 0001
0000 0001 0000 0111 1100 1101 0010 0000
0000 0001 0000 1000
0000 0001 0000 1001 0110 1101 0111 0101 0110 1110
0000 0001 0000 1100 0110 0100 0110 1111 0010 0100
```

As linguagens de programação podem didaticamente ser divididas em quatro categorias de gerações, sendo: primeira geração representada pelas linguagens de *máquina* e *assembly*; segunda geração representada pelas linguagens *FORTRAN* (primeira linguagem de alto nível), *ALGOL*, *COBOL* e, de certa forma, a linguagem *BASIC*; terceira geração representada pelas linguagens *PL*/1, *PASCAL*, *C*, *MODULA*-2, *C*++, *JAVA*, *Lua* e *ADA*; e quarta geração representada basicamente por linguagens de consulta estruturada, além de outras ferramentas, destacando-se a linguagem de consulta estruturada SQL.

O número de linguagens de programação existentes e em operação é bastante extenso, como pode ser observado no sítio "*The Language List*",[5] em que estão classificadas 2.500 linguagens de programação. Esse catálogo não é completo, visto que existem muitas linguagens que são de uso exclusivo de empresas e órgãos governamentais em todo o mundo.

As linguagens de programação de computadores, de acordo com o catálogo do sítio "*The Language List*", podem ser classificadas segundo suas características funcionais. A seguir, apresentam-se, da lista indicada, as mais importantes:

- **Linguagem modular:** possibilita o desenvolvimento da programação na forma de módulos estruturados, permitindo a construção de rotinas por meio de procedimentos e/ou funções que estejam interligadas, sendo, por vezes, classificada como *linguagem imperativa*, *linguagem procedimental* ou, erroneamente, como *linguagem estruturada*.

5 KINNERSLEY, B. **The Language List**. Disponível em: http://www.info.univ-angers.fr/~gh/hilapr/langlist/langlist.htm. Acesso em: 23 jan. 2019.

- **Linguagem declarativa:** possibilita o desenvolvimento de programação, normalmente estática, sendo por vezes classificada como *linguagem de marcação*, mas também usada no desenvolvimento de soluções com base em *programação funcional* ou *programação lógica*.
- **Linguagem orientada a objetos:** permite o desenvolvimento de composições e interações de programas entre várias unidades de programa denominadas objetos, em que objeto é um elemento abstrato que representa uma entidade do mundo real em um computador.
- **Linguagem concorrente:** possibilita o desenvolvimento de programas com características de execução de rotinas em paralelo e não da forma sequencial normalmente encontrada nas outras categorias.
- **Linguagem de consulta:** garante acesso para a extração de informações em bases de dados existentes em programas de gerenciamento de bancos de dados.
- **Linguagem de especificação:** define a documentação descritiva em alto nível de um sistema, sendo por vezes classificada como *linguagem de projeto de programação*.

No aspecto de operação de uma linguagem de programação de computadores, esta pode ser aplicada para o desenvolvimento de programação científica, comercial ou de uso geral. Não existem motivos partidários para achar que uma linguagem de programação é melhor do que outra, uma vez que cada linguagem é desenvolvida para atender determinados problemas e aplicações. A melhor linguagem de programação para um programador normalmente é aquela em que ele sabe programar, mas nunca deixe de estar pronto para aprender novas linguagens de programação. Observe os detalhes comentados no próximo tópico.

1.4 Paradigmas de Programação

O modelo (estilo ou paradigma) de programação para computadores eletrônicos também sofreu mudanças desde seu surgimento, saindo de um modelo simples para um bastante complexo. De acordo com Román (2008, p. 437), os paradigmas de programação passaram por cinco fases evolucionárias, sendo:

1. Programação tradicional.
2. Programação estruturada.
3. Programação modular.
4. Programação com abstração de dados.
5. Programação orientada a objetos.

Román, de fato, aponta apenas subparadigmas, todos pertencentes ao paradigma maior chamado *imperativo*. Não aborda nenhuma informação sobre outro paradigma conhecido como *declarativo*, que envolve outras maneiras de programação, como: funcional, reativa, descritiva, concorrente e paralela.

A *programação tradicional* (entende-se por tradicional a forma de programação mais popular - imperativa até a primeira década do século XXI) expandiu-se no decorrer da década de 1950 a partir do desenvolvimento de aplicações comerciais, tornando-se bastante popular ao fim desta década. Anteriormente a este período, a programação de computadores era efetivada e praticada em ambientes científicos, por engenheiros e matemáticos, sem haver grande preocupação com metodologias de desenvolvimento, pois eram eles mesmos que usavam o que programavam. Esse período tem como representantes as linguagens de programação ASSEMBLY (1930), FORTRAN (1954) para aplicações científicas e, basicamente, COBOL (1961), muito usada em aplicações comerciais. Nesse período, os programas eram pensados em estruturas de blocos de operações com base em sequências e decisões com ações condicionais e incondicionais para a realização de laços, o que, de certa forma, mudou com o surgimento da linguagem COBOL. A linguagem COBOL marca a transição da programação tradicional (desestruturada para semiestruturada) em relação à programação estruturada. COBOL propõe nessa época o uso de uma forma organizada de desenvolvimento diferente da usada no estilo tradicional, na qual o programa é internamente separado em áreas de ações buscando se maior legibilidade do código a partir de uma proposta de uma *programação estruturada*. Não confundir isso com o *paradigma de programação estruturada*. A programação estruturada preconiza que os programas podem ser codificados a partir de três estruturas: sequência, decisão e laço (Dahl; Dijkstra; Hoare, 1972), sendo os laços seu maior apelo estrutural e operacional.

A *programação estruturada* como filosofia é consolidada durante a década de 1960, época em que surge a famosa linguagem BASIC (1965), uma linguagem semiestruturada que atendia aos princípios da programação tradicional com toques do que passou a ser chamado mais tarde de programação modular, destinada ao ensino de programação. Em 1958 é lançada a primeira linguagem estruturada, chamada ALGOL, com base no uso de laços do tipo decisão-ação e ação-decisão, além da escrita de algoritmos fundamentados em sub-rotinas (módulos ou subprogramas), tanto que muitas linguagens modernas são fundamentadas no que ALGOL apresentou. A partir das ideias da filosofia da programação estruturada com a programação modular, surge a linguagem SIMULA (1962), que introduz as bases do que veio a ser conhecido como *programação orientada a objetos* a partir do lançamento da linguagem SmallTalk (1985).

A linguagem SIMULA propõe o uso de estruturas de dados abstratas que permitem combinar tipos de dados diferentes em uma mesma instância de memória a partir de uma visão modular de seus programas. As estruturas abstratas da linguagem SIMULA são conhecidas como *registros* na *programação estruturada* ou *classes* na *programação orientada a objetos*. A diferença básica entre registros e classes é que as classes aceitam internamente a declaração de módulos de sub-rotinas membro que estabelecem métodos de funcionamento vinculados diretamente aos dados da estrutura em foco.

Os princípios da programação modular usada nas linguagens ALGOL e SIMULA influenciaram o desenvolvimento da linguagem PASCAL (1969) e, durante a década de 1970, o surgimento da linguagem de programação C. Estranhamente chamadas de *linguagens procedurais*, elas são linguagens que aliaram as técnicas de programação estruturada e modular em um mesmo universo de programação.

As ideias da programação modular e estruturada perpetradas pelas linguagens PASCAL e C, posteriormente em 1978, permitiram o surgimento da linguagem Modula-2, na qual se encontra, além dos modelos de programação modular e estruturada, o uso do conceito de encapsulamento de módulos como pacotes de dados, reforçando ainda mais a filosofia de programação estruturada.

Nas linguagens de programação modular encontra-se a orientação de pensar o programa como rotinas estruturadas que venham a executar as operações de sequência, tomada de decisão e laços não mais linearmente. Surgem os recursos para a utilização de variáveis globais e locais com passagens de parâmetros entre rotinas, caracterizando assim o *paradigma imperativo de programação estruturado*.

Não é preciso dizer que as linguagens lançadas no período da *programação estruturada* não demoram muito em fundir os recursos da *programação modular*, tanto que se tornou difícil separar conceitualmente o que é *programação estruturada* e *programação modular*. Atualmente, esses dois conceitos são vistos e aceitos como sinônimos e são por vezes usados, de certo modo erroneamente, como *programação procedimental*.

A *programação com abstração de dados* inicia-se na década de 1980 com o surgimento da linguagem de programação ADA, na qual se encontram muitas das estruturas de programação existentes em outras linguagens, além de possuir a estrutura de laço de repetição condicional seletivo, também encontrada, por exemplo, na linguagem *Structured BASIC* (versão estruturada da linguagem BASIC de 1965).

As ideias do paradigma da *programação orientada a objetos* foram semeadas no decorrer da década de 1960 (período de desenvolvimento da filosofia de *programação estruturada* e *programação modular*) a partir do surgimento da linguagem SIMULA, tendo seu auge de percepção a partir de 1985, com o lançamento da linguagem SmallTalk (iniciada por volta da década de 1970 nos laboratórios da empresa XEROX), e, posteriormente, com as linguagens C++ (1980), EIFFEL, Object PASCAL (ambas em 1985), JAVA (1995) e C# (2000), nas quais se encontram a definição e a construção de classes, objetos, encapsulamento, herança e polimorfismo, que ao fim desta obra são apresentados a título de introdução. O *paradigma de programação orientada a objetos* é outro elemento que compõe a *filosofia de programação estruturada*.

A *filosofia de programação estruturada* incorporou, automaticamente, alguns elementos da programação tradicional e diversos elementos das programações estruturada, modular e orientada a objetos. Veja que a partir dessa ocorrência a *filosofia de programação estruturada* fundamenta a definição de um paradigma (um modelo) voltado ao uso de linguagens de programação imperativas. Assim, tem-se o surgimento de um paradigma maior chamado *paradigma imperativo* e, dentro deste, abre-se um leque de paradigmas menores, tendo como representantes o *paradigma estruturado*, o *paradigma orientado a objetos*, o *paradigma orientado a eventos* e o *paradigma genérico*.

Além do *paradigma imperativo*, existe o *paradigma declarativo*, que engloba os paradigmas menores da *programação funcional*, *programação lógica*, *programação reativa* e *programação descritiva*. Há ainda neste universo o *paradigma concorrente* e o *paradigma paralelo*.

Uma observação deve ser considerada. Em vez de se falar *paradigma estruturado*, deveria se falar *paradigma procedimental*. Desta maneira não se confundiria, como ocorre com grande frequência, este termo com o conceito de *filosofia de programa estruturada* e nem tão pouco dizer *programação orientada a objetos*, e sim dizer *paradigma orientado a classes*. Um dos problemas nessas formas de classificação é a maneira como as pessoas fazem referência a elas. Por não falarem corretamente e usarem apenas os modos simplificados, acabam por colaborar com a confusão desses conceitos. Desse modo, a referência a esses modelos de programação pode ser feita como:

- paradigma imperativo procedimental (aceita-se: paradigma procedimental);
- paradigma imperativo orientado a objetos (aceita-se: paradigma orientado a objetos);
- paradigma imperativo orientado a eventos (aceita-se: paradigma orientado a eventos);
- paradigma imperativo genérico (aceita-se: paradigma genérico);
- paradigma declarativo lógico (aceita-se: paradigma lógico);
- paradigma declarativo funcional (aceita-se: paradigma funcional);
- paradigma declarativo reativo (aceita-se: paradigma reativo);
- paradigma declarativo descritivo (aceita-se: paradigma descritivo);
- paradigma concorrente (adotado tanto no paradigma declarativo como no imperativo);
- paradigma paralelo (adotado tanto no paradigma declarativo como no imperativo).

Em decorrência da evolução computacional, alguns paradigmas de programação surgiram, e outros surgirão, com o objetivo de buscar e atender melhor às classes de problemas que nós, seres humanos, enfrentamos em nosso dia a dia. É fundamental não perder tempo discutindo se um ou outro paradigma computacional é melhor ou pior que o outro. O fato de existirem paradigmas diferentes decorre da ocorrência de problemas de classes diferentes que não são possíveis de serem resolvidos da mesma maneira.

O estudo deste trabalho é focado nos critérios técnicos de uso do paradigma para programação imperativo dando suporte ao paradigma estruturado nos Capítulos 3 a 9, paradigma modular no Capítulo 10 e introdução ao paradigma orientada a objetos nos Capítulos 11 e 12, por serem estes, normalmente, os modelos de programação inicialmente ensinados e mais populares. Nesta obra não se aborda nenhum elemento usado no paradigma da programação declarativa.

1.5 Grafia Computacional

Há um costume na área de computação, mais precisamente no que tange à programação de computadores, de se escrever o número zero com um corte transversal definido do lado direito superior ao lado esquerdo inferior, com o objetivo de diferenciá-lo da letra "O" quando escrito manualmente em letras de forma (bastão) grafadas em letras maiúsculas. Há algumas variações no formato dos símbolos alfabéticos em que o traço transversal é substituído por um ponto central ou um pequeno *tick* no canto superior direito para estabelecer a diferença entre o zero e a letra "O" e, assim, facilitar a leitura dos dois símbolos sem confundi-los, como apresenta a Figura 1.7. No entanto, manualmente a diferenciação entre "zero" e "letra O" será sempre definida com o traço transversal.

Figura 1.7 Diferença entre os símbolos de número zero e letra "O".

O uso desse artifício para diferenciar os caracteres da letra "O" e o valor numérico zero "0" é verdadeiro e válido, mas as pessoas se esquecem de mencionar que tal regra somente é aplicada por estarem sendo utilizados símbolos de letras maiúsculas escritos eminentemente em letras de forma (letra bastão) e deve ser aplicada em casos muito específicos, como é o caso da área da computação. Essa regra não é, normalmente, utilizada com caracteres gráficos (gerados mecanicamente ou em sistemas tipográficos), a menos que estejam em uso fontes de texto do tipo monoespaçadas, como *Courier New*, *Lucida*, *Ubuntu*, entre outras.

No entanto, é pertinente ressaltar que nem sempre essa regra foi assim. Houve época em que certos segmentos da indústria da computação faziam uso do corte transversal junto à letra "O" para diferenciá-la do número zero.

Essa alteração na representação da simbologia talvez tenha ocorrido a partir do modo como a computação veio sendo usada ao longo dos anos de seu desenvolvimento. Inicialmente, os computadores eram empregados para processar apenas dados numéricos, sendo a incidência de uso do número zero maior que o uso do caractere representante da letra "O", e, por essa razão, a letra "O" era cortada. Porém, com o advento do uso comercial no decorrer da década de 1950 e o aumento no uso e processamento de caracteres alfabéticos, ocorreu a mudança de então cortar o número zero e deixar a letra "O" sem nenhuma marca. Alguns detalhes mais apropriados sobre essa questão podem ser lidos no artigo "*In search of the slashed letter 'O'* - Em busca da letra 'O' cortada".[6] No entanto, é pertinente salientar que cortar o número zero para diferenciá-lo da letra "O" é uma ação empregada desde o século XII (Cajori, 1928).

1.6 Interpretadores em Português de Linguagem Algorítmica

Uma linguagem de programação computacional é uma ferramenta que permite a um ser humano (denominado *programador*) indicar por meio de instruções operacionais ordens a serem processadas e executadas em um computador. Formalmente, pode-se considerar que uma linguagem é um meio sistemático de comunicar ideias por meio de símbolos. No caso dos computadores, os símbolos de uma linguagem de programação são as palavras reservadas da linguagem que dão à máquina certo sentido de execução. Dessa maneira, é possível especificar sobre quais dados um computador irá atuar e como será efetuada tal atuação.

As linguagens usadas para programar um computador podem ser formais ou informais. São formais quando permitem o desenvolvimento de um *software* em nível comercial, industrial e/ou científico, tais como BASIC, C, C++, Pascal, FORTRAN, Java, C#, Lua, COBOL, Modula-2, ALGOL, Hope, Haskell, F#, entre outras. Já as linguagens informais são usadas para a documentação do código de programas ou como artifício didático para suporte à aprendizagem da lógica de programação e não são, normalmente, executadas em um computador, a menos que se tenha alguma ferramenta de interpretação algorítmica voltada para esta ação, como o uso de interpretadores de linguagem algorítmica, neste caso em idioma português.

Neste livro, você terá contato com uma forma de escrita de códigos ao estilo informal chamada tecnicamente de *Linguagem de Projeto de Programação* (*LPP*) ou, simplesmente, *português estruturado* (ou *portugol - termo que os autores deste trabalho não gostam de usar* -, como é chamada por alguns profissionais no Brasil e até em Portugal). Mais detalhes sobre a técnica de LPP são encontrados no Capítulo 2 ao se tratar o tema *linguagem de projeto de programação.*

Quando do lançamento inicial deste trabalho, em 1996, não era comum a existência de programas de cunho didático que efetuassem a interpretação de algoritmos em língua portuguesa; quando muito, encontrava-se alguma coisa definida em língua inglesa (Pressman, 1995, p. 462), além do projeto ILA iniciado no ano de 1990 com a coordenação do Professor Sérgio Crespo, da Universidade Federal Fluminense no Rio de Janeiro. No entanto, após o lançamento deste livro, algumas poucas experiências de interpretadores para a execução de *scripts* escritos em linguagens algorítmicas surgiram com suporte ao idioma da língua portuguesa. Grande parte desses projetos é eminentemente acadêmica, desenvolvida por estudantes concluintes de cursos na área da computação, não tendo, em sua maioria, suporte de desenvolvimento com orientação de pedagogos que tenham também formação na área computacional. Alguns desses projetos são:

- G-Portugol;
- ILA+;
- Portugol IDE;

6 IN SEARCH of the Slashed Letter 'O'. Disponível em: https://www.circuitousroot.com/artifice/letters/characters/slashed-o/index.html. Acesso em: 19 out. 2020.

- Portugol Online;
- Portugol Studio;
- VisuAlg.

Nesta obra não é incentivado, em absoluto, o uso de nenhum desses projetos, pois segue-se neste trabalho o estilo de aprendizagem *old school*, no qual o estudo é realizado o mais distante possível de um computador, como feito nos primórdios da computação, em que era preciso ter em mãos apenas uma borracha, uma folha de papel, um lápis, talvez um gabarito da norma ISO 5807:1985 e o periférico mais importante e barato a que se tem acesso: o cérebro. Essa estratégia proporciona desenvolver efetiva e eficientemente o raciocínio abstrato. No entanto, há uma parcela de pessoas que preferem fazer isso em um computador ao estilo *new school*, ação que segue em sentido contrário à proposta deste trabalho. Neste caso, fica sob sua responsabilidade ou da pessoa que está lhe instruindo adaptar os algoritmos propostos neste livro para o modelo de código usado em certo projeto de interpretação algorítmica. Veja na Tabela 1.3 os endereços Web com os QR Codes de acesso a cada projeto.

Tabela 1.3 Links de acesso aos projetos de interpretadores algorítmicos

Ambiente	Link	Ambiente	Link	Ambiente	Link
VisuAlg (Brasil, 1996)	uqr.to/1wj3q	G-Portugol (Brasil, 2008)	uqr.to/1wj3r	ILA+ (Brasil, 1990)	uqr.to/1wj3s
Portugol IDE (Portugal, 2004)	uqr.to/1wj3t	Portugol Online (Brasil, 2015)	uqr.to/1wj3u	Portugol Studio (Brasil, 2009)	uqr.to/1wj3v

No sentido de colaborarmos indiretamente com a prática *new school*, mesmo não concordando com essa estratégia, são disponibilizados os algoritmos de aprendizagem do livro (Capítulos 3 a 10), até onde é possível, codificados nos estilos dos interpretadores mencionados na Tabela 1.4 sem nenhuma garantia de funcionamento, pois alguns algoritmos não são passíveis de implementação nas ferramentas existentes por estas não darem o devido suporte à ação apresentada. Esse material complementar está disponível a partir do QR Code:

uqr.to/1wj3w

As numerações de capítulos ausentes na Tabela 1.4 indicam que o interpretador mencionado não disponibiliza os recursos necessários para o capítulo, ou que não foi possível encontrar referências a esses recursos na documentação fornecida. Assim, não há garantia de que o interpretador tenha implementado corretamente os recursos apresentados no capítulo em questão.

É pertinente salientar que não é, neste trabalho, indicada nenhuma relação de tradução dos códigos usados no livro com qualquer forma sintática de *scripts* dos interpretadores algorítmicos mencionados. Também não são fornecidas as instruções de como obter, instalar e configurar essas ferramentas.

Um problema existente nas linguagens de programação formais e informais é a diversidade de expressão no modo de representação de algoritmos. Tomando por base os algoritmos escritos em português estruturado (portugol) nos diversos livros publicados no Brasil, cada autor acaba por adotar uma maneira de escrita que acredita ser melhor e o mesmo ocorre com os interpretadores de linguagem algorítmica. Isso cria um grande conjunto de dialetos e formas diferentes de expressar as mesmas ideias.

Para dar-lhe ideia do desenvolvimento deste livro, foi realizada extensa pesquisa de mais de um ano sob os diversos aspectos sintáticos da forma de escrita de pseudocódigos usados por outros autores e professores, além do estudo de conteúdos programáticos de diversas escolas, chegando-se a uma síntese do que se acreditou ser o mais conveniente para o ensino de lógica de programação. Estabeleceram-se a partir daí suas relações com algumas linguagens formais e conhecidas de programação, como *Pascal*, *C* e *Structured BASIC*. Deste estudo, chegou-se a um formato de codificação LPP que fosse genérico e menos verboso, dando origem a esta obra.

Tabela 1.4 Links de acesso aos códigos de aprendizagem nos interpretadores de algoritmos

	VisuAlg	ILA	G-Portugol	Portugol Online	Portugol IDE	Portugol Studio
Capítulo*	3 a 10	3 a 10	3 a 8, 10	3 a 10	3 a 8	3 a 8, 10
QR Code	uqr.to/1wj3x	uqr.to/1wj3y	uqr.to/1wj3z	uqr.to/1wj40	uqr.to/1wj41	uqr.to/1wj42

* As numerações ausentes indicam que o interpretador mencionado não disponibiliza os recursos necessários para alguns capítulos, ou não foi possível encontrar referências a esses recursos na documentação fornecida.

É pertinente salientar, mais uma vez, que nem todos os códigos usados neste livro estarão efetivamente representados ou implementados nos interpretadores algorítmicos existentes, pois ocorrem situações em que certo interpretador não possui implementados os recursos necessários para representar os códigos indicados. Os interpretadores apresentados não dão suporte à programação orientada a objetos; por essa razão, os *scripts* para o Capítulo 12 não foram disponibilizados.

Uma linguagem de programação, seja formal ou informal, é considerada verbosa quando possui muitos elementos para expressar certa ideia. Por exemplo, o comando **leia A** para a entrada de um valor numérico que seja inteiro em Pascal é escrito como **readln(A)**; e na linguagem C é escrito como **scanf("%i", &A)**; veja que a forma escrita em C é mais verbosa que a forma escrita em Pascal. É óbvio que, para quem está começando a aprender a programar, usar uma linguagem de estrutura menos verbosa é mais interessante, pois tudo fica mais fácil e confortável do ponto de vista sintático. No entanto, do ponto de vista lógico tanto faz usar uma ou outra.

ANOTAÇÕES

CAPÍTULO 2

ALGORITMOS E A LÓGICA DE PROGRAMAÇÃO

Este capítulo apresenta informações sobre o significado da palavra algoritmo e sua aplicação computacional. Outro ponto de destaque é a orientação em relação aos níveis de conhecimento que um programador de computador deve possuir. Aborda detalhes sobre o uso de lógica de programação de computadores e da norma ISO 5807:1985 (E) na elaboração de diagramas de blocos. Descreve o uso da técnica de linguagem de projeto de programação e, por fim, orienta quanto ao uso de compiladores, interpretadores e tradutores. A leitura deste capítulo é indicada a todos, tenham ou não experiência no uso de computadores.

2.1 Algoritmos Computacionais

O termo *algoritmo* normalmente causa certa estranheza a algumas pessoas, pois muitas acreditam que está escrito ou pronunciado de maneira incorreta. A palavra *algoritmos* vem do latim, dos termos *algorismos* ou *algorithmos*, que estão associados à ideia de algarismos por influência do idioma grego a partir do termo *arithmós*, associado à ideia de números.

A palavra *algoritmo* é aplicada e empregada, segundo o dicionário Houaiss, nas ciências matemática e de computação. Na esfera matemática, o termo está associado a um processo de cálculo; encadeamento das ações necessárias ao cumprimento de uma tarefa; processo efetivo, que produz uma solução para um problema em um número finito de etapas. Na ciência da computação (informática), esse termo é associado a um conjunto de regras e procedimentos lógicos, perfeitamente definidos, que levam à solução de um problema em um número finito de etapas ou passos.

Há também uma crença na área da computação de que o termo *algoritmos* originou-se no ano de 830 d.C. a partir da publicação de um importante livro de álgebra escrito pelo famoso matemático e astrônomo muçulmano que viveu na Pérsia (atual Irã), chamado Abu Ja'far Muhammad ibn Musa al-Khwarizmi, nascido no ano de 780 d.C. e falecido no ano de 850 d.C. (Figura 2.1), conhecido também por al-Khwarizmi.

Acredita-se que seu nome sofreu corruptelas ao longo dos anos, levando a mudanças na pronúncia para Al-Karismi, Algarismi, chegando a algarismo, que é a representação numérica do sistema de cálculos atualmente em uso. Supõe-se que é deste mesmo radical que vem o termo *algoritmo*, usado nas áreas das ciências da computação, matemática e engenharia.

O termo *algoritmo* é também referenciado nas várias obras publicadas sobre os temas relacionados com as atividades de programação de computadores com as mais diversas descrições, podendo ser um conjunto de regras formais para a obtenção de um resultado ou a solução de um problema (Forbellone; Eberspacher, 2005), englobando fórmulas de expressões aritméticas.

Wikimedia Commons/Cris 73

Figura 2.1 Abu Ja'far Muhammad ibn Musa al-Khwarizmi.

Um *algoritmo* pode ser descrito basicamente de duas formas. Berg e Figueiró (2002) mencionam tratar-se de uma forma gráfica a partir da utilização de diagramas de blocos, e outra forma textual, a partir de uma linguagem de projeto de programação ou mesmo de uma linguagem de programação de computadores formal. Em um sentido mais amplo, *algoritmo* é um processo sistemático para a resolução de um problema (Szwarcfiter; Markenzon, 1994), ou de uma sequência ordenada de passos a ser observada para a realização de uma tarefa (Saliba, 1993; Berg; Figueiró, 2002). Para Berlinski (2002, p. 21), algoritmo é um método finito, escrito em um vocabulário simbólico fixo, regido por instruções precisas, que se movem em passos discretos, 1, 2, 3, ..., cuja execução não requer *insight*, esperteza, intuição, inteligência ou clareza e lucidez, e que mais cedo ou mais tarde chega a um fim. Para Cormen *et al.* (2002, p. 3), um algoritmo é qualquer procedimento computacional bem definido que toma algum valor ou conjunto de valores como *entradas* e produz algum valor ou conjunto de valores como *saída*.

A partir das definições dadas, o termo algoritmo, do ponto de vista computacional, pode ser entendido como *regras formais, sequenciais e bem definidas a partir do entendimento lógico de um problema a ser resolvido por um programador com o objetivo de transformá-lo em um programa que seja possível de ser tratado e executado por um computador, em que dados de entrada são transformados em dados de saída.*

Dessa forma, é importante entender e compreender a palavra "problema". Pode-se dizer que problema é um assunto controverso, ainda não satisfatoriamente respondido, em qualquer campo do conhecimento, e que pode ser objeto de pesquisas científicas ou discussões acadêmicas, segundo definição encontrada no dicionário Houaiss. No entanto, do ponto de vista computacional, problema é uma questão que foge a determinada regra, ou melhor, é o desvio de um percurso, o qual impede de atingir um objetivo com eficiência e eficácia.

2.2 Cozinha × Computador

Do ponto de vista computacional, um algoritmo (no sentido imperativo da palavra, como comentado) pode ser didaticamente comparado a uma receita culinária. Toda receita culinária é dividida em dois blocos de ação, sendo o bloco *ingredientes* no qual se definem os dados a serem usados e as quantidades que devem estar preparadas e separadas para a elaboração da receita, e o bloco *modo de preparo* em que estão descritos o programa de ações e a sequência de atividades a ser realizada.

Note que tanto o bloco de ingredientes como o bloco do modo de preparo estabelecem o roteiro de trabalho a ser seguido (o programa de atividades). Se uma das etapas definidas em toda a receita deixar de ser seguida, o resultado final será diferente do preestabelecido na receita.

Qualquer pessoa de posse de uma receita consegue, se seguir os seus passos, preparar a refeição indicada sem grandes dificuldades; essas pessoas são os *cozinheiros*. No entanto, existem outras que criam e inventam receitas, normalmente chamadas *mestres-cucas*. Há ainda uma terceira pessoa que simplesmente vai provar a refeição; é o usuário da receita preparada pela pessoa que cozinhou, que não é necessariamente um mestre-cuca, mas alguém que, ao longo de determinado tempo, pode se tornar um.

Na atividade de programação de computadores há etapas de trabalho semelhantes às de uma cozinha. O programador de computador é, de certa maneira, um "mestre-cuca" da programação, pois prepara o programa a ser utilizado por uma pessoa denominada *usuário*. O usuário quer consumir, usar um programa como alguém que entra em um restaurante e deseja comer um alimento. Ele não está preocupado com a maneira como o alimento foi preparado (ou como um programa de computador foi escrito), simplesmente quer usá-lo.

Existem pessoas que montam programas a partir de algoritmos escritos por programadores. São, na verdade, simples "cozinheiros", o que não é demérito nenhum, porém não têm experiência para resolver todos os problemas que possam surgir.

O programador de computador "mestre-cuca" é um profissional que possui muita sensibilidade em lógica de programação, normalmente com muita experiência, algo em torno de 10 anos de trabalho ou até mais tempo (Norvig, 2007); é um profissional em nível *sênior*. Consegue elaborar algoritmos computacionais extremamente refinados e avançados, sem que precise de um modelo previamente definido para conseguir resolver um problema.

O programador de computador "cozinheiro" é um profissional que possui pouca ou média sensibilidade em lógica de programação, normalmente com pouca experiência na tarefa de programar computador, algo em torno de 4 a 6 anos (no nível *júnior*) ou entre 7 e 9 anos (no nível *pleno*). O profissional *júnior* consegue desenvolver algoritmos de nível simples a médio e necessita do auxílio e da supervisão contínua de um programador *sênior*. O profissional *pleno* consegue desenvolver algoritmos de nível médio a complexo e necessita de supervisão e auxílio esporádicos de um programador *sênior*. Ao usar algoritmos prontos e escritos por outros programadores, gradativamente o programador *júnior* é preparado até se tornar *pleno*, e o programador *pleno* se prepara para chegar a um nível *sênior* e tornar-se, de certa maneira, um "mestre-cuca".

Assim como uma cozinha necessita de ajudantes de cozinheiro, também é necessário haver ajudantes de programador. Esses profissionais normalmente possuem pouca experiência, algo entre 1 e 3 anos (*trainee*). Haja vista o pouco tempo de experiência, não assumem tarefas complexas. Normalmente, montam programas a partir de algoritmos já escritos por programadores mais experientes. Quando escrevem algum algoritmo, usam de mais simplicidade que o programador *júnior*. Geralmente, precisam de auxílio e supervisão rígida de um programador *sênior*.

Um fato deve ficar claro: ninguém chega ao auge de uma profissão começando de cima. É necessário dar os primeiros passos devagar, adquirir experiência e vivência e, ao longo de um período, galgar os degraus da profissão escolhida. Assim, não existe muito tempo na vida para cometer erros profissionais. Antes de escolher alguma profissão, pense muito bem, procure conhecê-la, bem como os pontos positivos e negativos, e seja tenaz e disciplinado no aprendizado para conseguir conquistar seu espaço.

2.3 Lógica de Programação de Computadores

A lógica de programação é a base para a criação de programas em qualquer linguagem de programação. Trata-se de um conjunto de técnicas que ajudam uma pessoa dedicada à tarefa de programação a estruturar a solução de problemas de maneira organizada e eficiente.

Muitos gostam de afirmar que possuem e sabem usar o raciocínio lógico, porém, quando questionados direta ou indiretamente, perdem essa linha de raciocínio, pois inúmeros fatores são necessários para completá-lo, como conhecimento, versatilidade, experiência, criatividade, responsabilidade, ponderação, calma, autodisciplina, entre outros. No entanto, programar, mais que qualquer outra atividade, envolve a habilidade de raciocinar (Dijkstra, 1982).

Para usar o raciocínio lógico, é necessário ter domínio do pensar, bem como saber pensar, ou seja, possuir e usar a "arte de pensar e saber como economizar o pensamento". Alguns definem o raciocínio lógico como um conjunto de estudos que visa determinar os processos intelectuais que são as condições gerais do conhecimento verdadeiro. Isso é válido para a tradição filosófica clássica aristotelista. Outros preferem dizer que raciocínio é o ato ou efeito de raciocinar, exercício da razão por meio do qual se procura alcançar o entendimento de atos e fatos, se formulam ideias, se elaboram juízos, se deduz algo a partir de uma ou mais premissas, se tiram conclusões ou atividade mental que, por meio de instrumentos indutivos ou dedutivos, fundamenta o encadeamento lógico e necessário de um processo argumentativo, especialmente no interior de demonstrações científicas, filosóficas ou matemáticas. Estas são algumas definições encontradas no dicionário Houaiss, mas existem outras que expressam o verdadeiro raciocínio lógico dos profissionais da área de tecnologia da informação (da área da computação), como um esquema sistemático que define as interações de sinais no equipamento automático do processamento de dados, ou o computador científico com o critério e princípios formais de raciocínio e pensamento. O raciocínio lógico usado na prática da programação de computadores pode ser entendido como uma técnica de se encadearem pensamentos com o intuito de atender a um certo objetivo. A lógica de programação objetiva o estabelecimento de uma sequência organizada de passos que serão executados por um computador, na forma de um programa.

A partir do exposto pode-se dizer que lógica é a ciência que estuda as leis e os critérios de validade que regem o pensamento e sua demonstração, ou seja, ciência dos princípios formais do raciocínio, tendo sido possivelmente descoberta por Aristóteles, que viveu entre os anos de 384 e 322 a.C. (Abe; Scalzitti; Silva Filho, 2001, p. 11). Para Aristóteles, lógica é a ferramenta para a obtenção do conhecimento. Lógica advém de *lógos*, que em grego dá o sentido de linguagem-discurso/pensamento-conhecimento. *Grosso modo*, pode-se inferir que a lógica, em sua forma mais ampla, é a ação usada para ordenar economicamente o pensamento.

Usar raciocínio lógico é um fator a ser considerado por todos, mas principalmente pelos profissionais da área da tecnologia de informação envolvidos com o desenvolvimento da programação de computadores (destacando-se programadores, analistas de sistemas e engenheiros de *software*), pois seu dia a dia dentro das organizações é solucionar problemas e atingir os objetivos apresentados por seus usuários com eficiência e eficácia, utilizando recursos computacionais e/ou automatizados mecatronicamente. Saber lidar com problemas de ordem administrativa, de controle, de planejamento e de estratégia requer atenção e boa performance de conhecimento do pensar e do realizar. Porém, é necessário considerar que ninguém ensina ninguém a pensar, pois as pessoas nascem com esse "dom".

O objetivo central desta obra é mostrar como desenvolver e aperfeiçoar essa técnica de pensar, considerando-a no contexto da programação de computadores. É fundamental que o estudante de programação aprenda a pensar o "computador", ou seja, é necessário modelar o pensar e o raciocínio ao formato operacional preestabelecido e funcional de um computador eletrônico desenvolvendo o *pensamento computacional*. Essa tarefa não é trabalho fácil e exige muita determinação, persistência e autodisciplina por parte do estudante de programação, pois para aprender a programar um computador é necessário executar repetidamente diversos exercícios e praticá-los constantemente, o que pode levar à exaustão física e mental.

As bases que norteiam o processo da programação de computadores vêm das mesmas ideias estudadas e apresentadas por Charles Babbage com a máquina analítica e de sua programação idealizada por sua assistente, Ada Augusta Byron King (Figura 2.2), condessa de Lovelace, nascida em 10 de dezembro de 1815 e falecida em 27 de novembro de 1852, filha de George Gordon Byron, conhecido como Lord Byron, destacado poeta britânico.

4th Earl of Lytton/Wikimedia Commons

Figura 2.2 Ada Augusta.[8]

Ada Augusta é considerada pioneira na programação de computadores,[7] pois desenvolveu os algoritmos que permitiriam à máquina analítica computar os valores de funções matemáticas. Ada publicou uma série de notas sobre a máquina analítica e desenvolveu muitas bases e técnicas utilizadas atualmente para programar computadores.

2.3.1 Uso de Lógica na Programação de Computadores

Muitos profissionais da área de programação de computadores (principalmente os mais experientes, cautelosos e cuidadosos) preferem elaborar seus programas com base em um projeto que aborde todos os aspectos técnicos do desenvolvimento, com atenção especial sempre à parte do projeto lógico.

O projeto de desenvolvimento de sistemas (conjunto de programas de computador com o mesmo propósito e interligados) segue diversas etapas de um processo normalmente conhecido como análise de sistemas. O foco desta obra é o projeto lógico, a parte do desenvolvimento do programa de um sistema em si. Assim, apenas os aspectos relacionados com o desenvolvimento e com a escrita de rotinas de programas e seu projeto serão abordados.

Normalmente, o projeto lógico de um programa ou conjunto de programas é idealizado utilizando ferramentas gráficas e textuais:

- As ferramentas gráficas utilizadas no projeto lógico da programação podem ser os *diagramas de blocos* (e não os *fluxogramas*, como alguns profissionais fazem referência, com base na norma internacional ISO 5807:1985 (E)) ou *diagramas de quadros* (modelo conhecido também como *NS* – lê-se *enés*, *NSD* – lê-se *enésidi* ou *Chapin* – lê-se *chapâm*). O uso dessas ferramentas gráficas

---

7 O termo "programador de computador", no Brasil, refere-se à pessoa que projeta, escreve e testa programas para computadores. Já o substantivo "programador" (masculino) é um gênero comum de dois, podendo designar qualquer pessoa, independentemente do gênero, no contexto da programação de computadores. Por outro lado, o termo "programadora" (substantivo feminino), segundo os dicionários Michaelis e Houaiss, designa uma pessoa jurídica responsável por produzir e/ou fornecer programas ou programações para a televisão. No entanto, dicionários portugueses, como o Porto Editora, atribuem ao verbete "programadora" o mesmo significado do termo "programador".

8 Retrato de Ada Lovelace (1815-1852). Government Art Collection (GAC) 216 cm × 137 cm, óleo sobre tela. Imagem disponível em: https://commons.wikimedia.org/wiki/File:Ada_Lovelace.jpg.

possibilita demonstrar de maneira concreta a linha de raciocínio lógico (que é um elemento abstrato) que o profissional de desenvolvimento usou para planejar e escrever um programa de computador. Os *diagramas de blocos* ou de *quadros* são instrumentos que estabelecem visualmente a sequência de operações a ser efetuada por um programa de computador. A técnica de uso e desenvolvimento de diagramas concede ao profissional da área de desenvolvimento facilidade na posterior codificação e também manutenção do programa em qualquer uma das linguagens formais de programação existentes. Na elaboração dos diagramas não se levam em consideração particularidades e detalhamentos sintáticos e estruturais utilizados por uma linguagem de computador, e sim apenas as ações a serem realizadas. Os diagramas são ferramentas que possibilitam definir o detalhamento operacional que um programa deve executar, sendo um instrumento tão valioso quanto é uma planta para um arquiteto ou engenheiro.

- As ferramentas textuais (*pseudocódigos* ou *metalinguagens*) permitem descrever de maneira simples e sem o rigor técnico de uma linguagem de programação formal (uso de parênteses, pontuações e parâmetros) as etapas que o programa de computador deve executar, desde que essas etapas estejam definidas e delineadas com uma das ferramentas gráficas existentes: diagramas de blocos ou diagramas de quadros. O modelo de codificação textual de um programa pode ser usado com base na técnica chamada *Program Design Language* (PDL), que é uma linguagem de projeto de programação, e não uma linguagem de programação em si, servindo como propósito inclusive de documentação. No Brasil, essa técnica é utilizada normalmente com os nomes *português estruturado* ou *portugol*. Esta obra usa a referência *português estruturado*.

A técnica mais importante no projeto da lógica de programas com base em algoritmos denomina-se programação estruturada ou programação modular, estando em consonância com o pensamento, que é estruturado e serve como base e fundamentação para o uso e estudo de outras técnicas, como a técnica de programação orientada a objetos.

A técnica de programação estruturada usa uma metodologia de projeto que objetiva:

- agilizar a codificação da escrita da programação;
- facilitar a depuração da leitura;
- permitir a verificação de possíveis falhas apresentadas pelos programas;
- permitir a reutilização de código dentro do próprio programa ou em outros programas com a criação de bibliotecas;
- facilitar as alterações e atualizações dos programas, bem como o processo de manutenção, e deve ser composta de quatro passos fundamentais:
    - escrever instruções ligadas entre si apenas por estruturas sequenciais, tomadas de decisão, laços de repetição e de selecionamento;
    - escrever instruções em grupos pequenos e combiná-las na forma de sub-rotinas ou de módulos estruturados ou orientados a objeto;
    - distribuir módulos do programa entre os diferentes programadores que trabalharão sob a supervisão de um programador *sênior*, chefe de programação ou analista de sistemas de informação;
    - revisar o trabalho executado em reuniões regulares e previamente programadas, em que compareçam apenas programadores de um mesmo nível.

A programação de computadores é uma prática que necessita de metodologia, disciplina e autoconhecimento do pensar. É necessário direcionar o pensamento, dentro da limitação técnica de um computador, para atender às necessidades dos usuários, que veem neste a solução de todos os problemas que nem sempre podem ser solucionados pelo computador, ou seja, atendidos.

Dentro do contexto e do princípio da lógica de programação de computadores, é fundamental deixar claro o papel de dois dos mais importantes profissionais desse contexto, que são o *analista de sistema de informação* (*analista de sistemas*) e o *programador de computador*.

O papel do analista de um sistema é semelhante ao papel executado por um arquiteto. O analista é responsável por obter a visão macro que o sistema deve executar e passá-la para a equipe de programação, que deve então delineá-la. Assim como um arquiteto, o analista de sistemas tem a responsabilidade de desenhar a planta do sistema (planta estrutural), a qual é chamada de forma genérica, de *fluxograma*. Os fluxogramas são diagramas que fornecem a representação esquemática de um processo computacional e de sua organização funcional. Em hipótese nenhuma um fluxograma, como ferramenta de projeto, é usado para demonstrar a funcionalidade lógica de um programa. Isso é feito apenas com diagramas de blocos ou mesmo com diagramas de quadros.

A função do programador de computador é semelhante à de um construtor (em um nível mais avançado, é semelhante à função de um pedreiro altamente especializado, pois o programador é responsável por construir o programa, empilhando as instruções de comando de uma linguagem de programação como se fossem tijolos e, inclusive, fazer o acabamento da construção com a elaboração do projeto visual, chamado de interface gráfica).

Além de interpretar o fluxograma desenhado pelo analista, o programador de computador precisa destrinchar os detalhes lógicos que o programa deve executar para atender ao que fora solicitado pelo analista e, consequentemente, atender à necessidade de um usuário, o cliente. É nessa fase do trabalho que o programador deve desenhar em um nível micro a planta operacional com as atividades a serem executadas pelo programa. Essa planta operacional é chamada de diagrama de blocos ou diagrama de quadros.

2.3.2 Norma ISO 5807:1985 (E)

O processo de desenvolvimento de programação de computadores ocorre, normalmente, com base em duas etapas de trabalho, que são análise de sistemas e programação, quando são feitos os desenhos dos fluxogramas, diagramas de bloco ou de quadros.

Por ser um trabalho voltado ao desenvolvimento da lógica de programação utilizada em computadores eletrônicos, o foco ora apresentado baseia-se na construção de diagramas de blocos e pseudocódigos. O estilo em diagrama de quadros não será apresentado, uma vez que esse modelo não é aceito como norma oficial de trabalho, tendo um apelo mais acadêmico do que comercial.

A norma internacional ISO 5807:1985 (E) é a consolidação de duas normas anteriores denominadas ISO 1028[9] e ISO 2636,[10] ambas publicadas no ano de 1973. Em particular, a extinta norma internacional ISO 1028 foi editada a partir da norma regional norte-americana ANSI X3.5,[11] publicada no ano de 1970. O objetivo da norma ISO 5807 é fornecer uma linguagem visual padronizada para a representação da linha de raciocínio mental usada por um ser humano na representação das ações operacionais de entrada, processamento e saída de dados, facilitando a comunicação entre profissionais envolvidos em projetos de programação e promovendo a consistência e a precisão nas representações de fluxogramas e diagramas de blocos. Fluxogramas são desenhos

9 Information processing – Flowchart symbols.

10 Information processing – Conventions for incorporating flowchart symbols in flowcharts.

11 American National Standards.

produzidos por analistas de sistemas, enquanto diagramas de blocos são desenhos produzidos por programadores.

Segundo Pressman (1995, p. 453), "um quadro[12] vale mil palavras, mas é importante diferenciar qual quadro e quais mil palavras" se pretendem realmente referenciar. A importância da representação gráfica da linha de raciocínio lógico é considerada também por Berg e Figueiró (2002, p. 18), quando afirmam que as representações gráficas implicam ações distintas, deixando claro que "tal propriedade facilita o entendimento das ideias [...] e justifica a sua popularidade". A importância da representação gráfica da lógica de programação de computadores não é uma discussão técnica recente, pois já fora apresentada por Goldstein e von Neumann no ano de 1947.

Segundo a norma ISO 5807:1985 (E), seu uso não deve restringir aplicações ou soluções particulares, uma vez que podem existir várias soluções para os diversos problemas de processamento de informação. Assim, essa norma sugere o uso de critérios que devem ser adaptados segundo as necessidades existentes.

Os símbolos gráficos da norma ISO 5807:1985 (E) permitem demonstrar de maneira clara a linha de raciocínio lógico-abstrata utilizada por um programador de computadores, de forma que seja fácil a quem não conhece programação entender o que se pretende de determinado programa. A Figura 2.3 mostra como exemplo a imagem de um gabarito que facilita o desenho de fluxogramas e diagramas de blocos, com base em um gabarito original desenvolvido pela empresa IBM. Nesse gabarito existem símbolos padrão (incluídos e aceitos na norma internacional) e símbolos particulares de uso da IBM, que foram criados por ela para atender às suas próprias necessidades.

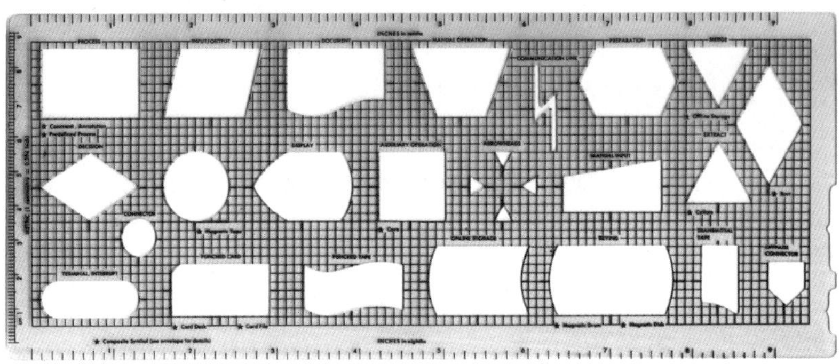

Rapidesign

Figura 2.3 Gabarito para diagramação de programas (imagem Rapidesign).

A Tabela 2.1 apresenta apenas alguns dos símbolos normatizados e de uso geral que serão usados nesta obra.

Tabela 2.1 Símbolos normatizados ISO 5807

Símbolo	Significado	Descrição
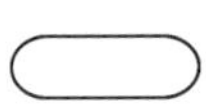	Terminal *Terminator*	O símbolo representa a definição de início e fim do fluxo lógico de um programa. Também é utilizado na definição de sub-rotinas de procedimento ou de função.

▷

12 O termo *quadro* é utilizado no sentido figurado para representar o termo *símbolo*.

Símbolo	Significado	Descrição
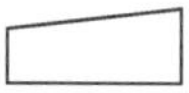	Entrada manual *Manual input*	Representa a entrada manual de dados, normalmente efetuada em um teclado conectado diretamente ao console do computador.
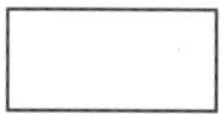	Processamento *Process*	Representa a execução de uma operação ou grupo de operações que estabelecem o resultado de uma operação lógica ou matemática.
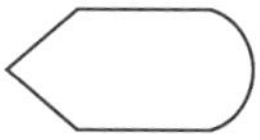	Exibição *Display*	Representa a execução da operação de saída visual de dados em um monitor de vídeo conectado ao console do computador.
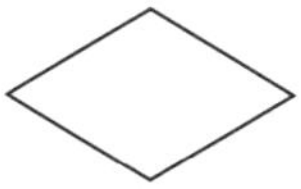	Decisão *Decision*	O símbolo representa o uso de desvios condicionais para outros pontos do programa de acordo com situações variáveis.
	Preparação *Preparation*	Representa a modificação de instruções ou grupo de instruções existentes em relação à ação de sua atividade subsequencial.
	Processo predefinido *Predefined process*	Definição de um grupo de operações estabelecidas como uma sub-rotina de processamento anexa ao diagrama de blocos.
	Conector *Connector*	Representa a entrada ou a saída em outra parte do diagrama de blocos. Pode ser usado na definição de quebras de linha e na continuação da execução de decisões.
	Linha *Line*	O símbolo representa a ação de vínculo existente entre os vários símbolos de um diagrama de blocos. Possui a ponta de uma seta indicando a direção do fluxo de ação.

A partir de uma rápida definição dos símbolos que podem ser usados e de suas descrições, é pertinente estabelecer algumas regras para sua devida utilização, em consonância com a norma apresentada. Dessa forma, atente aos pontos seguintes:

- Os símbolos de identificação gráfica representam sempre uma operação ou conjunto de operações similares, podendo ser identificados por um rótulo relacionado com a própria ação do símbolo em uso, somente quando necessário.
- Os símbolos devem ser conectados uns aos outros por linhas de setas que mostrem explicitamente a direção do fluxo a ser executado pelo programa.
- A estrutura visual do diagrama deve, a princípio, estar orientada no sentido de cima para baixo, da direita para a esquerda e ser desenhada no centro da folha de papel. No entanto, dependendo da situação, esse critério pode ser alterado, o que leva à necessidade de manter o uso das linhas de seta indicando a direção do fluxo.
- A definição de inicialização e finalização de um diagrama ocorre com o uso do símbolo "terminal" devidamente identificado com um dos rótulos: início, fim, retorno ou a definição de um nome particular, quando for necessário, desde que seguidas as regras de utilização de sub-rotinas (a serem apresentadas em momento oportuno).
- As operações de entrada de dados para esta obra serão genericamente representadas com o uso do símbolo de "entrada manual", uma vez que o teclado será utilizado como periférico genérico dessa ação.

- As operações de saída de dados serão genericamente definidas com o símbolo "exibição", considerando o fato de um monitor de vídeo estar sempre em uso.
- A definição das variáveis nas operações de entrada e saída será feita nos símbolos apropriados. Quando houver mais de uma variável a ser utilizada, serão separadas por vírgulas.
- As operações de processamento matemático e lógico estarão definidas com o símbolo "processamento". Quando houver mais de uma operação a ser definida em um mesmo símbolo, devem estar separadas por linhas de ação sem o uso de vírgulas ou serem escritas em símbolos distintos.
- As operações de tomada de decisão para condições simples, compostas, sequenciais, encadeadas ou de execução de laços interativos (condicionais) serão representadas pelo símbolo de "decisão", que conterá a condição a ser avaliada logicamente. Cada símbolo de decisão pode possuir apenas uma condição lógica. É considerada lógica uma condição isolada ou de um conjunto de condições vinculadas com o uso de um operador lógico de conjunção, disjunção ou disjunção exclusiva.
- As operações de laços iterativos e interativos (incondicionais) serão representadas com o símbolo "preparação", que permite a realização de um grupo de tarefas predefinidas e relacionadas.
- A definição e o uso de sub-rotinas são representados pelo "processo predefinido". Esse símbolo deve estar identificado com um rótulo associado a outro diagrama de bloco ou blocos interdependentes ao programa e indicado como o rótulo do símbolo "terminal" da rotina associada.
- As operações que necessitarem de conexão utilizarão o símbolo "connector" na finalização de operações de decisões ou na identificação de vínculos entre partes de um programa e, neste caso, devem estar identificadas com rótulos alfanuméricos.
- Fica eleito o símbolo "processamento" como curinga, que pode representar qualquer ação definida ou não, desde que a operação seja devidamente identificada por um rótulo descritivo. Exceções aos símbolos "decisão" e "preparação" que representam operações bem definidas e não devem, em hipótese nenhuma, ser substituídos por qualquer outro símbolo.
- O símbolo *terminal* só pode ser usado duas vezes dentro de cada programa ou programa de sub-rotina. Em nenhuma hipótese pode este símbolo ser usado mais de duas vezes.

Além das bases anteriormente propostas e já discutidas amplamente por vários cientistas da computação, podem surgir pontos a serem definidos ao longo deste estudo ou do trabalho a ser efetivamente realizado na vida profissional. Nesse caso, demais critérios que se fizerem necessários e que não estão previstos na norma ISO 5807:1985 (E) devem ser analisados, discutidos, mediados e definidos pela gerência de cada equipe de desenvolvimento.

2.3.3 Diagrama de Bloco e de Quadro

A representação gráfica com base nas formas geométricas apresentadas no tópico anterior implica o uso e a implementação de ações distintas. O uso de diagramas facilita o entendimento das ideias de uma pessoa ou equipe e justifica sua popularidade.

A representação gráfica com base em diagrama de bloco é também referenciada erroneamente no Brasil como fluxograma. O termo fluxograma deve ser utilizado, como já comentado, apenas na esfera da análise de sistemas, e não em programação. Possivelmente, o erro de definição do termo ocorre em razão da estrutura da palavra original no idioma inglês: *flowchart* (*flow* = fluxo, *chat* = diagrama), portanto, diagrama de fluxo. No entanto, diagrama de fluxo não é o mesmo que fluxograma.

Vale lembrar que fluxograma é um conceito macro e diagrama é micro do processo de documentação gráfica da linha de raciocínio a ser usada na programação de um computador eletrônico.

Além da representação tradicional, há a representação alternativa denominada diagrama de quadro (ou diagrama de *NS* ou diagrama de *Chapin*). Apesar de utilizada por alguns profissionais, essa forma não é aceita por normas internacionais e, por esta razão, não será abordada em detalhes, mas isso não impede de ser apresentada.

O diagrama *NS* ou *NSD* foi desenvolvido por Isaac Nassi e Ben Shneiderman nos anos 1972/73 e ampliado por Ned Chapin no ano 1974. Esse modelo de diagramação substitui o formato tradicional por um modo estrutural diferente com base no uso de quadros.

As Figuras 2.4 a 2.9 mostram, respectivamente, as estruturas lógicas de operação computacional mais triviais e comuns e que serão apresentadas ao longo desta obra: sequência, decisão simples, decisão composta, laço de repetição condicional pré-teste, laço de repetição condicional pós-teste e laço de repetição incondicional, desenhadas em diagrama de bloco (lado esquerdo das imagens) e diagrama de quadro (lado direito das imagens). As situações apresentadas se referem à demonstração de alguns simples programas de computador.

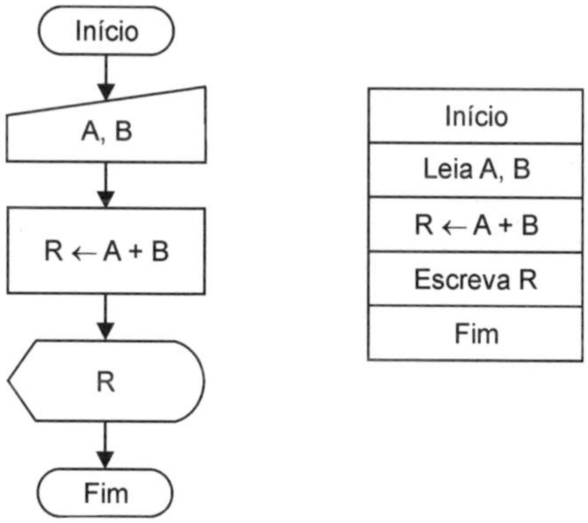

Figura 2.4 Estrutura de operação computacional de sequência.

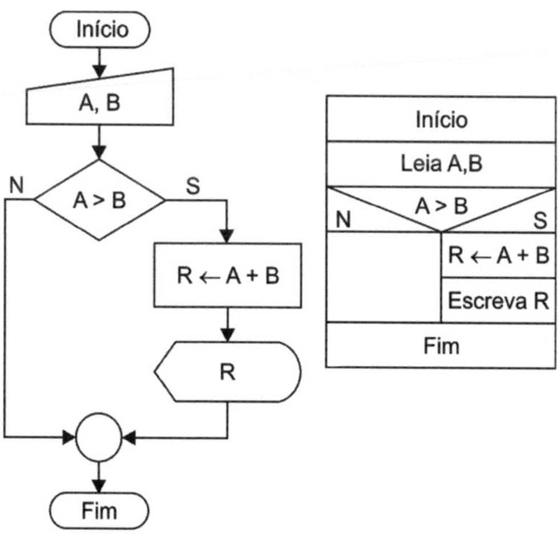

Figura 2.5 Estrutura de operação computacional de decisão simples.

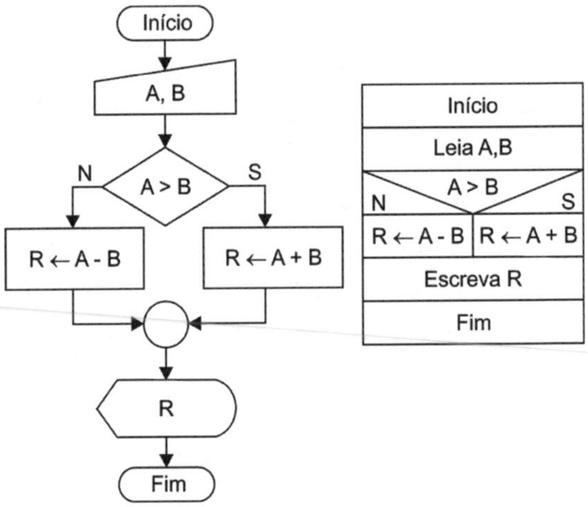

Figura 2.6 Estrutura de operação computacional de decisão composta.

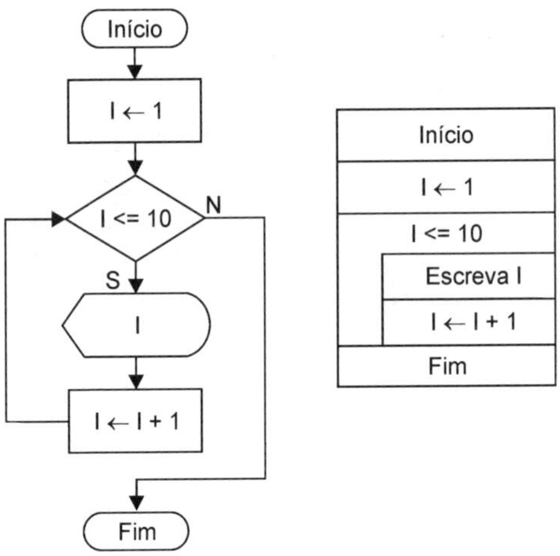

Figura 2.7 Estrutura de operação computacional de laço de repetição condicional pré-teste.

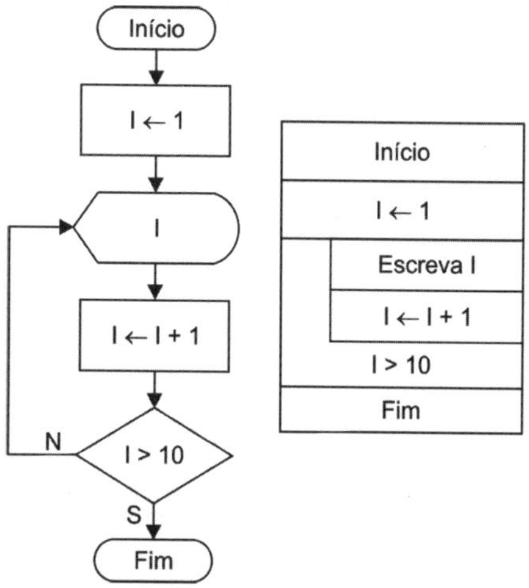

Figura 2.8 Estrutura de operação computacional de laço de repetição condicional pós-teste.

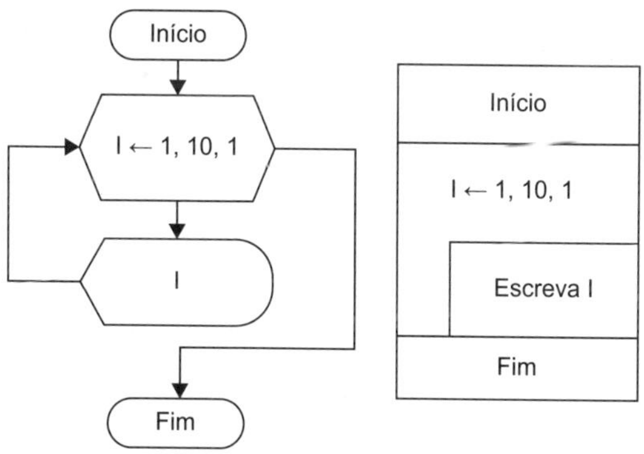

Figura 2.9 Estrutura de operação computacional de laço de repetição incondicional.

Ao usar ferramentas gráficas para representar a linha lógica de raciocínio a ser implementada em um computador eletrônico, como é o caso dos diagramas de blocos ou dos diagramas de quadros, torna-se necessário diferenciar quatro subcategorias entre esses diagramas. Assim, tanto o diagrama de bloco quanto o diagrama de quadro podem ser mencionados como:

- *diagrama de bloco ou diagrama de quadro*;
- *diagrama de blocos ou diagrama de quadros*;
- *diagramas de bloco ou diagramas de quadro*;
- *diagramas de blocos ou diagramas de quadros.*

Ao longo do tema desenvolvido no livro, esses detalhes serão apresentados.

É importante esclarecer que o uso de diagramas de blocos ou de quadros na programação de computadores não constitui uma questão didática ou pedagógica. Essas ferramentas não foram produzidas para a sala de aula, mas, sim, para o uso industrial. A área de desenvolvimento de *software* é um processo industrial, tanto que fazemos referência às empresas dedicadas a este desenvolvimento como "fábricas de *software*", ou seu equivalente em inglês "*software house*".

Os diagramas de blocos, tema desta obra, devem ser representados respeitando-se a norma internacional ISO 5807:1985. A entidade ISO não se preocupa com ações operacionais de sala de aula, apenas com definições de normas e regras para o processo produtivo no sentido de manter a melhor qualidade de produção possível. Dito isto, os diagramas de blocos são tão bem estruturados que podem, inclusive, ser usados como instrumento didático, pois respeitando-se cada símbolo e sua representação é possível mostrar a qualquer pessoa como foi estabelecida a linha de raciocínio pensada para solucionar o problema via *software*. O diagrama de bloco, em uma comparação livre, é igual a uma planta de uma edificação, pois representa o esquema estrutural, ou seja, seu projeto lógico, e dá a base para o efetivo desenvolvimento do *software*, em qualquer linguagem que seja, representando assim o projeto físico, o produto final. Assim, pode-se dizer que pensar no uso dos diagramas de blocos como ferramenta destinada ao ensino é cometer um grave erro conceitual.

2.3.4 Linguagem de Projeto de Programação

No processo de desenvolvimento de programas de computadores, pode-se utilizar a forma de representação textual denominada pseudocódigo (metalinguagem ou linguagem de especificação). O estilo de pseudocódigo é uma *linguagem de projeto de programação*, e não uma linguagem de programação real. Assim, uma *linguagem de projeto de programação* não pode e não deve ter o mesmo rigor sintático que possui uma linguagem de programação formal (linguagem de programação real). Não há motivos para que o código escrito em LPP (Linguagem de Projeto de Programação) tenha, além de comandos escritos no idioma local, outras formas de apresentação de caracteres auxiliares. No livro são usados caracteres alfanuméricos e, em algumas circunstâncias, parênteses na representação de expressões lógicas.

As linguagens de projeto de programação existentes possuem como característica principal o regionalismo, pois normalmente são expressas no idioma oficial do país em que são utilizadas. Há exemplos dessa forma de descrição em diversos idiomas. No Brasil, essa forma de trabalho foi denominada *portugol*, segundo os autores Guimarães e Lages (1994), ou *português estruturado*, forma referenciada neste livro.

A ideia de usar uma *LPP* é herança de sua técnica-irmã denominada *PDL* (*Program Design Language*), proposta por Caine e Gordon em 1975 a partir da publicação do artigo *PDL – A Tool for Software Design*.

Essa técnica de trabalho visa a ser um modo preliminar de escrever um programa de computador sem se preocupar inicialmente com o rigor da linguagem de programação real a ser utilizada. Ela possibilita, em um primeiro momento, rapidez na escrita do projeto de código do programa sem se preocupar com os rigores técnicos e sintáticos particulares de cada uma das linguagens de programação existentes, além de servir como instrumento de documentação de código de programa, facilitando os trabalhos de manutenção e de auditoria. Em um segundo momento possibilita facilidade na tradução desse código preliminar em uma linguagem de programação que, de preferência, tenha características estruturadas.

Um ponto que pode parecer negativo no uso dessa técnica é a falta de conformidade no formato entre os vários profissionais do mercado, principalmente no código a ser escrito em idioma português (Manzano, 2008). Nesse sentido, torna-se necessário definir algumas regras de trabalho. Assim, apresentam-se a seguir, na Tabela 2.2, a relação de comandos da Linguagem de Projeto de Programação (LPP) de computadores utilizada nos exemplos e exercícios deste trabalho e a classificação sintática da língua portuguesa, de acordo com a representação da ação a ser executada por cada um dos comandos.

Tabela 2.2 Comandos português estruturado

LPP	Classificação sintática
ATÉ	Preposição
ATÉ_QUE	Conjunção (de acordo com seu equivalente em inglês – *until*)
ATÉ_SEJA	Preposição com interjeição
CADEIA	Substantivo feminino
CARACTERE	Substantivo masculino
CASO	Substantivo masculino
CLASSE	Substantivo feminino
CONJUNTO	Adjetivo
CONST (constante)	Adjetivo
EXECUTE	Verbo (transitivo direto)
DE	Preposição
EFETUE	Verbo (imperativo afirmativo)
ENQUANTO	Conjunção
ENQUANTO_FOR	Conjunção com verbo
ENTÃO	Advérbio
ESCREVA	Verbo (imperativo afirmativo)
ESTE	Pronome demonstrativo
EXCETO_SE	Conjunção condicional
FAÇA	Verbo (imperativo afirmativo)
FIM	Substantivo masculino
FIM_ATÉ_SEJA	Substantivo masculino com preposição e com interjeição
FIM_CASO	Substantivo masculino com substantivo masculino
FIM_CLASSE	Substantivo masculino com substantivo feminino
FIM_ENQUANTO	Substantivo masculino com conjunção
FIM_LAÇO	Substantivo masculino com substantivo masculino
FIM_PARA	Substantivo masculino com preposição
FIM_REGISTRO	Substantivo masculino com substantivo masculino
FIM_SE	Substantivo masculino com conjunção
FIM_EXCETO_SE	Substantivo masculino com conjunção condicional

LPP	Classificação sintática
FUNÇÃO	Substantivo feminino
HERANÇA	Substantivo feminino
INÍCIO	Substantivo masculino
INTEIRO	Adjetivo
INTERROMPA	Verbo (transitivo)
IR_PARA	Verbo (verbo intransitivo e pronominal) com preposição
LAÇO	Substantivo masculino
LEIA	Verbo (imperativo afirmativo)
LÓGICO	Adjetivo
OBJETO	Substantivo masculino
PARA	Preposição
PASSO	Substantivo masculino
PRIVADA	Substantivo feminino
PROCEDIMENTO	Substantivo masculino
PROGRAMA	Substantivo masculino
PROTEGIDA	Adjetivo
PÚBLICA	Adjetivo
REAL	Substantivo masculino
REGISTRO	Substantivo masculino
REPITA	Verbo (imperativo afirmativo)
SAIA_CASO	Verbo imperativo afirmativo com substantivo masculino
SE	Conjunção
SEÇÃO_PRIVADA	Substantivo feminino com substantivo feminino
SEÇÃO_PROTEGIDA	Substantivo feminino com adjetivo
SEÇÃO_PÚBLICA	Substantivo feminino com adjetivo
SEJA	Interjeição
SENÃO	Conjunção
SOBREPOR	Verbo (irregular)
TIPO	Substantivo masculino
VAR (variável)	Substantivo feminino
VIRTUAL	Adjetivo

Observe que a LPP, ou português estruturado, por ser uma linguagem hipotética (metalinguagem, pseudolinguagem ou pseudocódigo) de comunicação humano-máquina, está formada com estruturas de verbos, substantivos, conjunções, interjeições, preposições e adjetivos. O uso de uma linguagem de programação formal, ou seja, uma linguagem de programação de alto nível, como: Lua, PASCAL, BCPL, C, C++, JAVA, C#, Python, Rust, COBOL, BASIC, FORTRAN, JavaScript, entre outras, é também baseado nessas mesmas estruturas, com a diferença de serem sempre escritas no idioma inglês, não por serem os Estados Unidos um dos maiores exportadores de tecnologia computacional, mas pelo fato de a ideia de constituição de *hardware* e de *software* ter sido proposta por cientistas ingleses (Charles Babbage e Ada Augusta).

Nessa regra não se aceita exceção. Toda linguagem de programação formal, para ser aceita mundialmente como ferramenta de trabalho na área da computação, é sempre definida em inglês. Veja, por exemplo, as linguagens brasileiras: Lua, desenvolvida na PUC do Rio de Janeiro em 1993 por Roberto Ierusalimschy, Luiz Henrique de Figueiredo e Waldemar Celes;[13] Boo, desenvolvida em 2003 por Rodrigo Barreto de Oliveira;[14] Elixir, desenvolvida na Plataformatec de São Paulo em 2012 por José Valim;[15] e Rum, desenvolvida no evento GopherCon Brasil 2017 em Florianópolis por Thiago Avelino.

Cabe ressaltar que em relação à codificação manual de um programa de computador, seja escrito na linguagem de programação formal ou informal, ele deve ser efetuado sempre com letras maiúsculas e de forma (letra bastão). Nenhum código escrito manualmente deve ter letras minúsculas, tanto de forma como de mão (cursiva). Essa regra se aplica, de modo geral, no sentido de evitar erros de interpretação e de leitura de códigos escritos por outro programador. Leve em consideração que os programadores podem ter letra ilegível. Dessa maneira, ao escrever o código manual em letras de forma e maiúsculas, evitam-se muitos aborrecimentos.

Outro ponto a ser considerado em relação a escrever com letras maiúsculas de forma é a necessidade de diferenciar o número 0 (zero) da letra O, por isso o hábito de cortar o número zero com um traço perpendicular da direita superior para a esquerda inferior, assemelhando-o ao símbolo de conjunto vazio.

2.4 Compiladores, Interpretadores e Tradutores

A secretária, o estudante, o escritor, assim como muitos profissionais que usam computador no trabalho, normalmente utilizam para escrever textos uma ferramenta denominada *processador de textos* (e não *editor de texto*, a menos que estejam envolvidos com a escrita de programas de computadores). Contadores, engenheiros, economistas, físicos, químicos, matemáticos e outros profissionais das áreas de cálculo usam *planilhas eletrônicas*. Publicitários, desenhistas, entre outros profissionais da área de comunicação, utilizam ferramentas gráficas como *programas de apresentação* ou *editores gráficos de desenho e fotografia*. Programadores e desenvolvedores de *software* também possuem ferramentas de trabalho, como *editores de texto*, *compiladores*, *interpretadores* e *tradutores*.

Assim que o projeto de um programa de computador está concluído, é necessário transformá-lo em um *software*. Para tanto, faz-se a tradução do projeto definido para uma linguagem de programação formal, aquela que é executada em um computador. Para a efetivação desse trabalho, é necessário fazer

---

13 Disponível em: http://www.lua.org. Acesso em: 3 dez. 2022.

14 Disponível em: https://codelogica.wordpress.com/2019/01/04/linguagem-boo/. Acesso em: 3 dez. 2022.

15 Disponível em: http://www.each.usp.br/petsi/jornal/?p=2459. Acesso em: 3 dez. 2022.

a escrita do código de programa em uma ferramenta de edição de textos para depois passar o programa por ferramentas de tradução, interpretação e compilação, conforme a necessidade.

A ferramenta de edição do texto de um programa, denominada *editor de texto*, consiste em um programa simples que permite ao programador escrever o texto do código do programa e, basicamente, gravá-lo. Um editor de texto possui como característica básica a capacidade de copiar e colar blocos de texto, gravar e recuperar arquivos e imprimi-los. Como exemplos de editores de texto têm-se o *EDIT* encontrado no MS-DOS, Bloco de Notas do Windows e o *VI* (vi-ai) encontrado no Linux e no Unix. Não é necessário a um editor de texto possuir mais do que esses recursos, pois, quando isso ocorre, o programa deixa de ser um editor e passa a ser um processador de texto, como é o caso do programa *WordPad* do Windows. Os programas *Writer* (dos pacotes BrOffice.org, OpenOffice.org ou StarOffice) e *Word* (do pacote Microsoft Office) são, na verdade, processadores de palavras e não mais processadores de texto. A diferença é que essas ferramentas possuem dicionários e recursos de correção ortográfica em mais de um idioma.

As ferramentas de tradução são programas que permitem fazer a tradução de um programa escrito em uma linguagem formal para outra. Por exemplo, imagine um programador que, apesar de saber programar e possuir excelente lógica, só sabe escrever programas-fonte na linguagem de programação PASCAL, e ele precisa entregar uma rotina de programa-fonte escrita na linguagem de programação C. O fato é que ele não sabe nada sobre a linguagem C.

Nesse caso, esse programador pode usar uma ferramenta de tradução. O programador escreve o programa-fonte na linguagem PASCAL e a ferramenta de tradução reescreve-o na linguagem C, gerando um código-fonte na linguagem C como se o próprio programador tivesse escrito. Uma ferramenta conhecida no mercado para essa finalidade é o programa **p2c**. Existem vários tipos de tradutores para diversas linguagens de programação. São encontradas desde ferramentas de livre distribuição, como é o caso do programa *p2c*, até ferramentas comerciais.

As ferramentas de interpretação são programas que executam um programa-fonte escrito em uma linguagem na própria memória principal do computador, sem que ele seja executado diretamente no processador central da máquina. Normalmente, esse tipo de ferramenta permite rápida execução dos programas, no entanto, não assegura impossibilidade de acesso ao programa-fonte. Existem diversas linguagens de programação no mercado que são interpretadas, como BASIC, PERL, PYTHON, FORTH, JavaScript, LOGO, entre outras.

As ferramentas de compilação são programas que traduzem para uma linguagem de baixo nível (linguagem de máquina) um programa-fonte escrito em uma linguagem de alto nível. Ao fazer essa tradução, o programa-fonte se torna um programa-objeto (escrito em linguagem de alto nível compatível com o processador em uso) e depois faz a ligação do programa-objeto com as rotinas de execução de programas do sistema operacional, tornando o programa um código executável. Apesar de os programas compilados serem um pouco mais lentos quando comparados com programas interpretados, eles garantem a dificuldade de acesso ao código-fonte.

O tipo de ferramenta de programação ou de linguagem de programação usado depende de diversos fatores a serem analisados e escolhidos pela equipe de desenvolvimento.

2.5 Linguagem de Programação de Computadores

A tarefa de se efetuar a programação de computadores se inicia com a análise de sistema, a partir do problema que certo cliente deseja automatizar por intermédio de soluções computacionais. O programa de computador, o *software*, é constituído primeiro na mente do programador, que deve retratar o que deseja ser feito na forma de diagramas de blocos e na documentação do código a ser executado em um computador por meio do pseudocódigo: linguagem de projeto de programação – português estruturado.

A partir da ideia do que necessita ser feito e da certeza de que a linha de raciocínio usada é a correta e após a documentação em diagrama de bloco e pseudocódigo, passa-se à fase de codificação do programa para o computador com o uso de uma linguagem de programação. A fase de codificação em português estruturada pode até ser descartada, mas não se deve fazer o mesmo em relação ao desenvolvimento dos diagramas de blocos.

O português estruturado retratado nesta obra é considerado uma linguagem de programação estruturada e orientada a objetos informal, dado o fato de não gerar em um computador um *software* real. Para que um *software* real seja criado em um computador, será necessária uma linguagem de programação que seja formal.

No mercado computacional há uma grande variedade de linguagens de programação formais. Há muito mais linguagens de programação para computadores do que idiomas existentes na face da Terra para nós, seres humanos, nos comunicarmos. O pesquisador Bill Kinnersley, do departamento de Matemática da Universidade de Ryerson, no Canadá, conseguiu documentar cerca de 2.500 linguagens de programação.[16] No entanto, o número de linguagens existentes para a programação de computadores é certamente maior, pois existem linguagens que não são populares, sendo exclusivas de uso em empresas e organizações governamentais.

Na prática computacional, não importa a linguagem de programação formal existente, pois qualquer programa escrito em qualquer linguagem deve ser traduzido para ser executado em um computador segundo a linguagem interna do próprio computador, que é baseada em um formato binário. Assim, um programa escrito em Pascal, C, C++, assembly ou outra qualquer deve ser traduzido para o computador para nele ser executado. A tarefa de tradução de uma linguagem formal para a máquina poderá ser feita por um compilador ou interpretador.

Um programa de computador é uma lista de instruções ordenadas (algoritmo) que diz ao computador o que ele deve fazer (Malvino, 1985, p. 6) para atender ao que se deseja. Um programa é o código que manipula o dado informado e que possibilita direta ou indiretamente fornecer informações ou novos dados para a obtenção de informações futuras. Malvino (1985, p. 6) afirma que as duas coisas que necessitam ser informadas a um computador são o programa e os dados e acrescenta que esses dois componentes são introduzidos no computador antes do início do processamento.

Não importa a linguagem de programação existente ou aquela que se pretende programar, pois qualquer uma delas tem por finalidade manipular funções a serem executadas em um computador. No entanto, algumas linguagens executam certas ações e outras linguagens executam outras ações, tendo-se grande diversidade operacional, o que proporciona vantagens e desvantagens no uso dessas linguagens. Cada linguagem tem por finalidade auxiliar na resolução de certas classes de problemas.

É absurdamente ignorante dizer que uma linguagem não presta e que outra é melhor. Não existe esta possibilidade, pois cada linguagem de programação atende certa classe de problemas. Assim, uma linguagem excelente para solucionar certo problema pode ser péssima para solucionar outro tipo de problema. A ciência da programação está em saber qual é a melhor linguagem para aquele tipo

16 KINNERSLEY, B. **The Language List**. Disponível em: https://gilles-hunault.leria-info.univ-angers.fr/hilapr/langlist/langlist.htm. Acesso em: 17 jan. 2025.

de problema, e para responder a esta questão é que existem os analistas de sistemas, pois não cabe ao programador traçar este tipo de julgamento. Um analista de sistemas deve possuir entre as várias competências a capacidade de perceber e orientar qual a melhor linguagem para a classe de problema que efetuou sua análise. É claro que existem linguagens de uso geral. No entanto, nem sempre essas linguagens são as mais acertadas para certo tipo de problema. A resposta a esta questão depende exclusivamente de um bom processo de análise.

As linguagens existentes podem ser qualificadas em dois grandes grupos: podem ser linguagens de estilo dinâmico ou estilo estático. A linguagem informal português estruturado representa uma linguagem de estilo estático, pois, para ser codificada, exige a definição prévia de uso de variáveis e da definição do tipo de dado que a variável indicada deverá manipular. O português estrutural é assim qualificado, pois este é o estilo usado pela maior parte de linguagens de programação existentes.

Como exemplo de linguagens de estilo estático podem ser citadas as linguagens Pascal, C, C++, entre outras, e como linguagens de estilo dinâmico podem ser citadas as linguagens Lua, Classic BASIC, entre outras.

Em relação aos estilos dinâmicos e estáticos, há o péssimo hábito de se fazer, erroneamente, referências como sendo essas linguagens *fortemente tipadas* (no caso do estilo estático) e *fracamente tipadas* (no caso do estilo dinâmico). Não é possível usar o termo *fracamente* para qualificar uma linguagem, pois isto dá a ideia de que a linguagem em referência não é adequada, e não é esse o objetivo.

Outra questão em relação ao uso de linguagem de programação é que pouco importa a linguagem a ser usada para programar um computador. Um programador de computador é um profissional que ordena ações em um computador e, para executar esta ação, normalmente, necessita usar algumas ferramentas essenciais, que são o diagrama de blocos, para representar de maneira concreta sua linha de raciocínio e o código em português estruturado para representar a documentação do que o código de programa real deve efetivamente realizar. Além das ferramentas comentadas, um programador necessita de uma terceira ferramenta para concretizar a construção do *software*, que é uma linguagem formal de programação, que poderá ser qualquer uma, desde que tenha conhecimentos de uso da linguagem pretendida.

Desta maneira, se alguém lhe perguntasse "Qual é a linguagem de programação com que você programa?", a resposta adequada seria: "A linguagem que uso é irrelevante. Passe-me seu problema e, após avaliação, será escolhida a linguagem que melhor atenderá a sua necessidade, e deixe a construção comigo". No entanto, esta resposta só poderá ser dada se o profissional for poliglota em linguagens de programação.

No estudo desta obra será abordado e usado o pseudocódigo português estruturado como linguagem informal de codificação e documentação. A codificação em português estruturado possui grande vantagem por representar a ideia no idioma falado no Brasil e não ter restrições computacionais, podendo ser ampliado e adaptado para atender a diversas necessidades computacionais. O objetivo do português estruturado é representar de forma escrita uma ideia, uma ideia que para ser computacionalmente construída necessitará de uma linguagem formal. Nesta etapa, bastará apenas ver como fazer para escrever em uma linguagem formal aquela ideia representada.

2.6 Computação e Informática

Eis duas palavras que possuem conceitos muito diferentes e são, normalmente, usadas como sinônimos. De modo que a ideia de uma é interpretada igualmente como se fosse a outra, e vice-versa. Essa "confusão" cria problemas de interpretação e entendimento de ambos os termos e generaliza, muitas vezes, de forma simplista e totalmente incorreta, os profissionais da área de Tecnologias da Informação, conhecida por TI.

O termo **informática** foi cunhado a partir da junção das palavras *informação* e *automática* por Philippe Dreyfus em 1962, sendo usado a partir de 1967 pelos franceses (*informatique*) e a partir de 1986 pelos alemães (*Informatik*). Entre os britânicos e estadunidenses (*informatics*), o termo não ganhou adesão, sendo pouco utilizado por preferirem *computer science* (ciência da computação), como é apontado por CCN (2017) e Conceito.de (2012).

Em sua dimensão mais ampla, o termo *informática*, a partir dos franceses, pode ser considerado a *ciência do processamento lógico da informação* com suporte ao conhecimento humano e da comunicação nas áreas técnicas, econômicas e sociais (CCN, 2017).

O termo **computação** foi cunhado a partir do idioma latim (*computatio*), tendo relação direta com a ação de estabelecer cálculos (no contexto matemático) exercida pela humanidade desde os primórdios do desenvolvimento matemático, quando da criação de instrumentos que viessem a facilitar tais operações, como, por exemplo, a primeira calculadora mecânica criada por Wilhelm Schickard em 1963 (Conceito.de, 2012).

Em sua dimensão, o termo *computação* está relacionado com a ciência da computação e, embora o termo *informática* não guarde relação direta com o termo *computação*, a informática pode e deve fazer uso da computação para atender a seus objetivos. Assim, pode-se considerar que a *informática* é a ação que pode ser produzida pela *computação*, ou seja, a computação é vetor para a ocorrência da informática. Informática está relacionada com o uso de um *software* para obtenção e controle do fluxo de informação pessoal ou de uma organização.

Pode parecer bobagem este tipo de preocupação e discussão, mas de fato não o é, principalmente para nós, profissionais da área de TI focados no desenvolvimento de *software*, que podemos enfrentar situações que não nos dizem respeito. Uma situação bastante constrangedora com essa confusão é quando nos apresentamos a alguém e, ao nos identificarmos como profissionais da *área de informática* (quando realmente não somos), recebemos uma triste pergunta/pedido: *você pode me dizer por qual motivo minha impressora não funciona em casa, dá para dar uma olhada?*. Mas, quando nos apresentamos nos identificando como profissionais da *área de computação*, o tratamento torna-se diferente. Portanto, é mais fácil dizer que se pertence e se atua na área da computação do que dizer que se pertence e se atua na área de informática. E lembre-se de que são os usuários que trabalham com informática. E, para solucionar o problema da impressora, é sempre melhor recomendar à pessoa que procure um *técnico de informática*.

É devido a essa confusão conceitual que ocorre equívoco entre esses dois termos ao considerá-los sinônimos. É muito comum haver referência ao trabalho com computadores no desenvolvimento de *software* como *área de informática*, quando na verdade é a *área da computação* que está sendo mencionada. É importante saber que os usuários de um sistema informático operam seu trabalho e usam a informática. Os profissionais da área de desenvolvimento da computação produzem o *software* que será usado para o exercício da informática pelos usuários.

2.7 Profissionais na Área de Desenvolvimento

No contexto desta apresentação, entende-se como *profissionais na área de desenvolvimento* as pessoas envolvidas com o trabalho direto ou indireto de desenvolvimento de programas de computador (*software*), ou seja, as pessoas que se tornam profissionais da área de computação, as quais têm como necessidade operacional conhecer o uso e a aplicação da *lógica de programação*.

A área de desenvolvimento de *software* é operada a partir de um conjunto de profissionais como *cientistas da computação*, *engenheiros de software*, *analistas de sistemas*, *programadores*, além de *engenheiros de computação*. É importante conhecer o que cada profissional faz e nunca invadir espaço que esteja fora da alçada profissional em que se atua. Observe a descrição resumida de quem são e o que fazem esses profissionais:

- **Engenheiro de computação:** o *engenheiro de computação* é um profissional que projeta, desenvolve e implementa sistemas de computação e soluções para empresas e organizações em nível de *hardware* e também de *software*. Ele tem conhecimento profundo tanto em engenharia elétrica quanto em ciência da computação, o que lhe permite projetar sistemas de computador que são integrados com outras tecnologias eletrônicas. Este profissional pode se especializar em várias áreas de tecnologia, como arquitetura de computadores, sistemas embarcados, redes de computadores, processamento de sinal digital, sistemas operacionais, sistemas de banco de dados, entre outras. Alguns dos principais trabalhos realizados por engenheiros de computação incluem o desenvolvimento de novos sistemas de *hardware* e *software*, a implementação de redes de computadores e sistemas de segurança, o teste e a validação de sistemas de computador e a pesquisa de novas tecnologias para melhorar os sistemas de computação.
- **Cientista da computação:** o *cientista da computação* é um profissional que estuda e aplica princípios e técnicas da computação para solucionar problemas e desenvolver soluções em diversas áreas. O papel de um cientista da computação é projetar, desenvolver, testar e avaliar sistemas de *software* e *hardware*, incluindo aplicativos para computadores, dispositivos móveis e sistemas integrados, podendo também atuar em áreas como segurança da informação, criptografia, engenharia de *software*, *design* de interface do usuário e análise de dados. Cientistas da computação são profissionais envolvidos na pesquisa e desenvolvimento de novas tecnologias, podendo ter um papel mais ativo na programação e implementação de soluções na área.
- **Engenheiro de software:** o *engenheiro de software* é um profissional que se concentra no processo de desenvolvimento de *software*, desde a concepção até a implementação e manutenção. Ele trabalha com equipes de desenvolvimento de *software* (analistas de sistemas e programadores) para garantir que os projetos sejam desenvolvidos de acordo com as especificações e requisitos do cliente, e de forma eficiente e eficaz.
- **Analista de sistemas:** o *analista de sistemas* é um profissional responsável por analisar as necessidades de negócios de uma organização e projetar soluções de tecnologia da informação para atender a essas necessidades. Ele trabalha com usuários finais e outras partes interessadas para determinar os requisitos do sistema, incluindo funcionalidades, recursos e segurança; pode trabalhar com várias tecnologias de informação, como *software* de aplicativos, bancos de dados e redes de computadores, e pode desempenhar um papel importante no gerenciamento de projetos de tecnologia da informação. Esse tipo de profissional trabalha em equipe com outros profissionais, como desenvolvedores de *software* (programadores), administradores de rede e especialistas em segurança da informação, para garantir que os sistemas desenvolvidos estejam funcionando corretamente e de forma eficiente.
- **Programador:** o *programador* de computador é um profissional que desempenha papel fundamental na implementação de soluções computacionais, trabalhando para transformar projetos de *software* advindos, por exemplo, da análise de sistemas em código de computador executável. Esse profissional escreve e testa o código de programa para garantir que ele funcione conforme o

esperado, solucionando problemas e fazendo ajustes conforme necessário, sendo responsável por traduzir os requisitos funcionais de um sistema em código de computador, usando linguagens de programação e outras ferramentas de desenvolvimento de *software*. Trabalha em equipe com outros desenvolvedores, analistas de sistema, engenheiros de *software* e cientistas da computação para projetar, desenvolver e testar soluções de *software* em vários ambientes, como desktop, web e dispositivos móveis. Além dessas atividades, este profissional pode estar envolvido em atividades como manutenção de *software* existente, resolução de *bugs* e atualização de sistemas de *software* com novos recursos e funcionalidades.

É importante notar que, embora cada um desses profissionais tenha suas próprias especializações e responsabilidades de atuação, todos trabalham em estreita colaboração para garantir o sucesso de projetos da área de TI como um todo. Veja que todos esses profissionais necessitam de conhecimentos sobre lógica de programação e, embora, em particular, não seja obrigatório para um analista de sistemas saber programar, é altamente recomendável que tenha sólidos conhecimentos sobre programação, pois isso pode ajudar a entender melhor os aspectos técnicos dos projetos em que estiver trabalhando. Ao ter conhecimento em programação, o analista de sistemas pode avaliar melhor a viabilidade técnica de um projeto, identificar possíveis problemas e oportunidades de melhoria, e colaborar de forma mais eficiente, principalmente, com os programadores de sua equipe. Além disso, um analista de sistemas que sabe programar pode criar especificações técnicas mais precisas e detalhadas, o que pode facilitar o trabalho da equipe de desenvolvimento.

Videoaulas

Após a leitura dos Capítulos 1 e 2, é propício assistir às videoaulas disponíveis no QR Code a seguir. Assista-as na ordem que apresentamos.

uqr.to/1wj43

ANOTAÇÕES

CAPÍTULO 3

PROGRAMAÇÃO COM SEQUÊNCIA

Anteriormente, foram apresentados detalhes sobre a organização básica do computador, as unidades de medidas computacionais, as linguagens de programação, os diagramas de blocos e de quadros, linguagem de projeto de programação, entre outros assuntos. Este capítulo destaca a parte prática, enfatizando a primeira das três técnicas básicas de programação de computadores: programação sequencial a partir da concepção das ações de entrada, processamento e saída de dados. O objetivo desta técnica inicial é fazer o desenvolvimento de programas simples com o uso de tipos de dados, variáveis, constantes, operadores aritméticos e expressões aritméticas/algébricas, além das instruções e comandos básicos de operação de um programa.

3.1 Ser Programador

Ser profissional na área de desenvolvimento de *software* requer certos conhecimentos que são intrínsecos à profissão e que parecem não ser considerados por pessoas afoitas. Trabalhar com programação de computadores está muito longe de ser apenas uma pessoa que saiba de cor e salteado comandos e instruções de linguagens de programação: um dicionário ou enciclopédia de certa linguagem. Aliás, as linguagens de programação são apenas meras ferramentas de contextualização de um *software*, são as ferramentas que permitem escrever o *software* para execução em um computador que nasceu na mente de um ser humano.

Conhecer as técnicas de programação e as teorias que a cercam é muito mais importante do que assumir posição partidária sobre a linguagem "A" ou "B". Linguagens de programação surgem a todo instante. Cada "nova" linguagem promete oferecer "novas" soluções para "velhos" problemas que outras linguagens não conseguiram resolver. Na prática, resolvem apenas certos "problemas" e trazem outros tantos "novos problemas", ou seja, se você está esperando encontrar uma única linguagem de programação que o fará ganhar muito dinheiro sem ter muito trabalho, faça um favor a si mesmo: não continue o estudo na carreira de programação de computadores.

A pergunta mais esdrúxula e comum realizada na área, de maneira justa, diga-se de passagem, por iniciantes é: qual é a melhor linguagem de programação que existe? É aí que está um grande problema, pois são encontradas diversas respostas de acordo com as percepções e preferências pessoais a quem essa pergunta é realizada. Serão dadas respostas afirmando que você que está iniciando deve aprender primeiro Python, outros vão dizer para aprender primeiro Java, C, C#, Julia, vão dizer ainda para você não perder tempo com linguagens como Pascal, COBOL, Fortran, pois são linguagens "desprezíveis", "decadentes", "mortas" e "obsoletas", as quais ninguém mais usa. Quanta ignorância, preconceito, complexo de divindade, desinformação e desserviço. Não acredite em nenhuma dessas respostas.

Por mais incrível que pareça, para a pergunta "qual é a melhor linguagem de programação que existe?" são encontradas duas respostas aceitáveis: primeiro "a melhor linguagem de programação que existe é a que você conhece" e segundo "a melhor linguagem de programação é aquela que paga as suas contas".

Observe que, se você fizer essa pergunta a uma pessoa que só conheça uma única linguagem e nela está bitolada, lhe dará como resposta a primeira versão. Se a pergunta for feita a quem conhece linguagens de programação, terá como resposta provável a segunda versão.

Veja que, muitas vezes, o iniciante pergunta "qual é a melhor linguagem de programação que existe?" com a intenção de saber "qual linguagem de programação está sendo mais requisitada e usada no mundo do trabalho". Então, se a pergunta não for bem direcionada, a resposta poderá, em vez de ajudar, atrapalhar.

Nós, autores deste livro, somos partidários da segunda resposta: a melhor linguagem é aquela que paga as suas contas, não importa a linguagem. Lembre-se de que linguagens de programação são ferramentas, foque sua aprendizagem nas técnicas, ou seja, foque nos conceitos e você terá plenas condições de aprender facilmente a manejar qualquer linguagem que esteja dentro do mesmo escopo de paradigma de programação que estiver utilizando.

Aprender a programar direcionando seu foco sob certa linguagem é muito perigoso, pois se a linguagem usada, em certo momento, deixar de ser interessante para o mercado ter-se-á uma grande quantidade de pessoas desempregadas, pois nem todos conseguirão aprender rapidamente uma nova linguagem. Isso ocorre porque a linguagem anterior, como qualquer outra, não consegue resolver todos os problemas computacionais existentes, ou seja, toda e qualquer linguagem de programação possui pontos positivos e negativos. Quanto aos pontos positivos (que é onde todos focam e usam em seus vãos discursos de convencimento), não há nenhum problema, mas o mesmo não se pode dizer dos pontos negativos. Quando você aprende a programar sobre certa linguagem, não percebe os pontos negativos da linguagem. Os pontos negativos somente são percebidos se você estudar programação reforçando conceitos e estando distante das linguagens. Deixe o estudo "prático" de uma linguagem de programação para depois de estudar este livro.

Se isso lhe convence, sente-se ao nosso lado, "deguste" cada página deste livro e você terá a oportunidade de perceber se temos ou não razão, mas essa percepção você somente terá efetivamente daqui uns 10 anos observando o mercado e a outras pessoas que não seguiram a trajetória aqui proposta.

3.2 Etapas de Ação de um Computador

Um computador eletrônico (computador digital, independentemente de ser de grande, médio ou pequeno porte) executa basicamente três ações de trabalho sobre o aspecto de sua programação, sendo:

- a entrada de dados;
- o processamento de dados;
- a saída de dados.

A etapa de *entrada de dados* é a parte em que o computador recebe os dados do mundo externo, podendo armazená-los na memória principal para realizar algum tipo de processamento, ou armazenar na memória secundária para usar futuramente. Essa etapa é realizada de maneira bastante variada nas linguagens de programação, pois são muitas as formas de realização de entrada de dados.

A etapa de *processamento de dados* é quando o computador, por meio de um programa (*software*) executado em sua memória primária, faz a transformação dos dados entrados ou previamente armazenados em sua memória secundária, tornando-os elementos que possam ser usados como fontes de informação para o mundo externo. Essa etapa é realizada de modo muito comum nas linguagens de programação, pois, independentemente do tipo de linguagem em uso, sofre muito pouca alteração. A etapa de processamento pode executar dois tipos de ação, sendo ação *matemática* e/ou *ação lógica*, as quais são vistas neste livro.

Na etapa de *saída de dados*, o computador envia os dados processados na memória principal ou armazenados na memória secundária para o mundo externo. Os dados processados podem ser usados como fontes de informação e, assim, facilitar a vida das pessoas que necessitam tomar decisões e precisam dos computadores como ferramentas desse processo. Essa etapa, assim como a entrada de dados, é realizada de forma bastante variada nas linguagens de programação.

Todo programa de computador deve, de alguma maneira, possibilitar a entrada dos dados do mundo exterior, produzir a ação de processamento, tanto lógico quanto matemático (de forma aritmética ou algébrica, não importa), sempre que essas ações forem necessárias, e, acima de tudo, possibilitar a saída de dados que tenham sido processados ou estejam armazenados na memória principal da máquina. Trocando em miúdos, todo programa de computador tem um propósito, tem uma função.

Um programa de computador é um conjunto de instruções dispostas em uma ordem lógica e de forma sequencial que executam uma ação, solucionam um problema de um conjunto de dados e devolvem uma resposta condizente aos dados que foram inicialmente fornecidos. Assim, um computador e seu programa ou programas de controle usam dois tipos de informação, sendo: *dados* e *instruções*.

Programar é uma maneira de indicar a um computador instruções que orientem este equipamento a realizar exatamente aquilo que se deseja, ou seja, é uma forma de "conversa" entre um ser humano e um ser máquina que decorre do uso de certa linguagem de programação.

3.3 Tipos de Dados Primitivos ou Dados Básicos

Os tipos de dados básicos, também conhecidos como dados primitivos, são elementos fundamentais e essenciais nas linguagens de programação. Eles representam os elementos mais simples de conteúdo que uma linguagem de programação utiliza para manipular informações.

Esses dados são atributos encontrados no mundo exterior, os quais podem ser representados em computadores digitais. Antes de serem processados, esses dados precisam ser abstraídos, permitindo a sua manipulação no contexto do programa.

Os dados básicos ou primitivos podem ser classificados em três categorias principais:

- *Numéricos* - incluem números inteiros e reais, que são utilizados para realizar cálculos matemáticos. Os valores de ponto flutuante (números reais) são especialmente úteis para operações mais precisas.
- *Alfabéticos* - envolvem o uso de caracteres alfabéticos ou alfanuméricos individuais ou na forma de conjunto de caracteres, sendo adequados para manipulação e exibição de textos.
- *Lógicos* - representados pelos valores "verdadeiro" e "falso", são essenciais para a execução de operações lógicas em programas, como controle de fluxo e tomadas de decisão.

Cada tipo de dado define uma coleção de valores e possui um conjunto de operações predefinidas que podem ser aplicadas a eles (Sebesta, 2010, p. 268). Isso permite que os programadores realizem diversas tarefas e manipulações sobre os dados, tornando a linguagem de programação mais poderosa e flexível.

3.3.1 Inteiro

Este tipo representa o uso de números inteiros, positivos e negativos sem parte decimal representados, por exemplo, pelos valores, como: 35, 0, 234, -56, -9, entre outros. Nesta obra, a representação do dado inteiro é feita em português estruturado com o comando **inteiro**. O tipo de dado *inteiro* é utilizado em operações de processamento matemático.

3.3.2 Real

Este tipo representa o uso de números com parte decimal, positivos e negativos, incluindo nessa categoria valores fracionários, de ponto flutuante, científicos e inteiros, por exemplo, os valores: 35, 0, -56, -9, -45.999, 4.5, 9,5e-10 ($9{,}5 \times 10^{-10}$) entre outros. Nesta obra, a representação do dado inteiro é feita em português estruturado com o comando **real**. O tipo de dado *real* é utilizado em operações de processamento matemático.

3.3.3 Caractere/Cadeia

Além do tratamento de dados numéricos, um computador pode tratar dados do tipo texto. Nesse caso, os textos podem ser abstraídos em caracteres isolados (caractere) ou conjuntos de caracteres (cadeia). Esses dados são, normalmente, delimitados pelos símbolos de aspas ASCII[17] como (" ") para a definição de cadeias e (' ') para a definição de caracteres isolados. O formato desta simbologia pode variar um pouco entre as muitas linguagens de programação existentes. Essas *aspas* também são conhecidas como *aspas inglesas*.

Nesta obra, são usados traços duplos tanto para caracteres como para cadeias, representados por letras (de A a Z - maiúsculas e minúsculas), números (de 0 a 9), símbolos gráficos (por exemplo, todos os símbolos imprimíveis existentes em um teclado, como símbolos de pontuação) ou palavras contendo esses símbolos. O tipo de dado caractere é conhecido também como alfanumérico, *string* (do

17 Há pessoas que referenciam os símbolos de aspas *ASCII* como *aspas duplas*. O termo *aspas duplas* deve ser evitado, por não representar absolutamente nada, apesar de o termo *aspas simples* ser considerado correto. É pertinente ressaltar que há várias formas de definição de aspas, como, por exemplo: aspas portuguesas « » e ‹ ›; aspas inglesas " " e ' '; aspas alemãs » «, entre outras formas.

inglês, cordão, colar), literal ou cadeia, por exemplo, os valores "PROGRAMAÇÃO", "Rua Alfa, 52 - Apto. 1", "Fone: (0xx99) 5544-3322", "CEP: 11222-333", " " (espaço em branco), "7", "-90", "45.989", entre outros. Nesta obra, a representação do dado de um caractere é feita em português estruturado com o comando **caractere** e a representação de um conjunto de caracteres é feita com o comando **cadeia**.

Os tipos de dados *caractere* e *cadeia* são normalmente utilizados em operações de entrada e saída de dados no sentido de apresentar mensagens de orientação para o usuário do programa em execução. O tipo de dado *caractere* é usado quando se faz referência a um único caractere, e o tipo *cadeia*, quando se faz referência a um conjunto de caracteres delimitados por aspas.

3.3.4 Lógico

O tipo de dado lógico é uma categoria especial de dados em programação que representa valores lógicos verdadeiro e falso, sendo úteis em operações de processamento lógico como a tomada de decisões no uso de lógica condicional e controle de fluxo de programas, permitindo que decisões sejam tomadas com base em condições específicas.

Os dados lógicos são representados por valores binários, normalmente como "verdadeiro" ou "falso", em muitas linguagens de programação. Esses valores são essenciais para operações lógicas e frequentemente utilizados em estruturas de controle, como estruturas condicionais e laços.

O tipo de dado lógico também é conhecido como booleano, uma referência ao matemático e filósofo George Boole, que contribuiu para a área de lógica matemática e eletrônica digital. Nesta obra, a representação do dado lógico é feita em português estruturado com o comando **lógico**.

Para fazer uso do tipo de dado lógico, é necessário estabelecer a forma de sua representação, que neste caso será feita com os valores "**.F.** " (para representar falso) ou sua forma por extenso como "**.FALSO.** " e "**.V.** " (para representar verdadeiro) ou sua forma por extenso "**.VERDADEIRO.**". Podem também ser usados os valores "**.S.**" ou "**.SIM.**" (para sim) e "**.N.**" ou "**.NÃO.**" (para não).

3.4 Uso de Variáveis

Variável, em sua essência mais ampla, significa tudo que está sujeito a variações, que é incerto, instável ou inconstante. E, quando se fala de computadores, é preciso ter em mente que o volume de dados a serem tratados é grande e diversificado. Dessa maneira, os dados a serem processados são bastante variáveis.

Todo dado a ser armazenado na memória principal de um computador deve ser previamente identificado segundo seu tipo (inteiro, real, cadeia, caractere ou lógico), ou seja, primeiramente é necessário saber o tipo do dado para depois fazer seu armazenamento adequado em memória. Armazenado o dado desejado, ele pode ser utilizado e processado a qualquer momento.

Para entender o conceito de variável, imagine que a memória principal de um computador é um arquivo com muitas gavetas, e cada uma dessas gavetas pode armazenar apenas um valor por vez, seja um dado inteiro, real, lógico, cadeia ou caractere. Por ser um arquivo com várias gavetas (Figura 3.1) é necessário que cada uma das gavetas seja demarcada com um nome a partir de um rótulo de identificação. Dessa maneira, o valor armazenado pode ser utilizado a qualquer momento a partir da referência efetuada sobre o rótulo atribuído.

Para que uma variável possa ser usada na memória de um computador, é necessário seguir duas etapas simples para sua criação, sendo elas a *declaração* e a *atribuição*. A declaração de uma variável ocorre com o estabelecimento de um nome de identificação e do tipo de dado associado a essa variável, dependendo da linguagem de programação em uso. A partir da declaração e identificação de uma variável, ocorre a etapa de atribuição, em que certo valor (dado) é associado à variável, podendo então ser livremente processado em memória.

> Imagine a memória de um computador como um grande arquivo, com várias gavetas, nas quais é possível guardar apenas um valor por vez, e, como em um arquivo, essas gavetas devem estar identificadas por uma etiqueta com um nome.

Figura 3.1 Representação gráfica da memória de um computador com variáveis.

O nome definido a uma variável é utilizado para sua identificação e representação em um programa de computador. É necessário estabelecer e seguir algumas regras para uso de variáveis:

- Os nomes de identificação de uma variável podem utilizar um ou mais caracteres, limitando-se a restrições da própria linguagem formal de programação em uso. No caso do português estruturado essa restrição não existe.
- O primeiro caractere de identificação do nome de uma variável não pode ser, em hipótese nenhuma, numérico ou de símbolo gráfico (cifrão, tralha, cachimbo, vírgula, ponto e vírgula, traço, parênteses, chaves, colchetes, entre outros). O primeiro caractere de identificação do nome de uma variável deve ser sempre alfabético. Os demais caracteres do nome de uma variável podem ser alfanuméricos (números ou letras).
- Na definição de um nome composto de variável não pode haver espaços em branco. Caso deseje separar nomes compostos, deve-se utilizar o caractere de separação "_" *underline*.
- Jamais uma variável pode ser definida com o mesmo nome de uma palavra que represente um dos comandos ou instruções de uma linguagem de programação de computadores.
- Não pode ser utilizado como nome de variável algum rótulo que já tenha sido usado para identificar o nome de um programa ou mesmo de outra variável. Um nome torna-se exclusivo no programa em que foi definido.

São nomes válidos de variáveis: NOMEUSUÁRIO, NOME_USUÁRIO, NUSUÁRIO, N_USUÁRIO, FONE1, FONE_1, F1, F_1, X, DELTA25, entre outras possibilidades. No entanto, definições como NOME USUÁRIO, 1X, FONE#, INTEIRO, REAL, CARACTERE, LÓGICO, entre outras, são consideradas inválidas. As palavras INTEIRO, REAL, CARACTERE, CADEIA, LÓGICO são inválidas por já estarem definidas como comandos de instrução de código da linguagem de projeto de programação "português estruturado". Além destas, as palavras apresentadas na Tabela 2.2 também não podem ser usadas como nomes de variáveis.

O conceito de variável, do ponto de vista computacional, não estaria completo se não fosse levado em consideração o fato de que uma variável pode assumir dois papéis em um programa. Um papel de *ação*, quando seu valor inicial é modificado ao longo da execução de um programa, ou o papel de *controle*, quando seu valor é "vigiado" e utilizado principalmente em operações lógicas de decisão e laços de repetição ao longo de um programa. Este capítulo mostra as variáveis no papel de ação de um programa. Nos Capítulos 4 e 5 as variáveis são usadas no papel de controle de ações nos programas. Nesta obra, uma variável, tanto de ação como de controle, será definida (declarada), em português estruturado, pelo uso do comando **var** seguido do nome de identificação da variável e também do tipo de dado primitivo associado a essa variável, como segue:

```
var
  <nome da variável> : <tipo primitivo de dado associado à variável>
```

Do ponto de vista computacional, pode-se considerar, de forma simplista, que variável é a representação de uma região de memória utilizada para armazenar, acessar e modificar certo valor por determinado espaço de tempo. O tempo de armazenamento de um valor em uma variável está relacionado ao tempo de duração da execução de um programa.

3.5 Uso de Constantes

Constante é tudo o que é fixo, estável, inalterável, imutável, contínuo, incessante, invariável, de valor fixo e que é aplicado em diversos pontos de vista. Assim, do ponto de vista computacional, que é semelhante ao ponto de vista matemático ou científico, *constante* é uma grandeza numérica fixa utilizada normalmente em uma expressão aritmética, algébrica ou lógica, a qual define um valor de peso inalterado na expressão, independentemente das variáveis envolvidas na operação a ser realizada.

Computacionalmente, uma constante pode ser classificada de três formas: implícita (quando definida dentro da linguagem com rótulos utilizados nas operações de processamento), explícita (quando definida dentro do código de programa pelo próprio desenvolvedor) e interna (quando faz parte dos valores que compõem uma equação matemática).

Como exemplo prático, tem-se a constante matemática **PI**, que equivale ao valor aproximado **3.14159265**..., o qual pode ser definido como constante explícita (numérica ou nominal) ou implícita, bastando apenas para seu uso, normalmente, fazer a chamada de seu nome em certa expressão matemática. Considere somar o valor de certa entrada junto ao valor de π (constante implícita) na expressão **RESULTADO = ENTRADA + PI**, em que **PI** é a definição abstrata de seu valor, ou como constante explícita (constante externa de forma numérica) com a expressão **RESULTADO = ENTRADA + 3.14149**, em que o valor **3.14159** é a indicação de uma grandeza numérica em sua forma natural limitada pela porção da parte decimal, neste caso, com cinco casas decimais. Em ambos os casos, **RESULTADO** e **ENTRADA** são as variáveis das referidas expressões.

Veja que há duas formas de fazer uso de constantes explícitas: forma numérica, cujo valor é declarado diretamente na equação, ou forma nominal, em que se define um nome para a constante e associa-se a ela certo valor. Nesta obra, a representação de constantes explícitas nominais é feita em português estruturado com o comando **const**. Assim, considere como definição de constante explícita nominal o rótulo **PI** associado ao valor **3.14159265**, a partir da sintaxe:

```
const
  PI = 3.14159265
```

Note que, para determinar os nomes de constantes com o comando **const**, é preciso obedecer às mesmas regras de definição de nomes para a definição de variáveis. A partir da definição de uma constante de forma explícita nominal, faz-se seu uso de modo semelhante ao uso de constante implícita.

A definição de constantes em um programa de computador tem por objetivo fazer uso de algum valor que, apesar de ter sido definido inicialmente ao programa, não será alterado em momento algum até o término de execução desse programa. Assim, na programação de computadores, constante é um valor numérico associado a um nome, sem qualquer atributo (Weber, 2004, p. 240).

3.6 Operadores Aritméticos

Os operadores aritméticos são as ferramentas responsáveis pelas operações matemáticas a serem realizadas em um computador no nível de seu processamento matemático. O termo *operador* é utilizado na área de programação para estabelecer os recursos responsáveis por executar algum tipo de operação computacional. Como dito, os *operadores aritméticos* são responsáveis pelo processamento matemático, exceto o operador de atribuição, que pode ser usado também em ações de processamento lógico.

Os operadores aritméticos são classificados em duas categorias, sendo **binários** ou **unários**. São binários quando utilizados em operações matemáticas de radiciação, exponenciação, divisão, multiplicação, adição e subtração; são unários quando atuam na inversão do estado de um valor numérico, que pode ser passado de positivo para negativo, ou vice-versa.

A Tabela 3.1 apresenta os operadores aritméticos a serem usados e considerados na elaboração de expressões aritméticas.

Tabela 3.1 Operadores aritméticos

Operador	Operação	Descrição	Tipo	Prioridade	Resultado
+	"+n" ou "n"	Manutenção de sinal	Unário	-	Positivo
-	−n	Inversão de sinal	Unário	-	Negativo
←	x ← n	Atribuição do valor "n" a "x"	Binário	-	Positivo ou Negativo
↑	x ↑ n	Exponenciação de x^n	Binário	1	Inteiro ou Real[18]
↑ (y / n)	x ↑ (y / n)	Radiciação de $\sqrt[n]{x^y}$	Binário	1	Real
↑ (1 / n)	x ↑ (1 / n)	Radiciação de $\sqrt[n]{x}$	Binário	1	Real
/	x / n	Divisão de "x" por "n"	Binário	2	Real (quociente relativo)

18 Desde que consideradas as regras matemáticas. Nesta obra, os exemplos de exponenciação estarão grafados com tipo de dado inteiro.

Operador	Operação	Descrição	Tipo	Prioridade	Resultado
*	x * n	Multiplicação de "x" por "n"	Binário	2	Inteiro ou Real
+	x + n	Adição de "x" com "n"	Binário	3	Inteiro ou Real
-	x – n	Subtração de "n" de "x"	Binário	3	Inteiro ou Real
div	x div n	Divisão de "x" por "n"	Binário	4	Inteiro (quociente absoluto)

A tabela de operadores aritméticos apresenta os operadores segundo a ordem de prioridade matemática que devem ser considerados (independentemente da ordem em que sejam executados em certa linguagem de programação formal). Caso necessite alterar o nível de prioridade de um referido cálculo, ele deve ser colocado entre parênteses. Na abordagem computacional não se utilizam chaves ou colchetes, normalmente usados na área matemática. O símbolo seta apontada para cima "↑" é a forma oficial de representação da operação de exponenciação para a indicação de cálculos de potências e raízes apresentado por Backus *et al.* (1960, p. 9).

3.7 Expressões Matemáticas

As expressões matemáticas são operações de processamento muito comuns em programação e são utilizadas para realizar cálculos e operações com números. Essas expressões são formadas a partir do relacionamento existente entre variáveis e constantes, que são operadas com tipos de dados numéricos (inteiro e/ou real), utilizando os operadores aritméticos, como adição, subtração, multiplicação e divisão.

Como exemplo de uso de uma expressão matemática, considere a fórmula para a obtenção do cálculo de área de circunferência: ***ÁREA = π · RAIO***^{2}, em que estão presentes as variáveis **ÁREA**, **RAIO**, as constantes **π** (pi = 3.14159265) e quadrado, além dos operadores aritméticos de multiplicação e exponenciação quando se eleva o valor da variável **RAIO** ao quadrado.

As expressões matemáticas usadas na programação de computadores são escritas de uma forma um pouco diferente da conhecida na ciência matemática. Por exemplo, a expressão **X = { 43 · [55 : (30 + 2)] }** será escrita na forma computacional como **X ← (43 * (55 / (30 + 2)))**.

Perceba que as chaves e colchetes são abolidos, utilizando em seu lugar apenas os parênteses. É substituído o sinal de atribuição matemática, identificado pelo símbolo (=) "igual a", pelo símbolo (←) "seta para a esquerda", que indica a operação de atribuição.

O símbolo de atribuição (←) é usado para indicar que o valor de uma expressão matemática, que é a forma computacional de descrever uma fórmula, está sendo passado, transferido para a variável posicionada à esquerda do símbolo de atribuição. No caso da fórmula para o cálculo da área de uma circunferência, ela pode ser escrita como **ÁREA ← 3.14159265 * RAIO ↑ 2**.

Se a fórmula a ser utilizada fosse calcular a área de um triângulo, em que é necessário multiplicar a base pela altura e, em seguida, dividir pela constante 2, como ficaria? Observe a fórmula padrão:

$$A = \frac{b \cdot h}{2}$$

Neste caso, a variável **A** representa a **área**, a variável **b** representa a **base**, a variável **h**, a **altura**, e o valor **2**, a constante matemática interna da fórmula. A fórmula para o cálculo da área de um triângulo é definida como a expressão **A ← (B * H) / 2**.

Considere ainda a necessidade de converter em expressão matemática a fórmula de Bhaskara (ou Báskara) usada para obter as raízes reais de uma equação de segundo grau, a seguir:

$$x = \frac{-b \pm \sqrt{\Delta}}{2a}$$

$$\Delta = b^2 - 4ac$$

A fórmula de Bhaskara deve ser convertida em sua forma equivalente em expressão matemática. Assim, ficam definidas as expressões:

```
DELTA ← B ↑ 2 - 4 * A * C
X1 ← (- B + DELTA ↑ ( 1 / 2 ) ) / ( 2 * A )
X2 ← (- B - DELTA ↑ ( 1 / 2 ) ) / ( 2 * A )
```

As variáveis **X1** e **X2** são utilizadas para representar, respectivamente, suas equivalentes matemáticas **x'** e **x"**. A variável **DELTA** é utilizada para representar sua equivalente matemática Δ.

Nas expressões de cálculo das variáveis **X1** e **X2**, a definição de **DELTA ↑ (1/2)** representa a extração da raiz quadrada de **DELTA**. Uma raiz, seja ela de qual índice for, pode ser extraída a partir do cálculo da exponenciação de sua base em relação ao valor inverso de seu índice.

Uma das funções de um programador de computador é saber converter adequadamente as expressões matemáticas representadas por suas fórmulas no estilo computacional "entendido" por computadores.

3.8 Instruções e Comandos

O controle operacional de um computador eletrônico digital é realizado por um conjunto de programas. Um programa, além da lógica de programação necessária e dos dados a serem manipulados, necessita de um conjunto de instruções para comandar as ações programadas de um computador.

Uma instrução a ser executada em um computador pode ser formada por um ou mais comandos. Comando (palavra-chave) é um componente que pertence ao dicionário de uma linguagem de programação. Assim, uma linguagem de programação formal (Fortran, COBOL, BASIC, Pascal, Lua, C, C++, Assembly, Java, C#, entre outras) ou informal (LPP) é um conjunto de comandos que, utilizados isoladamente ou em conjunto, determinam as instruções a serem dadas por um programa ao computador.

O número de linguagens de programação existentes é bastante grande, o que pode ocasionar ao estudante certa dificuldade para se adaptar aos diversos "idiomas" computacionais. O objetivo desta obra é ajudar a desenvolver a lógica de programação independentemente da linguagem formal de computação a ser utilizada. Existem várias formas de escrever programas para computadores, mas só existe um modo de programá-los, e é utilizando boa lógica.

Considere a seguinte descrição: *via pública para circulação urbana, total ou parcialmente ladeada de casas*. Em português chama-se *rua*; em inglês, *street*; em castelhano, *calle*. Observe que não importa a forma usada para descrever uma via pública para circulação urbana, total ou parcialmente ladeada de casas. A forma escrita em cada idioma não mudou em nenhum momento o significado das palavras *rua*, *street* e *calle*. Algo semelhante ocorre com as linguagens de programação de computadores. O que importa é saber o quê e como fazer em um programa, saber usar a lógica de programação, ou seja, o conceito de programação, não importa em qual linguagem o programa será escrito.

Este livro adota o uso de códigos escritos em *português estruturado*, uma linguagem de programação informal de documentação, como documentado na Tabela 2.2.

Deste ponto em diante, o leitor terá contato com os comandos da linguagem de projeto de programação em português estruturado: ATÉ, ATÉ_QUE, ATÉ_SEJA, CADEIA, CARACTERE, CASO, CLASSE, CONJUNTO, CONST, CONTINUA, DE, EFETUE, ENQUANTO, ENQUANTO_SEJA, ENTÃO, ESCREVA, FAÇA, FIM, FIM_ATÉ_SEJA, FIM_CASO, FIM_CLASSE, FIM_ENQUANTO, FIM_LAÇO, FIM_PARA, FIM_REGISTRO, FIM_SE, FUNÇÃO, HERANÇA, INÍCIO, INTEIRO, LAÇO, LEIA, LÓGICO, PARA, PASSO, PRIVADA, PROCEDIMENTO, PROGRAMA, PROTEGIDA, PÚBLICA, REAL, REGISTRO, REPITA, SAIA_CASO, SE, SEÇÃO_PRIVADA, SEÇÃO_PROTEGIDA, SEÇÃO_PÚBLICA, SEJA, SENÃO, TIPO, VAR e VIRTUAL.

Lembre-se de que os nomes de variáveis e de constantes, quando definidos em programas codificados (em qualquer linguagem de programação formal ou informal), não podem, em hipótese nenhuma, ser iguais às palavras-chave citadas no parágrafo anterior.

Anteriormente, foram estabelecidos o significado de variável e de constante e algumas regras para seu uso. Agora é necessário conhecer mais algumas regras que serão usadas daqui em diante para representar a descrição de comandos e instruções, a saber:

- Toda referência feita a um comando em português estruturado nesta obra será grafada com caracteres minúsculos e em negrito.
- Em hipótese nenhuma os comandos do código português estruturado estarão escritos dentro dos símbolos dos diagramas de blocos.
- A codificação de um programa escrita à mão é sempre realizada com caracteres maiúsculos e em letra de forma, o que obriga sempre a cortar o valor zero com uma barra para diferenciá-lo da letra "O".
- Não se escrevem programas de computador à mão com letra cursiva.
- Toda referência feita a uma variável ou constante, quando definida nesta obra, será grafada com caracteres maiúsculos em itálico.
- Os nomes das variáveis serão sempre indicados e utilizados dentro dos símbolos dos diagramas de blocos.
- Todo valor atribuído diretamente no código do programa a uma variável será realizado por meio do símbolo de atribuição (←), seta para a esquerda, tanto nos diagramas de blocos como nos códigos escritos em português estruturado.
- Todo valor atribuído diretamente no código do programa a uma constante será realizado por meio do símbolo de atribuição (=), igual a, tanto nos diagramas de blocos como nos códigos escritos em português estruturado.

Para operações de multiplicação, é preciso ter o cuidado de usar o símbolo asterisco (*) no código escrito em português estruturado. Quando se tratar de representar essa operação em um diagrama de bloco, deve-se usar o símbolo (⊗).

3.9 Juntando Tudo

Para aprender os detalhes apresentados até o momento, considere o seguinte exemplo de um problema a ser transformado em programa de computador:

Desenvolver um programa de computador que efetue a leitura de dois valores numéricos inteiros. Processe a operação de adição dos dois valores e apresente na sequência a soma obtida com a operação.

Note que o programador sempre estará diante de um problema, o qual deve ser resolvido primeiramente por ele para depois ser implementado em um computador e, então, utilizado por um usuário.

Para cumprir estas etapas, é necessário e fundamental que o programador primeiramente entenda o problema, para depois buscar e implementar a sua solução em um computador, ou seja, o programador é o profissional que "ensina" o computador a realizar determinada tarefa controlada por meio de um programa. Dessa maneira, o segredo de aplicação de uma boa lógica de programação está na devida compreensão do problema a ser solucionado.

Em relação ao problema proposto, é necessário interpretá-lo adequadamente (entendê-lo) com o auxílio de uma ferramenta lógica denominada algoritmo, que deve estabelecer os passos necessários a serem cumpridos na busca da solução do problema. Lembre-se de que um algoritmo é semelhante a uma "receita culinária".

A solução de um algoritmo deve ocorrer com base nas etapas de ação de um computador (entrada, processamento e saída). Neste sentido, o programador deve executar três atividades na busca da solução de um problema computacional: primeiramente faz o *entendimento* (descrição dos passos), depois faz a *diagramação* (diagrama de bloco) e a *codificação* (português estruturado), como mostra a Figura 3.2.

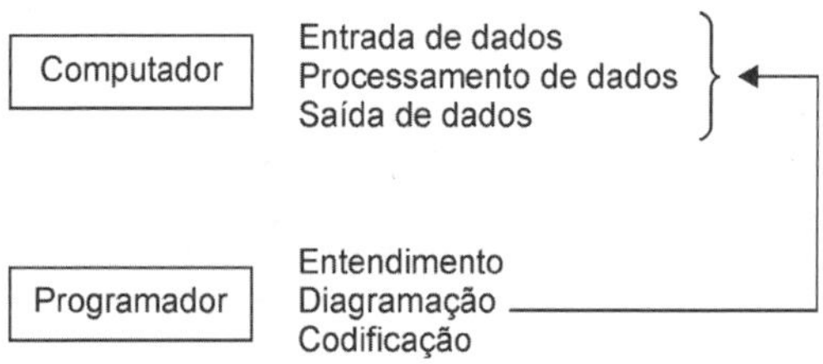

Figura 3.2 Forma esquemática de comportamento do programador diante de um problema.

Das atividades a serem cumpridas para a solução do problema, a atividade de entendimento tem característica mental, ou seja, não é necessário colocá-la no papel, a menos que se queira. No entanto, a diagramação e a codificação devem ser consideradas obrigatórias. A diagramação, por ser a contextualização gráfica da linha de entendimento de quem escreveu o programa de computador, e a codificação em uma linguagem de programação (não necessariamente o código em português estruturado), por ser o produto final.

Entendimento (análise passo a passo do que deve ser feito pelo programa)

Observe a seguir a descrição dos passos para que ocorra a entrada dos dois valores inteiros (que são desconhecidos pelo programador e serão representados pelas variáveis A e B) e sua respectiva operação de adição (consequência da soma dos valores informados com as variáveis A e B) que será atribuída à variável X.

1. Ler dois valores desconhecidos, representados pelas variáveis A e B.
2. Efetuar a adição das variáveis A e B, cujo resultado será atribuído à variável X.
3. Apresentar o valor da variável X, que é o resultado da soma realizada.

Os três passos anteriores estabelecem a sequência a ser executada por um algoritmo (gráfico e textual). Descrevem de forma sucinta a ação passo a passo para a solução do problema indicado, baseando-se nas etapas de trabalho de um computador: entrada, processamento e saída.

A seguir, o leitor terá contato com o algoritmo na forma gráfica (*diagrama de bloco*) e na forma textual (*português estruturado*) para representar a solução do problema proposto.

Diagramação (confecção do diagrama de bloco de acordo com o entendimento)

Completada a fase de interpretação do problema, em que se toma consciência do que é necessário fazer, passa-se para a fase de diagramação do algoritmo, que será feita de acordo com os detalhes definidos na norma ISO 5807:1985(E), como mostra a Figura 3.3.

Observe a indicação dos rótulos **Início** e **Fim** no diagrama de bloco com o uso do símbolo *terminal*, que deve estar sempre presente, indicando o ponto de início e fim do diagrama. Note também a existência das linhas com setas ligando os símbolos entre si. Isso é necessário, pois desse modo sabe-se a direção que o fluxo de ações de um programa deve seguir. Veja também o uso dos símbolos *manual input* (que equivale ao comando de entrada **leia**) com a definição das variáveis de entrada **A** e **B**, *process* (que equivale à ação de processamento) com a definição da operação matemática de adição **X ← A + B** e *display* (que equivale ao comando de saída **escreva**) com a definição da variável de saída **X**.

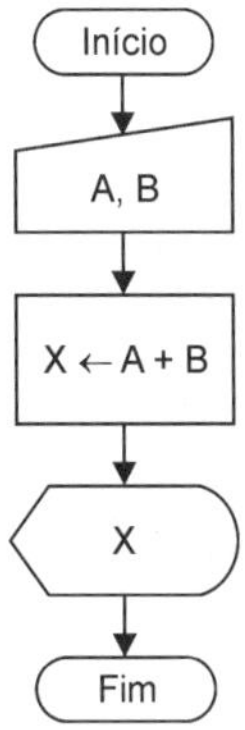

Figura 3.3 Diagrama de bloco do programa de adição de dois valores inteiros.

Codificação (escrita do programa de forma textual)

Após estabelecer os passos anteriores (entendimento e diagramação), passa-se à fase de codificação do programa, que obedece ao que está definido no diagrama de bloco, pois ele é a representação gráfica (concreta) da linha de raciocínio lógico do programador a ser colocado em um programa que controla as ações de um computador. Nessa etapa do trabalho, deve haver a preocupação do programador em definir o tipo de dado de cada variável. Essa atitude é normalmente característica das linguagens formais estruturadas de programação para reservar na memória o espaço adequado à manipulação de cada tipo de dado, segundo o valor a ser utilizado. Serão usadas três variáveis: A, B e X, as quais devem ser relacionadas e definidas antes do seu uso. Observe a seguir o preâmbulo de um programa típico escrito em português estruturado.

Um programa codificado em português estruturado é iniciado com uma instrução de identificação codificada a partir do comando **programa** seguido de um nome para sua identificação, que pode ser escrito com uma ou mais palavras separadas por traço do tipo *underline*. O nome do programa, neste caso, **SOMA_NÚMEROS**, é formado por duas palavras separadas com o símbolo *underline*. As regras para definição de nome de programa são as mesmas usadas para a definição de nomes às variáveis e constantes. Lembre-se de que não podem existir nomes de programa, variável ou constante iguais.

```
programa SOMA_NÚMEROS
var
  X : inteiro
  A : inteiro
  B : inteiro
```

Após o nome de identificação do programa, é estabelecida a instrução que fará a definição em memória primária dos espaços para a manipulação das variáveis, segundo seus respectivos tipos de dados. Essa instrução é conseguida com o comando **var** seguido dos nomes de identificação das variáveis a serem usadas e seus respectivos tipos de dados. A definição, ou seja, a instância das variáveis, é feita abaixo do comando **var**, em média com deslocamento de duas posições à frente.

Esse deslocamento de espaços nos nomes das variáveis em relação ao comando **var** é chamado *indentação*.[19]

Após relacionar as variáveis a serem usadas no programa com o comando **var** e estabelecer a instrução de criação das variáveis na memória principal, passa-se para a fase de montagem do que está estabelecido no diagrama de bloco entre os símbolos *terminal* (indicações de início e fim do programa).

A parte indicada entre o trecho sinalizado com o símbolo *terminal* como início e fim chama-se *bloco*, daí o nome diagrama de bloco. As ações do bloco devem ser traduzidas para a linguagem de codificação, neste caso, português estruturado.

O bloco de instruções do programa (sinalizado entre os comandos **início** e **fim**) indica as ações de entrada (instrução **leia A**), de processamento (instrução **X ← A + B**) e de saída (instrução **escreva X**) a serem realizadas pelo programa. O código escrito entre os comandos **início** e **fim** é apresentado com um deslocamento (*indentação*) de duas posições à direita.

```
início
  leia A
  leia B
  X ← A + B
  escreva X
fim
```

O uso de *indentação* é um estilo de escrita que deve sempre ser respeitado, pois visa facilitar a leitura do código dos vários blocos de ação que um programa de computador possa ter. É muito comum um programa possuir milhares de linhas, e, nesses casos, o uso da *indentação* é um instrumento de grande valia e organização.

Após a leitura (entrada) dos valores para as variáveis **A** e **B** por meio do comando **leia**, o programa faz o processamento da adição, atribuindo à variável **X** o resultado da soma obtida, e com o comando escreva (saída) faz a apresentação do resultado armazenado na variável **X**.

```
programa ADIÇÃO_NÚMEROS
var
  X : inteiro
  A : inteiro
  B : inteiro
início
  leia A
  leia B
  X ← A + B
  escreva X
fim
```

Note o programa completo codificado em português estruturado.

Como exemplo contextualizado, o programa indicado pode ser visto em algumas linguagens de programação a partir do repositório GitHub: **https://github.com/J-AugustoManzano/livro_Algoritmos_Logica/tree/main/Cap%2003/3.9%20-%20Juntando%20Tudo**.

uqr.to/1wj44

Se desejar, aponte para o QR Code ao lado e tenha acesso ao repositório indicado.

A título de fixação de aprendizagem, são apresentados mais três exemplos de programas que aplicam os conceitos de entrada, processamento e saída estudados anteriormente. Observe atentamente cada exemplo de aprendizagem e procure perceber os detalhes existentes, pois são importantes para resolver os exercícios de fixação ao fim deste capítulo.

---

19 O termo "indentação" origina-se do termo em inglês "*indent*" ou "*indented*", tendo como significado o efeito de afastar um texto de sua margem com a definição de espaços entre a margem e o início do parágrafo. Quando aplicado à programação de computadores, o termo significa recuo de parágrafo à direita na medida mínima de dois espaços dispostos hierarquicamente para facilitar a leitura do código por humanos, considerando sempre o uso de caracteres da categoria *monoespaçado*, como as fontes *Courier, Courier New, Ubuntu Mono, Lucida*, entre outras, em que todos os caracteres possuem a mesma medida de largura, ou seja, são monoespaçadas.

Exercício de Aprendizagem

Como descrito no tópico 3.1, um computador eletrônico executa as ações de entrada de dados, processamento de dados e saída de dados. Assim, qualquer programa deve, de alguma maneira, executar essas ações, e a partir delas o programador pode planejar seu trabalho. O processo de entrada e de saída de dados é representado em código português estruturado, respectivamente, com os comandos **leia** (entrada) e **escreva** (saída). As operações de processamento matemático ou lógico, nesta etapa, serão representadas com o uso do operador de atribuição (←).

Para representar as operações de entrada (**leia**), processamento (←) e saída (**escreva**) serão utilizados, respectivamente, os símbolos: *manual input*, *process* e *display* indicados na Tabela 2.1, do Capítulo 2. Além desses símbolos, será utilizado o símbolo *terminal* para indicar o início e o fim do programa representado no diagrama de bloco.

Exemplo 1

Elaborar um programa de computador que calcule a área de uma circunferência e apresentar a medida da área calculada, considerando o uso da constante π (3.14159265) a ser definida junto ao código do programa.

Entendimento

Para fazer o cálculo da área de uma circunferência, é necessário conhecer primeiramente a fórmula que regimenta as regras do cálculo, sendo **A** = **πR^2**, em que **A** é a variável que conterá o resultado do cálculo da área, **π** é o valor da constante pi (3.14159265) e **R** é o valor da variável que representa o raio. Basta estabelecer o seguinte:

1. Ler um valor para o raio, no caso, variável R.
2. Estabelecer que pi venha a possuir o valor 3.14159265.
3. Efetuar o cálculo da área, elevando ao quadrado o valor de R e multiplicando esse valor por pi.
4. Apresentar o valor da variável A.

A fórmula para o cálculo da área pode ser escrita na forma de expressão aritmética como **A ← 3.14159265 * R ↑ 2**. No entanto, o exemplo faz menção à definição da constante pi associada ao seu valor.

Quando for mencionada uma operação de multiplicação em um diagrama de bloco, deve ser utilizado o símbolo ⊗, como na Figura 3.4.

Observe o uso do primeiro símbolo *process* em que é definido o valor da constante **pi**. Note o uso do símbolo = (igual a, que deve ser lido *definido como*) para estabelecer o valor **3.14159265** para a constante **pi** a ser utilizada. Perceba a diferença no uso de uma constante em relação a um processamento. O processamento usa o símbolo de atribuição (←), enquanto uma constante o símbolo "igual a".

Diagramação	Codificação

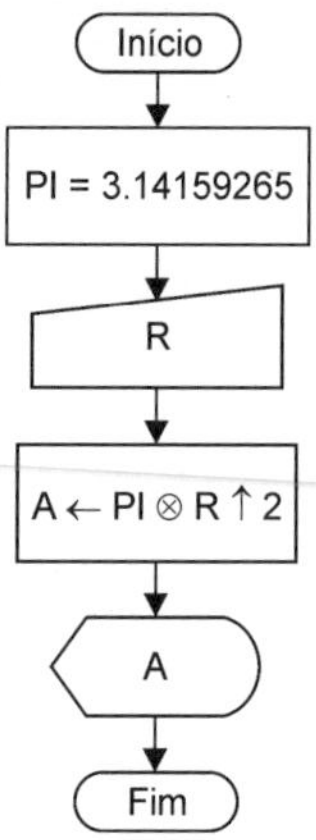

Figura 3.4 Diagrama de bloco do programa de cálculo de área de circunferência.

```
programa ÁREA_CÍRCULO
const
  PI = 3.14159265
var
  A : real
  R : real
início
  leia R
  A ← PI * R ↑ 2
  escreva A
fim
```

Como regra geral de trabalho e de organização, constantes com o comando **const** ficam sempre à frente de variáveis com o comando **var**.

Exemplo 2

Desenvolver um programa que calcule o salário líquido de um professor. Para elaborar o programa, é necessário possuir alguns dados, como valor da hora-aula, número de horas trabalhadas no mês e percentual de desconto do INSS. Em primeiro lugar, deve-se estabelecer o seu salário bruto para fazer o desconto e ter o valor do salário líquido.

Observe a descrição das etapas básicas de entendimento do problema e a representação das ações a serem efetuadas pelo programa na Figura 3.5.

Entendimento

1. Estabelecer a leitura da variável HT (horas trabalhadas no mês).
2. Estabelecer a leitura da variável VH (valor hora-aula).
3. Estabelecer a leitura da variável PD (percentual de desconto).
4. Calcular o salário bruto (SB), sendo a multiplicação das variáveis HT e VH.
5. Calcular o total de desconto (TD) com base no valor de PD dividido por 100.
6. Calcular o salário líquido (SL), deduzindo o desconto do salário bruto (SB).
7. Apresentar os valores dos salários bruto e líquido: SB e SL.

Diagramação

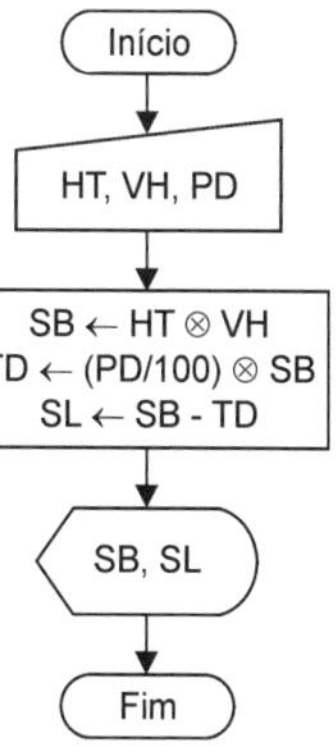

Figura 3.5 Diagrama de bloco do programa de cálculo de salário.

Codificação

```
programa SALÁRIO_PROFESSOR
var
  HT : inteiro
  VH, PD, TD, SB, SL : real
início
  leia HT, VH, PD
  SB ← HT * VH
  TD ← (PD/100) * SB
  SL ← SB - TD
  escreva SB, SL
fim
```

Exemplo 3

Desenvolver um programa que faça a entrada do nome de uma pessoa e de seu sexo, apresentando em seguida os dados anteriormente informados.

Considere para a solução deste problema que a entrada do nome será realizada na variável **NOME** e a entrada do sexo na variável **SEXO**. Considere ainda que a variável **NOME** terá seu tipo de dado definido com o comando **cadeia** (por ser um conjunto com mais de um caractere) e que a variável **SEXO** terá seu tipo de dado definido com o comando **caractere**, uma vez que a entrada do sexo será indicada apenas por uma letra: *M* para masculino ou *F* para feminino.

Observe a seguir a descrição das etapas básicas de entendimento do problema e a representação das ações a serem efetuadas pelo programa na Figura 3.6.

Entendimento

1. Efetuar a entrada do nome na variável NOME.
2. Efetuar a entrada do sexo na variável SEXO.
3. Apresentar o nome e o sexo informados.

Observe na Figura 3.6 o fato de o programa não ter um processamento matemático. Após a entrada do nome e do sexo, realiza-se a saída desses dados. Apesar de não existir explicitamente um processamento, não significa que o computador não fará um para conseguir atender ao que está sendo pedido.

Diagramação	Codificação

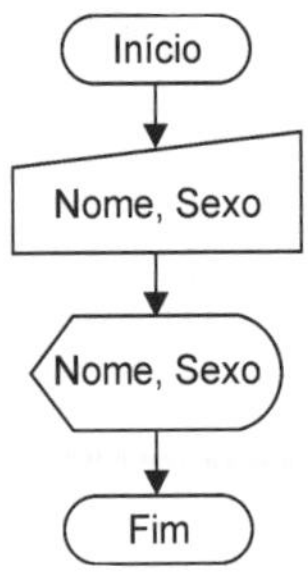

Figura 3.6 Diagrama de bloco do programa de entrada e saída do nome e do sexo.

```
programa NOME_SEXO
var
  NOME : cadeia
  SEXO : caractere
início
  leia NOME, SEXO
  escreva NOME, SEXO
fim
```

Os detalhes retratados neste capítulo sobre programação sequencial são facilmente encontrados em qualquer linguagem de programação estruturada, modular ou orientada a objetos, tais como: AWK, Structured BASIC, C, C++, C#, D, Dart, Fortran, Go, Groovy, Java, JavaScript, Julia, Kotlin, Lua, Pascal, Perl, PHP, Pike, Python, Raku, Ruby, Rust, Scala, Swift, Tcl, TypeScript, Visual Basic .Net, entre outras.

Exercícios de Fixação

1. Escreva ao lado de cada valor o tipo em que se enquadra (inteiro, real, caractere, cadeia ou lógico), levando em consideração que um valor numérico pertencente ao conjunto de valores numéricos inteiros está contido também no conjunto de valores numéricos reais.

-456	____________	0	____________
.F.	____________	1.56	____________
.Falso.	____________	-1.56	____________
.V.	____________	34	____________
"0.87"	____________	45.8976	____________
"0"	____________	-465	____________
"-9.12"	____________	678	____________
"-900"	____________	-678	____________
"Casa 8"	____________	-99.8	____________
"Cinco"	____________	".V."	____________
"V"	____________	1000	____________

2. Assinale com um X os nomes válidos para uma variável.

( ) ENDEREÇO
( ) 21BRASIL
( ) FONE$COM
( ) NAMEUSER
( ) NOME_USUÁRIO
( ) NOME*USUÁRIO
( ) END*A-6
( ) CIDADE3
( ) #CABEC
( ) REAL
( ) REAL$
( ) SOBRENOME

3. Dadas as equações matemáticas a seguir, estabeleça para cada uma delas a respectiva expressão aritmética em estilo computacional.

a) $f = \sqrt{\frac{1}{lc} - \frac{r^2}{4c^2}}$ ________________________________

b) $x = \frac{a}{b-c}$ ________________________________

c) $x = m\left[ah + \frac{v^2}{2}\right]$ ________________________________

d) $d = vt + \frac{at^2}{2}$ ________________________________

e) $d = \frac{p-r}{n}$ ________________________________

f) $f = c\frac{9}{5} + 32$ ________________________________

g) $c = (f - 32)\frac{5}{9}$ ________________________________

4. Desenvolver os diagramas de bloco e a codificação em português estruturado dos problemas computacionais elencados de **a** até **z**, ficando a cargo do professor selecionar a ordem e os problemas a serem resolvidos.

a) Ler uma temperatura em graus Celsius e apresentá-la convertida em graus Fahrenheit. A fórmula de conversão é F ← C * 9 / 5 + 32, sendo F a temperatura em Fahrenheit e C a temperatura em Celsius.

b) Ler uma temperatura em graus Fahrenheit e apresentá-la convertida em graus Celsius. A fórmula de conversão é C ← ((F – 32) * 5) / 9, sendo F a temperatura em Fahrenheit e C a temperatura em Celsius.

c) Calcular e apresentar o valor do volume de uma lata de óleo, utilizando a fórmula VOLUME ← 3.14159 * R ↑ 2 * ALTURA.

d) Efetuar o cálculo da quantidade de litros de combustível gasta em uma viagem, utilizando um automóvel que faz 12 quilômetros por litro. Para obter o cálculo, o usuário deve fornecer o tempo gasto (variável TEMPO) e a velocidade média (variável VELOCIDADE) durante a viagem. Dessa maneira, será possível obter a distância percorrida com a fórmula DISTÂNCIA ← TEMPO * VELOCIDADE. A partir do valor da distância, basta calcular a quantidade de litros de combustível utilizada na viagem com a fórmula LITROS_USADOS ← DISTÂNCIA / 12. O programa deve apresentar os valores da velocidade média, tempo gasto na viagem, a distância percorrida e a quantidade de litros utilizada na viagem.

e) Efetuar o cálculo e apresentar o valor de uma prestação de um bem em atraso, utilizando a fórmula PRESTAÇÃO ← VALOR + (VALOR * (TAXA / 100) * TEMPO).

f) Ler dois valores para as variáveis A e B e efetuar a troca dos valores de modo que a variável A passe a possuir o valor da variável B e a variável B passe a possuir o valor da variável A. Apresentar os valores após a efetivação do processamento da troca.

g) Ler quatro valores numéricos inteiros e apresentar os resultados armazenados em memória das adições e multiplicações utilizando o mesmo raciocínio aplicado quando do uso de propriedades distributivas para a máxima combinação possível entre as quatro variáveis. Não é para calcular a propriedade distributiva, deve-se apenas para usar a sua forma de combinação. Considerando a leitura de valores para as variáveis A, B, C e D, devem ser feitas seis adições e seis multiplicações, ou seja, deve ser combinada a variável A com a variável B, a variável A com a variável C, a variável A com a variável D. Depois, é necessário combinar a variável B com a variável C e a variável B com a variável D e, por fim, a variável C será combinada com a variável D.

h) Elaborar um programa que calcule e apresente o valor do volume de uma caixa retangular, utilizando a fórmula VOLUME ← COMPRIMENTO * LARGURA * ALTURA.

i) Efetuar a leitura de um valor numérico inteiro e apresentar o resultado do valor lido elevado ao quadrado, sem efetuar o armazenamento do resultado em memória.

j) Ler dois valores numéricos inteiros (representados pelas variáveis A e B) e apresentar o resultado armazenado em memória do quadrado da diferença do primeiro valor (variável A) em relação ao segundo valor (variável B).

k) Elaborar um programa que apresente o valor da conversão em real (R$) de um valor lido em dólar (US$). O programa deve solicitar o valor da cotação do dólar e também a quantidade de dólares disponível com o usuário e armazenar em memória o valor da conversão antes da apresentação.

l) Elaborar um programa que apresente o valor da conversão em dólar (US$) de um valor lido em real (R$). O programa deve solicitar o valor da cotação do dólar e também a quantidade de reais disponível com o usuário e armazenar em memória o valor da conversão antes da apresentação.

m) Construir um programa que leia três valores numéricos inteiros (representados pelas variáveis A, B e C) e apresentar como resultado final, armazenado em memória, o valor da soma dos quadrados dos três valores lidos.

n) Construir um programa que leia três valores numéricos inteiros (representados pelas variáveis A, B e C) e apresentar como resultado final, armazenado em memória, o valor do quadrado da soma dos três valores lidos.

o) Elaborar um programa que leia quatro valores numéricos inteiros (variáveis A, B, C e D). Ao final, o programa deve apresentar o resultado, armazenado em memória, do produto (variável P) do primeiro com o terceiro valor, e o resultado da soma (variável S) do segundo com o quarto valor.

p) Elaborar um programa que leia o valor numérico correspondente ao salário mensal (variável SM) de um trabalhador e também fazer a leitura do valor do percentual de reajuste (variável PR) a ser atribuído. Apresentar o valor do novo salário (variável NS) após o armazenamento do cálculo em memória.

q) Elaborar um programa que calcule e apresente o valor do resultado da área de uma circunferência (variável A). O programa deve solicitar a entrada do valor do raio da circunferência (variável R). Para a execução deste problema, utilize a fórmula A ← 3.14159265* R ↑ 2.

r) Em uma eleição sindical concorreram ao cargo de presidente três candidatos (representados pelas variáveis A, B e C). Durante a apuração dos votos foram computados votos nulos e em branco, além dos votos válidos para cada candidato. Deve ser criado um programa de computador que faça a leitura da quantidade de votos válidos para cada candidato, além de ler também a quantidade de votos nulos e em branco. Ao final, o programa deve apresentar o número total de eleitores, considerando votos válidos, nulos e em branco; o percentual correspondente de votos válidos em relação à quantidade de eleitores; o percentual correspondente de votos válidos do candidato A em relação à quantidade de eleitores; o percentual correspondente de votos válidos do candidato B em relação à quantidade de eleitores; o percentual correspondente de votos válidos do candidato C em relação à quantidade de eleitores; o percentual correspondente de votos nulos em relação à quantidade de eleitores; e, por último, o percentual correspondente de votos em branco em relação à quantidade de eleitores. Todos os cálculos devem efetivamente ser armazenados em memória.

s) Elaborar um programa que leia dois valores numéricos reais desconhecidos representados pelas variáveis A e B. Calcular, armazenar e apresentar os resultados das quatro operações aritméticas básicas.

t) Construir um programa que calcule, armazene e apresente em metros por segundo o valor da velocidade de um projétil que percorre uma distância em quilômetros a um espaço de tempo em minutos. Utilize a fórmula VELOCIDADE ← (DISTÂNCIA * 1000) / (TEMPO * 60).

u) Elaborar um programa de computador que calcule e apresente o valor do volume de uma esfera. Utilize a fórmula VOLUME ← (4 / 3) * 3.14159 * (RAIO ↑ 3).

v) Elaborar um programa que leia dois valores numéricos inteiros, os quais devem representar a base e o expoente de uma potência, calcular a potência, armazenar em memória o resultado calculado e apresentar o resultado obtido.

w) Elaborar um programa que leia uma medida em pés, calcular, armazenar e apresentar o seu valor convertido em metros, lembrando que um pé mede 0,3048 metro, ou seja, um pé é igual a 30,48 centímetros.

x) Elaborar um programa que calcule e armazene em memória uma raiz de base qualquer elevada ao expoente um com índice qualquer (quadrado, cubo etc.).

y) Construir um programa que leia um valor numérico inteiro e apresente como resultado armazenado em memória os seus valores sucessor e antecessor.

z) Ler dois valores numéricos inteiros (representados pelas variáveis A e B) e apresentar o resultado inteiro do quadrado da divisão do valor da variável A em relação ao valor da variável B armazenado em memória.

Videoaulas

Após a leitura do Capítulo 3, é propício assistir às videoaulas disponíveis no QR Code a seguir. Assista-as na ordem que apresentamos.

uqr.to/1wj45

CAPÍTULO 4

PROGRAMAÇÃO COM DECISÃO

Anteriormente foram vistas as etapas de entrada, processamento e saída de dados com o uso de ferramentas de ações básicas, como variáveis, constantes, operadores aritméticos e expressões aritméticas, além das ações de entrada e saída de dados. Apesar de já ser possível, com essas ferramentas, solucionar alguns problemas simples e transformá-los em programas, os recursos até então estudados são muito limitados por permitirem apenas soluções simples e diminutas. Em certas ocasiões, determinado valor deve ser tratado de modo a realizar um desvio no processamento executado no computador, usando o princípio de *tomada de decisões*.

A fim de orientar o estudo de tomadas de decisão, este capítulo apresenta operadores relacionais, operadores lógicos, decisões simples, decisões compostas, decisões sequenciais, decisões aninhadas, decisões de seleção e noções básicas de divisibilidade entre números. O fato de um computador poder tomar decisões não o torna uma máquina "inteligente", apenas garante o controle, de forma lógica, da máquina em si.

4.1 Ser Programador

Antes de prosseguir o estudo, cabe apresentar as três virtudes de um programador de computador, sabiamente indicadas pelo professor Guerreiro, da Universidade Nova de Lisboa. Segundo Guerreiro, o programador de computador deve possuir as virtudes: disciplina, humildade e perseverança (Guerreiro, 2000, p. 2-3), descritas resumidamente em seguida.

- Disciplina, pois, ao programar sem nenhuma metodologia, corre-se o risco de ficar soterrado em uma avalanche de conceitos conflitantes. Disciplina é qualidade essencial de um programador, seja em que linguagem de programação for. Um programador indisciplinado, mesmo genial, é de pouca utilidade para a equipe de desenvolvimento de *software* da qual faz parte.

- Humildade, porque o programador é frequentemente confrontado com suas próprias limitações. Mesmo usando adequadamente algum método (disciplina), muitas vezes se cometem erros, não por ter entendido mal o problema (sem dúvida este é o erro mais grave), mas por pensar que já se conhecem a linguagem de programação em uso e seu método de aplicação. O excesso de confiança é mau conselheiro na tarefa de programação. Por outro lado, errar, reconhecer o erro, corrigi-lo faz bem à alma. É fundamental aceitar as próprias limitações e nunca partir do pressuposto de que é fácil programar.
- Perseverança, pois é necessário deixar o trabalho bem-feito. É preciso ultrapassar muitos erros, rever e tomar decisões que se pensava estarem resolvidas. É preciso atender a pormenores que inicialmente passaram despercebidos e afinar pontos não resolvidos. É necessário deixar o programa em condições para outro programador concluir. Frequentemente, isso tudo tem de ser conseguido com prazos estipulados. É normal que ocorram momentos de desânimo e se queira deixar as coisas como estão.

Dentro do exposto, cabe deixar claro que, se no estudo desta obra não forem assumidas essas três virtudes, é melhor não dar continuidade. É mais saudável parar neste ponto e repensar seus reais interesses, pois, sem dúvida, será um verdadeiro martírio. Mas se houver concordância com essas questões e seguir as recomendações indicadas até este ponto, tenha certeza de que se sentirá muito bem ao final do estudo, pois estará no time dos que são programadores de computador, pelo menos em um nível de conhecimento que permite assumir responsabilidades como *trainee* ou *júnior*. Tenha em mente que o perfeito ainda é muito pouco, pois, como disse Albert Einstein (2014): "*a mente que se abre a uma nova ideia jamais voltará ao seu tamanho original*".

4.2 Decisões, Condições e Operadores Relacionais

O foco de estudo deste capítulo é entender a capacidade que computadores possuem em realizar tomadas de decisões por meio de processamento lógico. A tomada de decisão realizada pelo computador estabelece uma ação de desvio na operação do fluxo do programa. Dessa maneira, determinado trecho de programa pode realizar uma ou outra tarefa de processamento.

A operação de tomada de decisão é um aspecto importante a ser considerado, pois possibilita a certo programa computacional adaptar-se a diferentes situações preestabelecidas que permitem realizar diferentes ações com base nas entradas informadas.

Para entender o tema deste capítulo, é importante entender separadamente o que são *condição* e *decisão*. Assim, *condição* pode ser entendida como uma obrigação que se impõe e se aceita, enquanto *decisão* pode ser o ato ou efeito de decidir, ou seja, de optar, de tomar uma decisão. Nota-se que o ato de tomar uma decisão está calcado no fato de haver uma condição. A condição codificada em português estruturado deve estar entre parênteses.

A representação gráfica da ideia de tomada de decisão é feita com os símbolos *decision* e *connector* indicados na Tabela 2.1. Esses símbolos são utilizados para representar blocos adjacentes de instruções subordinadas à condição definida. De modo geral, usa-se um bloco adjacente quando se trabalha com a tomada de decisão simples ou dois blocos adjacentes com a tomada de decisão composta. Com o uso dos símbolos *decision* e *connector*, tem-se um diagrama de blocos e não mais um diagrama de bloco.

Do ponto de vista computacional, uma condição é uma expressão booleana (lógica) cujo resultado pode ser um valor *falso* ou *verdadeiro*. Dessa maneira, uma expressão booleana como condição é conseguida com uma relação lógica entre dois elementos e um operador relacional. Esses operadores são utilizados em expressões lógicas para estabelecer comparações e, assim, controlar o fluxo de execução de certo programa.

Os elementos relacionados em uma expressão lógica (condição) são representados por relações binárias entre variáveis e constantes. São possíveis as relações de *variáveis versus variáveis* e de *variáveis versus constantes*.

O estabelecimento de uma condição, ou seja, de uma relação lógica entre dois elementos, é feito a partir de operadores relacionais, que se encontram definidos na Tabela 4.1.

Tabela 4.1 Operadores relacionais

Operador	Descrição
=	Igual a
>	Maior que
<	Menor que
>=	Maior ou igual a
<=	Menor ou igual a
<>	Diferente de

Os operadores relacionais são as ferramentas responsáveis pelas operações condicionais a serem realizadas em um computador no nível de seu processamento lógico.

Com o uso de operadores relacionais, têm-se como condições válidas em uma lógica de tomada de decisão do tipo *variável versus variável* as relações, por exemplo, entre as variáveis **A** e **B**, sendo: A = B, A > B, A < B, A >= B, A <= B e A <> B. Para a lógica de tomada de decisão do tipo *variável versus constante* (ou *constante versus variável*), as relações, por exemplo, entre a variável **A** e a constante de valor numérico inteiro, por exemplo, **5** são: A = 5, A > 5, A < 5, A >= 5, A <= 5 e A <> 5.

É pertinente considerar o uso do operador "igual a" identificado pelo símbolo "**=**". Em algumas linguagens de programação de computadores (como ocorre, por exemplo, na família da linguagem BASIC) esse símbolo é utilizado para representar ações de atribuição, quando aplicado em operações matemáticas, e ações relacionais, quando aplicado em operações lógicas, o que pode gerar, em alguns casos, certa confusão. Por essa razão, nesta obra, o símbolo **=** é exclusivo para representar operações lógicas de igualdade, enquanto as ações de atribuição para operações matemáticas são representadas pelo símbolo ← (seta para a direita). Antigamente, para diferenciar o operador de igualdade (operador relacional) do operador de atribuição (operador aritmético), a linguagem BASIC fazia uso de uma atribuição do comando **LET**, mas esse comando acabou caindo em desuso e o símbolo "=" passou a ser o mesmo para representar tanto uma igualdade como uma atribuição.

Os operadores relacionais possuem o mesmo nível de precedência entre si. Assim, não há necessidade de preocupar-se em alterar o nível de prioridade entre eles.

4.3 Desvio Condicional Simples

A tomada de decisão simples, também referenciada como desvio condicional simples, do ponto de vista de um diagrama de blocos, é representada pelos símbolos *decision* e *connector*. A partir do símbolo *decision* é estabelecida a condição (foco do desvio do fluxo de processamento de um programa) que direciona a ação a ser executada.

É possível o uso de dois tipos de desvio condicional simples: um com fluxo verdadeiro (bastante popular) e outro com fluxo falso (mais raro). Por ser o desvio condicional simples de fluxo verdadeiro mais comum, ele será focado neste tópico. Quanto ao desvio condicional simples de fluxo falso, será comentado no tópico que trata o uso de operador lógico de negação.

O desvio condicional simples de fluxo verdadeiro é processado apenas para o lado do fluxo que indicar o resultado da condição como verdadeira, não importando se essa ação estará sinalizada do lado esquerdo ou direito do símbolo *decision*. Por esta razão, é importante sinalizar as duas linhas de fluxo que saem do símbolo *decision* com os rótulos **S** e **N** indicando, respectivamente, os lados **sim** (verdadeiro) ou **não** (falso) da condição estabelecida, deixando bem claro o lado da ação considerada, sempre, para a condição verdadeira.

Observe na Figura 4.1 a imagem básica de um diagrama de blocos, com os rótulos **S** e **N** para a execução de uma tomada de decisão simples com base na **CONDIÇÃO** definida no símbolo *decision*. Note o uso das linhas de fluxo com as setas indicando as direções do fluxo de processamento do programa.

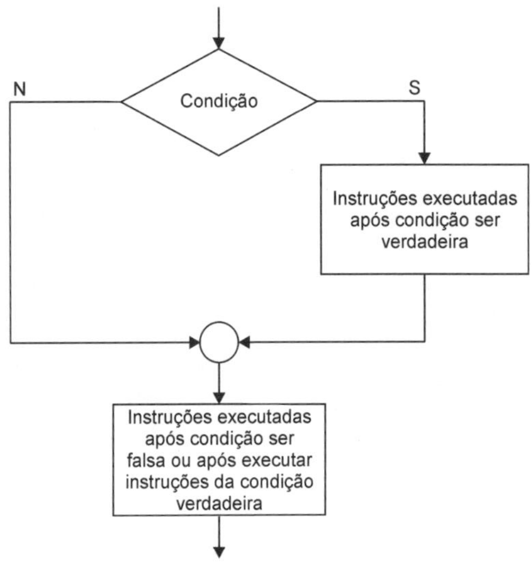

Figura 4.1 Estrutura de tomada de decisão simples.

Na tomada de decisão simples com fluxo verdadeiro, o processamento da ação subordinada é executado sempre que a condição é *verdadeira*. Não há nessa estrutura condicional a possibilidade de fazê-lo para o lado **N** deixando o lado **S** sem ação.

No lado sinalizado com o rótulo **S** está a execução das instruções subordinadas desse bloco, caso a condição estabelecida seja verdadeira, para depois direcionar o fluxo do programa para o símbolo *connector*. O lado sinalizado com o rótulo **N** direciona o fluxo do programa diretamente para o símbolo *connector*, indicando que nenhuma ação será efetuada caso a condição não seja verdadeira. A principal característica de uma tomada de decisão simples é o fato de existir um bloco de operações somente se a condição for verdadeira.

Após a tomada de decisão simples sobre determinada condição, independentemente de o resultado ser falso ou verdadeiro, executam-se as eventuais instruções estabelecidas após o símbolo *connector*.

A tomada de decisão simples do ponto de vista da codificação em português estruturado utiliza os comandos **se**, **então** e **fim_se** na construção da instrução **se...então/fim_se**. Nessa instrução, se a condição (definida entre os comandos **se** e **então**) for verdadeira, serão executadas todas as instruções subordinadas e definidas dentro do bloco adjacente entre os comandos **se...então** e **fim_se**.

Após a execução, ocorre automaticamente a execução das eventuais instruções existentes após o comando **fim_se**. Se a condição for falsa, serão executadas apenas as eventuais instruções que estiverem após o comando **fim_se**. Observe a estrutura sintática seguinte:

```
se (<condição>) então
  [instruções executadas após condição ser verdadeira]
fim_se
  [instruções executadas após condição ser falsa ou verdadeira]
```

Atente para um detalhe muito importante no tocante à codificação do trecho de programa em português estruturado. A definição de um bloco adjacente de instruções subordinadas é evidente em um diagrama de blocos, mas o mesmo não ocorre no código em português estruturado. Isso obriga o programador mais disciplinado e elegante a usar o processo de *indentação*.

Entre os comandos **se...então** e **fim_se** ocorre a indicação das instruções subordinadas ao bloco adjacente com deslocamento (mínimo) de duas posições para a direita. Essa atitude na escrita do código deixa claro para o próprio programador ou para a pessoa que for dar continuidade ao programa (quando o trabalho é efetuado em equipes de desenvolvimento) qual, de fato, é o bloco subordinado a determinada condição e quais são as instruções subordinadas. A indicação **<condição>** entre parênteses deve ser substituída pela expressão lógica da condição a ser utilizada. Os trechos sinalizados entre colchetes são instruções a serem executadas pelo programa. Nas palavras do estimado Professor Pierluigi Piazzi (2014, p. 71), o comando **se** "significa a possibilidade de tomar decisões" e ele acrescenta que "se, no meio da execução, determinada condição for preenchida, a sequência de tarefas tomará um dado rumo", complementando que "se não for preenchida, o rumo será diferente".

A título de ilustração da tomada de decisão simples com fluxo verdadeiro em um contexto operacional, considere o problema a seguir, observando detalhadamente as etapas de ação de um programador de computador: entendimento, diagramação e codificação.

Elaborar um programa de computador que leia dois valores numéricos reais desconhecidos. Em seguida, o programa deve efetuar a adição dos dois valores lidos e apresentar o resultado caso seja maior que 10.

Observe a seguir a descrição das etapas básicas de entendimento do problema e a representação das ações a serem efetuadas pelo programa na Figura 4.2.

Entendimento

1. Definir a entrada de dois valores incógnitos (variáveis A e B).
2. Efetuar a adição dos valores A e B e atribuir o resultado da adição à variável X.
3. Apresentar o resultado da soma armazenada na variável X, caso a variável X tenha seu valor maior que 10.

Diagramação	Codificação

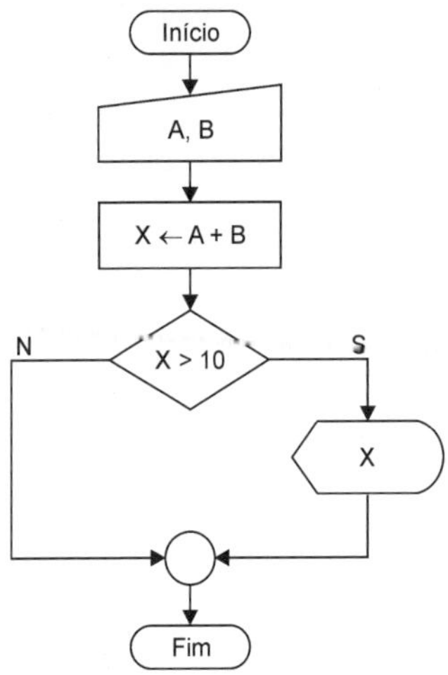

Figura 4.2 Exemplo da utilização da instrução se...então/fim_se.

```
programa ADIÇÃO_DE_NÚMEROS_1
var
  A, B, X : real
início
  leia A, B
  X ← A + B
  se (X > 10) então
    escreva X
  fim_se
fim
```

Após os tipos de variáveis, é solicitada a leitura dos valores para as variáveis **A** e **B**, depois, esses valores são somados e o resultado é atribuído à variável **X**, a qual possui o resultado da adição dos dois valores lidos. Nesse ponto, a condição **X > 10** é avaliada e, sendo verdadeira, apresenta-se o resultado da soma. Caso o resultado da variável **X** não seja maior que 10, o programa é encerrado sem apresentar o resultado.

Como exemplo contextualizado, o programa anterior pode ser visto em algumas linguagens de programação a partir do repositório GitHub: **https://github.com/J-AugustoManzano/livro_Algoritmos_Logica/tree/main/Cap%2004/4.3%20-%20Desvio%20Condicional%20Simples**.

Se desejar, aponte para o QR Code ao lado e tenha acesso ao repositório indicado.

uqr.to/1wj46

4.4 Desvio Condicional Composto

A tomada de decisão composta (desvio condicional composto), do ponto de vista do diagrama de blocos, é representada também com os símbolos *decision* e *connector*, como ocorreu com a representação da tomada de decisão simples. A tomada de decisão composta desvia o fluxo de programa tanto para o lado indicado verdadeiro como para o lado indicado falso, não importando se está em uso o lado esquerdo ou direito do diagrama, obrigando a manter a sinalização dos lados com os rótulos **S** e **N** para indicar os lados **sim** e **não** da condição estabelecida.

A Figura 4.3 apresenta um diagrama de blocos com os rótulos **S** e **N** para uma tomada de decisão composta. Note o uso das linhas de fluxo com as setas indicando a direção do fluxo de processamento do programa a partir da **CONDIÇÃO**, a qual pode ter seu resultado lógico falso ou verdadeiro. Se o resultado lógico da condição for verdadeiro, executa-se o grupo de instruções subordinadas à linha de fluxo sinalizada pelo rótulo **S**. Após as instruções subordinadas, o fluxo de programa é direcionado para o símbolo *connector*. Se o resultado lógico da condição for falso, ocorre a execução do grupo de instruções subordinadas à linha de fluxo sinalizada pelo rótulo **N**. A principal característica de uma tomada de decisão composta é o fato de existir um bloco de operações para cada um dos lados da condição.

Após a tomada de decisão composta sobre a condição, independentemente de o resultado ser falso ou verdadeiro, executam-se as eventuais instruções estabelecidas após o símbolo *connector*.

A tomada de decisão composta, do ponto de vista da codificação em português estruturado, utiliza os comandos **se**, **então**, **senão** e **fim_se** na construção da instrução **se...então/senão/fim_se**.

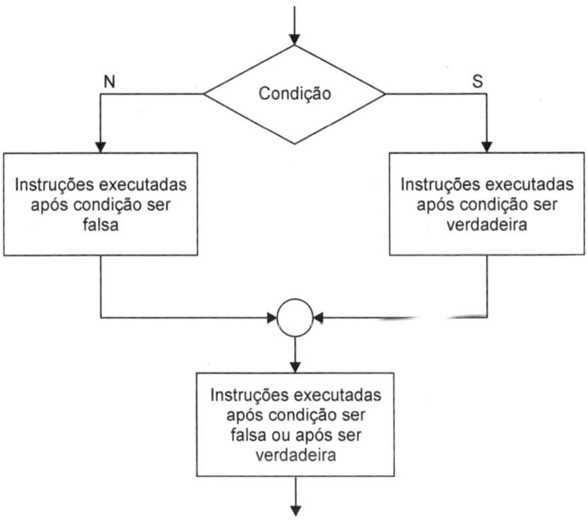

Figura 4.3 Estrutura de tomada de decisão composta.

Nessa instrução, se a condição (definida entre os comandos **se** e **então**) for verdadeira, são executadas todas as instruções subordinadas do bloco adjacente entre os comandos **se...então** e **senão**. Caso seja a condição falsa, são executadas todas as instruções subordinadas do bloco adjacente entre os comandos **senão** e **fim_se**. Após as instruções de um dos blocos adjacentes são executadas as eventuais instruções que existem após o comando **fim_se**. Observe a estrutura sintática seguinte:

```
se (<condição>) então
  [instruções executadas após condição ser verdadeira]
senão
  [instruções executadas após condição ser falsa]
fim_se
[instruções executadas após condição ser falsa ou verdadeira]
```

Como exemplo de tomada de decisão composta em um contexto operacional, considere o problema a seguir, observando detalhadamente as etapas de ação de um programador de computador: entendimento, diagramação e codificação.

Elaborar um programa de computador que leia dois valores numéricos reais desconhecidos. A seguir, o programa deve efetuar a adição dos dois valores lidos e, caso seja o resultado da soma obtido maior ou igual a 10, deve ser, em seguida, somado ao resultado obtido o valor 5, obtendo-se novo resultado. Caso contrário, o valor do resultado obtido deve ser subtraído com 7, gerando-se, assim, um novo resultado. Após a obtenção de um dos novos resultados, o novo resultado deve ser apresentado.

Veja a seguir a descrição das etapas básicas de entendimento do problema e a representação das ações a serem efetuadas pelo programa na Figura 4.4.

Entendimento

1. Definir a entrada de dois valores incógnitos (variáveis A e B).
2. Efetuar a adição dos valores A e B e atribuir o resultado da adição à variável X.
3. Verificar se o valor da variável X é maior ou igual a 10; caso seja maior ou igual a 10, proceder ao cálculo de X + 5, atribuindo seu resultado à variável R. Se o valor da variável X não for maior ou igual a 10, proceder ao cálculo de X – 7, atribuindo seu resultado à variável R.
4. Apresentar o resultado da variável R.

Diagramação	Codificação

Diagramação

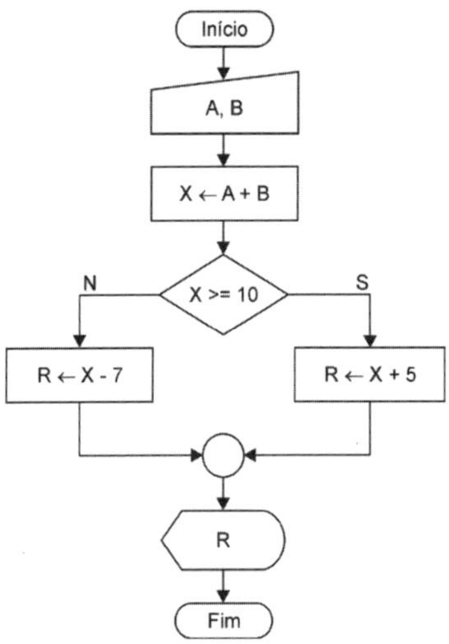

Figura 4.4 Exemplo da utilização da instrução se...então/senão/fim_se.

Codificação

```
programa ADIÇÃO_DE_NÚMEROS_2
var
  A, B, X, R : real
início
  leia A, B
  X ← A + B
  se (X >= 10) então
    R ← X + 5
  senão
    R ← X - 7
  fim_se
  escreva R
fim
```

Após os tipos de variáveis, é solicitada a leitura dos valores para as variáveis **A** e **B**; depois, esses valores são somados e o resultado é atribuído à variável **X**, a qual possui o resultado da adição dos dois valores lidos. Nesse ponto, a condição **X >= 10** é avaliada e, sendo verdadeira, efetua-se uma nova soma do valor da variável **X** com o valor constante **5**, sendo o resultado atribuído à variável **R**. Caso o valor da variável **X** não seja maior ou igual a 10, o valor da variável **X** será subtraído da constante **7**, sendo seu resultado atribuído à variável **R**. Independentemente do resultado da variável **R**, ela será apresentada com seu resultado.

Como exemplo contextualizado, o programa anterior pode ser visto em algumas linguagens de programação a partir do repositório GitHub: **https://github.com/J-AugustoManzano/livro_Algoritmos_Logica/tree/main/Cap%2004/4.4%20-%20Desvio%20Condicional%20Composto**.

Se desejar, aponte para o QR Code ao lado e tenha acesso ao repositório indicado.

uqr.to/1wj47

4.5 Outras Formas de Desvios Condicionais

Existem ocasiões em que é necessário usar sucessivas verificações lógicas para a tomada de decisões com base em diversas condições. Neste sentido, são possíveis três tomadas de decisão: sequenciais, aninhadas e por seleção.

4.5.1 Tomada de Decisão Sequencial

A tomada de decisão sequencial ocorre quando se utilizam tomadas de decisão simples ou compostas sucessivamente, ou seja, umas após as outras. A Figura 4.5 mostra de forma simplificada as duas possibilidades básicas desse tipo de estrutura de decisão.

A Figura 4.5(a) exibe o diagrama de blocos da estrutura de tomada de decisão sequencial com base na tomada de decisão simples. No primeiro símbolo *decision* está a primeira condição (**CONDIÇÃO 1**), que, se tiver resultado lógico verdadeiro, desvia o fluxo do programa para a linha de fluxo sinalizada com o rótulo **S** e executa o primeiro bloco adjacente da primeira condição com as instruções subordinadas a essa condição, levando o fluxo do programa até o símbolo *connector* da primeira condição. Se o resultado lógico dessa primeira condição for falso, o fluxo do programa é desviado para a linha sinalizada com o rótulo **N**, que leva o fluxo do programa diretamente ao símbolo *connector* da primeira condição.

Em seguida, o fluxo do programa é direcionado para o segundo símbolo *decision*, em que se encontra a segunda condição (**CONDIÇÃO 2**), que, se tiver resultado lógico verdadeiro, direciona o fluxo do programa para a linha sinalizada com o rótulo **S** do segundo bloco adjacente da segunda condição com as instruções subordinadas a essa condição, levando o fluxo do programa até o símbolo *connector* da segunda condição. Se o resultado lógico da segunda condição for falso, o fluxo do programa é desviado para a linha sinalizada com o rótulo **N**, o que leva o fluxo do programa diretamente ao símbolo *connector* da segunda condição.

A Figura 4.5(b) mostra o diagrama de blocos da estrutura de tomada de decisão sequencial com base no uso exclusivo de tomada de decisão composta. No primeiro símbolo *decision* está a primeira condição (**CONDIÇÃO 1**), que, se tiver resultado lógico verdadeiro, desvia o fluxo do programa para a linha sinalizada com o rótulo **S** e executa o primeiro bloco adjacente da primeira condição com as instruções subordinadas a essa condição, levando o fluxo do programa até o símbolo *connector* da primeira condição. Se o resultado lógico da primeira condição for falso, o fluxo do programa é desviado para a linha sinalizada com o rótulo **N** e executa o segundo bloco adjacente da primeira condição com as instruções subordinadas a essa condição, levando o fluxo do programa até o símbolo *connector* da primeira condição.

Em seguida, o fluxo do programa é direcionado para o segundo símbolo *decision*, no qual se encontra a segunda condição (**CONDIÇÃO 2**), que, se tiver resultado lógico verdadeiro, desvia o fluxo do programa para a linha sinalizada com o rótulo **S** e executa o primeiro bloco adjacente da segunda condição com as instruções subordinadas a essa condição, levando o fluxo do programa até o símbolo *connector* da segunda condição. Se o resultado lógico da segunda condição for falso, o fluxo do programa é desviado para a linha sinalizada com o rótulo **N** e executa o segundo bloco adjacente da segunda condição com as instruções subordinadas a essa condição, levando em seguida o fluxo do programa até o símbolo *connector* da segunda condição.

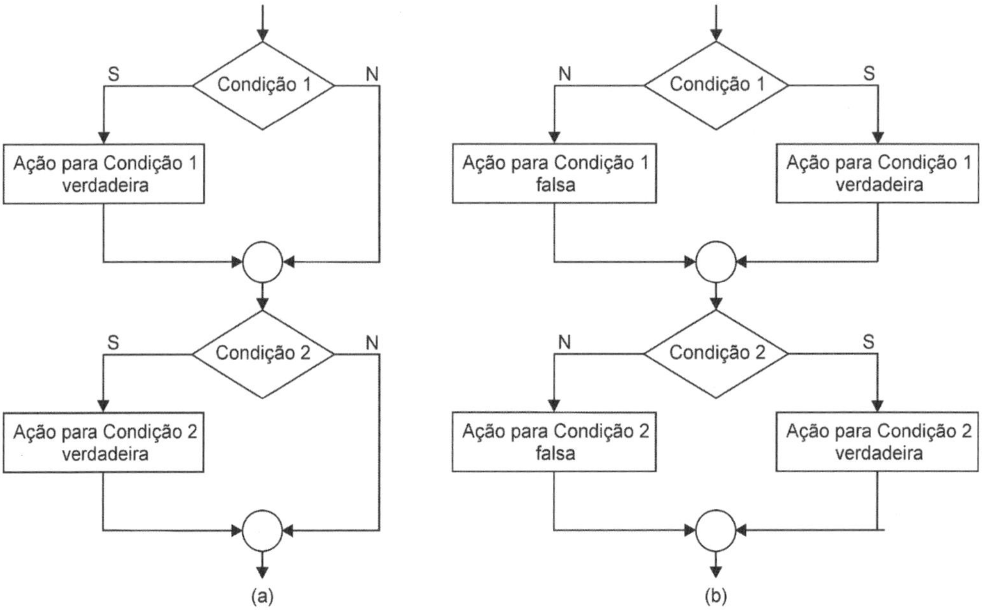

Figura 4.5 Estrutura de tomada de decisão sequencial.

A estrutura de tomada de decisão sequencial com base em tomada de decisão simples pode ser codificada em português estruturado de acordo com a Figura 4.5(a), da seguinte maneira:

```
se (<condição 1>) então
  [ação para condição 1 verdadeira]
fim_se
se (<condição 2>) então
  [ação para condição 2 verdadeira]
fim_se
```

A estrutura de tomada de decisão sequencial com base em tomada de decisão composta pode ser codificada em português estruturado de acordo com a Figura 4.5(b), da seguinte maneira:

```
se (<condição 1>) então
  [ação para condição 1 verdadeira]
senão
  [ação para condição 1 falsa]
fim_se
se (<condição 2>) então
  [ação para condição 2 verdadeira]
senão
  [ação para condição 2 falsa]
fim_se
```

As formas (a) e (b) apresentadas na Figura 4.5 podem ser combinadas entre si, gerando outras possibilidades. Assim, podem existir tomadas de decisão sequenciais com tomadas de decisão simples em conjunto com tomadas de decisão compostas. A codificação dessas estruturas segue as formas dos respectivos diagramas de blocos.

A título de ilustração da tomada de decisão sequencial em um contexto operacional, considere o problema a seguir, observando detalhadamente as etapas de ação de um programador de computador: entendimento, diagramação e codificação.

Desenvolver um programa que solicite a entrada de um valor numérico inteiro e apresentar uma das seguintes mensagens: "você entrou o valor 1" se for dada a entrada do valor numérico 1; "você entrou o valor 2" se for dada a entrada do valor numérico 2; "você entrou valor muito baixo" se for dada a entrada de um valor numérico menor que 1; ou "você entrou valor muito alto" se for dada a entrada de um valor numérico maior que 2.

Veja a seguir a descrição das etapas básicas de entendimento do problema e a representação das ações a serem efetuadas pelo programa na Figura 4.6.

Entendimento

1. Definir a entrada de um valor numérico inteiro (variável N).
2. Verificar se N = 1 e, se for, apresentar a mensagem "você entrou o valor 1".
3. Verificar se N = 2 e, se for, apresentar a mensagem "você entrou o valor 2".
4. Verificar se N < 1 e, se for, apresentar a mensagem "você entrou valor muito baixo".
5. Verificar se N > 2 e, se for, apresentar a mensagem "você entrou valor muito alto".

Diagramação	Codificação

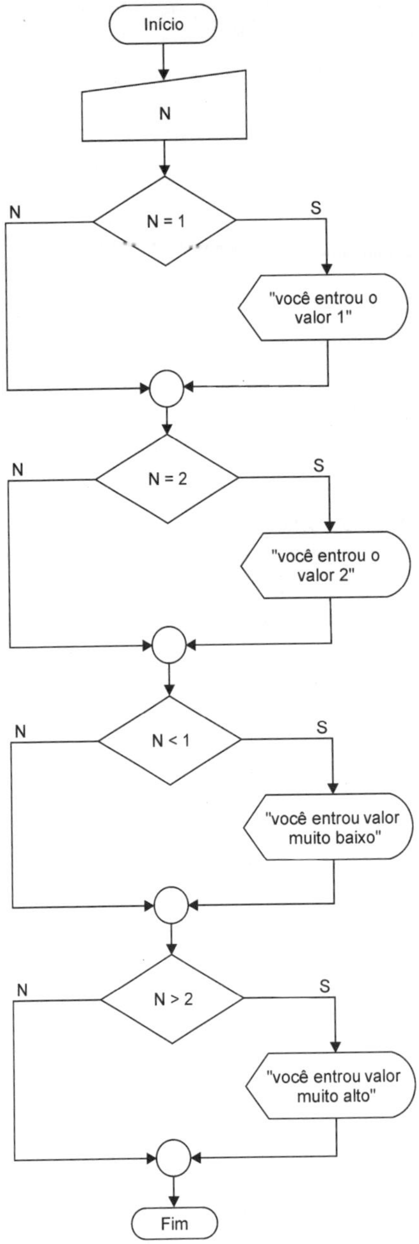

Figura 4.6 Exemplo de estrutura de tomada de decisão sequencial.

```
programa DECISÃO_SEQUENCIAL
var
  N : inteiro
início
  leia N
  se (N = 1) então
    escreva "você entrou o valor 1"
  fim_se
  se (N = 2) então
    escreva "você entrou o valor 2"
  fim_se
  se (N < 1) então
    escreva "você entrou valor muito baixo"
  fim_se
  se (N > 2) então
    escreva "você entrou valor muito alto"
  fim_se
fim
```

Após a indicação da variável de tipo inteiro **N**, é solicitada a leitura de um valor para ela. Assim que a leitura é realizada e o valor é fornecido para a variável **N**, ocorre uma de quatro possibilidades. Se for dada a entrada do valor **1**, é apresentada a mensagem **"você entrou o valor 1"**. Se for dada a entrada do valor **2**, é apresentada a mensagem **"você entrou o valor 2"**. Se for dada a entrada de um valor maior que **2**, é apresentada a mensagem **"você entrou valor muito alto"**. Se for dada a entrada de um valor menor que **1**, é apresentada a mensagem **"você entrou valor muito baixo"**. O programa apresenta para o usuário uma mensagem informando a ocorrência, não importa o valor fornecido.

Como exemplo contextualizado, o programa anterior pode ser visto em algumas linguagens de programação a partir do repositório GitHub: **https://github.com/J-AugustoManzano/livro_Algoritmos_Logica/tree/main/Cap%2004/4.5%20-%20Outras%20Formas%20de%20Desvios%20Condicionais/4.5.1%20-%20Tomada%20de%20Decisao%20Sequencial**.

Se desejar, aponte para o QR Code ao lado e tenha acesso ao repositório indicado.

uqr.to/1wj48

4.5.2 Tomada de Decisão Aninhada

A tomada de decisão aninhada ocorre quando se utilizam tomadas de decisão simples ou compostas uma dentro de outra. Uma tomada de decisão depende da outra para ser executada. As Figuras 4.7(a) e 4.7(b) mostram, de forma simplificada, as duas possibilidades básicas de estruturas de tomada de decisão aninhada representadas em seus respectivos diagramas de blocos.

A Figura 4.7(a) apresenta o diagrama de blocos da estrutura de tomada de decisão aninhada com base no uso exclusivo de tomada de decisão simples. No primeiro símbolo *decision* está a primeira condição (**CONDIÇÃO 1**), que, se tiver resultado lógico verdadeiro, desvia o fluxo do programa para a linha sinalizada com o rótulo **S** e executa o primeiro bloco adjacente da primeira condição, que, neste caso, é a segunda condição (**CONDIÇÃO 2**). Sendo o resultado lógico da segunda condição verdadeiro, serão executadas as instruções subordinadas à linha de fluxo sinalizada com o rótulo **S** de seu bloco adjacente.

Em seguida, o fluxo do programa é direcionado para o símbolo *connector* da segunda condição, para, então, ser direcionado para o símbolo *connector* da primeira condição e assim continuar o programa. Se o resultado lógico da primeira condição for verdadeiro, mas falso para a segunda condição, nada acontece, a não ser desviar o fluxo do programa para os símbolos *connector* da segunda e da primeira condições. Se o resultado lógico da primeira condição for falso, o fluxo do programa é desviado para a linha sinalizada com o rótulo **N**, que leva o fluxo para o símbolo *connector* da primeira condição, que dará continuidade ao programa.

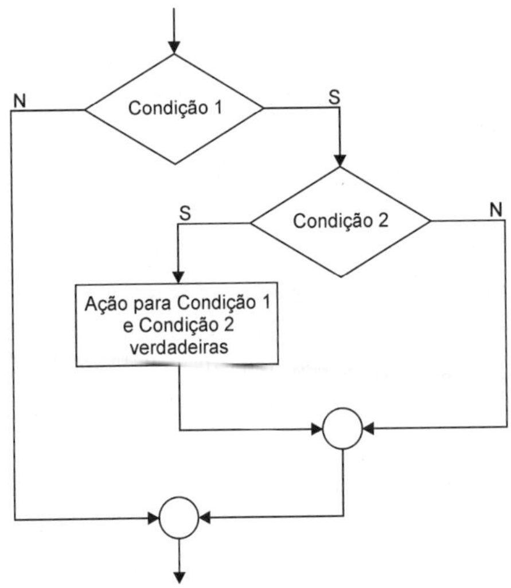

Figura 4.7(a) Estrutura de tomada de decisão aninhada com decisão simples.

A estrutura de tomada de decisão aninhada com base em tomada de decisão simples pode ser codificada em português estruturado de acordo com a Figura 4.7(a), da seguinte maneira:

```
se (<condição 1>) então
  se (<condição 2>) então
    [ação para condição 1 e condição 2 verdadeiras]
  fim_se
fim_se
```

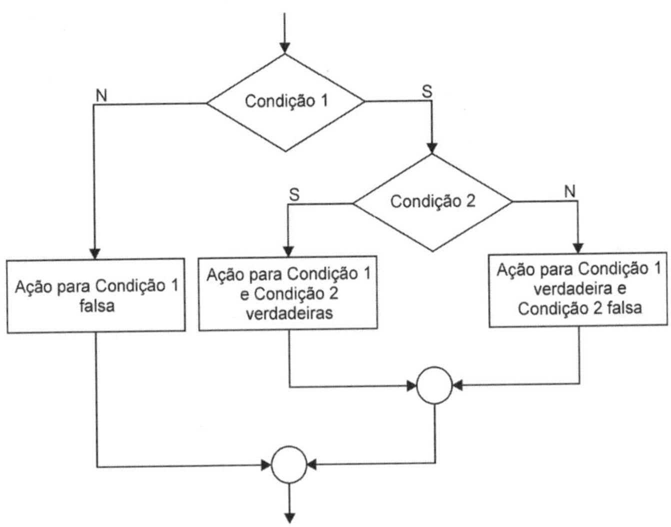

Figura 4.7(b) Estrutura de tomada de decisão aninhada com decisão composta.

A Figura 4.7(b) mostra o diagrama de blocos da estrutura de tomada de decisão aninhada com base na tomada de decisão composta. No primeiro símbolo *decision* está a primeira condição (**CONDIÇÃO 1**), que, se tiver resultado lógico verdadeiro, desvia o fluxo do programa para a linha sinalizada com o rótulo **S** e executa o primeiro bloco adjacente da primeira condição, que, neste caso, é a segunda condição (**CONDIÇÃO 2**). Sendo o resultado lógico da segunda condição verdadeiro, são executadas as instruções subordinadas à linha sinalizada com o rótulo **S** de seu bloco adjacente.

Em seguida, o fluxo do programa é direcionado para os símbolos *connector* da segunda e primeira condições e assim continua o programa. No entanto, se a primeira condição obtiver resultado lógico verdadeiro e a segunda condição obtiver resultado lógico falso, são executadas as instruções subordinadas ao bloco adjacente sinalizado na linha com o rótulo **N** da segunda condição. Em seguida, o fluxo do programa é direcionado para os símbolos *connector* da segunda e primeira condições e assim continua o fluxo do programa.

Se o resultado lógico da primeira condição for falso, o fluxo é desviado para a linha sinalizada com o rótulo **N** e serão executadas as instruções subordinadas ao segundo bloco da primeira condição. Em seguida, o fluxo é direcionado para o símbolo *connector* da primeira condição e assim continua a execução do programa.

A estrutura de tomada de decisão aninhada com base em tomada de decisão composta pode ser codificada em português estruturado de acordo com a Figura 4.7(b), da seguinte maneira:

```
se (<condição 1>) então
  se (<condição 2>) então
    [ação para condição 1 e condição 2 verdadeiras]
  senão
    [ação para condição 1 verdadeira e condição 2 falsa]
  fim_se
senão
  [ação para condição 1 falsa]
fim_se
```

As formas das Figuras 4.7(a) e 4.7(b) podem ser combinadas, gerando uma gama maior de possibilidades. Assim, podem existir tomadas de decisão aninhadas utilizando tomada de decisão simples em conjunto com tomadas de decisão compostas. A codificação dessas estruturas segue o formato dos respectivos diagramas de blocos.

A título de ilustração de tomada de decisão aninhada em um contexto operacional, considere o problema a seguir, observando detalhadamente as etapas de ação de um programador: entendimento, diagramação e codificação.

Desenvolver um programa de computador que calcule o reajuste de salário de um colaborador de uma empresa. Considere que o colaborador deve receber um reajuste de 15% caso seu salário seja menor que 500. Se o salário for maior ou igual a 500, mas menor ou igual a 1000, seu reajuste será de 10%; caso seja ainda maior que 1000, o reajuste deve ser de 5%.

Veja a descrição das etapas básicas de entendimento do problema e a representação das ações a serem efetuadas pelo programa na Figura 4.8.

Entendimento

1. Ler o valor de salário atual (variável SA).
2. Verificar se o valor da variável SA é menor que 500. Se sim, reajustar o valor com mais 15%, atribuindo o novo valor à variável NS. Se não, verificar a próxima condição. Note que essa

condição estabelece o reajuste de 15% aos salários entre os valores de 0 até 499. O que estiver acima dessa faixa é verificado posteriormente.

3. Verificar se o valor da variável SA é menor ou igual a 1000. Se sim, reajustar o valor com mais 10%, atribuindo o novo valor à variável NS. Essa condição estabelece o reajuste de 10% aos salários entre 500 (após a condição falsa do passo 3) até 1000. O que estiver fora dessa faixa é automaticamente reajustado com mais 5% atribuído à variável NS, pois se trata de valores acima de 1000.

4. Apresentar o valor do novo salário, implicado na variável NS.

A referência feita no passo 4 já deixa determinado o reajuste de 5% para os salários maiores que 1000, não sendo necessário explicitar essa condição, pois as condições do problema já foram definidas no passo 3 e no próprio passo 4.

Diagramação

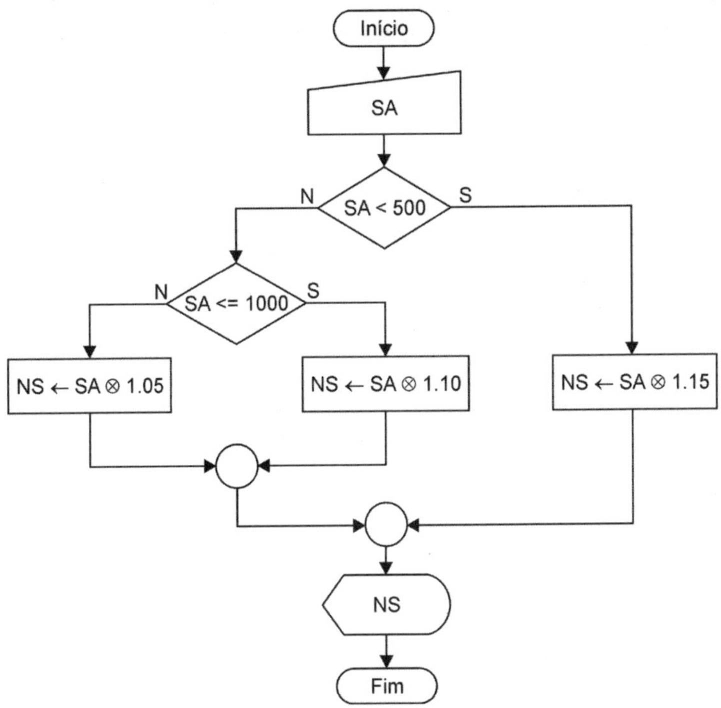

Figura 4.8 Exemplo da utilização de tomada de decisão aninhada.

Codificação

```
programa REAJUSTA_SALÁRIO
var
  SA, NS : real
início
  leia SA
  se (SA < 500) então
    NS ← SA * 1.15
  senão
    se (SA <= 1000) então
      NS ← SA * 1.10
    senão
      NS ← SA * 1.05
    fim_se
  fim_se
  escreva NS
fim
```

O problema de reajuste de salário estabelece o uso de três condições para calcular o novo salário, sendo:

- Salário < 500, reajuste será de 15% (multiplicar salário por 1,15).
- Salário >= 500, mas <= 1000, reajuste será de 10% (multiplicar salário por 1,10).
- Salário > 1000, reajuste será de 5% (multiplicar salário por 1,05).

Na montagem do diagrama de blocos e na codificação do programa não é necessário usar explicitamente as três condições. Basta usar duas, uma vez que são utilizadas tomadas de decisão compostas e uma das condições pode ser automaticamente descartada.

Como exemplo contextualizado, o programa anterior pode ser visto em algumas linguagens de programação a partir do repositório GitHub: **https://github.com/J-AugustoManzano/livro_Algoritmos_Logica/tree/main/Cap%2004/4.5%20-%20Outras%20Formas%20de%20Desvios%20Condicionais/4.5.2%20-%20Tomada%20de%20Decisao%20Encadeada**.

Se desejar, aponte para o QR Code ao lado e tenha acesso ao repositório indicado.

uqr.to/1wj49

4.5.3 Tomada de Decisão por Seleção

A tomada de decisão por seleção, também conhecida como *casamento de padrões*, é uma alternativa mais rápida ao uso de tomadas de decisão sequenciais ou aninhadas. Essa estrutura lógica de condição é útil e pode ser usada em situações em que se possui um grande número de verificações lógicas a serem realizadas. Ela é um tanto limitada, como pode ser percebido mais adiante por operar apenas com o contexto de uso do operador relacional de igualdade. A Figura 4.9 mostra o diagrama de blocos da estrutura de tomada de decisão por seleção.

Na Figura 4.9, após a verificação de cada condição da estrutura de decisão por seleção, ocorre o desvio do fluxo para a ação prevista. Após a ação prevista o fluxo do programa é desviado para o único símbolo *connector* existente em toda a estrutura. Assim, se a primeira condição (**CONDIÇÃO 1**) do primeiro símbolo *decision* possuir resultado lógico verdadeiro, são executadas as instruções subordinadas ao bloco adjacente da primeira condição indicada pela linha sinalizada com o rótulo **S**. Após a efetivação das instruções, o fluxo do programa é desviado para o símbolo *connector*, que dá continuidade à execução.

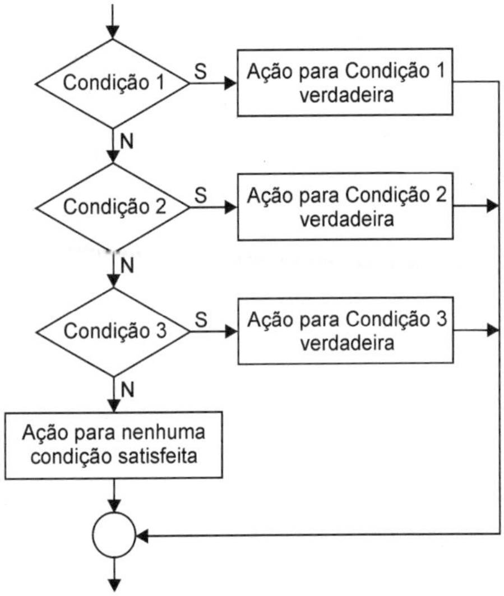

Figura 4.9 Estrutura de tomada de decisão por seleção.

O mesmo raciocínio aplicado à primeira condição se aplica às demais condições previstas na Figura 4.5. Se uma das condições gerar resultado lógico falso, o fluxo do programa é desviado pela linha sinalizada pelo rótulo **N** para a próxima condição de avaliação. Se nenhuma das condições for satisfeita, executa-se a última ação antes e em cima do símbolo *connector*.

A tomada de decisão por seleção, do ponto de vista da codificação em português estruturado, utiliza os comandos denominados **caso**, **seja**, **faça**, **senão** e **fim_caso** na construção da instrução **caso/seja...faça/senão/fim_caso**. Essa instrução utiliza uma variável após o comando **caso**, que estabelece de forma indireta sua relação lógica. Após o comando **seja** definem-se os valores a serem avaliados e que darão a orientação para executar ações após o comando **faça**. Caso a variável do comando **caso** possua um valor igual a um dos valores das constantes do comando **seja**, são executadas as ações previstas em cada comando **faça**. Se o valor da variável do comando **caso** for diferente dos valores das constantes do comando **seja**, são executadas as eventuais instruções entre os comandos **senão** e **fim_caso**. Após a instrução **caso/seja...faça/senão/fim_caso**, são executadas as eventuais instruções existentes após o comando **fim_caso**. Observe a estrutura sintática seguinte:

```
caso <variável>
  seja <opção 1> faça
    [ação para condição 1 verdadeira]
  seja <opção 2> faça
    [ação para condição 2 verdadeira]
  seja <opção 3> faça
    [ação para condição 3 verdadeira]
senão
  [ação para nenhuma condição satisfeita]
fim_caso
```

Para apresentar a tomada de decisão por seleção em um contexto operacional, considere o problema a seguir, observando detalhadamente as etapas de ação de um programador de computador: entendimento, diagramação e codificação.

Desenvolver um programa de computador que leia um valor numérico inteiro entre os valores 1 e 12 e apresentar por extenso o nome do mês correspondente ao valor entrado. Caso sejam fornecidos valores menores que 1 e maiores que 12, o programa deve apresentar a mensagem "Valor inválido".

Observe a seguir a descrição das etapas básicas de entendimento do problema e a representação das ações a serem efetuadas pelo programa na Figura 4.10.

Entendimento

1. Efetuar a leitura de um valor numérico inteiro (variável MÊS).
2. Se a variável MÊS for igual a 1, apresentar a mensagem "Janeiro".
3. Se a variável MÊS for igual a 2, apresentar a mensagem "Fevereiro".
4. Se a variável MÊS for igual a 3, apresentar a mensagem "Março".
5. Se a variável MÊS for igual a 4, apresentar a mensagem "Abril".
6. Se a variável MÊS for igual a 5, apresentar a mensagem "Maio".
7. Se a variável MÊS for igual a 6, apresentar a mensagem "Junho".
8. Se a variável MÊS for igual a 7, apresentar a mensagem "Julho".
9. Se a variável MÊS for igual a 8, apresentar a mensagem "Agosto".
10. Se a variável MÊS for igual a 9, apresentar a mensagem "Setembro".
11. Se a variável MÊS for igual a 10, apresentar a mensagem "Outubro".
12. Se a variável MÊS for igual a 11, apresentar a mensagem "Novembro".
13. Se a variável MÊS for igual a 12, apresentar a mensagem "Dezembro".
14. Se a variável MÊS for menor que 1 ou maior que 12, apresentar a mensagem "Valor inválido".

Diagramação	Codificação

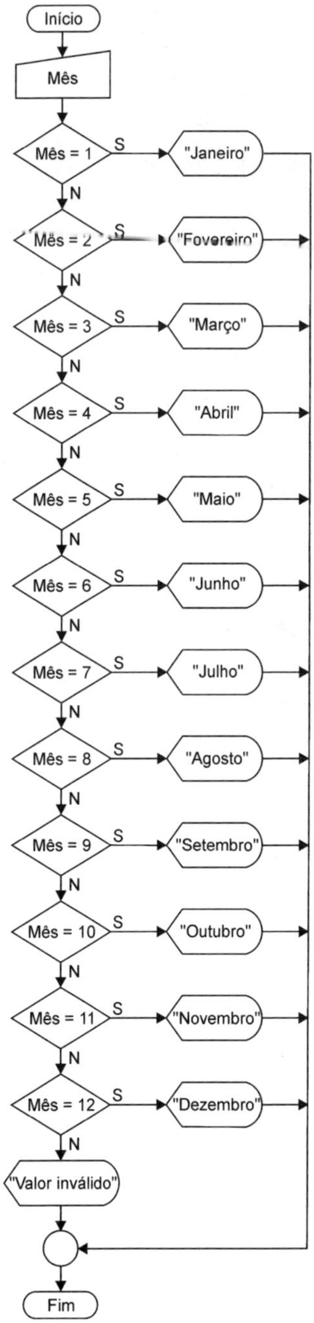

Figura 4.10 Exemplo da tomada de decisão por seleção.

```
programa MÊS_POR_EXTENSO
var
  MÊS : inteiro
início
  leia MÊS
  caso MÊS
    seja 1 faça
      escreva "Janeiro"
    seja 2 faça
      escreva "Fevereiro"
    seja 3 faça
      escreva "Março"
    seja 4 faça
      escreva "Abril"
    seja 5 faça
      escreva "Maio"
    seja 6 faça
      escreva "Junho"
    seja 7 faça
      escreva "Julho"
    seja 8 faça
      escreva "Agosto"
    seja 9 faça
      escreva "Setembro"
    seja 10 faça
      escreva "Outubro"
    seja 11 faça
      escreva "Novembro"
    seja 12 faça
      escreva "Dezembro"
  senão
    escreva "Valor inválido"
  fim_caso
fim
```

A instrução **caso/seja...faça/senão/fim_caso** é útil apenas nos casos em que há tomadas de decisão sequenciais ou aninhadas utilizando as ações previstas com o operador relacional "igual a".

Outro detalhe importante é que o comando **senão** na estrutura de tomada de decisão por seleção é opcional. Ele pode ser omitido quando não se desejar deixar definida uma ação quando as condições gerais não forem satisfeitas.

Como exemplo contextualizado, o programa anterior pode ser visto em algumas linguagens de programação a partir do repositório GitHub: **https://github.com/J-AugustoManzano/livro_Algoritmos_Logica/tree/main/Cap%2004/4.5%20-%20Outras%20Formas%20de%20Desvios%20Condicionais/4.5.3%20-%20Tomada%20de%20Decisao%20por%20Selecao**.

Se desejar, aponte para o QR Code ao lado e tenha acesso ao repositório indicado.

uqr.to/1wj4a

4.6 Operadores Lógicos

Este capítulo apresenta situações que demonstram a tomada de decisão com uma ou mais condições. Foi visto como operar com decisões baseadas em uma condição, mas o que fazer quando houver a necessidade de tomar uma decisão a partir de várias condições?

É nesse momento que se utilizam ferramentas auxiliares chamadas *operadores lógicos* (não confundir com operadores relacionais). Os operadores lógicos são também referenciados como *operadores booleanos*, que recebem este nome por conta da contribuição do matemático inglês George Boole, que, em 1854, criou um sistema de relação lógica, base para o modelo computacional digital utilizado até hoje (Machado; Maia, 2002, p. 5).

Os operadores lógicos são as ferramentas responsáveis por complementar o uso de operações condicionais realizadas em um computador no nível de seu processamento lógico a partir de mais de uma condição. Os operadores lógicos (ou booleanos) comuns, do ponto de vista da programação, são quatro: operador lógico "**.e.**" (de conjunção), operador lógico "**.ou.**" (de disjunção inclusiva), operador lógico "**.xou.**" (de disjunção exclusiva) e operador lógico "**.não.**" (de negação). Dos quatro operadores, três trabalham diretamente com mais de uma condição, vinculando-as entre si para que seja tomada uma única decisão, sendo os operadores lógicos "**.e.**", "**.ou.**" e "**.xou.**". O operador lógico "**.não.**" é usado sempre à frente da condição a ser negada, ou seja, da condição que terá seu resultado lógico invertido.

É pertinente salientar que qualquer operador lógico em uso possibilita obter uma de duas respostas lógicas possíveis. A condição avaliada pode ter resultado lógico falso ou verdadeiro.

Por questões de conveniência, os exemplos deste tópico usam tomadas de decisão simples, no entanto, os operadores lógicos podem ser utilizados com tomadas de decisão compostas, sequenciais e aninhadas sem nenhum problema.

4.6.1 Operador Lógico de Conjunção

Do ponto de vista filosófico, a lógica de conjunção é a relação lógica entre duas ou mais proposições (entende-se, na esfera da programação, o termo proposição como sendo condição) que geram um resultado lógico verdadeiro quando todas as proposições forem verdadeiras. Observe na Tabela 4.2 o operador lógico **.e.**:

Tabela 4.2 Operador lógico de conjunção

Tabela verdade do operador lógico de conjunção		
Condição 1	**Condição 2**	**Resultado lógico**
Verdadeiro	Verdadeiro	Verdadeiro
Verdadeiro	Falso	Falso
Falso	Verdadeiro	Falso
Falso	Falso	Falso

O raciocínio apresentado na tabela verdade 4.2 para o operador lógico de conjunção pode ser exemplificado de acordo com o diagrama de Venn,[20] conforme a Figura 4.11, que mostra que apenas parte da interseção entre a totalidade dos círculos está preenchida. Isso indica que algo é verdadeiro para parte do todo quando é verdadeiro para o todo.

O uso de um operador lógico de conjunção em um diagrama de blocos é demonstrado na Figura 4.12 com um exemplo de tomada de decisão simples.

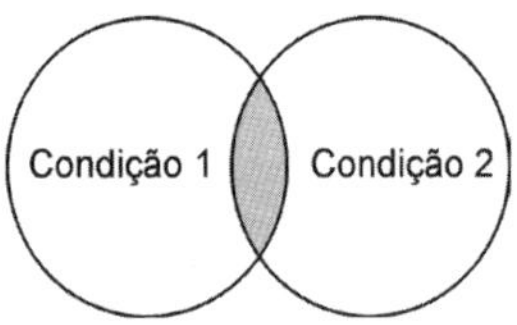

Figura 4.11 Diagrama de Venn para o operador de conjunção.

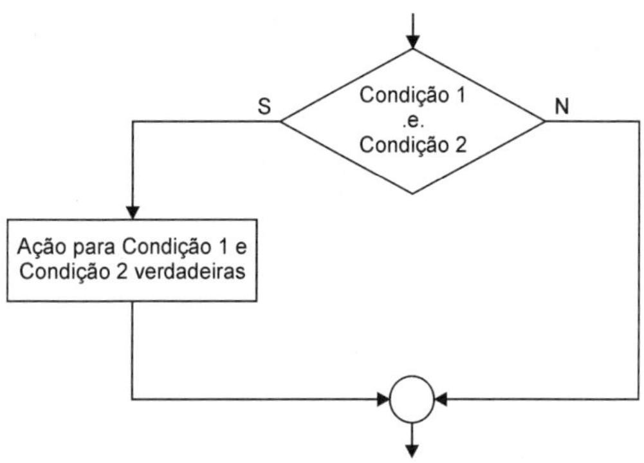

Figura 4.12 Estrutura de tomada de decisão com operador de conjunção.

A codificação em português estruturado do operador de conjunção utilizado na Figura 4.12 é realizada de acordo com o modelo do seguinte trecho de programa:

20 Forma de representação da álgebra booleana em consonância com a teoria de conjuntos apresentada em 1881 pelo Padre John Venn, matemático, filósofo e professor inglês, nascido em 4 de agosto de 1834 e falecido em 4 de abril de 1923.

```
se (<condição 1>) .e. (<condição 2>) então
  [ação para condição 1 e condição 2 verdadeiras]
fim_se
```

O código em português estruturado mostra o uso dos sinais de parênteses para indicar cada condição em separado. Note o uso do operador lógico **.e.** entre as condições envolvidas na relação lógica de conjunção.

Como exemplo da tomada de decisão com operador lógico de conjunção em um contexto operacional considere o problema a seguir, observando detalhadamente as tarefas de um programador de computador: entendimento, diagramação e codificação.

Desenvolver um programa de computador que leia um valor numérico inteiro que esteja na faixa de valores entre 20 e 90. O programa deve apresentar a mensagem "O número está na faixa de 20 a 90", caso o valor informado esteja entre 20 e 90. Se o valor estiver fora da faixa permitida, o programa deve apresentar a mensagem "O número está fora da faixa de 20 a 90".

Veja a descrição das etapas básicas de entendimento do problema e a representação das ações a serem efetuadas pelo programa na Figura 4.13.

Entendimento

1. Efetuar a leitura de um valor numérico inteiro (variável NÚMERO).
2. Verificar se o valor fornecido é maior ou igual a 20 e se o mesmo valor é menor ou igual a 90. Se esta condição for verdadeira, apresentar a mensagem "O número está na faixa de 20 a 90"; caso contrário, apresentar a mensagem "O número está fora da faixa de 20 a 90".

Diagramação

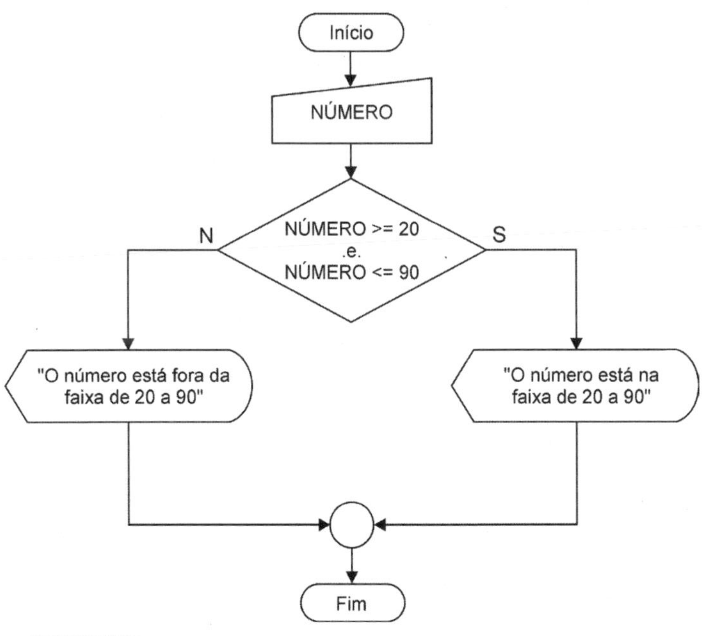

Figura 4.13 Utilização de tomada de decisão com operador lógico de conjunção.

Codificação

```
programa TESTA_LÓGICA_E
var
  NÚMERO : inteiro
início
  leia NÚMERO
  se (NÚMERO >= 20) .e. (NÚMERO <= 90) então
    escreva "O número está na faixa de 20 a 90"
  senão
    escreva "O número está fora da faixa de 20 a 90"
  fim_se
fim
```

Se no programa anterior for dada a entrada de um valor menor que 20 ou maior que 90, será apresentada a mensagem "O número está fora da faixa de 20 a 90". No entanto, qualquer valor maior ou igual a 20 e menor ou igual a 90 fará com que a mensagem "O número está na faixa de 20 a 90" seja apresentada.

Tome por base o valor 50 e observe que é maior ou igual a 20 e menor ou igual a 90. Sendo a condição **(NÚMERO >= 20) .e. (NÚMERO <= 90)** verdadeira, será apresentada a mensagem "O número está na faixa de 20 a 90". No entanto, se for dada a entrada do valor 10, a condição **(NÚMERO >= 20) .e. (NÚMERO <= 90)** será falsa, uma vez que 10 não é maior ou igual a 20, apesar de ser menor ou igual a 90. O operador lógico de conjunção exige que todas as condições da expressão lógica sejam verdadeiras para que seu resultado lógico seja verdadeiro.

Como exemplo contextualizado, o programa anterior pode ser visto em algumas linguagens de programação a partir do repositório GitHub: **https://github.com/J-AugustoManzano/livro_Algoritmos_Logica/tree/main/Cap%2004/4.6%20-%20Operadores%20Logicos/4.6.1%20-%20Operador%20Logico%20de%20Conjuncao**.

Se desejar, aponte para o QR Code ao lado e tenha acesso ao repositório indicado.

uqr.to/1wj4b

4.6.2 Operador Lógico de Disjunção Inclusiva

Do ponto de vista filosófico, lógica de disjunção inclusiva é a relação lógica entre duas ou mais proposições de tal modo que seu resultado lógico será verdadeiro quando pelo menos uma das proposições for verdadeira. Em seguida, observe a tabela verdade 4.3 para o operador lógico **.ou.**:

Tabela 4.3 Operador lógico de disjunção inclusiva

Tabela verdade do operador lógico de disjunção inclusiva		
Condição 1	**Condição 2**	**Resultado lógico**
Verdadeiro	Verdadeiro	Verdadeiro
Verdadeiro	Falso	Verdadeiro

Tabela verdade do operador lógico de disjunção inclusiva		
Condição 1	**Condição 2**	**Resultado lógico**
Falso	Verdadeiro	Verdadeiro
Falso	Falso	Falso

O raciocínio apresentado na tabela verdade 4.3 para o operador lógico de disjunção inclusiva está exemplificado de acordo com o diagrama de Venn na Figura 4.14.

A Figura 4.14 mostra que não só a parte de interseção dos círculos está preenchida, como também a totalidade dos círculos. Isso indica que será algo verdadeiro para a parte do todo quando for verdadeiro para qualquer parte desse todo.

A representação de um operador lógico de disjunção inclusiva em um diagrama de blocos está na Figura 4.15, que mostra um exemplo de tomada de decisão simples.

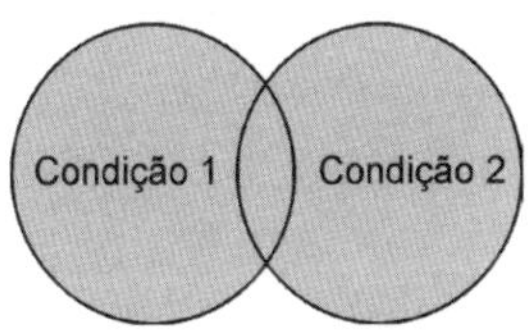

Figura 4.14 Diagrama de Venn para o operador de disjunção inclusiva.

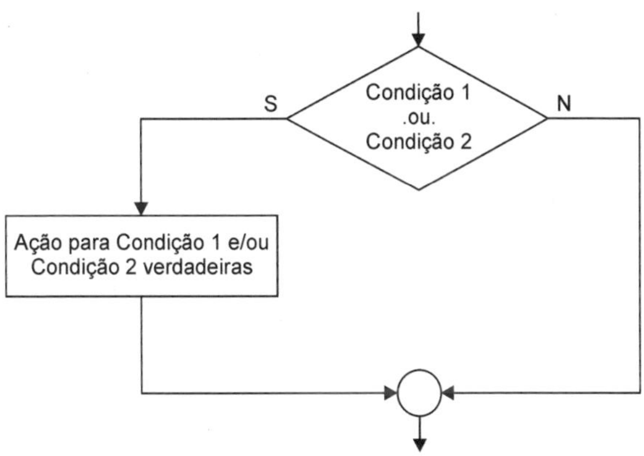

Figura 4.15 Estrutura de tomada de decisão com operador de disjunção inclusiva.

A codificação em português estruturado do operador de disjunção inclusiva da Figura 4.15 é realizada de acordo com o modelo do seguinte trecho de programa:

```
se (<condição 1>) .ou. (<condição 2>) então
  [ação para condição 1 e/ou condição 2 verdadeiras]
fim_se
```

O código em português estruturado usa parênteses para indicar cada condição da decisão em separado. Note o uso do operador lógico **.ou.** entre as condições envolvidas na relação lógica de disjunção inclusiva.

A título de ilustração da tomada de decisão com operador lógico de disjunção inclusiva em um contexto operacional, considere o problema a seguir, observando detalhadamente as etapas de ação de um programador de computador: entendimento, diagramação e codificação.

Desenvolver um programa que solicite a entrada do modo de transporte a ser utilizado por uma pessoa e indique se a informação fornecida é ou não válida. São aceitos no programa os modos de transporte MOTOCICLETA ou SCOOTER, qualquer outro modo de transporte deve ser considerado inválido. Para o modo de transporte MOTOCICLETA, informe a entrada da letra "M", e para o modo de transporte

SCOOTER informe a letra "S". Se fornecidos os valores "M" e "S", o programa deve apresentar mensagem avisando que o meio de transporte informado é válido. No entanto, se for fornecido qualquer outro valor (outra letra), o programa deve informar que o meio de transporte informado é inválido.

Veja a descrição das etapas básicas de entendimento do problema e a representação das ações a serem efetuadas pelo programa na Figura 4.16.

Entendimento

1. Efetuar a entrada do meio de transporte (variável TRANSP).
2. Verificar se o valor fornecido para a variável TRANSP é válido, ou seja, se o valor informado é igual a "M" ou "S". Se o valor for válido, apresentar a mensagem "Transporte válido"; caso contrário, apresentar a mensagem "Transporte inválido".

Diagramação	Codificação

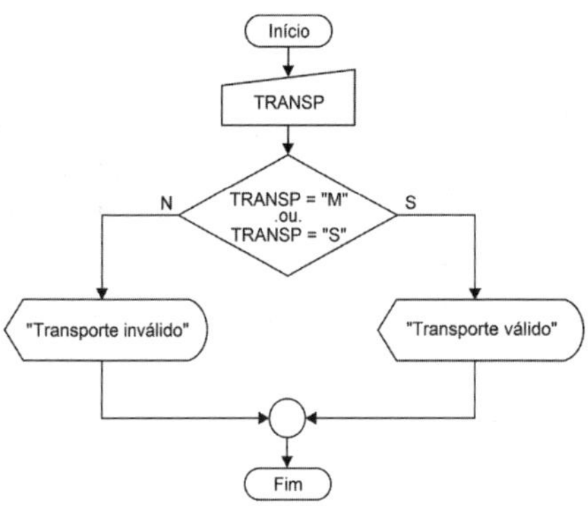

Figura 4.16 Exemplo de tomada de decisão com operador lógico de disjunção inclusiva.

```
programa TESTA_LÓGICA_OU
var
  TRANSP : caractere
início
  leia TRANSP
  se (TRANSP = "M") .ou. (TRANSP = "S") então
    escreva "Transporte válido"
  senão
    escreva "Transporte inválido"
  fim_se
fim
```

Se no programa anterior for entrado um valor de transporte como **"M"** ou **"S"**, aparecerá a mensagem "Transporte válido". Se for fornecido qualquer outro valor diferente de **"S"** ou **"M"**, será a mensagem "Transporte inválido".

Tome por base a entrada do valor **"S"** para "SCOOTER". Observe que o valor **"S"** não é igual ao valor "M" da primeira condição, mas é igual ao valor **"S"** da segunda condição. Sendo a condição **(TRANSP = "M") .ou. (TRANSP = "S")** verdadeira, será apresentada a mensagem "Transporte válido". No entanto, se for dada a entrada de algum outro valor para um dos modos de transporte, a condição **(TRANSP = "M") .ou. (TRANSP = "S")** será falsa. O operador lógico de disjunção inclusiva exige que pelo menos uma das condições da expressão lógica seja verdadeira para que seu resultado lógico seja verdadeiro.

Como exemplo contextualizado, o programa anterior pode ser visto em algumas linguagens de programação a partir do repositório GitHub: **https://github.com/J-AugustoManzano/livro_Algoritmos_Logica/tree/main/Cap%2004/4.6%20-%20Operadores%20Logicos/4.6.2%20-%20Operador%20Logico%20de%20Disjuncao%20Inclusiva**.

Se desejar, aponte para o QR Code ao lado e tenha acesso ao repositório indicado.

uqr.to/1wj4c

4.6.3 Operador Lógico de Negação

Do ponto de vista filosófico, negação é a rejeição ou a contradição do todo ou de parte desse todo. Pode ser a relação entre uma proposição *p* e sua negação *não-p*. Se *p* for verdadeira, *não-p* é falsa, e se *p* for falsa, *não-p* é verdadeira. Em seguida, observe a tabela verdade 4.4 para o operador lógico **.não.**:

Tabela 4.4 Operador lógico de negação

Tabela verdade do operador lógico de negação	
Condição	**Resultado lógico**
Verdadeiro	Falso
Falso	Verdadeiro

O raciocínio apresentado na tabela verdade 4.4 para o operador lógico de negação está exemplificado de acordo com o diagrama de Venn na Figura 4.17. A representação de um operador lógico de negação em um diagrama de blocos está na Figura 4.18 com um exemplo de tomada de decisão simples.

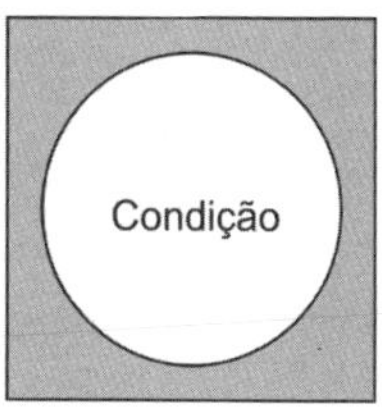

Figura 4.17 Diagrama de Venn para o operador de negação.

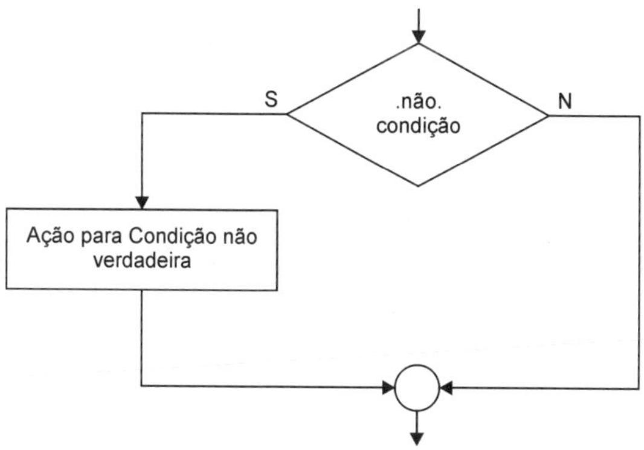

Figura 4.18 Estrutura de tomada de decisão com operador de negação.

A codificação em português estruturado do operador de negação da Figura 4.18 é realizada de acordo com o modelo do seguinte trecho de programa:

```
se .não. (<condição>) então
  [ação para condição não verdadeira]
fim_se
```

O código em português estruturado mostra o operador lógico **.não.** à frente da condição a ser avaliada. Se a condição for verdadeira, o operador **.não.** fará com que a condição seja considerada falsa, e, neste caso, nenhuma das instruções subordinadas do bloco adjacente entre os comandos **se... então** e **fim_se** será executada. No entanto, se a condição for falsa, o operador **.não.** fará com que a condição seja considerada verdadeira, e, neste caso, serão executadas as instruções subordinadas do bloco adjacente dos comandos **se...então** e **fim_se**.

A tomada de decisão com o operador lógico de negação em um contexto operacional é demonstrada no problema a seguir. Observe detalhadamente as etapas de ação de um programador de computador: entendimento, diagramação e codificação.

Elaborar um programa de computador que leia três valores numéricos inteiros, sendo dois representados pelas variáveis A e B e que serão utilizados para a elaboração de um de dois cálculos programados: A + B e A – B. O terceiro, representado pela variável X, será um valor chave de seleção da operação a ser efetuada. Se o valor da variável X não for maior que 5, será realizada a operação C ← A + B; caso contrário, deve ser realizada a operação C ← A – B. Ao final o programa deve apresentar o resultado armazenado na variável C.

Observe a seguir a descrição das etapas básicas de entendimento do problema e a representação das ações a serem efetuadas pelo programa na Figura 4.19.

Entendimento

1. Efetuar a entrada, respectivamente, dos valores das variáveis A, B e X.
2. Verificar se o valor fornecido para a variável X realmente não é maior que 5. Sendo esta condição verdadeira, processar a operação C ← A + B; caso contrário, deve ser realizada a operação C ← A - B.
3. Apresentar o resultado obtido na variável C.

Diagramação	Codificação

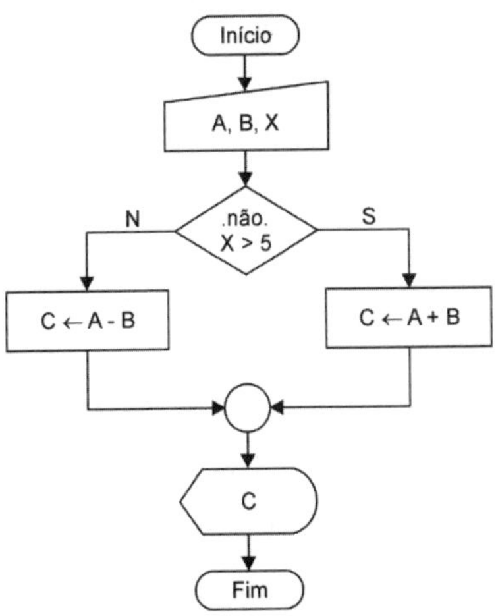

Figura 4.19 Exemplo de tomada de decisão com operador lógico de negação.

```
programa TESTA_LÓGICA_NÃO
var
  A, B, C, X : inteiro
início
  leia A, B, X
  se .não. (X > 5) então
    C ← A + B
  senão
    C ← A - B
  fim_se
  escreva C
fim
```

Se forem informados os valores 5, 1 e 2, respectivamente, para as variáveis *A*, *B* e *X*, resulta para a variável *C* o valor 6, pois o valor 2 da variável *X* é controlado pela instrução **se .não. (*X* > 5) então**, como sendo verdadeiro, uma vez que **não é maior que** 5. Os valores 5 e 1 são somados, resultando 6.

Mas se forem informados os valores 5, 1, e 6, respectivamente, para as variáveis *A*, *B* e *X*, resulta para a variável *C* o valor 4, pois o valor 6 da variável *X* é controlado pela instrução **se .não. (*X* > 5) então** como sendo falso.

Como exemplo contextualizado, o programa anterior pode ser visto em algumas linguagens de programação a partir do repositório GitHub: **https://github.com/J-AugustoManzano/livro_Algoritmos_Logica/tree/main/Cap%2004/Topico%204.6/Topico%204.6.3/Operador%20de%20Negacao**.

Se desejar, aponte para o QR Code ao lado e tenha acesso ao repositório indicado.

uqr.to/1wj4d

Para os olhos de um novato em programação pode parecer o operador lógico **.não.** uma ferramenta sem sentido, mas esse operador é de grande valia em várias situações. Nesse sentido, pode-se destacar seu uso em tomadas de decisão do tipo simples para atuar com definição de exceções quando há a necessidade de fazer uso de desvio condicional simples de fluxo falso.

Imagine que você deve tomar uma decisão apenas se a condição for falsa, ou seja, se a condição for verdadeira, nada deve ser feito. Esse tipo de ocorrência é muito comum no contexto humano e, por esta razão, é de fácil solução, mas no contexto computacional essa ocorrência não pode ser tratada diretamente usando-se tomada de decisão simples de fluxo verdadeiro **se...então**, a menos que se faça uso antes da condição dos operadores de negação (**.não.**).

A fim de ilustrar esta ocorrência, imagine uma condição com base na questão "*você está saudável?*". Se estiver saudável, não precisa fazer nada, mas, caso esteja doente, é necessário procurar acompanhamento médico.

Dentro do exposto, é possível que o leitor esteja pensando em solucionar o problema com base na estrutura gráfica do diagrama de blocos da Figura 4.20 (desvio condicional simples de fluxo falso), o que é ótima ideia do ponto de vista humano ou se a linguagem de programação em uso tiver suporte à operação "*exceto se*" representada, normalmente, pelo comando **unless**.

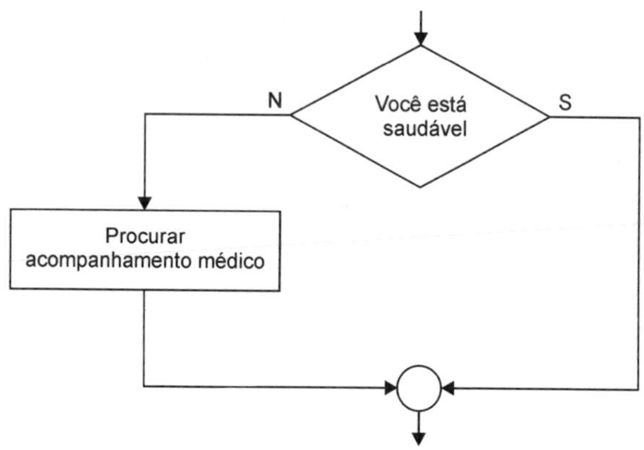

Figura 4.20 Estrutura de tomada de decisão sem o operador de negação – inválido no paradigma imperativo.

No entanto, essa não é a realidade da maior parte das linguagens de programação existentes. O comando **unless** (*exceto_se*) é encontrado em Elixir e Ruby, mas não em C, C++, Python, Java, C#, Java, entre outras.

Em um desvio condicional simples de fluxo verdadeiro (**se...então**), o bloco adjacente de instruções subordinadas só é executado quando a condição é verdadeira. Assim, não é possível codificar a estrutura lógica da Figura 4.20, que se caracteriza como desvio condicional simples de fluxo falso **exceto_se**.

Pode ser que venha à mente a possibilidade de usar o código em português estruturado como se fosse uma tomada de decisão composta, deixando o trecho de código entre os comandos **se...então** e **senão** em branco e colocando a ação desejada no trecho de comandos **senão** e **fim_se**, algo como:

```
se (você está saudável) então
senão
  procurar acompanhamento médico
fim_se
```

O que é um enorme erro, uma vez que não pode haver, em hipótese alguma, em estruturas de tomada de decisão compostas, trechos em branco entre **se...então** e **senão** ou entre **senão** e **fim_se**.

De fato, frente a essa característica, o programador poderá ficar acuado se a linguagem de programação em uso não possuir um comando ao estilo:

```
exceto_se (você está saudável)
  procurar acompanhamento médico
fim_exceto_se
```

No entanto, a solução plausível dessa questão em linguagens que não possuem desvio condicional simples de fluxo falso é usar o operador lógico de negação para validar a ação lógica desejada na esfera computacional e simular a operação de desvio condicional simples de fluxo falso. Observe a solução apresentada na Figura 4.21.

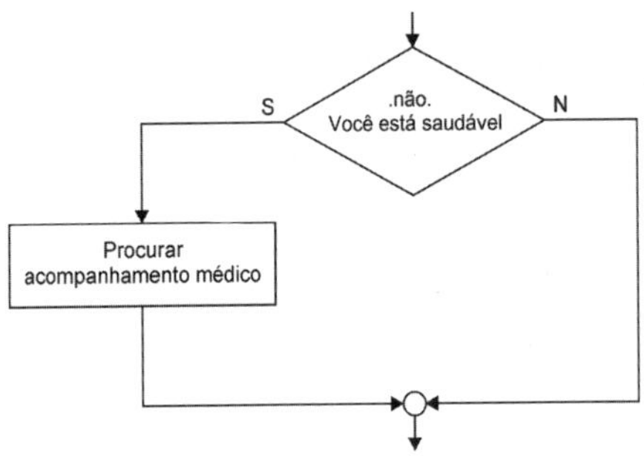


```
se .não. (você está saudável) então
  procurar acompanhamento médico
fim_se
```

Figura 4.21 Estrutura de tomada de decisão com operador de negação.

Na Figura 4.21 é apresentada a solução para a situação apontada junto à Figura 4.20 (operação exceto se), a ser usada nas linguagens de programação que não possuem o conceito operacional de "*exceto se*", ou seja, não possuem desvio condicional simples de fluxo falso.

4.6.4 Operador Lógico de Disjunção Exclusiva

Do ponto de vista filosófico, a lógica de disjunção exclusiva é a relação que avalia duas ou mais proposições, de tal modo que o resultado lógico será verdadeiro quando uma e apenas uma das proposições for verdadeira. Ou ainda, em outras palavras, o resultado lógico será verdadeiro quando as condições avaliadas possuírem valores lógicos diferentes entre si. Em seguida, observe a tabela verdade 4.5 para o operador lógico **.xou.** (podendo ser este operador referenciado em português estruturado também como **.oue.**).

Tabela 4.5 Operador lógico de disjunção exclusiva

Tabela verdade do operador lógico de disjunção exclusiva		
Condição 1	**Condição 2**	**Resultado lógico**
Verdadeiro	Verdadeiro	Falso
Verdadeiro	Falso	Verdadeiro
Falso	Verdadeiro	Verdadeiro
Falso	Falso	Falso

O raciocínio apresentado na tabela verdade 4.5 para o operador lógico de disjunção exclusiva pode ser exemplificado de acordo com o diagrama de Venn na Figura 4.21.

Na Figura 4.22 estão preenchidas apenas as partes externas ao ponto de interseção dos círculos. Isso indica que algo é verdadeiro para o todo quando for verdadeiro para uma das partes.

A representação de um operador lógico de disjunção exclusiva em um diagrama de blocos está na Figura 4.23 com um exemplo de tomada de decisão simples.

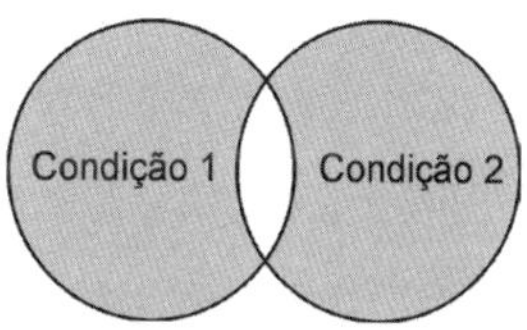

Figura 4.22 Diagrama de Venn para o operador de disjunção exclusiva.

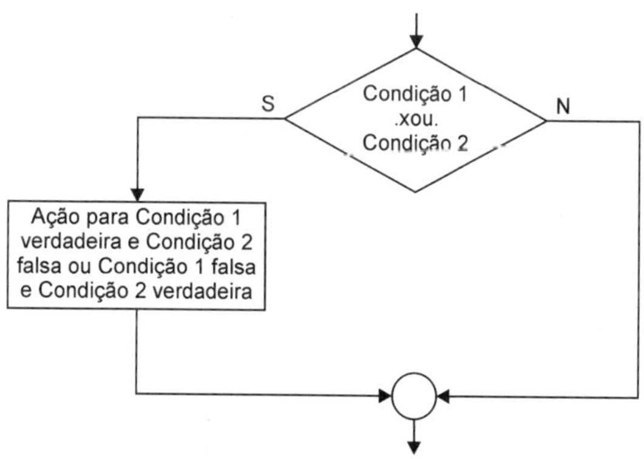

Figura 4.23 Estrutura de tomada de decisão com operador de disjunção exclusiva.

A codificação em português estruturado do operador de disjunção exclusiva utilizado na Figura 4.23 é realizada de acordo com o modelo do seguinte trecho de programa:

```
se (<condição 1>) .xou. (<condição 2>) então
  [ação para condição 1 verdadeira e condição 2 falsa ou condição 1 falsa e condição 2]
  [verdadeira]
fim_se
```

No código em português estruturado, observe os parênteses para cada condição em separado. Note o uso do operador lógico **.xou.** entre as condições envolvidas na relação lógica de disjunção exclusiva.

A título de ilustração da tomada de decisão com operador lógico de disjunção exclusiva em um contexto operacional, considere o problema a seguir, observando detalhadamente as etapas de ação de um programador de computador: entendimento, diagramação e codificação.

Desenvolver um programa de computador que efetue a entrada da indicação da realização de duas provas por um atleta a partir das variáveis P1 (prova 1) e P2 (prova 2) e indique se o atleta está classificado, desclassificado ou se deverá realizar uma terceira prova para validar uma possível classificação. As variáveis P1 e P2 devem receber os valores "1" (um) para a indicação de prova realizada (e devidamente pontuada, sem interessar a efetiva pontuação) ou "0" (zero) para a indicação de prova não realizada ou não pontuada. Se o atleta participou das duas provas e nelas pontuou, ele já está na final e não deve realizar a terceira prova. No entanto, se o atleta não conseguiu classificação em uma das provas, deverá realizar uma terceira prova para validar sua participação na final. Porém, se o atleta não conseguiu se classificar nas duas provas, não poderá ir à final, pois está automaticamente desclassificado da competição.

Veja a descrição das etapas básicas de entendimento do problema e a representação das ações a serem efetuadas pelo programa na Figura 4.24.

Entendimento

1. Efetuar a entrada do valor 1 ou 0 na variável P1.
2. Efetuar a entrada do valor 1 ou 0 na variável P2.
3. Verificar se o valor da primeira prova (P1) é exclusivamente igual ao valor da segunda prova (P2). Nesse caso, se P1 e P2 forem iguais a "1" ou "0", o resultado da condição para a realização de uma terceira prova será falso. O resultado da condição só será verdadeiro se uma variável estiver com o valor "1" e a outra variável estiver com o valor "0". Se os valores das variáveis P1 e P2 forem igualmente "1", o programa deve apresentar mensagem indicando que o atleta não pode realizar a terceira prova por estar classificado. Se os valores de P1 e P2 forem igualmente "0", o programa deve apresentar mensagem indicando que o atleta não pode realizar a terceira prova por estar desclassificado. Qualquer outra condição, deve o programa indicar que o atleta deverá realizar a terceira prova.

Diagramação

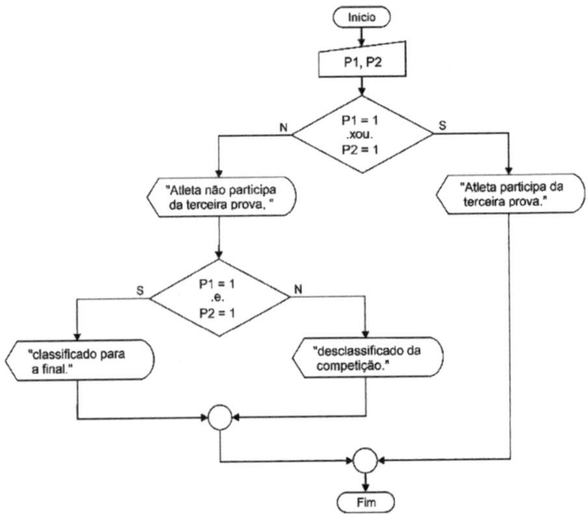

Figura 4.24 Exemplo de tomada de decisão com operador lógico de disjunção exclusiva.

Codificação

```
programa TESTA_LÓGICA_XOU
var
  P1, P2 : inteiro
início
  leia P1, P2
  se (P1 = 1) .xou. (P2 = 1) então
    escreva "Atleta participa da terceira prova."
  senão
    escreva "Atleta não participa da terceira
prova."
    se (P1 = 1) .e. (P2 = 1) então
      escreva "classificado para a final."
    senão
      escreva "desclassificado da competição."
    fim_se
  fim_se
fim
```

No exemplo apresentado, se forem fornecidos valores diferentes na entrada para as variáveis **P1** e **P2**, o programa confirmará a realização da terceira prova para participação na final da competição. Se forem fornecidos valores iguais para as variáveis **P1** e **P2**, o programa indicará a não possibilidade de realização da terceira prova.

A expressão lógica **(C1 = .V.) .xou. (C2 = .V.)**, considerando **C1** a condição **<condição 1>** e **C2** a condição **<condição 2>**, pode ser matematicamente representada pela expressão lógica:

(C1 = .V .e. (.não (C2 = .V.))) .ou. ((.não. (C2 = .V.)) .e. C2 = .V.)

ou ainda de forma mais simplificada considerar a expressão lógica:

(C1 = .V. .e. C2 <> .V.) .ou. (C1 <> .V. .e. C2 = .V.).

É importante ao futuro programador saber este detalhe, pois há linguagens de programação que não possuem o operador lógico de conjunção exclusiva, como é o caso das linguagens **C** e **Lua**, apontadas no início deste tópico na tabela comparativa de operadores lógicos. Neste caso, é necessário conhecer uma forma alternativa para a solução do problema, usando algoritmos.

Como exemplo contextualizado, o programa anterior pode ser visto em algumas linguagens de programação a partir do repositório GitHub: **https://github.com/J-AugustoManzano/livro_Algoritmos_Logica/tree/main/Cap%2004/4.6%20-%20Operadores%20Logicos/4.6.4%20-%20Operador%20Logico%20de%20Disjuncao%20Exclusiva**.

Se desejar, aponte para o QR Code ao lado e tenha acesso ao repositório indicado.

uqr.to/1wj4e

4.6.5 Precedência de Uso dos Operadores Lógicos

Os operadores lógicos (**.e.**, **.ou.** e **.xou.**) possibilitam o uso de mais de uma condição para a tomada de uma única decisão. Já o operador lógico **.não.** tem por finalidade a negação do estado lógico de determinada condição.

Para usar adequadamente os operadores lógicos em expressões lógicas, é necessário levar em consideração a ordem de precedência desses operadores. A Tabela 4.6 de precedência de operadores lógicos apresenta a ordem hierárquica geral de execução dos operadores lógicos que podem ser utilizados em uma expressão lógica. No entanto, essa ordem pode ser diferente em algumas linguagens de programação formais. Nesse caso, é importante estar atento a esta questão para não haver efeitos colaterais indesejados.

Tabela 4.6 Precedência entre operadores lógicos

Tabela de precedência de operadores lógicos		
Operador	**Operação**	**Precedência**
.não.	Negação	1
.e.	Conjunção	2
.ou.	Disjunção inclusiva	3
.xou.	Disjunção exclusiva	3

A Tabela 4.6 indica a prioridade da ordem de execução em uma expressão lógica. O operador **.não.** é o que possui maior nível de prioridade, portanto, deve ser operacionalizado em primeiro lugar. Em um segundo momento, tem-se o operador lógico **.e.**, que possui nível médio de prioridade, e por último os operadores **.ou.** e **.xou.**, que possuem baixo nível de prioridade.

Por exemplo, a expressão lógica **(A = B) .e. .não. (A > 5)** deve ser avaliada a partir de **.não. (A > 5)**, e somente depois de saber seu resultado é que pode ser realizada avaliação do restante da expressão lógica.

Já na expressão lógica **(A = 1) .xou. (A >= 4) .e. (A <= 9)** será resolvida primeiramente a parte da expressão submetida ao operador lógico **.e.**, depois a parte da expressão submetida ao operador **.xou.**, segundo a prioridade padrão. Imagine que haja necessidade de executar primeiramente a avaliação lógica da expressão, levando em consideração que o operador **.xou.** seja avaliado em primeiro lugar. Nesse caso, a avaliação lógica deve ficar entre parênteses como sendo **((A = 1) .xou. (A >= 4)) .e. (A <= 9)**. Lembre-se de que o uso de parênteses possibilita a mudança de prioridade tanto de expressões aritméticas (processamento matemático) como de expressões lógicas (processamento lógico).

4.7 Diferenças entre Operadores Relacionais e Lógicos

É importante não confundir operadores relacionais com os operadores lógicos. Esses operadores têm por objetivo auxiliar o fluxo de execução de um programa na etapa de tomada de decisões, sendo utilizados na manipulação de valores e expressões lógicas. No entanto, esses operadores possuem diferentes propósitos e funcionam de formas distintas.

Os operadores relacionais são utilizados para estabelecer a comparação de dois valores, formando assim uma expressão lógica (condição), enquanto os operadores lógicos são utilizados para estabelecer o vínculo entre mais de uma condição em certa tomada de decisão com uso de conjunções e disjunções, exceto quando em uso a negação que nega apenas a condição à sua frente.

Os operadores relacionais retornam um valor booleano (verdadeiro ou falso) com base na comparação realizada, enquanto os operadores lógicos retornam um valor booleano com base na combinação das expressões lógicas que formam as condições.

Os operadores relacionais são: =, >, <, >=, <= e <>. Já os operadores lógicos são: .e., .ou., .xou. e .não.

4.8 Divisibilidade: Múltiplos e Divisores

Divisibilidade caracteriza-se por ser a qualidade do que é divisível, é a existência e unicidade do quociente e do resto da divisão estabelecida entre valores numéricos inteiros (Santos, 1998, p. 1). Assim, neste contexto, duas questões devem ser conhecidas e entendidas, pelo menos em um nível considerado básico por qualquer programador de computadores, sendo os múltiplos e os divisores dos números naturais. Entende-se por número natural um valor numérico que seja inteiro e positivo.

Múltiplos são os resultados obtidos a partir da multiplicação de dois números naturais, enquanto divisores são os números que dividem outros números com o objetivo de gerar um resultado de divisão exato, ou seja, obter resto de divisão sempre zero. Quando o resto de uma divisão de números naturais é igual a zero, ocorre uma divisibilidade. Perceba que valores do tipo real não entram nessa abordagem.

Pelo fato de todo número natural ser múltiplo de si mesmo, uma forma de trabalhar com esses valores é fazer as operações de cálculo com divisores. Em uma divisão existem alguns termos que precisam ser conhecidos: dividendo (valor que será dividido), divisor (valor que divide o dividendo), quociente (resultado da divisão do dividendo pelo divisor) e resto (valor que sobra da operação de divisão). A Figura 4.25 mostra o processo de divisão de dois números naturais.

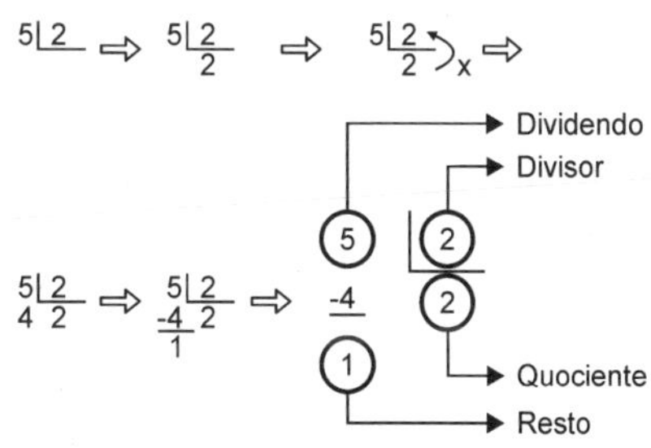

Figura 4.25 Exemplo de divisão de dois números naturais.

De acordo com a Figura 4.24, fica fácil deduzir como obter a divisibilidade de um dividendo (valor **5**) por um divisor (valor **2**). Considere a expressão matemática **Resto = Dividendo – Divisor · Quociente** para obter a divisibilidade, na qual as variáveis **Dividendo, Divisor** e **Quociente** serão substituídas por valores inteiros positivos. Assim, considere os valores de dividendo **5** e divisor **2** na expressão matemática **Resto = 5 – 2 · 2**. Basta realizar primeiramente o cálculo da multiplicação **2 · 2**, para obter o valor **4** que será subtraído do valor **5** e resultará o valor **1** para a variável **Resto**, ou seja, **Resto** é diferente de zero. Neste caso, não ocorreu a divisibilidade do valor **5** pelo valor **2** porque o valor **2** não é múltiplo do valor **5**.

A expressão matemática **Resto = Dividendo – Divisor · Quociente**, do ponto de vista matemático, é obtida da seguinte equação matemática:

$$r = a - n\left\lfloor \frac{a}{n} \right\rfloor$$

A variável **r** representa o resto da divisão, a variável **a** representa o dividendo e a variável **n**, o divisor (Knuth, 1972; Boute, 1992; Leijen, 2001). Observe a indicação do cálculo do quociente com a função *parte inteira inferior* que obtém o resultado inteiro da divisão do dividendo **a** pelo divisor **n**. A função *parte inteira* tem por objetivo retornar a parte inteira (o expoente) de um número real, desconsiderando as casas decimais (a mantissa) desse número.

A função *parte inteira* pode ser representada de duas maneiras: *parte inteira inferior*, também chamada *chão*, e *parte inteira superior*, também chamada *teto* (Iverson, 1962). Na forma *inferior*, retorna o expoente do valor, desconsiderando toda a mantissa desse valor. Já na forma *superior*, retorna o arredondamento do valor para o valor inteiro mais próximo. As funções *parte inteira inferior* e *parte inteira superior* são graficamente representadas como:

$\lceil x \rceil$ Parte inteira superior

$\lfloor x \rfloor$ Parte inteira inferior

Do ponto de vista computacional, a expressão matemática para obter a divisibilidade dos valores deve ser convertida em uma expressão aritmética. Assim, a expressão matemática **Resto = Dividendo – Divisor × Quociente** deve ser escrita no formato **Resto ← Dividendo – Divisor * (Dividendo div Divisor)**. O operador aritmético **div**, apresentado na Tabela 3.1, faz o cálculo da divisão para obter o quociente inteiro.

Considerando um programa que verifique se o valor **5** é divisível pelo valor **2**, ele seria escrito na forma de expressão aritmética como **Resto ← 5 – 2 * (5 div 2)**. Para obter o valor do quociente inteiro, utiliza-se a operação **(5 div 2)** que, neste caso, retorna o quociente **2** e não **2,5**. O uso de parênteses na expressão aritmética é normalmente obrigatório, pois o operador **div** possui a mais baixa prioridade de cálculo. No entanto, pode ocorrer de alguma linguagem de programação usar o operador aritmético **div** (obtenção de quociente inteiro) com a mesma prioridade do operador aritmético / (obtenção de quociente real). Assim, a expressão aritmética **Resto ← Dividendo – Divisor * (Dividendo div Divisor)** é considerada genérica e de fácil implementação em qualquer linguagem de programação.

O uso de múltiplos e divisores na área de desenvolvimento de programação é comum. São várias as ocasiões em que é preciso fazer operações com a divisibilidade de valores numéricos. A forma mais utilizada de operações com divisibilidade de valores é o cálculo de dígitos verificadores encontrados em números de matrícula escolar, de conta-corrente, de cartões de crédito, entre outros.

O dígito verificador é um mecanismo que visa garantir a validade e a autenticidade de um número de registro, sendo um ou mais caracteres acrescidos ao número de registro original, normalmente caracteres numéricos, calculados a partir do próprio número de registro por algoritmos específicos. Existem vários algoritmos para efetuar o cálculo de dígitos verificadores. Alguns são clássicos e outros podem ser desenvolvidos para uso particular.

A expressão aritmética **Resto ← Dividendo – Divisor * (Dividendo div Divisor)** é uma operação algorítmica genérica que pode ser facilmente adaptada para qualquer linguagem de programação. No entanto, há linguagens de programação que possuem um operador aritmético exclusivo para esse tipo de operação, chamado *modulo* (sem acento por estar grafado no idioma inglês, o qual se pronuncia *módulô*). O operador aritmético de *modulo* é responsável por gerar o resto da divisão de valores inteiros positivos (divisibilidade). Existem linguagens de programação que possuem o operador aritmético de *modulo* e, neste caso, a expressão aritmética apresentada será muito útil.

Apesar de existir, em algumas linguagens, um operador aritmético exclusivo para o cálculo de divisibilidade (*modulo*), há um problema de sintaxe em seu uso. O operador aritmético em questão é expresso na forma escrita de várias maneiras, o que dificulta sua representação em um diagrama de blocos. Assim, o diagrama de blocos não pode conter comandos exclusivos de determinada linguagem de programação, por ser uma ferramenta genérica de representação da lógica e do raciocínio do programador, e não do programa. Neste caso, no diagrama de blocos usa-se a expressão aritmética indicada e na codificação do programa usa-se o operador existente na linguagem de programação.

Como exemplo, a Tabela 4.7 mostra algumas formas escritas da operação para obter o resto de divisão em algumas linguagens de programação. Lembre-se de não usar nenhum desses operadores aritméticos de divisibilidade ou outros em um diagrama de blocos.

Tabela 4.7 Operadores de divisibilidade entre linguagens

Tabela de operadores de divisibilidade	
Operador	**Linguagens**
mod	PASCAL, BASIC,[21] ASP, FORTRAN
modulo	SCHEMA
%	C, C++, C#, Lua, Java, Python, JavaScript
\\	EIFFEL
\	OCCAN
%%	R
|~	J

Normalmente, o operador aritmético de divisibilidade é usado de acordo com o formato <resultado> <operador de atribuição> <valor1> <operador de divisibilidade> <valor2>. Por exemplo, a operação **R ← 5 – 2 * (5 div 2)** em PASCAL será escrita como **R := 5 mod 2;**, em C será escrita como **R = 5 % 2;**. Cada linguagem de programação tem uma forma particular de expressar a operação.

Mas nem tudo é um mar de flores. Existe também um pequeno problema com o operador de divisão com quociente inteiro **div**. Também é representado de diversas maneiras, nas mais variadas linguagens de programação, considerando-se também a sua não existência em algumas delas. A Tabela 4.8 mostra alguns exemplos de representação em algumas linguagens da expressão aritmética **R ← 5 – 2 * (5 div 2)**.

Tabela 4.8 Operações de obtenção do cálculo do resto de divisão

Tabela de operação com quociente inteiro	
R ← 5 – 2 * (5 div 2)	**Linguagem**
R := 5 - 2 * (5 div 2)	PASCAL
R = 5 - 2 * (5 / 2)	C, C++
R = 5 - 2 * INT(5 / 2)	BASIC (1965), FORTRAN
R = 5 - 2 * (5 \ 2)	BASIC (Visual Basic .Net)
R := 5 - 2 * (5 DIV 2)	MODULA-2

21 Entendem-se como linguagem BASIC as versões estruturadas dessa linguagem que foram utilizadas pelas empresas Borland no ambiente de programação *Turbo BASIC* e Microsoft no ambiente *Quick BASIC* e, posteriormente, no ambiente Visual Basic.

Tabela de operação com quociente inteiro	
R ← 5 – 2 * (5 div 2)	**Linguagem**
R = 5 - 2 * math.floor(5 / 2)	Lua
R = 5 - 2 * parseInt(5 / 2)	JavaScript

A título de demonstração e uso do processo de divisibilidade em um programa de computador, considere como exemplo o problema seguinte:

Desenvolver um programa de computador que leia um valor numérico inteiro e faça a apresentação desse valor caso seja divisível por 4 e 5. Não sendo divisível por 4 e 5, o programa deve apresentar a mensagem "Valor não é divisível por 4 e 5".

Para resolver o problema proposto, é necessário, além de usar o operador lógico **.e.**, verificar se a condição do valor lido é ou não divisível por 4 e 5.

Veja a seguir a descrição das etapas básicas de entendimento do problema e a representação das ações a serem efetuadas pelo programa na Figura 4.26.

Entendimento

1. Ler um valor numérico inteiro qualquer (variável N).
2. Calcular o resto da divisão de N por 4, usar a variável R4.
3. Calcular o resto da divisão de N por 5, usar a variável R5.
4. Verificar se as variáveis R4 e R5 possuem o valor de resto igual a zero; se sim, apresentar o valor da variável N; se não, apresentar a mensagem "Valor não é divisível por 4 e 5".

Diagramação

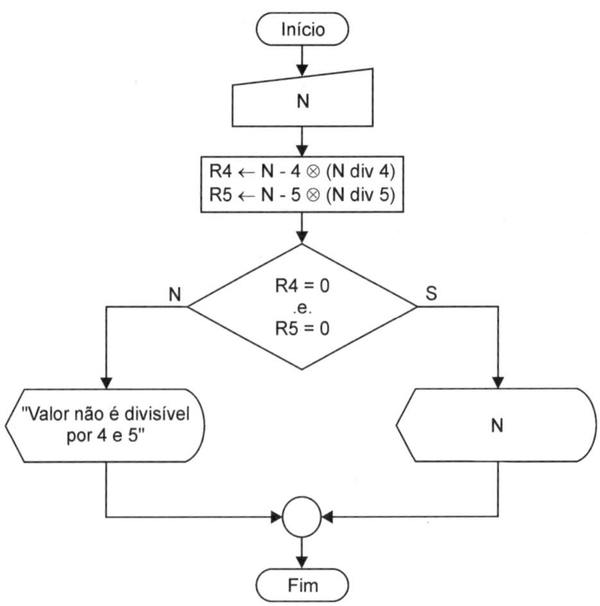

Figura 4.26 Diagrama de blocos para verificar se N é divisível por 4 e 5.

Codificação

```
programa DIVISIBILIDADE
var
  N, R4, R5 : inteiro
início
  leia N
  R4 ← N - 4 * (N div 4)
  R5 ← N - 5 * (N div 5)
  se (R4 = 0) .e. (R5 = 0) então
    escreva N
  senão
    escreva "Valor não é divisível por 4 e 5"
  fim_se
fim
```

Observe o uso das expressões aritméticas **R4 ← N – 4 * (N div 4)** e **R5 ← N – 5 * (N div 5)** para a obtenção do valor da divisibilidade, do resto da divisão do valor da variável **N** pelos divisores **4** e **5**, respectivamente. A instrução de tomada de decisão faz uso da condição **(R4 = 0) .e. (R5 = 0)** que será verdadeira se ambas as condições forem verdadeiras.

As operações condicionais de divisibilidade, do ponto de vista computacional, usam apenas dois operadores relacionais; ou a condição é igual a zero, ou a condição é diferente de zero. Não tente usar outra forma de representação condicional, pois pode incorrer em algum tipo de erro de lógica.

Como exemplo contextualizado, o programa anterior pode ser visto em algumas linguagens de programação a partir do repositório GitHub: **https://github.com/J-AugustoManzano/livro_Algoritmos_Logica/tree/main/Cap%2004/4.8%20-%20Divisibilidade%20Multiplos%20e%20Divisores**.

Se desejar, aponte para o QR Code ao lado e tenha acesso ao repositório indicado.

uqr.to/1wj4f

Exercício de Aprendizagem

Como descrito no tópico 4.2, um computador pode executar ações de tomada de decisões, e isso é conseguido de diversas maneiras: decisão simples, decisão composta, decisão sequencial, decisão aninhada, decisão por seleção. Uma tomada de decisão pode decorrer de uma condição ou de mais de uma condição, e, neste caso, são usados operadores lógicos para auxiliar a tarefa. É importante lembrar que condição é o estabelecimento de uma relação lógica entre dois elementos com o auxílio de um operador relacional.

Para demonstrar o tema deste capítulo, seguem alguns exemplos de aprendizagem. Observe cuidadosamente cada exemplo apresentado, cada ponto diagramado e codificado, pois os detalhes indicados são importantes para a solução dos exercícios.

Exemplo 1

Elaborar um programa que efetue a entrada de um valor numérico real não negativo diferente de cinco. Em caso afirmativo, o programa deve calcular e exibir o resultado da raiz quadrada do valor fornecido; caso contrário, o programa deve apresentar o resultado da raiz cúbica do valor fornecido. Se o valor fornecido for negativo, o programa não deve executar nenhuma ação, apenas ser encerrado.

Observe a seguir a descrição das etapas básicas de entendimento do problema e a representação das ações a serem efetuadas pelo programa na Figura 4.27.

Entendimento

Para estabelecer a linha de entendimento adequado deste exemplo de aprendizagem é necessário tomar cuidado com o trecho do problema proposto "*valor numérico real não negativo*". Observe atentamente a indicação "*não negativo*". Isso implica o uso do operador lógico de negação **.não.** na tomada de decisão com a condição **.não. (N < 0)**. Inicialmente pode até parecer que tanto faz usar a condição **.não. (N < 0)** ou a condição **(N >= 0)**. No entanto, ao usar a segunda opção, **(N >= 0)**, o programa funciona, mas não cumpre o que fora realmente solicitado, ou seja, o programador comete um erro de requisito. Na verdade, o programa pede para verificar se o número fornecido é um valor *não negativo* e assim deve operar, por ser uma questão de lógica e de atendimento ao que é meramente solicitado.

1. Ler um valor numérico real qualquer (variável N).

2. Verificar se o valor fornecido é não negativo e proceder da seguinte forma:

- **2.1.** Se positivo, verificar se é diferente de 5:
  - **2.1.1.** Se sim, calcular a raiz quadrada (variável R).
  - **2.1.2.** Se não, calcular a raiz cúbica (variável R).
  - **2.1.3.** Apresentar o resultado do cálculo da raiz (variável R).
- **2.2.** Se não for positivo, não fazer nada.

3. Encerrar o programa.

Diagramação	Codificação

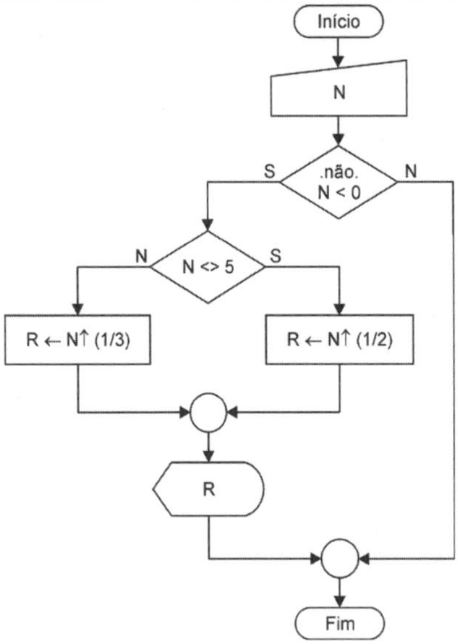 **Figura 4.27** Diagrama de blocos do programa exemplo 1.	<pre>programa EXEMPLO_1
	var
	  N, R : real
	início
	  leia N
	  se .não. (N < 0) então
	    se (N <> 5) então
	      R ← N ↑ (1 / 2)
	    senão
	      R ← N ↑ (1 / 3)
	    fim_se
	    escreva R
	  fim_se
	fim</pre>

Exemplo 2

Elaborar um programa que efetue a entrada dos valores de medida de três pesos, auferidos de forma aleatória. O programa deve mostrar o maior peso fornecido.

Observe a seguir a descrição das etapas básicas de entendimento do problema e a representação das ações do programa na Figura 4.28.

Entendimento

Para entender este problema, basta pegar um dos pesos e comparar com os demais. Sendo o peso menor que o comparado, deve ser descartado e ser pego o peso comparado que é maior. Esse procedimento deve ser repetido quantas vezes forem necessárias para obter o maior peso no final.

1. Ler o primeiro peso (variável A).
2. Ler o primeiro peso (variável B).
3. Ler o primeiro peso (variável C).
4. Criar uma variável auxiliar (variável X).
5. Assumir que a variável X possui o valor da variável A.
6. Verificar se a variável X possui menor peso que a variável B:
    6.1. Se sim, fazer X assumir o valor da variável B.
    6.2. Se não, manter o valor da variável X.
7. Verificar se a variável X possui menor peso que a variável C:

   7.1. Se sim, fazer X assumir o valor da variável C.

   7.2. Se não, manter o valor da variável X.

8. Apresentar o valor da variável X que terá o maior valor de peso.

Diagramação	Codificação

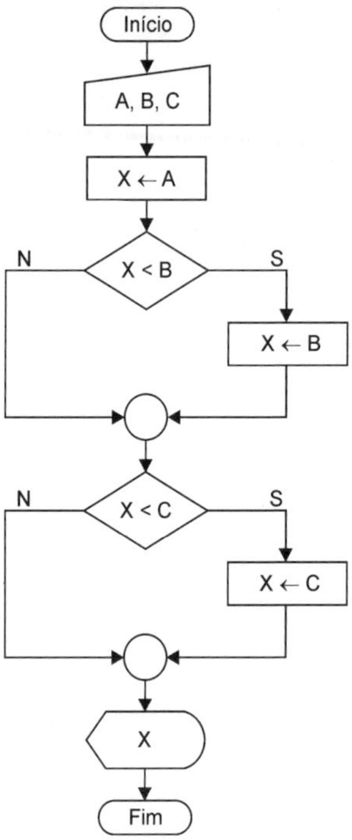

Figura 4.28 Diagrama de blocos do programa exemplo 2.

```
programa EXEMPLO_2
var
  A, B, C, X : real
início
  leia A, B, C
  X ← A
  se (X < B) então
    X ← B
  fim_se
  se (X < C) então
    X ← C
  fim_se
  escreva X
fim
```

Exemplo 3

Elaborar um programa que leia três valores para os lados de um triângulo, considerando lados como A, B e C. Verificar se os lados fornecidos formam um triângulo, e se esta condição for verdadeira, deve ser indicado o tipo de triângulo formado: isósceles, escaleno ou equilátero. Veja o algoritmo, o diagrama de blocos e a codificação em português estruturado, prestando atenção nos operadores lógicos.

Observe a descrição das etapas básicas de entendimento do problema e a representação das ações do programa na Figura 4.29.

Entendimento

Para estabelecer esse algoritmo é necessário, em primeiro lugar, saber o que realmente é um triângulo. Caso não saiba, não conseguirá resolver o problema. Triângulo é uma forma geométrica (polígono) composta de três lados, que possui três ângulos (onde o valor de cada lado deve ser menor que a soma dos outros dois lados). Esta definição é uma regra (uma condição) e deve ser plenamente considerada. Assim, é um triângulo quando A < B + C, quando B < A + C e quando C < A + B, considerando como lados as variáveis A, B e C.

Tendo certeza de que os valores informados para os três lados formam um triângulo, deve-se então analisar os valores fornecidos para estabelecer o tipo de triângulo que será formado: isósceles, escaleno ou equilátero.

Um triângulo é isósceles quando possui dois lados iguais e um diferente, sendo A = B ou A = C ou B = C; é escaleno quando possui todos os lados diferentes, sendo A <> B e B <> C; e é equilátero quando possui todos os lados iguais, sendo A = B e B = C.

1. Ler três valores para os lados de um triângulo (variáveis A, B e C).
2. Verificar se cada lado é menor que a soma dos outros dois lados. Se sim, saber se A = B e se B = C; sendo verdade, o triângulo é equilátero. Se não, verificar A = B ou se A = C ou se B = C; sendo verdade, o triângulo é isósceles; caso contrário, o triângulo é escaleno.
3. Caso os lados fornecidos não caracterizem um triângulo, avisar a ocorrência.

Diagramação

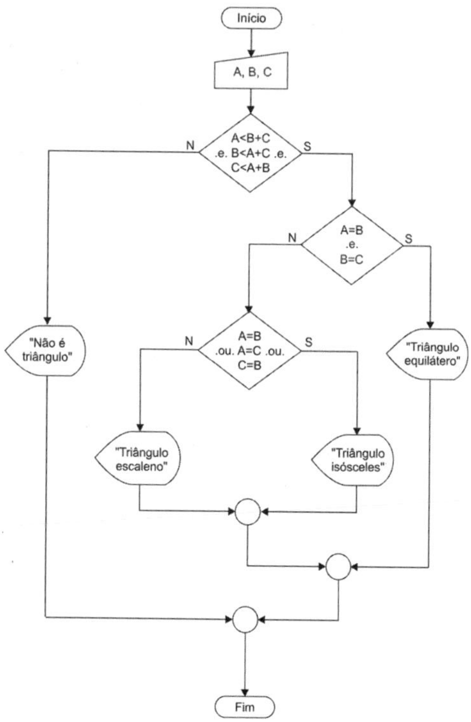

Figura 4.29 Diagrama de blocos do programa exemplo 3.

Codificação

```
programa EXEMPLO_3
var
  A, B, C : real
início
  leia A, B, C
  se (A < B + C) .e. (B < A + C) .e. (C < A + B) então
    se (A = B) .e. (B = C) então
      escreva "Triângulo Equilátero"
    senão
      se (A = B) .ou. (A = C) .ou. (C = B) então
        escreva "Triângulo Isósceles"
      senão
        escreva "Triângulo Escaleno"
      fim_se
    fim_se
  senão
    escreva "As medidas não formam um triângulo"
  fim_se
fim
```

Exemplo 4

Elaborar um programa que leia um valor inteiro qualquer e apresente esse valor somente se for divisível por 2 ou somente se for divisível por 3. Caso contrário, não faça nada. Em nenhuma hipótese esse valor pode ser apresentado caso seja divisível por 2 e/ou 3.

Observe a seguir a descrição das etapas básicas de entendimento do problema e a representação das ações do programa na Figura 4.30.

Entendimento

Para estabelecer esse algoritmo é necessário, após a entrada do valor, efetivar os cálculos de divisibilidade por 2 e também por 3. Em seguida, é necessário usar o operador lógico de disjunção exclusiva **.xou.** para conseguir atender à restrição do que é pedido.

1. Efetuar a leitura do valor inteiro qualquer (variável N).

2. Calcular a divisibilidade da variável N por 2 (armazenar resultado na variável R2).

3. Calcular a divisibilidade da variável N por 3 (armazenar resultado na variável R3).

4. Verificar se a variável R2 é igual a zero ou exclusivamente se a variável R3 é igual a zero:

  4.1. Se sim, apresentar o conteúdo na variável N.

  4.2. Se não, abandonar o programa.

Diagramação | **Codificação**

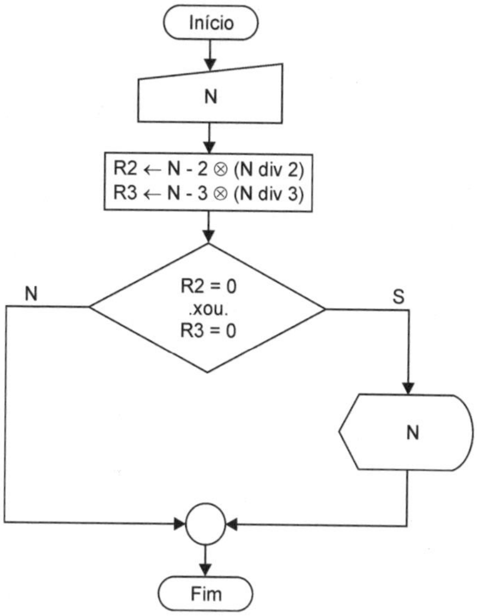

Figura 4.30 Diagrama de blocos do programa exemplo 4.

```
programa EXEMPLO_4
var
  N, R2, R3 : inteiro
início
  leia N
  R2 ← N - 2 * (N div 2)
  R3 ← N - 3 * (N div 3)
  se (R2 = 0) .xou. (R3 = 0) então
    escreva N
  fim_se
fim
```

Os detalhes retratados neste capítulo sobre programação com tomada de decisão são facilmente encontrados em qualquer linguagem de programação estruturada, modular ou orientada a objetos, como: AWK, Structured BASIC, C, C++, C#, D, Dart, Fortran, Go, Groovy, Java, JavaScript, Julia, Kotlin, Lua, Pascal, Perl, PHP, Pike, Python, Raku, Ruby, Rust, Scala, Swift, Tcl, TypeScript, Visual Basic .Net, entre outras.

Exercícios de Fixação

1. Determine o resultado lógico das expressões mencionadas, assinalando se são verdadeiras ou falsas. Considere para as respostas os seguintes valores: X = 1, A = 3, B = 5, C = 8 e D = 7.

a) **.não.** $(X > 3)$

Verdadeiro ( ) Falso ( )

b) $(X < 1)$ **.e. .não.** $(B > D)$

Verdadeiro ( ) Falso ( )

c) **.não.** $(D < 0)$ **.e.** $(C > 5)$

Verdadeiro ( ) Falso ( )

d) **.não.** $(X > 3)$ **.ou.** $(C < 7)$

Verdadeiro ( ) Falso ( )

e) $(A > B)$ **.ou.** $(C > B)$

Verdadeiro ( )   Falso ( )

f) $(X >= 2)$

Verdadeiro ( )   Falso ( )

g) $(X < 1)$ **.e.** $(B >= D)$

Verdadeiro ( )   Falso ( )

h) $(D < 0)$ **.ou.** $(C > 5)$

Verdadeiro ( )   Falso ( )

i) **.não.** $(D > 3)$ **.ou. .não.** $(B < 7)$

Verdadeiro ( )   Falso ( )

j) $(A > B)$ **.ou. .não.** $(C > B)$

Verdadeiro ( )   Falso ( )

2. Indique na linha de resposta a expressão aritmética a ser calculada a partir da tomada de decisão composta em análise. Considere os seguintes valores: A = 2, B = 3, C = 5 e D = 9. Não é necessário calcular os valores da variável X.

a) Resposta: ______________________________

```
se .não. (D > 5) então
  X ← (A + B) * D
senão
  X ← (A - B) / C
fim_se
escreva X
```

b) Resposta: ______________________________

```
se (A > 2) .e. (B < 7) então
  X ← (A + 2) * (B - 2)
senão
  X ← (A + B) / D * (C + D)
fim_se
escreva X
```

c) Resposta: ______________________________

```
se (A = 2) .ou. (B < 7) então
  X ← (A + 2) * (B - 2)
senão
  X ← (A + B) / D * (C + D)
fim_se
escreva X
```

d) Resposta: ____________________

```
se (A > 2) .ou. .não. (B < 7) então
  X ← A + B - 2
senão
  X ← A - B
fim_se
escreva X
```

e) Resposta: ____________________

```
se .não. (A > 2) .ou. .não. (B < 7) então
  X ← A + B
senão
  X ← A / B
fim_se
escreva X
```

f) Resposta: ____________________

```
se .não. (A > 3) .e. .não. (B < 5) então
  X ← A + D
senão
  X ← D / B
fim_se
escreva X
```

g) Resposta: ____________________

```
se (C >= 2) .e. (B <= 7) então
  X ← (A + D) / 2
senão
  X ← D * C
fim_se
escreva X
```

h) Resposta: ____________________

```
se (A >= 2) .ou. (C <= 1) então
  X ← (A + D) / 2
senão
  X ← D * C
fim_se
escreva X
```

3. Desenvolva os entendimentos, o diagrama de blocos e o código em português estruturado dos seguintes problemas computacionais:

a) Efetuar a leitura de dois valores numéricos inteiros representados pelas variáveis A e B e apresentar o resultado da diferença do maior valor pelo menor valor.

b) Efetuar a leitura de um valor numérico inteiro positivo ou negativo representado pela variável N e apresentar o valor lido como sendo positivo. Dica: se o valor lido for menor que zero, ele deve ser multiplicado por –1.

c) Realizar a leitura dos valores de quatro notas escolares bimestrais de um aluno representadas pelas variáveis N1, N2, N3 e N4. Calcular a média aritmética (variável MD) desse aluno e apresentar a mensagem "Aprovado" se a média obtida for maior ou igual a 5; caso contrário, apresentar a mensagem "Reprovado". Informar também, após a apresentação das mensagens, o valor da média obtida pelo aluno.

d) Ler os valores de quatro notas escolares bimestrais de um aluno representadas pelas variáveis N1, N2, N3 e N4. Calcular a média aritmética (variável MD1) desse aluno e apresentar a mensagem "Aprovado" se a média obtida for maior ou igual a 7; caso contrário, o programa deve solicitar a quinta nota (nota de exame, representada pela variável NE) do aluno e calcular uma nova média aritmética (variável MD2) entre a nota de exame e a primeira média aritmética. Se o valor da nova média for maior ou igual a cinco, apresentar a mensagem "Aprovado em exame"; caso contrário, apresentar a mensagem "Reprovado". Informar também, após a apresentação das mensagens, o valor da média obtida pelo aluno.

e) Efetuar a leitura de três valores numéricos (representados pelas variáveis A, B e C) e processar o cálculo da equação completa de segundo grau, utilizando a fórmula de Bhaskara (considerar para a solução do problema todas as possíveis condições para delta: delta < 0 - não há solução real, delta > 0 - há duas soluções reais e diferentes e delta = 0 - há apenas uma solução real). Lembre-se de que é completa a equação de segundo grau que possui todos os coeficientes A, B e C diferentes de zero. O programa deve apresentar respostas para todas as condições estabelecidas para delta.

f) Ler três valores inteiros representados pelas variáveis A, B e C e apresentar os valores lidos dispostos em ordem crescente. Dica: utilizar tomada de decisão sequencial e as ideias trabalhadas nos exercícios "g" (propriedade distributiva) e "f" (troca de valores) do Capítulo 3.

g) Fazer a leitura de quatro valores numéricos inteiros representados pelas variáveis A, B, C e D. Apresentar apenas os valores que sejam divisíveis por 2 e 3.

h) Efetuar a leitura de quatro valores numéricos inteiros representados pelas variáveis A, B, C e D. Apresentar apenas os valores que sejam divisíveis por 2 ou 3.

i) Ler cinco valores numéricos inteiros (variáveis A, B, C, D e E), identificar e apresentar o maior e o menor valores informados. Não execute a ordenação dos valores como no exercício "f".

j) Ler um valor numérico inteiro e apresentar uma mensagem informando se o valor fornecido é par ou ímpar.

k) Efetuar a leitura de um valor numérico inteiro que esteja na faixa de valores de 1 até 9. O programa deve apresentar a mensagem "O valor está na faixa permitida", caso o valor informado esteja entre 1 e 9. Se o valor estiver fora da faixa, o programa deve apresentar a mensagem "O valor está fora da faixa permitida".

l) Fazer a leitura de um valor numérico inteiro qualquer e apresentá-lo caso ***não seja maior que 3***. Dica: para a solução deste problema, utilize apenas o operador lógico de negação.

m) Efetuar a leitura de um nome (variável NOME) e o sexo (variável SEXO) de uma pessoa e apresentar como saída uma das seguintes mensagens: "Ilmo. Sr.", caso seja informado o sexo masculino (utilizar como valor o caractere "M"), ou "Ilma. Sra.", caso seja informado o sexo feminino (utilizar como valor o caractere "F"). Após a mensagem de saudação, apresentar o nome informado. O programa deve, após a entrada do sexo, verificar primeiramente se o sexo fornecido é realmente válido, ou seja, se é igual a "M" ou a "F". Não sendo essa condição verdadeira, o programa deve apresentar a mensagem "Sexo informado inválido".

n) Efetuar a leitura de três valores inteiros desconhecidos representados pelas variáveis A, B e C. Somar os valores fornecidos, armazenando-os na memória junto à variável R, e apresentar o resultado somente se for maior ou igual a 100.

o) Ler um número inteiro qualquer e multiplicá-lo por dois, sem armazenar o resultado em memória. Apresentar o resultado da multiplicação somente se o resultado for maior que 30.

p) Elaborar programa que autorize a entrada de uma pessoa em uma festa, a qual só poderá entrar se tiver 18 anos ou mais (variável inteira IDADE) ou estiver acompanhada de um responsável (variável lógica ACOMPANHADO). Caso a idade seja menor que 18 anos, o programa deve receber a informação "1" para acompanhado e qualquer outro valor para não acompanhado junto à variável inteira RESP.

Videoaulas

Após a leitura do Capítulo 4, é propício assistir às videoaulas disponíveis no QR Code a seguir. Assista-as na ordem que apresentamos.

uqr.to/1wj4g

ANOTAÇÕES

CAPÍTULO 5

PROGRAMAÇÃO COM LAÇOS

Anteriormente, foi estudado como trabalhar com tomadas de decisão nas mais variadas formas. Nesta etapa, já é possível escrever a estrutura de programas mais sofisticados. Este capítulo amplia o foco do estudo, apresentando uma técnica complementar de programação que possibilita repetir um trecho de programa, sem que seja necessário escrevê-lo exatamente o número de vezes que se deseja de fato executar. Mostra as técnicas de laços interativos e iterativos, como laço condicional pré-teste (com fluxo verdadeiro e com fluxo falso), laço condicional pós-teste (com fluxo verdadeiro e com fluxo falso), laço condicional seletivo e, por fim, o laço incondicional iterativo.

5.1 Ser Programador

Antes de prosseguir, cabe apresentar mais alguns detalhes sobre a ética e o comportamento do programador de computador. Ser um programador exige alto grau de atenção e cuidado no trabalho executado. Um médico-cirurgião desatento pode matar um paciente em uma cirurgia; um programador desatento pode "matar" uma empresa. Na tarefa de programar computadores, o programador pode correr três riscos, descritos em seguida.

- Erro de sintaxe, cometido quando se escrevem comandos e/ou instruções de forma incorreta, sem respeitar as regras gramaticais da linguagem de programação em uso. Esse tipo de erro denota que o programador não possui experiência na escrita de programas naquela linguagem. Isso não significa que não tenha boa lógica, apenas mostra que o programador não sabe escrever o código na linguagem em uso. Para solucionar este problema, é necessário aprender a escrever os códigos da linguagem pretendida. O erro de sintaxe é considerado de baixa gravidade, pois é fácil de ser corrigido.
- Erro de requisito, acontece quando o programador não atende ao que é solicitado. Esse erro denota que o programador não sabe ou não quer ouvir o que lhe é pedido. Para solucionar, é necessário ser mais atento. O erro de requisito é considerado de média gravidade, pois é possível corrigi-lo com certa facilidade.
- Erro de lógica, ocorre quando o programador não consegue entender e atender ao que de fato é necessário fazer com o programa. Denota que o programador não soube pensar a programação

de computadores. Para solucionar este problema é necessário mudar o "pensar", o que pode ser tarefa muito trabalhosa. O erro de lógica é considerado de alta gravidade, pois é difícil de ser corrigido, exigindo do programador muita disciplina.

Um programador cuidadoso, que aprecia programar, é um profissional que evita correr riscos desnecessários, principalmente os mais comuns, e que sabe, com bom senso, ser perseverante, disciplinado e, acima de tudo, humilde em seu trabalho.

Uma maneira de evitar erros, principalmente de requisitos e de lógica, é a construção de algoritmos. Entre as formas de algoritmos que podem ser usadas na área da programação de computadores, a gráfica é um instrumento que auxilia os olhos e a mente do programador a enxergar e verificar a sua própria linha de raciocínio, ou de outros programadores. Vale ressaltar as palavras de John Venn (autor dos gráficos utilizados no tópico 4.6, sobre o uso de operadores lógicos): "*os diagramas servem para auxiliar os olhos e a mente graças à natureza intuitiva de seu próprio testemunho*", citadas por Solecki (acesso em: 16 jan. 2025).

5.2 Laços, Malhas ou Ciclos (*Loops*)

A técnica denominada *laços*, *malhas* ou *ciclos* é referenciada em inglês como *loops*. Trata-se de uma estrutura de programação que facilita repetir certos trechos de código determinado número de vezes, de forma automatizada e eficiente. Essa técnica reduz o trabalho de programação, principalmente quando é preciso repetir várias vezes alguma ação importante dentro de um programa.

Os laços podem ser classificados em duas formas, sendo *interativos* ou *iterativos*. São *interativos* quando necessitam da intervenção de um usuário do programa para repetir a próxima ação indeterminado número de vezes, são laços *iterativos* quando executam as repetições previstas de forma automática por um número de vezes.

Para executar laços, são encontradas nas linguagens de programação instruções que podem ser escritas de até seis modos diferentes. Isso não significa que uma linguagem de programação precise ter o conjunto completo dos seis tipos de laços. A maior parte das linguagens de programação oferece três formas de laços, podendo haver linguagens que possuem até menos formas de execução de laços.

Dos seis tipos de laços existentes, cinco são condicionais e um é incondicional. Os laços condicionais podem ser classificados em três categorias, sendo *controle condicional pré-teste*, *controle condicional pós-teste* e *controle condicional seletivo*, desenhados em um diagrama de blocos com o símbolo *decision*. Nessas estruturas não se usa o símbolo *connector*. Já o laço incondicional é desenhado em um diagrama de blocos com o símbolo *preparation*.

A maior parte das linguagens de programação possui três tipos de laços, sendo oferecidos normalmente um laço com controle condicional pré-teste, um laço com controle condicional pós-teste e um laço incondicional, pois em tese não há necessidade de que uma linguagem de programação possua os seis tipos de laços. Algumas linguagens oferecem ainda a alternativa de execução de laços condicionais seletivos.

Os laços são, por sua natureza, outra forma de tomada de decisão, pois permitem que determinadas operações sejam executadas repetidamente enquanto ou até que certa condição seja válida. Esta característica operacional evita o uso de ações com desvios incondicionais (comando *goto*, não aplicado neste livro).

Já que o assunto são laços, existe uma tradição na construção dos laços, principalmente no que tange ao uso de laços iterativos. Trata-se do nome da variável de controle que executa o laço e permite o seu controle. É hábito, entre a maior parte dos programadores, usar essa variável com o nome *I*, de iteração em português ou *iteration* em inglês. Respeitando essa tradição, a maior parte dos laços iterativos apresentados nesta obra usa *I* como variável de controle, mas como é tradição e não uma regra, também serão escritos laços iterativos com outros nomes.

5.3 Laço Condicional Pré-Teste

Os laços condicionais com verificação pré-teste têm por finalidade executar as instruções subordinadas de um bloco adjacente após conferir a validade do resultado lógico de uma condição estabelecida. Sendo o resultado lógico da condição válido, são executadas as instruções subordinadas do bloco adjacente. No momento em que o resultado lógico da condição não é mais válido, o laço é automaticamente encerrado. Note que este tipo de laço se caracteriza pela estrutura operacional decisão e ação.

Os laços com controle condicional pré-teste apresentam-se de duas maneiras, sendo um laço para execução de condição com fluxo verdadeiro encontrado em todas as linguagens de programação imperativas e outro laço para execução de condição com fluxo falso, mais raro de ser encontrado nas linguagens de programação imperativas.

5.3.1 Controle Condicional Verdadeiro

O laço com controle condicional pré-teste de fluxo verdadeiro executa as instruções subordinadas de um bloco adjacente no período em que o resultado lógico da condição permanece verdadeiro. No momento em que o resultado lógico da condição se tornar falso, a execução do laço é automaticamente encerrada. Por características operacionais de ação, este laço pode ser executado de maneira iterativa ou interativa. Na forma iterativa, opera sua ação com o operador relacional "*menor ou igual a*" e, na forma interativa, opera sua ação com o operador relacional "*igual a*".

Observe na Figura 5.1 o modelo geral da forma de comportamento do diagrama de blocos com os rótulos **S** e **N** para a execução de um laço com controle condicional pré-teste verdadeiro com base na **CONDIÇÃO** do símbolo *decision*. Note uma linha de fluxo que pende do símbolo *decision* com uma seta apontando para baixo sinalizada com o rótulo **S** e uma segunda linha de fluxo saindo do símbolo *decision* e sinalizada com o rótulo **N**, indicando a saída do laço quando a condição se tornar falsa. Além dessas duas linhas de fluxo há também uma terceira que mostra uma ação de retorno para o próprio símbolo *decision*, indicando a ação real do laço.

O laço com controle condicional pré-teste verdadeiro, do ponto de vista da codificação em português estruturado, utiliza os comandos **enquanto**, **faça** e **fim_enquanto** para realizar a construção da instrução **enquanto...faça/fim_enquanto**. Nesse trecho de instrução, são executadas as instruções subordinadas ao bloco adjacente (entre os comandos **enquanto...faça** e **fim_enquanto**) no período em que o resultado lógico da condição permanecer verdadeiro entre os comandos **enquanto** e **faça**. No momento em que o resultado lógico for falso, serão executadas as eventuais instruções que estiverem após o comando **fim_enquanto**. Observe a estrutura sintática seguinte:

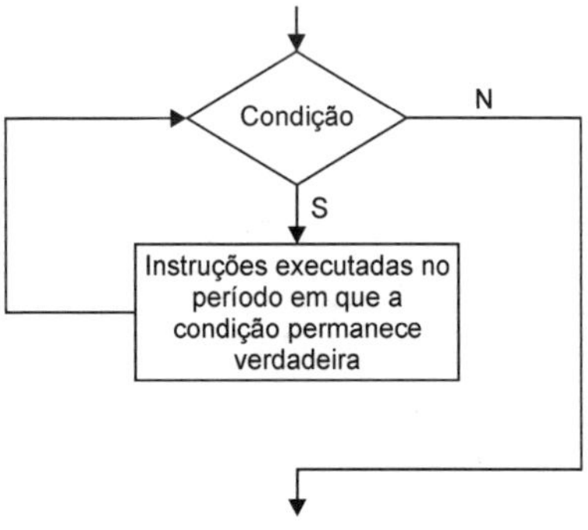

Figura 5.1 Estrutura de laço com controle condicional pré-teste verdadeiro.

```
enquanto (<condição>) faça
  [instruções executadas durante o período em que a condição é verdadeira]
fim_enquanto
```

Atente para o detalhe da *indentação* para sinalizar as instruções subordinadas ao bloco adjacente da instrução **enquanto...faça/fim_enquanto**. A indicação **<condição>** entre parênteses deve ser substituída pela expressão lógica da condição a ser utilizada. Os trechos sinalizados entre colchetes representam as instruções a serem executadas pelo programa.

A título de ilustração de uso do laço com controle condicional pré-teste verdadeiro em um contexto operacional, considere os problemas a seguir, observando detalhadamente as etapas de ação de um programador de computador: entendimento, diagramação e codificação. Os programas demonstram os laços nas formas iterativa e interativa.

Exemplo com laço iterativo

Elaborar um programa que efetue a entrada de um valor numérico inteiro qualquer. Em seguida, processar o cálculo do valor de entrada, multiplicando-o por 3 e apresentando seu resultado. Proceder à execução dos passos anteriores cinco vezes.

Observe a seguir a descrição das etapas básicas de entendimento do problema e a representação das ações do programa na Figura 5.2.

Diagramação

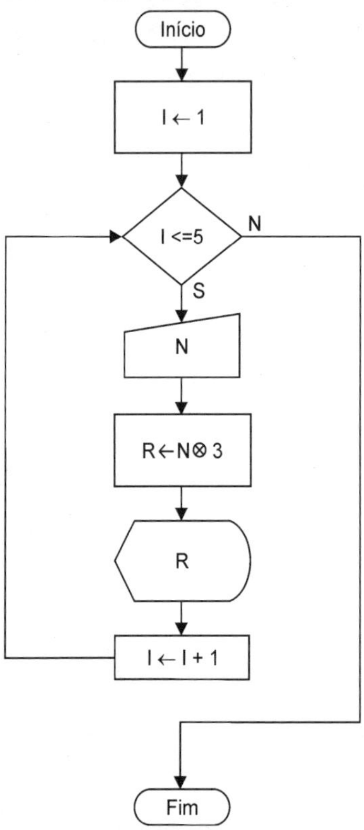

Figura 5.2 Exemplo da instrução enquanto...faça/fim_enquanto iterativa.

Codificação

```
programa LAÇO_PRÉ_TESTE_VERDADEIRO_VA
var
  I, N, R : inteiro
início
  I ← 1
  enquanto (I <= 5) faça
    leia N
    R ← N * 3
    escreva R
    I ← I + 1
  fim_enquanto
fim
```

Entendimento

No problema exposto nada impede que se faça a entrada do valor, execute o processamento da multiplicação e em seguida apresente o resultado cinco vezes, escrevendo cinco entradas, com cinco processamentos e cinco saídas. O problema seria mais difícil de resolver se tivesse de executar a mesma tarefa mil vezes. Para solucionar este problema existem as estruturas de laços. Atente para os passos descritos em seguida:

1. Criar uma variável de controle para servir como contador com valor inicial 1 (variável I).
2. Enquanto o valor da variável contadora for menor ou igual a 5, executar os passos 3 a 5; caso contrário, desviar a execução do programa para o passo 8.
3. Ler um valor inteiro qualquer (variável N).
4. Efetuar a multiplicação do valor de N por 3, colocando o resultado na variável R.
5. Apresentar o valor calculado que está armazenado na variável R.
6. Acrescentar o valor 1 ao valor existente da variável *I*, definida no passo 1.
7. Retornar a execução do programa ao passo 2.
8. Encerrar a execução do programa.

Além das variáveis *N* e *R*, foi necessário criar uma terceira variável (*I*) para controlar o número de vezes que o trecho de programa deve ser executado.

Logo após o início do programa, a variável contador é atribuída com o valor 1 (*I* ← 1). Em seguida, a instrução enquanto (I <= 5) faça verifica a condição estabelecida e se o resultado lógico da condição é verdadeiro. Sendo o valor da variável I igual a 1, a condição do laço é verdadeira, e por esta razão deve processar as instruções subordinadas ao bloco adjacente definido até o limite do comando fim_enquanto.

Sendo assim, tem início a sequência de instruções subordinadas ao bloco adjacente que estão entre as instruções **enquanto...faça** e **fim_enquanto**. Depois da primeira leitura, cálculo e apresentação do valor calculado, o programa encontra a linha *I* ← *I* + 1. A variável *I* possui neste momento o valor 1 que, somado a 1, passa a ter o valor 2, ou seja, *I* ← *I* + 1, assim *I* ← 1 + 1 que resulta *I* = 2.

Agora que a variável *I* possui o valor 2, o processamento do programa volta para a instrução **enquanto** (*I* <= 5) **faça**, uma vez que o valor da variável *I* é menor ou igual a 5. É executada a rotina de instruções subordinadas ao bloco adjacente. Ao final dessa sequência a variável *I* passa a ter o valor 3. Dessa maneira, o programa processa novamente a rotina de instruções, passando o valor de *I* para 4, que será verificado, e sendo menor ou igual a 5, será executada mais uma vez a mesma rotina de instruções.

Neste ponto, a variável *I* passa a ter o valor 5. A instrução **enquanto** (*I* <= 5) **faça** verifica o valor da variável *I* que é 5 com a condição *I* <= 5. Veja que 5 não é menor que 5, mas é igual. Sendo essa condição verdadeira, a rotina deve ser executada mais uma vez. Nesse momento, o valor da variável *I* passa a ser 6, que fornece para a instrução **enquanto** um resultado lógico da condição como falso. Por conseguinte, desvia o fluxo de processamento do programa para a primeira instrução após a instrução **fim_enquanto**, que no caso é **fim**, encerrando o programa.

Como exemplo contextualizado, o programa anterior pode ser visto em algumas linguagens de programação a partir do repositório GitHub: **https://github.com/J-AugustoManzano/livro_Algoritmos_Logica/tree/main/Cap%2005/5.3%20-%20Laco%20Condicional%20Pre-Teste/5.3.1%20-%20Controle%20Condicional%20Verdadeiro/Efetivo/Iterativo**.

Se desejar, aponte para o QR Code ao lado e tenha acesso ao repositório indicado.

uqr.to/1wj4h

Exemplo com laço interativo

Elaborar um programa que efetue a entrada de um valor numérico inteiro qualquer. Em seguida, calcular o valor entrado, multiplicando-o por 3 e apresentando seu resultado. Ao final da apresentação do resultado, o programa deve perguntar ao usuário se ele deseja novo cálculo. Se a resposta for sim, deve executar novamente as instruções subordinadas ao bloco adjacente. Se a resposta for não, o programa deve parar a execução.

Observe a seguir a descrição das etapas básicas de entendimento do problema e a representação das ações a serem efetuadas pelo programa na Figura 5.3.

Entendimento

No problema exposto, é necessário definir um laço que vai executar a vontade do usuário. Assim, não há possibilidade de saber quantas vezes o laço será executado. O número de vezes vai depender da vontade do usuário, por isso esse tipo de laço chama-se interativo. Atente para os passos descritos em seguida:

1. Criar uma variável de controle para ser utilizada como resposta (variável RESP).
2. Enquanto o valor da variável RESP for igual a "S", executar os passos 3 a 5; caso contrário, desviar a execução do programa para o passo 8.
3. Ler um valor inteiro qualquer (variável N).
4. Efetuar a multiplicação do valor de N por 3, colocando o resultado na variável R.
5. Apresentar o valor calculado que está armazenado na variável R.
6. Perguntar para o usuário se ele deseja continuar a execução do programa.
7. Retornar a execução do programa ao passo 2.
8. Encerrar o programa.

Diagramação	Codificação

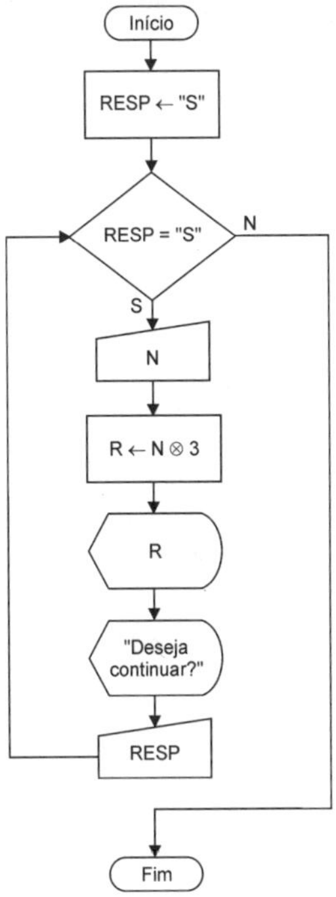

Figura 5.3 Exemplo da instrução enquanto...faça/fim_enquanto interativa.

```
programa LAÇO_PRÉ_TESTE_VERDADEIRO_VB
var
  N, R : inteiro
  RESP : caractere
início
  RESP ← "S"
  enquanto (RESP = "S") faça
    leia N
    R ← N * 3
    escreva R
    escreva "Deseja continuar? (S/N):"
    leia RESP
  fim_enquanto
fim
```

Nesta versão, o contador foi substituído pela variável *RESP*, que, enquanto possuir valor igual a "S", executa a sequência de instruções subordinadas ao bloco adjacente dos comandos **enquanto...faça** e **fim_enquanto**. Neste caso, o número de vezes que a rotina se repete será controlado pelo usuário e será encerrada somente quando alguma informação diferente de "S" for fornecida para a variável *RESP*, enviando o fluxo do programa para a primeira instrução após a instrução **fim_enquanto**.

O estilo de laço com controle condicional pré-teste verdadeiro é encontrado, por exemplo, nas linguagens PASCAL, BASIC, C, C++, JAVA, ADA, entre outras. Esta é a forma mais comum de execução de laço com controle condicional pré-teste encontrada nas linguagens de programação.

Como exemplo contextualizado, o programa anterior pode ser visto em algumas linguagens de programação a partir do repositório GitHub: **https://github.com/J-AugustoManzano/livro_Algoritmos_Logica/tree/main/Cap%2005/5.3%20-%20Laco%20Condicional%20Pre-Teste/5.3.1%20-%20Controle%20Condicional%20Verdadeiro/Efetivo/Interativo**.

Se desejar, aponte para o QR Code ao lado e tenha acesso ao repositório indicado.

uqr.to/1wj4i

5.3.2 Controle Condicional Falso

O laço com controle condicional pré-teste de fluxo falso executa as instruções subordinadas de um bloco adjacente no período em que o resultado lógico da condição permanece falso. No momento em que o resultado lógico da condição se tornar verdadeiro, a execução do laço é automaticamente encerrada. Por características operacionais de ação, este laço pode ser executado de maneira iterativa ou interativa. Na forma iterativa, opera sua ação com o operador relacional "*maior que*" e, na forma interativa, opera sua ação com o operador relacional "*diferente de*".

Observe na Figura 5.4 o modelo geral da forma de comportamento do diagrama de blocos com os rótulos **N** e **S** para a execução de um laço com controle condicional pré-teste falso com base na **CONDIÇÃO** do símbolo *decision*. Note uma linha de fluxo pendendo do símbolo *decision* com uma seta apontando para baixo sinalizada com o rótulo **N** e uma segunda linha de fluxo saindo do símbolo *decision* e sinalizada com o rótulo **S**, indicando a saída do laço quando a condição se tornar verdadeira. Além dessas duas linhas de fluxo há também uma terceira que mostra uma ação de retorno para o próprio símbolo *decision*, indicando a ação real do laço.

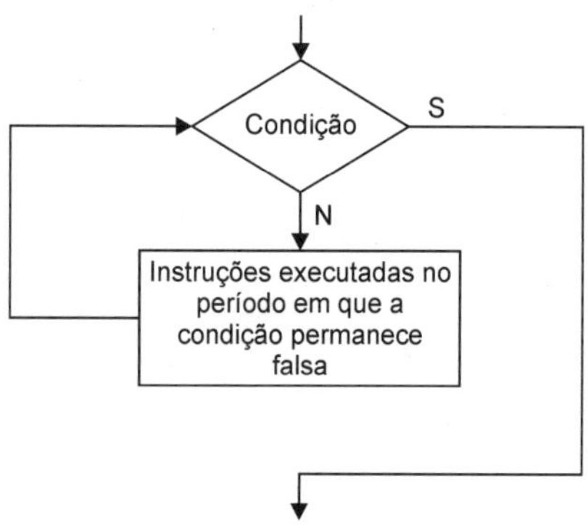

Figura 5.4 Estrutura de laço com controle condicional pré-teste falso.

O laço com controle condicional pré-teste falso, do ponto de vista da codificação em português estruturado, utiliza os comandos **até_seja**, **efetue** e **fim_até_seja** na construção de sua instrução. Neste trecho, são executadas as instruções subordinadas ao bloco adjacente (entre os comandos **até_seja...efetue** e **fim_até_seja**) no período em que o resultado lógico da condição permanecer falso entre os comandos **até_seja** e **efetue**. No momento em que o resultado lógico for verdadeiro, serão executadas as eventuais instruções que estiverem após o comando **fim_até_seja**. Observe a estrutura sintática seguinte:

```
até_seja (<condição>) efetue
  [instruções executadas durante o período em que a condição é falsa]
fim_até_seja
```

Atente para o detalhe da *indentação* para sinalizar as instruções subordinadas ao bloco adjacente da instrução **até_seja...efetue/fim_até_seja**. A indicação **<condição>** entre parênteses deve ser substituída pela expressão lógica da condição a ser utilizada. Os trechos sinalizados entre colchetes representam as instruções a serem executadas pelo programa.

Quando uma linguagem de programação não possuir a estrutura de laço pré-teste com fluxo falso, o que é de certo modo comum, a estrutura poderá ser implementada com o uso do comando **enquanto** e a definição da negação da condição. Dessa maneira, a estrutura de laço **até_seja (condição) efetue** pode ser escrita como **enquanto .não. (condição) faça**.

A título de ilustração de uso do laço com controle condicional pré-teste falso em um contexto operacional, considere o problema a seguir, observando detalhadamente as etapas de ação de um programador de computador: entendimento, diagramação e codificação. Os programas demonstram os laços nas formas iterativa e interativa.

Exemplo com laço iterativo

Elaborar um programa que efetue a entrada de um valor numérico inteiro qualquer. Em seguida, calcular o valor entrado, multiplicando-o por 3 e apresentando seu resultado. Proceder à execução dos passos anteriores cinco vezes.

Observe a seguir a descrição das etapas básicas do problema e a representação das ações do programa na Figura 5.5.

Entendimento

O problema exposto é o mesmo do tópico anterior. A diferença é a forma de construção do laço. Atente para os passos descritos em seguida:

1. Criar uma variável de controle para servir como contador com valor inicial 1 (variável I).
2. Até que o valor da variável contadora seja maior que 5, executar os passos 3 a 5; caso contrário, desviar a execução do programa para o passo 8.
3. Ler um valor inteiro qualquer (variável N).
4. Efetuar a multiplicação do valor de N por 3, colocando o resultado na variável R.
5. Apresentar o valor calculado que está armazenado na variável R.
6. Acrescentar o valor 1 ao valor existente da variável I, definida no passo 1.
7. Retornar a execução do programa ao passo 2.
8. Encerrar o programa.

Diagramação	Codificação

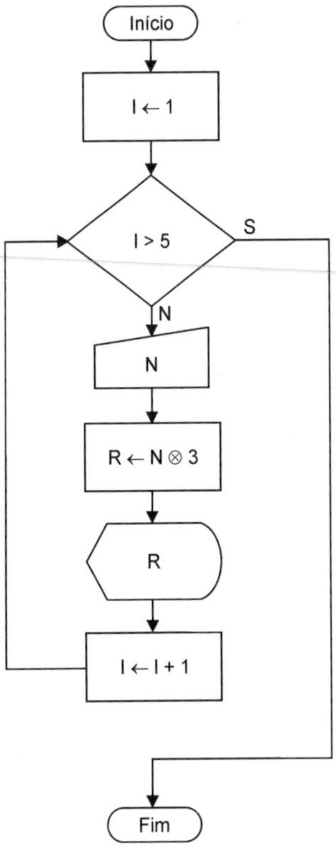

Figura 5.5 Exemplo da instrução durante...faça/fim_durante iterativa.

```
programa LAÇO_PRÉ_TESTE_FALSO_VA_1
var
  I, N, R : inteiro
início
  I ← 1
  até_seja (I > 5) efetue
    leia N
    R ← N * 3
    escreva R
    I ← I + 1
  fim_até_seja
fim
```

ou de forma simulada

```
programa LAÇO_PRÉ_TESTE_FALSO_VA_2
var
  I, N, R : inteiro
início
  I ← 1
  enquanto (.não. (I > 5)) faça
    leia N
    R ← N * 3
    escreva R
    I ← I + 1
  fim_enquanto
fim
```

A primeira ação estabelecida é colocar a variável contador com o valor 1 (*I* ← 1). Em seguida, a instrução **até_seja** (*I* > 5) **efetue** verifica a condição estabelecida e se o resultado lógico da condição é falso. Sendo o valor da variável *I* igual a 1, a condição do laço é falsa, e, por esta razão, deve processar as instruções subordinadas ao bloco adjacente até o limite do comando **fim_até_seja**. Assim, inicia-se a sequência de instruções subordinadas ao bloco adjacente que estão entre as instruções **até_seja...efetue** e **fim_até_seja**. Depois da primeira leitura, do cálculo e da apresentação do valor calculado, o programa encontra a linha *I* ← *I* + 1. A variável *I* possui, neste momento, o valor 1 que, somado a 1, passa a ter o valor 2.

Agora que a variável *I* possui o valor 2, o processamento do programa volta para a instrução **até_seja** (*I* > 5) **efetue**, uma vez que o valor da variável *I* não é maior que 5. É executada a rotina de instruções subordinadas do bloco adjacente. Ao final dessa sequência a variável *I* passa a possuir o valor 3. O programa processa novamente a rotina de instruções, passando o valor de *I* para 4, que será verificado, e sendo menor ou igual a 5, será executada mais uma vez a mesma rotina de instruções.

Neste ponto, a variável *I* passa a ter o valor 5. A instrução **até_seja** (*I* > 5) **efetue** verifica o valor da variável *I* que é 5 com a condição *I* > 5. Veja que 5 não é maior que 5. Sendo essa condição falsa, deve a rotina ser executada mais uma vez. Neste momento, o valor da variável *I* passa a ser 6, que para a instrução **até_seja** é um resultado lógico da condição como verdadeiro. Por conseguinte, desvia o fluxo de processamento do programa para a primeira instrução após a instrução **fim_até_seja**, que no caso é **fim**, encerrando o programa.

Há um detalhe importantíssimo a ser considerado: **não** importa se uma linguagem de programação possui ou não a forma explícita de definição e expressão de laço pré-teste com fluxo falso, pois isso não muda a estrutura do desenho do diagrama de blocos. Aliás, é o inverso, pois é a partir da forma indicada no diagrama que se estabelece o que é efetivamente escrito no código. Nunca faça o contrário.

Como exemplo contextualizado, o programa anterior pode ser visto em algumas linguagens de programação a partir do repositório GitHub: **https://github.com/J-AugustoManzano/livro_Algoritmos_Logica/tree/main/Cap%2005/5.3%20-%20Laco%20Condicional%20Pre-Teste/5.3.2%20-%20Controle%20Condicional%20Falso/Efetivo/Iterativo**.

Se desejar, aponte para o QR Code ao lado e tenha acesso ao repositório indicado.

uqr.to/1wj4j

Exemplo com laço interativo

Elaborar um programa que entre um valor numérico inteiro qualquer. Em seguida, calcular o valor de entrada, multiplicando-o por 3 e apresentando seu resultado. Ao final da apresentação do resultado, o programa deve perguntar ao usuário se ele deseja novo cálculo. Se a resposta for sim, deve executar novamente as instruções subordinadas ao bloco adjacente. Se a resposta for não, o programa deve parar a execução.

Observe a seguir a descrição das etapas básicas de entendimento do problema e a representação das ações do programa na Figura 5.6.

Entendimento

No problema exposto é necessário definir um laço que vai executar a vontade do usuário. Atente para os passos descritos em seguida:

1. Criar uma variável de controle para ser utilizada como resposta (variável RESP).
2. Até que o valor da variável RESP seja diferente de "S", executar os passos 3 a 5; caso contrário, desviar a execução do programa para o passo 8.
3. Ler um valor inteiro qualquer (variável N).
4. Efetuar a multiplicação do valor de N por 3, colocando o resultado na variável R.
5. Apresentar o valor calculado que está armazenado na variável R.
6. Perguntar para o usuário se ele deseja continuar a execução do programa.
7. Retornar a execução do programa ao passo 2.
8. Encerrar o programa.

Diagramação	Codificação

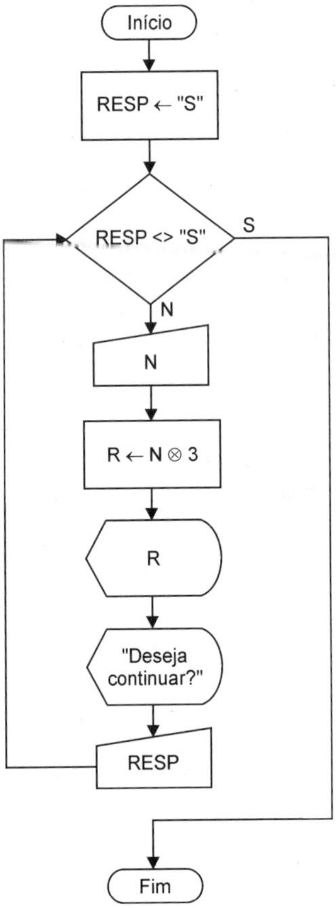

Figura 5.6 Exemplo da instrução até_seja...faça/fim_até_seja interativa.

```
programa LAÇO_PRÉ_TESTE_FALSO_VB_1
var
  N, R : inteiro
  RESP : caractere
início
  RESP ← "S"
  até_seja (RESP <> "S") efetue
    leia N
    R ← N * 3
    escreva R
    escreva "Deseja continuar? (S/N):"
    leia RESP
  fim_até_seja
fim
```

ou de forma simulada

```
programa LAÇO_PRÉ_TESTE_FALSO_VB_2
var
  N, R : inteiro
  RESP : caractere
início
  RESP ← "S"
  enquanto (.não. (RESP <> "S")) faça
    leia N
    R ← N * 3
    escreva R
    escreva "Deseja continuar? (S/N):"
    leia RESP
  fim_enquanto
fim
```

Nesta versão, o contador foi substituído pela variável *RESP* e, até que o valor seja diferente de "S", executará a sequência de instruções subordinadas ao bloco adjacente dos comandos **até_seja...efetue** e **fim_até_seja**. Neste caso, o número de vezes que a rotina se repete será controlado pelo usuário e encerrada somente quando alguma informação diferente de "S" for fornecida para a variável *RESP*, enviando o fluxo de execução do programa para a primeira instrução após a instrução **fim_até_seja**.

O laço com controle condicional pré-teste falso é encontrado, por exemplo, na linguagem BASIC. Essa forma de execução de laço com controle condicional pré-teste é muito rara nas linguagens de programação.

Como exemplo contextualizado, o programa anterior pode ser visto em algumas linguagens de programação a partir do repositório GitHub: **https://github.com/J-AugustoManzano/livro_Algoritmos_Logica/tree/main/Cap%2005/5.3%20-%20Laco%20Condicional%20Pre-Teste/5.3.2%20-%20Controle%20Condicional%20Falso/Efetivo/Interativo**.

Se desejar, aponte para o QR Code ao lado e tenha acesso ao repositório indicado.

uqr.to/1wj4k

5.4 Laço Condicional Pós-Teste

O laço condicional com verificação pós-teste tem por finalidade executar pelo menos uma vez as instruções subordinadas de um bloco adjacente, verificando a validade do resultado lógico da condição após a execução. Se o resultado lógico da condição não for válido, o bloco adjacente de instruções subordinadas é repetido. No momento em que o resultado lógico da condição se torna válido, a execução do laço é automaticamente encerrada. Note que este tipo de laço caracteriza-se pela estrutura operacional ação e decisão.

Os laços com controle condicional pós-teste podem ser de duas formas, sendo um laço para condição com fluxo falso ou laço para condição com fluxo verdadeiro. A forma de controle condicional com fluxo verdadeiro está se tornando mais popular que a forma de controle condicional com fluxo falso. No entanto, para as linguagens de programação que usam o laço condicional pré-teste com fluxo verdadeiro, faria mais sentido possuir o laço condicional pós-teste como sua ação antagônica, mas isso não está ocorrendo.

5.4.1 Controle Condicional Falso

O laço com controle condicional pós-teste de fluxo falso executa no mínimo uma vez as instruções subordinadas de um bloco adjacente e mantém a execução no período em que o resultado lógico da condição permanece falso. No momento em que o resultado lógico da condição se torna verdadeiro, a execução do laço é automaticamente encerrada. Por características operacionais de ação, este laço pode ser executado de maneira iterativa ou interativa. Na forma iterativa, opera sua ação com o operador relacional "*maior que*" e, na forma interativa, opera sua ação com o operador relacional "*diferente de*".

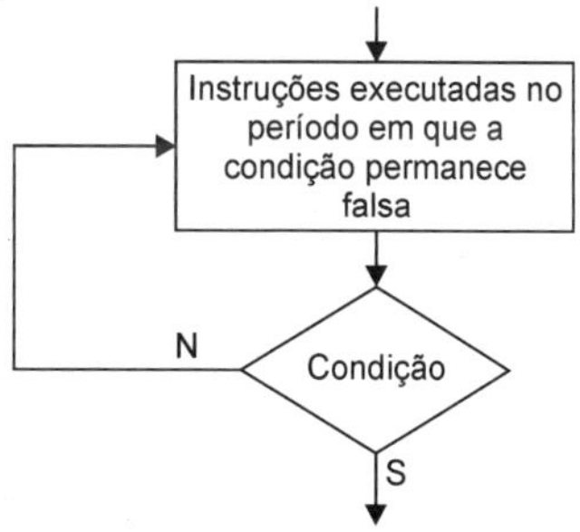

Figura 5.7 Estrutura de laço com controle condicional pós-teste falso.

Observe na Figura 5.7 o modelo geral da forma de comportamento do diagrama de blocos com o rótulo **N** para a execução de um laço com controle condicional pós-teste falso com base na **CONDIÇÃO** do símbolo *decision*. A linha de fluxo do rótulo **N** indica o retorno para determinado trecho, configurando assim a execução do laço. Já o rótulo **S** indica a saída do laço.

O laço com controle condicional pós-teste falso, do ponto de vista da codificação em português estruturado, utiliza os comandos **repita** e **até_que** na construção da instrução **repita/até_que**. Nesse trecho são executadas as instruções subordinadas no bloco adjacente (entre os comandos **repita** e **até_que**) durante o período em que o resultado lógico da condição permanecer falso. No momento em que o resultado lógico for verdadeiro, executam-se as eventuais instruções que estiverem após o comando **até_que**. Observe a estrutura sintática seguinte:

```
repita
  [instruções executadas durante o período em que a condição é falsa]
até_que (<condição>)
```

Atente para o detalhe da *indentação* para sinalizar as instruções subordinadas ao bloco adjacente da instrução **repita/até_que**. A indicação **<condição>** entre parênteses deve ser substituída pela expressão lógica da condição a ser utilizada. Os trechos sinalizados entre colchetes representam as instruções a serem executadas pelo programa.

A título de ilustração de uso do laço com controle condicional pós-teste falso em um contexto operacional, considere o problema a seguir, observando detalhadamente as etapas de ação de um programador de computador: entendimento, diagramação e codificação. Os programas demonstram os laços nas formas iterativa e interativa.

Exemplo com laço iterativo

Elaborar um programa que efetue a entrada de um valor numérico inteiro qualquer. Em seguida, calcular o valor entrado, multiplicando-o por 3 e apresentando seu resultado. Proceder à execução dos passos anteriores cinco vezes.

Observe a seguir a descrição das etapas básicas de entendimento do problema e a representação das ações do programa na Figura 5.8.

Entendimento

O problema é o mesmo exposto anteriormente. A diferença é a forma de construção da condição e do laço. Atente para os passos descritos em seguida:

1. Criar uma variável de controle para servir como contador com valor inicial 1 (variável I).
2. Ler um valor inteiro qualquer (variável N).
3. Efetuar a multiplicação do valor de N por 3, colocando o resultado na variável R.
4. Apresentar o valor calculado que está armazenado na variável R.
5. Acrescentar o valor 1 ao valor existente da variável I, definida no passo 1.
6. Verificar se a variável contador é maior que 5; sendo, executar os passos 2 a 4; caso contrário, desviar o programa para o passo 7.
7. Encerrar a execução do programa.

Diagramação	Codificação

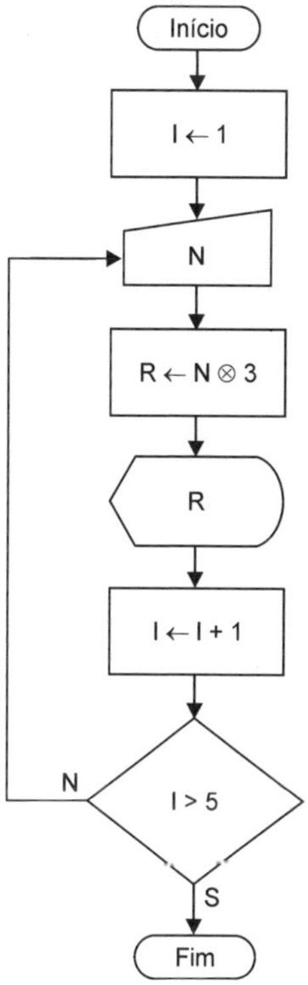

Figura 5.8 Exemplo de laço repita/até_que iterativo.

```
programa LAÇO_PÓS_TESTE_FALSO_VA
var
  I, N, R : inteiro
início
  I ← 1
  repita
    leia N
    R ← N * 3
    escreva R
    I ← I + 1
  até_que (I > 5)
fim
```

O bloco adjacente de instruções subordinadas entre os comandos **repita** e **até_que** se repete até que o resultado lógico da condição se torne verdadeiro, ou seja, quando a variável *I* que foi iniciada com valor 1 tiver um valor maior que 5. Quando o resultado lógico da condição for verdadeiro, o laço é encerrado, enviando o fluxo do programa para a primeira instrução após a instrução **até_que**.

Como exemplo contextualizado, o programa anterior pode ser visto em algumas linguagens de programação a partir do repositório GitHub: **https://github.com/J-AugustoManzano/livro_Algoritmos_Logica/tree/main/Cap%2005/5.4%20-%20Laco%20Condicional%20Pos-Teste/5.4.1%20-%20Controle%20Condicional%20Falso/Efetivo/Iterativo**.

Se desejar, aponte para o QR Code ao lado e tenha acesso ao repositório indicado.

uqr.to/1wj4l

Exemplo com laço interativo

Elaborar um programa que efetue a entrada de um valor numérico inteiro qualquer. Em seguida, calcular o valor de entrada, multiplicando-o por 3 e apresentando seu resultado. Ao final, o programa deve perguntar ao usuário se ele deseja novo cálculo. Se a resposta for sim, deve executar novamente as instruções subordinadas ao bloco adjacente. Se a resposta for não, o programa deve parar a execução.

Observe a seguir a descrição das etapas básicas de entendimento do problema e a representação das ações do programa na Figura 5.9.

Entendimento

Por ser um problema semelhante a uma situação já exposta, basta escolher um laço que vai satisfazer a vontade do usuário do programa. Assim, não é possível saber quantas vezes o laço será executado. Atente para os passos descritos em seguida:

1. Criar uma variável de controle para ser utilizada como resposta (variável RESP).
2. Ler um valor inteiro qualquer (variável N).
3. Efetuar a multiplicação do valor de N por 3, colocando o resultado na variável R.
4. Apresentar o valor calculado que está armazenado na variável R.
5. Perguntar para o usuário se ele deseja continuar o programa.
6. Caso o valor da variável RESP seja diferente de "S", executar os passos 2 a 4; caso contrário, ir para o passo 7.
7. Encerrar o programa.

O bloco adjacente de instruções subordinadas entre os comandos **repita** e **até_que** é repetido até que o resultado lógico da condição se torne verdadeiro, ou seja, quando a variável *RESP* iniciada com o valor "S" estiver com um valor diferente de "S". Quando o resultado lógico da condição for verdadeiro, o laço é encerrado, enviando o fluxo do programa para a primeira instrução após a instrução **até_que**.

O laço com controle condicional pós-teste falso é encontrado, por exemplo, nas linguagens PASCAL e BASIC. Essa forma de laço com controle condicional pós-teste não é muito encontrada nas linguagens de programação.

Diagramação	Codificação

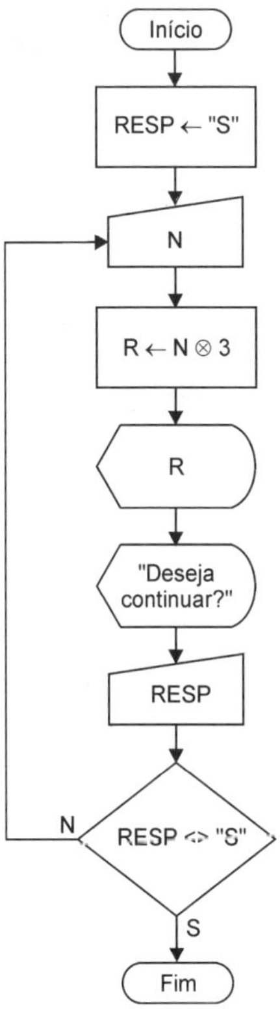

Figura 5.9 Exemplo da instrução repita/até_que interativa.

```
programa LAÇO_PÓS_TESTE_FALSO_VB
var
  N, R : inteiro
  RESP : caractere
início
  RESP ← "S"
  repita
    leia N
    R ← N * 3
    escreva R
    escreva "Deseja continuar? (S/N):"
    leia RESP
  até_que (RESP <> "S")
fim
```

Como exemplo contextualizado, o programa anterior pode ser visto em algumas linguagens de programação a partir do repositório GitHub: **https://github.com/J-AugustoManzano/livro_Algoritmos_Logica/tree/main/Cap%2005/5.4%20-%20Laco%20Condicional%20Pos-Teste/5.4.1%20-%20Controle%20Condicional%20Falso/Efetivo/Interativo**.

Se desejar, aponte para o QR Code ao lado e tenha acesso ao repositório indicado.

uqr.to/1wj4m

5.4.2 Controle Condicional Verdadeiro

O laço com controle condicional pós-teste com fluxo verdadeiro executa no mínimo uma vez as instruções subordinadas de um bloco adjacente e mantém a execução no período em que o resultado lógico da condição permanece verdadeiro. No momento em que o resultado lógico da condição se torna falso, o laço é automaticamente encerrado. Por características operacionais de ação, este laço pode ser executado de maneira iterativa ou interativa. Na forma iterativa, opera sua ação com o operador relacional "*menor ou igual a*" e, na forma interativa, opera sua ação com o operador relacional "*igual a*".

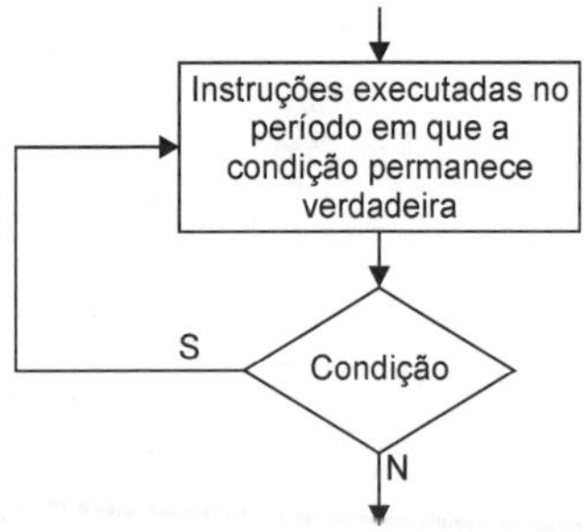

Figura 5.10 Estrutura de laço com controle condicional pós-teste verdadeiro.

Observe na Figura 5.10 o modelo geral da forma de comportamento do diagrama de blocos com o rótulo **S** para a execução de um laço com controle condicional pós-teste verdadeiro com base na **CONDIÇÃO** do símbolo *decision*.

A linha de fluxo do rótulo **S** indica o retorno para determinado trecho, configurando assim o laço. Já o rótulo **N** indica a saída do laço.

A título de ilustração de uso do laço com controle condicional pós-teste verdadeiro em um contexto operacional, considere o problema a seguir, observando detalhadamente as etapas de ação de um programador de computador: entendimento, diagramação e codificação. Os programas demonstram os laços nas formas iterativa e interativa.

O laço com controle condicional pós-teste verdadeiro, do ponto de vista da codificação em português estruturado, utiliza os comandos **execute** e **enquanto_for** na construção da instrução **execute/enquanto_for**. Nesse trecho de instrução são executadas as instruções subordinadas ao bloco adjacente (entre os comandos **execute** e **enquanto_for**) durante o período em que o resultado lógico da condição permanecer verdadeiro. No momento em que o resultado lógico for falso, serão executadas as eventuais instruções que estiverem após o comando **enquanto_for**. Observe a estrutura sintática seguinte:

```
execute
  [instruções executadas durante o período em que a condição é verdadeira]
enquanto_for (<condição>)
```

Atente para o detalhe da *indentação* para sinalizar as instruções subordinadas ao bloco adjacente da instrução **execute/enquanto_for**. A indicação **<condição>** entre parênteses deve ser substituída pela expressão lógica da condição a ser utilizada. Os trechos sinalizados entre colchetes representam as instruções a serem executadas pelo programa.

Quando uma linguagem de programação não possuir a estrutura de laço pós-teste com fluxo verdadeiro, o que é de certa forma comum, a estrutura poderá ser implementada com o uso do comando **repita** e a definição da negação da condição. Dessa maneira, o estilo **repita [...] até_que (condição)** pode ser escrito como **repita [...] até_que .não. (condição)**.

A título de ilustração de uso do laço com controle condicional pós-teste verdadeiro em um contexto operacional, considere o problema a seguir, observando detalhadamente as etapas de ação de um programador de computador: entendimento, diagramação e codificação. Os programas demonstram os laços nas formas iterativa e interativa.

Exemplo com laço iterativo

Elaborar um programa que efetue a entrada de um valor numérico inteiro qualquer. Em seguida, calcular o valor de entrada, multiplicando-o por 3 e apresentando seu resultado. Proceder à execução dos passos anteriores cinco vezes.

Observe a seguir a descrição das etapas básicas de entendimento do problema e a representação das ações a serem efetuadas pelo programa na Figura 5.11.

Entendimento

O problema exposto é o mesmo apresentado nas páginas anteriores deste capítulo. A diferença é a forma de construir e executar o laço. Atente para os passos descritos em seguida:

1. Criar uma variável de controle para servir como contador com valor inicial 1 (variável I).
2. Ler um valor inteiro qualquer (variável N).
3. Efetuar a multiplicação do valor de N por 3, colocando o resultado na variável R.
4. Apresentar o valor calculado que está armazenado na variável R.
5. Acrescentar o valor 1 ao valor existente da variável I, definida no passo 1.
6. Verificar se a variável contador é menor ou igual a 5; sendo, executar os passos 2 a 4; caso contrário, desviar a execução do programa para o passo 7.
7. Encerrar o programa.

Diagramação	Codificação

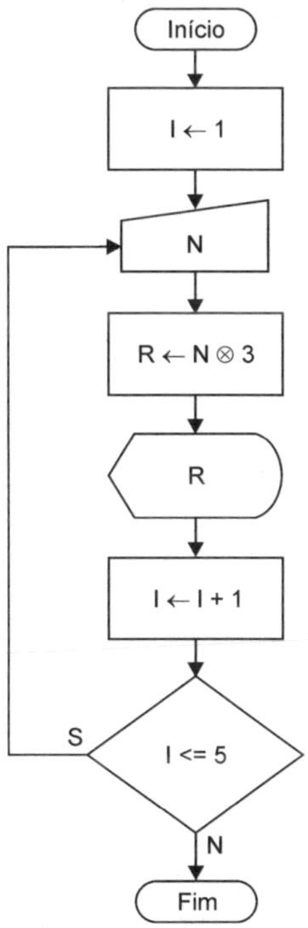

Figura 5.11 Exemplo do laço execute/enquanto_for iterativo.

```
programa LAÇO_PÓS_TESTE_VERDADEIRO_VA_1
var
  I, N, R : inteiro
início
  I ← 1
  execute
    leia N
    R ← N * 3
    escreva R
    I ← I + 1
  enquanto_for (I <= 5)
fim
```

ou de forma simulada

```
programa LAÇO_PÓS_TESTE_VERDADEIRO_VA_2
var
  I, N, R : inteiro
início
  I ← 1
  repita
    leia N
    R ← N * 3
    escreva R
    I ← I + 1
  até_que (.não. (I <= 5)
fim
```

O bloco adjacente de instruções subordinadas entre os comandos **execute** e **enquanto_for** se repete até que o resultado lógico da condição se torne falso, ou seja, enquanto a variável *I* que foi iniciada com valor 1 permanecer com um valor menor ou igual a 5. Quando o resultado lógico da condição for falso, o laço é encerrado, enviando o fluxo do programa para a primeira instrução após a instrução **enquanto_for**.

Como exemplo contextualizado, o programa anterior pode ser visto em algumas linguagens de programação a partir do repositório GitHub: **https://github.com/J-AugustoManzano/livro_Algoritmos_Logica/tree/main/Cap%2005/5.4%20-%20Laco%20Condicional%20Pos-Teste/5.4.2%20-%20Controle%20Condicional%20Verdadeiro/Efetivo/Iterativo**.

Se desejar, aponte para o QR Code ao lado e tenha acesso ao repositório indicado.

uqr.to/1wj4n

Exemplo com laço interativo

Elaborar um programa que efetue a entrada de um valor numérico inteiro qualquer. Em seguida, calcular o valor de entrada, multiplicando-o por 3 e apresentando seu resultado. Ao final, o programa deve perguntar ao usuário se ele deseja novo cálculo. Se a resposta for sim, deve executar novamente as instruções subordinadas ao bloco adjacente. Se a resposta for não, o programa deve parar a execução.

Observe a seguir a descrição das etapas básicas de entendimento do problema e a representação das ações do programa na Figura 5.12.

Entendimento

Por ser este problema semelhante a uma situação já exposta, basta definir um laço que atende à vontade do usuário do programa. Assim, não é possível saber quantas vezes o laço será executado. Atente para os passos descritos em seguida:

1. Criar uma variável de controle para ser utilizada como resposta (variável RESP).
2. Ler um valor inteiro qualquer (variável N).
3. Efetuar a multiplicação do valor de N por 3, colocando o resultado na variável R.
4. Apresentar o valor calculado que está armazenado na variável R.
5. Perguntar para o usuário se ele deseja continuar o programa.
6. Caso o valor da variável RESP seja igual a "S", executar os passos 2 a 4; caso contrário, ir para o passo 7.
7. Encerrar o programa.

O bloco adjacente de instruções subordinadas entre os comandos **execute** e **enquanto_for** se repete até que o resultado lógico da condição se torne verdadeiro, ou seja, enquanto a variável *RESP* possuir valor igual a "S". Quando o resultado lógico da condição for falso, o laço é encerrado, enviando o fluxo do programa para a primeira instrução após a instrução **enquanto_for**.

O laço com controle condicional pós-teste verdadeiro é encontrado, por exemplo, nas linguagens C, C++, JAVA, JavaScript, ActionScript, entre outras. Essa forma de laço com controle condicional pós-teste é encontrada comumente nas linguagens de programação.

Diagramação	Codificação

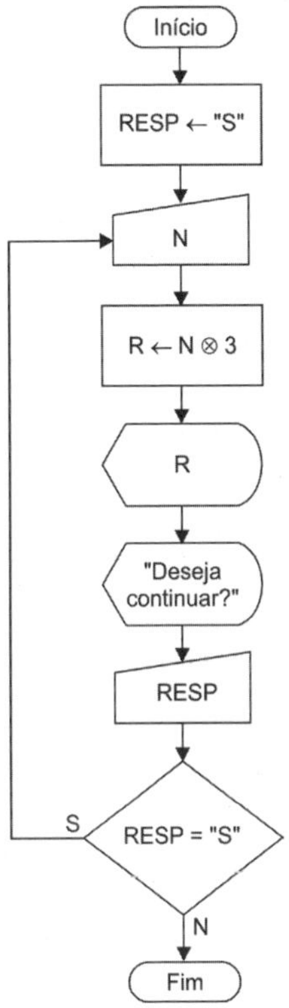

Figura 5.12 Exemplo do laço continua/enquanto_for interativo.

```
programa LAÇO_PÓS_TESTE_VERDADEIRO_VB
var
  N, R : inteiro
  RESP : caractere
início
  RESP ← "S"
  execute
    leia N
    R ← N * 3
    escreva R
    escreva "Deseja continuar? (S/N):"
    leia RESP
  enquanto_for (RESP = "S")
fim
```

Como exemplo contextualizado, o programa anterior pode ser visto em algumas linguagens de programação a partir do repositório GitHub: **https://github.com/J-AugustoManzano/livro_Algoritmos_Logica/tree/main/Cap%2005/5.4%20-%20Laco%20Condicional%20Pos-Teste/5.4.2%20-%20Controle%20Condicional%20Verdadeiro/Efetivo/Interativo**.

Se desejar, aponte para o QR Code ao lado e tenha acesso ao repositório indicado.

uqr.to/1wj4o

5.5 Laço Condicional Seletivo

O laço condicional seletivo permite definir um local do bloco de ação onde uma decisão de saída é estabelecida, podendo-se colocar a condição em três pontos diferentes: no início do laço (antes de uma ação de entrada ou processamento - o que ocorrer primeiro) simulando ação condicional pré-teste, no final (imediatamente após a definição da variável de controle de continuidade do laço) simulando ação condicional pós-teste ou imediatamente à frente da variável de controle de continuidade do laço, tendo-se um laço com interrupção ao meio. Este recurso é referenciado por Sebesta (2003, p. 315-317) como *laço localizado* e por Thompson (2006) como *laço infinito*, se bem que, para ser considerado infinito, o laço não terá em seu corpo uma condição de encerramento.

Este laço em sua forma iterativa opera sua ação de encerramento por meio do operador relacional "*maior que*". Neste caso, a condição de encerramento pode ser definida no início ou no fim do bloco de ação considerando, para tal, o limite de vezes estabelecido como quantidade de execuções, mas se a condição de encerramento estiver definida no meio do bloco, deverá ser usado para o encerramento o limite de vezes menos 1.

O laço condicional seletivo em sua forma interativa opera sua ação de encerramento com o operador relacional "*diferente de*". Neste caso, a condição de encerramento pode apenas ser definida no início ou no final do bloco de ação, não havendo possibilidade de definir um ponto de saída no meio do laço.

A Figura 5.13 mostra um diagrama de blocos com o laço condicional seletivo. O símbolo *decision* é posicionado no meio do diagrama, mas poderia estar em qualquer outro lugar. Em razão da característica de poder escolher o local onde a decisão será colocada, esse tipo de laço condicional é seletivo.

Perceba na Figura 5.13 os rótulos **S** e **N** para a verificação condicional do laço de acordo com a **CONDIÇÃO** do símbolo *decision*. A linha de fluxo sinalizada com o rótulo **S** faz o desvio do fluxo de programa para fora do laço quando o resultado lógico da condição é verdadeiro. No caso de o resultado lógico da condição ser falso, o laço permanece em execução.

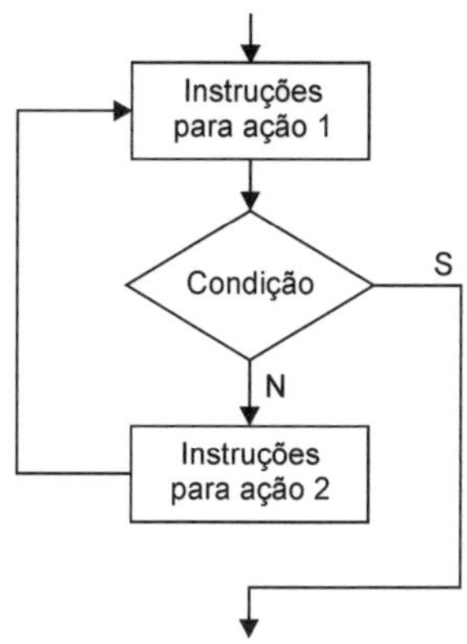

Figura 5.13 Estrutura de laço com controle condicional seletivo.

O laço com controle condicional seletivo, do ponto de vista da codificação em português estruturado, utiliza os comandos **laço**, **saia_caso** e **fim_laço** na construção da instrução **laço/saia_caso/fim_laço** que executa o trecho de instruções subordinadas do bloco adjacente entre os comandos **laço** e **fim_laço** até o momento em que o resultado lógico da condição representada pela instrução do comando **saia_caso** se torna verdadeiro. Nesse ponto, o fluxo do programa é desviado para fora do laço. Observe a estrutura sintática geral seguinte:

```
laço
  [saia_caso (<condição>)]
  [instruções para ação 1]
  saia_caso (<condição>)
  [instruções para ação 2]
  [saia_caso (<condição>)]
fim_laço
```

Atente para o detalhe da *indentação* para sinalizar as instruções subordinadas ao bloco adjacente da instrução **laço/fim_laço**. A indicação **<condição>** após o comando **saia_caso** deve ser substituída pela expressão lógica da condição a ser utilizada. Os trechos sinalizados entre colchetes representam as instruções a serem executadas pelo programa.

A título de ilustração de uso do laço com controle condicional seletivo em um contexto operacional, considere o problema a seguir, observando detalhadamente as etapas de ação de um programador de computador: entendimento, diagramação e codificação.

Elaborar um programa que efetue a entrada de um valor numérico inteiro qualquer. Em seguida, calcular o valor de entrada, multiplicando-o por 3 e apresentando seu resultado. Proceder à execução dos passos anteriores cinco vezes.

Observe a seguir a descrição das etapas básicas de entendimento do problema e a representação das ações do programa na Figura 5.14.

Entendimento

Para a solução do problema com o laço condicional seletivo é usada uma condição de saída um pouco diferente das formas anteriormente utilizadas. Atente para os passos descritos em seguida:

1. Criar uma variável de controle para servir como contador com valor inicial 1 (variável I).
2. Ler um valor inteiro qualquer (variável N).
3. Efetuar a multiplicação do valor de N por 3, colocando o resultado na variável R.
4. Apresentar o valor calculado que está armazenado na variável R.
5. Verificar se a variável contadora é maior que 4 e executar os passos 2 a 4; caso contrário, desviar o programa para o passo 7.
6. Acrescentar o valor 1 ao valor existente da variável I do passo 1 e retornar o programa ao passo 2.
7. Encerrar a execução do programa.

O bloco adjacente de instruções subordinadas entre os comandos **laço** e **fim_laço** é repetido até que o resultado lógico da condição **saia_caso (I > 4)** se torne verdadeiro, ou seja, enquanto a variável *I* que foi iniciada com o valor 1 tiver um valor maior que 5. Quando o resultado lógico da condição for falso, o laço é encerrado, enviando o fluxo do programa para a primeira instrução após a instrução **fim_laço**.

Apesar de ser uma estrutura de laço muitas vezes atraente, esse laço não é encontrado em muitas das linguagens de programação existentes. De forma direta, é encontrado nas linguagens BASIC e ADA, e de forma indireta, de modo que essa ação possa ser simulada a partir de suas habituais instruções de laço, existe nas linguagens C, C++, JAVA, PERL e PASCAL, entre outras.

A estrutura de laço condicional seletiva apresenta duas desvantagens. A primeira está relacionada ao seu uso em trabalhos com laços encadeados, tornando o encadeamento confuso, principalmente quando a condição de saída do laço está no meio da estrutura. A segunda está relacionada com o fato de não ser uma forma muito adequada de trabalhar com laços interativos, quando há outras possibilidades para executar essa tarefa, como os laços condicionais pré-teste ou pós-teste. Além dessas duas desvantagens, é uma estrutura de laço não muito elegante.

Quando uma linguagem de programação não possui a estrutura de laço seletivo, o que é infelizmente comum, a estrutura poderá ser implementada de maneira simulada com o uso do comando **enquanto** controlado por condição *verdadeira* como laço infinito em conjunto com o uso de uma ação de decisão simples, com a instrução **se ... então ... fim_se** posicionada em qualquer parte do bloco de modo que controle a operação do comando **interrompa** para a finalização da execução deste laço quando a condição de encerramento ocorrer. Apesar de esta forma ser possível, ela deve ser evitada por implementar a verificação de duas condições: uma para manutenção infinita do laço com **enquanto (.verdadeiro.) faça ... fim_enquanto** e outra para a saída do laço com a tomada de decisão para controlar o comando **interrompa**. Neste caso, pode-se fazer uso do comando **ir_para**, que possui alguns inconvenientes técnicos se mal utilizado, como tornar o código confuso, além de manifestar diversas críticas de uso a seu respeito. Neste caso, havendo dúvida ou receio de seu uso, considere apenas a forma com o comando **enquanto**, pois não cabe a nós neste trabalho defender ou criticar seu uso, apenas apresentar possibilidades. Veja atentamente os exemplos de codificação apresentados para o diagrama de blocos da Figura 5.14.

Diagramação	Codificação

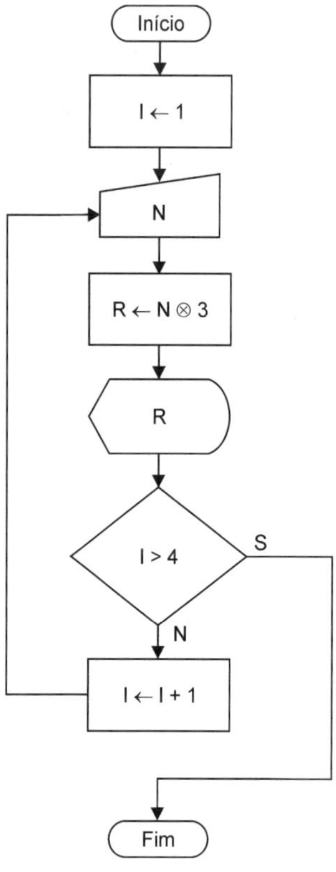

Figura 5.14 Exemplo da instrução laço/saia_caso/fim_laço iterativa.

```
programa LAÇO_SELETIVO_V1
var
  I, N, R : inteiro
início
  I ← 1
  laço
    leia N
    R ← N * 3
    escreva R
    saia_caso (I > 4)
    I ← I + 1
  fim_laço
fim
```

ou de forma simulada (versão 1)

```
programa LAÇO_SELETIVO_V2_1
var
  I, N, R : inteiro
início
  I ← 1
  enquanto (.verdadeiro.) faça
    leia N
    R ← N * 3
    escreva R
    se (I > 4) então
      interrompa
    fim_se
    I ← I + 1
  fim_enquanto
fim
```

ou de forma simulada (versão 2)

```
programa LAÇO_SELETIVO_V2_2
var
  I, N, R : inteiro
início
  I ← 1
  INÍCIO_DO_LAÇO:
    leia N
    R ← N * 3
    escreva R
    se (I > 4) então
      ir_para FIM_DO_LAÇO
    fim_se
    I ← I + 1
    ir_para INÍCIO_DO_LAÇO
  FIM_DO_LAÇO:
fim
```

Como exemplo contextualizado, o programa anterior pode ser visto em algumas linguagens de programação a partir do repositório GitHub: **https://github.com/J-AugustoManzano/livro_Algoritmos_Logica/tree/main/Cap%2005/5.5%20-%20Laco%20Condicional%20Seletivo/Efetivo**.

Se desejar, aponte para o QR Code ao lado e tenha acesso ao repositório indicado.

uqr.to/1wj4p

5.6 Laço Incondicional/Constante "Determinístico"

Neste tópico, é apresentado um laço especial que realiza ações iterativas de uma perspectiva determinística pelo fato de ser incondicional, ou seja, um laço de comportamento constante na frequência de contagem em que atua. Por característica operacional, este laço pode ser executado, tão somente, em operações nas quais se conhece de antemão o número de repetições a ser realizado.

O laço incondicional determinístico é representado graficamente pelo símbolo *preparation*. Observe a indicação, dentro do símbolo da variável a ser controlada deterministicamente com a atribuição dos valores de início, fim e incremento, separados por vírgula (Figura 5.15).

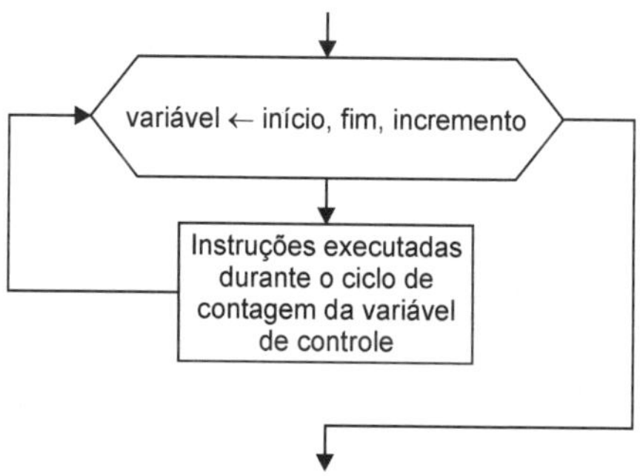

Figura 5.15 Estrutura de laço de repetição com controle incondicional.

O laço incondicional, do ponto de vista da codificação em português estruturado, utiliza os comandos **para**, **de**, **até**, **passo**, **faça** e **fim_para** para realizar a construção da instrução **para...de...até...passo...faça/fim_para**, e a estrutura desse tipo de laço tem o seu funcionamento controlado por uma variável denominada contador. Pode-se executar determinado conjunto de instruções subordinadas a um bloco adjacente um certo número de vezes. No momento em que o valor da variável de controle atingir o valor definido no segmento de fim de contagem, serão executadas as eventuais instruções que estiverem após o comando **fim_para**. Observe a estrutura sintática seguinte:

```
para [<variável>] de [<início>] até [<fim>] passo [<incremento>] faça
  [<instruções executadas durante o ciclo de contagem da variável de controle>]
fim_para
```

A título de ilustração de uso do laço incondicional em um contexto operacional, considere o problema a seguir, observando detalhadamente as etapas de ação de um programador de computador: entendimento, diagramação e codificação.

Elaborar um programa que efetue a entrada de um valor numérico inteiro qualquer. Em, seguida, calcular o valor de entrada, multiplicando-o por 3 e apresentando seu resultado. Proceder à execução dos passos anteriores cinco vezes.

Observe a seguir a descrição das etapas básicas de entendimento do problema e a representação das ações do programa na Figura 5.16.

Diagramação

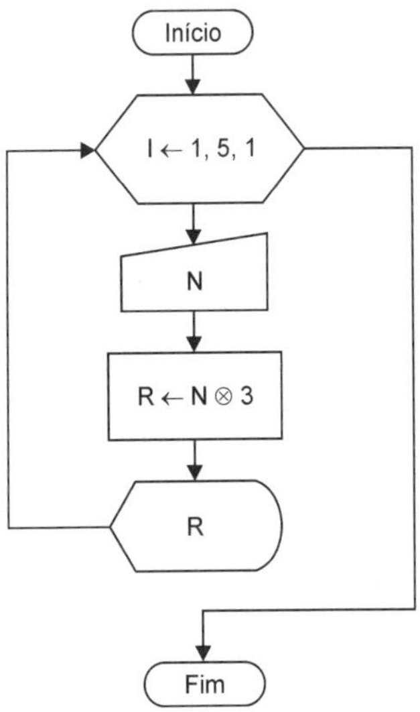

Figura 5.16 Exemplo de laço para...de...até...passo...faça...fim_para.

Codificação

```
programa LAÇO_INCONDICIONAL
var
  I, N, R : inteiro
início
  para I de 1 até 5 passo 1 faça
    leia N
    R ← N * 3
    escreva R
  fim_para
fim
```

Entendimento

O problema exposto já é conhecido, mas desta vez sua operação será mais dinâmica. Atente para os passos descritos em seguida:

1. Definir uma variável do tipo contador (variável I), variando de 1 a 5, de 1 em 1.
2. Ler um valor inteiro qualquer (variável N).
3. Efetuar a multiplicação do valor de N por 3, colocando o resultado na variável R.
4. Apresentar o valor calculado que está armazenado na variável R.
5. Repetir os passos 2, 3, 4 e 5 até o valor da variável chegar a 5.
6. Encerrar a execução do programa.

O conjunto de instruções subordinadas ao bloco adjacente é executado entre os comandos **para** e **fim_para**, sendo a variável *I* (variável de controle) inicializada com valor 1 e incrementada de mais 1 por meio do comando **passo** até a variável *I* atingir o valor 5. Esse tipo de estrutura pode ser utilizado todas as vezes que houver a necessidade de repetir trechos finitos, em que se conhecem os valores do laço: inicial, final e incremento.

Como exemplo contextualizado, o programa anterior pode ser visto em algumas linguagens de programação a partir do repositório GitHub: **https://github.com/J-AugustoManzano/livro_Algoritmos_Logica/tree/main/Cap%2005/5.6%20-%20Laco%20Incondicional-Constante%20Deterministico**.

Se desejar, aponte para o QR Code ao lado e tenha acesso ao repositório indicado.

uqr.to/1wj4q

5.7 Considerações entre Tipos de Laços

No decorrer deste capítulo, foram apresentadas seis estruturas de controle de laços existentes:

- **enquanto/fim_enquanto** (laço condicional - iterativo com "<=" ou interativo com "=");
- **até_seja/fim_até_seja** (laço condicional - iterativo com ">" ou interativo com "<>");
- **repita/até_que** (laço condicional - iterativo com ">" ou interativo com "<>");
- **execute/enquanto_for** (laço condicional - iterativo com "<=" ou interativo com "=");
- **laço/fim_laço** (laço condicional - iterativo com "<=" / ">" ou interativo com "=" / "<>");
- **para/fim_para** (laço incondicional - apenas iterativo sem uso de operadores relacionais).

Cada laço possui uma característica especial de comportamento, como mostra a Figura 5.17. Neste aspecto, deve-se notar que os laços mais versáteis são os condicionais, pois podem ser substituídos uns pelos outros, além de poderem ser usados nas definições de ações interativas e iterativas.

	Tipo	Comando	Fluxo de ação	Controle		Controle	
				Iterativo	Operador	Interativo	Operador
CONDICIONAL	PRÉ-TESTE	ENQUANTO	VERDADEIRO	SIM	<=	SIM	=
		ATÉ_QUE	FALSO	SIM	>	SIM	<>
	PÓS-TESTE	EXECUTE	VERDADEIRO	SIM	<=	SIM	=
		REPITA	FALSO	SIM	>	SIM	<>
	SELETIVO	LAÇO	FALSO	SIM	>	SIM	<>
INCONDICIONAL	CONSTANTE	PARA	NÃO SE APLICA	SIM	NÃO SE APLICA	NÃO	NÃO SE APLICA

Figura 5.17 Estrutura básica de comportamento de laços em programação.

Entre todos os laços condicionais existentes, o mais versátil é o laço seletivo, que pode substituir qualquer um dos demais laços condicionais, tanto para ações pré-teste como para ações pós-teste.

Os laços condicionais podem substituir a ação de um laço incondicional, mas o contrário não é verdadeiro.

No Capítulo 4, foi comentado o fato de ocorrer o encadeamento das estruturas de tomadas de decisão, o que se estende às estruturas de laços. Nesse ponto, pode ocorrer o encadeamento de uma estrutura de laço com outra. Essas ocorrências vão depender do problema a ser solucionado.

Outro fato a ser lembrado é com relação às variáveis de ação e de controle, como comentado no tópico 3.3. Nos exemplos deste capítulo, esses dois conceitos ficam muito evidentes. Observe as variáveis *I* e *RESP*, que nos exemplos indicados efetuam o processamento de controle dos laços, enquanto *N* e *R* são as variáveis de ação dos programas apresentados.

Os laços representam a etapa de programação mais importante, pois permitem escolher a base para que um programa tenha funcionalidade mais ampla e aplicada. Sem os laços a tarefa de programação seria muito desestimulante.

Exercício de Aprendizagem

A seguir encontram-se alguns exemplos das estruturas de laços iterativos apresentadas neste capítulo. Como elementos de demonstração, são usados apenas os laços: **enquanto...fim_enquanto**, **repita...até_que** e **para...fim_para**.

Elaborar um programa que efetue o cálculo da fatorial do valor inteiro 5 e apresentar o resultado dessa operação.

Para entender o problema proposto, considere que, do ponto de vista matemático, *fatorial* é o produto dos números naturais desde 1 até o limite informado; neste caso, 5. Assim, a fatorial do valor **5**, representada matematicamente como **5!**, é a multiplicação de **1 × 2 × 3 × 4 × 5**, que resulta no valor **120**.

Para efetuar essa operação são necessárias duas variáveis: uma que controla as iterações do laço e outra que calcula a fatorial propriamente dita. Veja em seguida:

Entendimento

A descrição do entendimento e da solução do problema proposto é basicamente a mesma para qualquer forma de laço, pois é levado em consideração o uso de laço iterativo. Considere os passos seguintes:

1. Inicializar as variáveis FAT e CONT, ambas com valor inicial 1.
2. Multiplicar o valor da variável FAT sucessivamente pelo valor da variável CONT, atribuindo o resultado da multiplicação à própria variável FAT.
3. Incrementar mais 1 à variável CONT.
4. Repetir os passos 2 e 3 até o limite de 5 para a variável CONT.

5. Apresentar ao final o valor obtido na variável FAT.
6. Encerrar o programa.

Por ser necessário calcular uma fatorial de 5 (5!), significa que o contador deve variar de 1 a 5, e, por este motivo, deve ser a variável CONT inicializada com valor 1. Pelo fato de a variável FAT possuir ao final o resultado do cálculo da fatorial pretendida, ela deve ser inicializada também com valor 1. Se a variável FAT fosse inicializada com valor zero, não teria ao final o resultado da fatorial, pois qualquer valor multiplicado por zero resulta zero.

Multiplicar sucessivamente implica multiplicar a variável CONT pelo valor atual da variável FAT por cinco vezes. Observe atentamente as etapas de cálculo indicadas na Tabela 5.1.

Tabela 5.1 Cálculo da fatorial de 5

Tabela de cálculo da 5!			
CONT	FAT	FAT ← FAT * CONT	Comentários
1	1	1	Valor inicial das variáveis e da fatorial
2	1	2	Cálculo da fatorial com o contador em 2
3	2	6	Cálculo da fatorial com o contador em 3
4	6	24	Cálculo da fatorial com o contador em 4
5	24	120	Cálculo da fatorial com o contador em 5

O movimento apresentado na Tabela 5.1 é o mesmo que deve ser realizado por um programa que permita ao computador executar a operação e mostrar o resultado esperado.

Observe na tabela a necessidade de dois contadores. O contador para a variável CONT que inicia a contagem em 1 e termina em 5 será utilizado de dois modos: como variável de controle para manter a execução do laço na frequência estabelecida e como variável de ação para fomentar o cálculo da fatorial em si. O outro contador é a variável FAT que acumula o resultado de seu valor multiplicado pelo valor de CONT.

As variáveis CONT (primeira coluna) e FAT (segunda coluna) são iniciadas com valor 1 (como mostra a primeira linha da tabela), o que resulta no valor de FAT em 1 (terceira coluna). Observe na sequência a segunda linha da tabela, em que a variável CONT está com valor 2 e a variável FAT com valor 1. Após o cálculo da terceira coluna na segunda linha da tabela, a variável FAT passa a possuir o valor 2. Se for seguido o mesmo raciocínio linha a linha, chegaremos à quinta e última linha com a variável FAT com 120. Quando a variável CONT estiver com valor 5, a variável FAT estará com o valor 120.

A seguir, são apresentados seis exemplos de solução do programa de cálculo da fatorial de 6 (Figuras 5.18 a 5.23). Cada um dos exemplos usa as formas de laço estudadas neste capítulo e baseia-se no raciocínio descrito na tabela de cálculo da fatorial de 5. Para cada exemplo, são indicados diagrama de blocos e codificação correspondente em português estruturado.

Exemplo 1

Estrutura de laço enquanto/fim_enquanto

Diagramação	Codificação

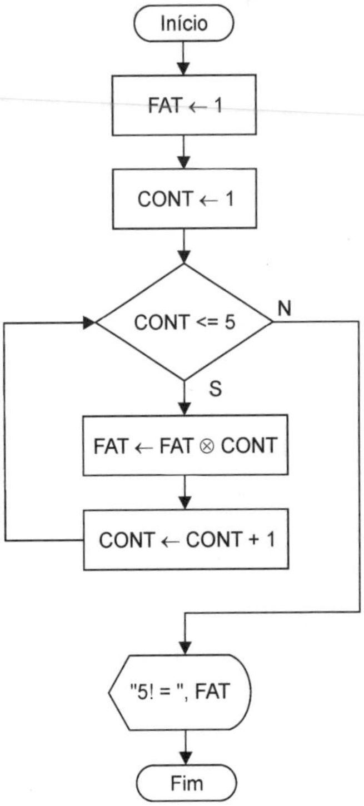

Figura 5.18 Fatorial com laço de repetição enquanto/fim_enquanto.

```
programa FATORIAL_EX1
var
  CONT, FAT : inteiro
início
  FAT ← 1
  CONT ← 1
  enquanto (CONT <= 5) faça
    FAT ← FAT * CONT
    CONT ← CONT + 1
  fim_enquanto
  escreva "5! = ", FAT
fim
```

Observe no código do programa **FATORIAL_EX1** dois dados com o comando **escreva**, sendo um dado uma mensagem e o outro uma variável, ambas separadas por vírgula. A mensagem exibe o que representa a saída e a variável apresenta o seu valor. A junção de um dado de mensagem com um dado de variável gerou uma informação para o usuário. Ao ver a saída **5! = 120**, o usuário consegue reconhecer o significado do conteúdo apresentado.

Exemplo 2

Estrutura de laço até_seja/fim_até_seja

Diagramação

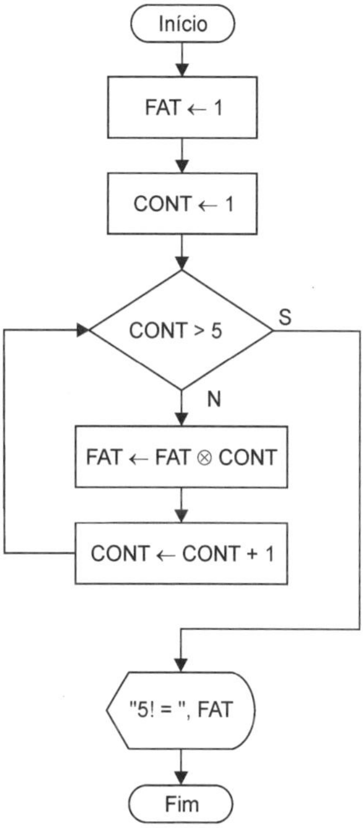

Figura 5.19 Fatorial com laço de repetição até_seja/fim_até_seja.

Codificação

```
programa FATORIAL_EX2
var
  CONT, FAT : inteiro
início
  FAT ← 1
  CONT ← 1
  até_seja (CONT > 5) efetue
    FAT ← FAT * CONT
    CONT ← CONT + 1
  fim_até_seja
  escreva "5! = ", FAT
fim
```

Exemplo 3

Estrutura de laço repita/até_que

Diagramação

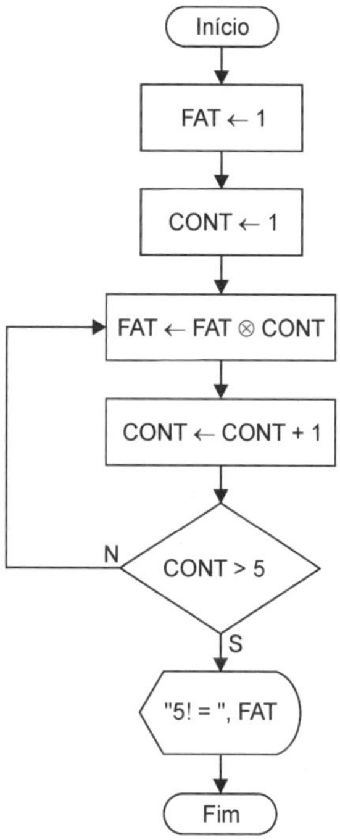

Figura 5.20 Fatorial com laço repita/até_que.

Codificação

```
programa FATORIAL_EX3
var
  CONT, FAT : inteiro
início
  FAT ← 1
  CONT ← 1
  repita
    FAT ← FAT * CONT
    CONT ← CONT + 1
  até_que (CONT > 5)
  escreva "5! = ", FAT
fim
```

Exemplo 4

Estrutura de laço execute/enquanto_for

Diagramação

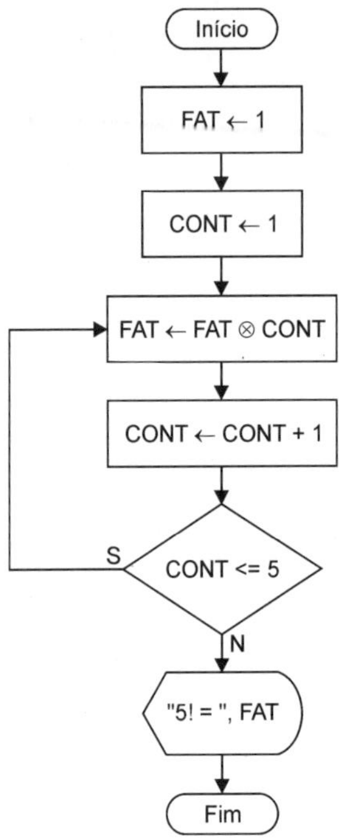

Figura 5.21 Fatorial com laço continua/enquanto_for.

Codificação

```
programa FATORIAL_EX4
var
  CONT, FAT : inteiro
início
  FAT ← 1
  CONT ← 1
  execute
    FAT ← FAT * CONT
    CONT ← CONT + 1
  enquanto_for (CONT <= 5)
  escreva "5! = ", FAT
fim
```

Exemplo 5

Estrutura de laço laço/fim_laço

Diagramação

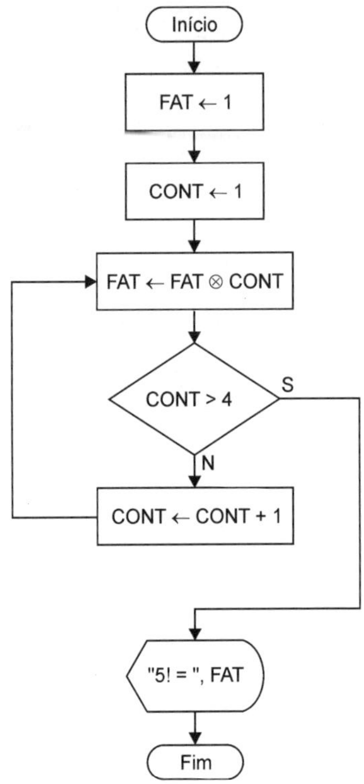

Figura 5.22 Fatorial com laço laço/fim_laço.

Codificação

```
programa FATORIAL_EX5
var
  CONT, FAT : inteiro
início
  FAT ← 1
  CONT ← 1
  laço
    FAT ← FAT * CONT
    saia_caso (CONT > 4)
    CONT ← CONT + 1
  fim_laço
  escreva "5! = ", FAT
fim
```

Exemplo 6

Estrutura de laço para/fim_para

Diagramação	Codificação

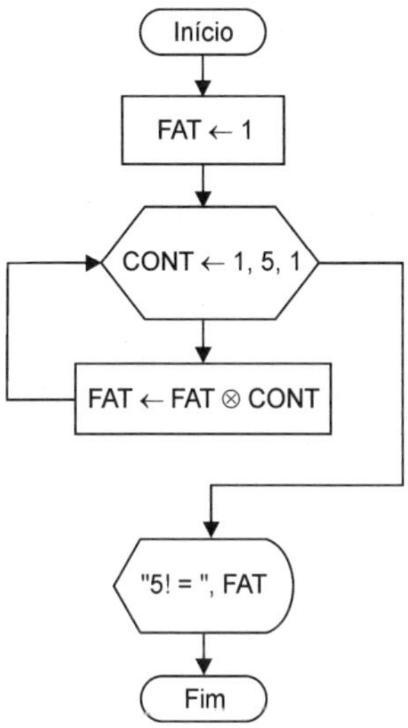

Figura 5.23 Fatorial com laço para/fim_para.

```
programa FATORIAL_EX6
var
  CONT, FAT : inteiro
início
  FAT ← 1
  para CONT de 1 até 5 passo 1 faça
    FAT ← FAT * CONT
  fim_para
  escreva "5! = ", FAT
fim
```

Exemplo 7

Os algoritmos (diagrama de blocos e codificação em português estruturado) apresentados anteriormente solucionam o cálculo apenas para a fatorial do número 5. Seria melhor possuir um programa mais abrangente, que permitisse o cálculo da fatorial de um número qualquer. Assim, considere o seguinte problema:

Elaborar um programa que calcule e apresente o resultado do cálculo da fatorial de um número qualquer. Além dessa possibilidade, o programa deve permitir ao usuário fazer novos cálculos até o momento que decidir encerrar o programa.

Observe a seguir a descrição das etapas básicas de entendimento do problema e a representação das ações do programa na Figura 5.24.

Entendimento

Neste programa, além do cálculo da fatorial, que será feito com um laço iterativo a partir da quantidade de vezes desejada para o cálculo, será utilizado um laço interativo para executar o programa no período que o usuário desejar. Nesta situação, usam-se laços encadeados.

1. Definir uma variável para controle do laço de resposta do usuário (variável RESP).
2. Indicar uma variável para controle do laço de cálculo da fatorial (variável I).
3. Definir uma variável para o limite máximo de cálculo para a fatorial (variável N).
4. Inicializar a variável RESP com valor "SIM".

5. Inicializar a variável FAT com valor 1.
6. Efetuar a entrada da variável N para definir o valor limite de cálculo.
7. Inicializar o laço da variável CONT em 1 e terminar em N de 1 em 1.
8. Calcular a expressão aritmética FAT ← FAT * CONT.
9. Incrementar o valor 1 à variável CONT até chegar ao limite da variável N.
10. Apresentar o resultado obtido na variável FAT.
11. Perguntar ao usuário se deseja continuar. Se a resposta for SIM, repetir os passos de 5 até 11. Se a resposta for NÃO, ir para o passo 12.
12. Encerrar o programa.

Diagramação	Codificação

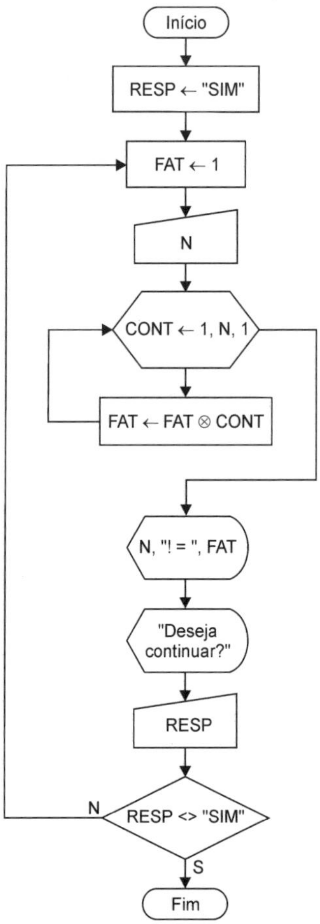

Figura 5.24 Fatorial de um número qualquer com intervenção do usuário.

```
programa FATORIAL_EX7
var
  CONT, FAT, N : inteiro
  RESP : cadeia
início
  RESP ← "SIM"
  repita
    FAT ← 1
    leia N
    para CONT de 1 até N passo 1 faça
      FAT ← FAT * CONT
    fim_para
    escreva N ,"! = ", FAT
    escreva "Deseja continuar? (S/N): "
    leia RESP
  até_que (RESP <> "SIM")
fim
```

Os detalhes retratados neste capítulo sobre programação com laços são facilmente encontrados em qualquer linguagem de programação estruturada, modular ou orientada a objetos, como: AWK, Structured BASIC, C, C++, C#, D, Dart, Fortran, Go, Groovy, Java, JavaScript, Julia, Kotlin, Lua, Pascal, Perl, PHP, Pike, Python, Raku, Ruby, Rust, Scala, Swift, Tcl, TypeScript, Visual Basic .Net, entre outras.

Exercícios de Fixação

Desenvolver os diagramas de blocos e as codificações em português estruturado dos problemas elencados de **a** até **s**, nos laços:

1. Laço condicional pré-teste verdadeiro (**enquanto/ fim_enquanto**).
2. Laço condicional pré-teste falso (**até_seja/fim_até_seja**).
3. Laço condicional pós-teste falso (**repita/até_que**).
4. Laço condicional pós-teste verdadeiro (**execute/enquanto_for**).
5. Laço condicional seletivo (**laço/fim_laço**).
6. Laço incondicional (**para/fim_para**).

É importante levar em consideração que talvez um ou outro problema não possa ser resolvido com determinado tipo de laço. Fica a critério do professor escolher os laços e os exercícios que devem ser realizados pelo aluno.

Atente para os seguintes problemas:

a) Elaborar um programa que apresente como resultado os quadrados armazenados na memória dos números inteiros existentes na faixa de valores de 15 a 200.

b) Elaborar um programa que mostre os resultados da tabuada de um número qualquer, a qual deve ser apresentada de acordo com sua forma tradicional.

c) Construir um programa que apresente a soma dos 100 primeiros números naturais (1 + 2 + 3 +...+ 98 + 99 + 100).

d) Elaborar um programa que apresente o somatório dos valores pares existentes na faixa de 1 até 500.

e) Elaborar um programa que apresente todos os valores numéricos inteiros ímpares situados na faixa de 0 a 20. Sugestão: para verificar se o valor numérico é ímpar, dentro do laço de repetição, fazer a verificação lógica dessa condição com a instrução **se/fim_se** dentro do próprio laço, perguntando se o valor numérico do contador é ímpar (se o resto do número dividido por 2 é diferente de zero); sendo, mostre-o; não sendo, passe para o próximo valor numérico.

f) Construir um programa que apresente todos os valores numéricos divisíveis por 4 e menores que 200. Sugestão: a variável que controla o contador do laço deve ser iniciada com valor 1.

g) Elaborar um programa que apresente os resultados das potências do valor de base 3, elevado a um expoente que varie do valor 0 até o valor 15. O programa deve apresentar os valores 1, 3, 9, 27, ..., 14.348.907. Sugestão: leve em consideração as definições matemáticas do cálculo de potência, em que qualquer valor numérico diferente de zero elevado a zero é 1, e todo valor numérico elevado a 1 é ele próprio. Não use em hipótese nenhuma o operador aritmético de exponenciação apresentado no Capítulo 3; resolva o problema com a técnica de laço.

h) Escrever um programa que apresente como resultado a potência de uma base qualquer elevada a um expoente qualquer, ou seja, de B^E (variável B elevada a variável E), em que B é o valor da base e E o valor do expoente. Considere a entrada de valores inteiros e estritamente positivos (maiores e iguais a zero), ou seja, valores naturais. Sugestão: não utilize o formato "base ↑ expoente", pois é uma solução muito trivial. Use a técnica de laço, em que o valor da base deve ser multiplicado o número de vezes determinado no expoente.

i) Escrever um programa que apresente os valores da sequência numérica de Fibonacci até o décimo quinto termo. A sequência de Fibonacci é formada pelos valores numéricos 0, 1, 1, 2, 3, 5, 8, 13, 21, 34, 55, 89, 144, 233, 377, ... etc., obtendo-se o próximo termo a partir da soma do termo atual com o anterior sucessivamente até o infinito se a sequência não for interrompida, sendo determinada a partir da fórmula $F_n = F_{n-1} + F_{n-2}$. Utilize para este exercício as variáveis ATUAL, ANTERIOR e PRÓXIMO.

j) Elaborar um programa que apresente os valores de conversão de graus Celsius em graus Fahrenheit, de 10 em 10 graus, iniciando a contagem em 10 graus Celsius e finalizando em 100 graus Celsius. O programa deve apresentar os valores das duas temperaturas.

k) Escrever um programa que calcule e apresente o somatório do número de grãos de trigo que se pode obter em um tabuleiro de xadrez, obedecendo à seguinte regra: colocar um grão de trigo no primeiro quadro, e nos quadros seguintes, o dobro do quadro anterior. Ou seja, no primeiro quadro coloca-se um grão, no segundo quadro colocam-se dois grãos (neste momento têm-se três grãos), no terceiro quadro colocam-se quatro grãos (tendo neste momento sete grãos), no quarto quadro colocam-se oito grãos (tendo-se, então, 15 grãos), até atingir o sexagésimo quarto quadro.[22]

l) Elaborar um programa que leia 15 valores numéricos inteiros e no final apresente o somatório da fatorial de cada valor lido.

m) Elaborar um programa que leia 10 valores numéricos reais e apresente no final o somatório e a média dos valores lidos.

n) Elaborar um programa que leia sucessivamente valores numéricos e apresente no final o somatório, a média e o total de valores lidos. O programa deve ler os valores enquanto o usuário estiver fornecendo valores positivos. Ou seja, o programa deve parar quando o usuário fornecer um valor negativo (menor que zero).

o) Construir um programa que apresente como resultado a fatorial dos valores ímpares situados na faixa numérica de 1 até 10.

p) Elaborar um programa que apresente os resultados da soma e da média aritmética dos valores pares situados na faixa numérica de 50 até 70.

q) Escrever um programa que possibilite calcular a área total em metros de uma residência com os cômodos sala, cozinha, banheiro, dois quartos, área de serviço, quintal, garagem, entre outros, que podem ser fornecidos ao programa. O programa deve solicitar a entrada do nome, da largura e do comprimento de determinado cômodo. Em seguida, deve apresentar a área do cômodo lido e também uma mensagem solicitando ao usuário a confirmação de continuar calculando novos cômodos. Caso o usuário responda "NÃO", o programa deve apresentar o valor total acumulado da área residencial.

---

22 Este exercício foi inspirado em uma situação exposta no Capítulo 16 do livro **O Homem que Calculava**, de Malba Tahan, publicado pela Editora Record em 1990, 46ª edição.

r) Elaborar um programa que leia valores positivos inteiros até que um valor negativo seja informado. Ao final, devem ser apresentados o maior e o menor valores informados pelo usuário.

s) Elaborar um programa que apresente o resultado inteiro da divisão de dois números quaisquer, representando o dividendo e o divisor da divisão a ser processada. Sugestão: para a elaboração do programa, não utilize o operador aritmético de divisão com quociente inteiro div. Use uma solução com base em laço. O programa deve apresentar como resultado (quociente) quantas vezes o divisor cabe no dividendo.

t) Elaborar um programa que apresente os quadrados sem armazená-los na memória dos valores inteiros existentes na faixa de valores de 15 a 200 com saltos de três em três.

Videoaulas

Após a leitura do Capítulo 5, é propício assistir às videoaulas disponíveis no QR Code a seguir. Assista-as na ordem que apresentamos.

uqr.to/1wj4r

ANOTAÇÕES

CAPÍTULO 6

ESTRUTURAS DE DADOS HOMOGÊNEAS DE UMA DIMENSÃO

Os capítulos 3 a 5 mostraram as três técnicas básicas (sequência, tomada de decisão e laço de repetição) que possibilitam o desenvolvimento de programas mais complexos para qualquer finalidade. Essas técnicas facilitaram a compreensão da escrita de programas (Bohm; Jacopini, 1966).

Nos exemplos apresentados foram usadas variáveis consideradas simples, o que limita em muito a atividade de programação, pois elas somente armazenam um valor por vez, obrigando o programador a trabalhar com um grande conjunto de variáveis quando precisar de um volume de dados maior.

Este capítulo descreve uma técnica de programação que auxilia o agrupamento de dados do mesmo tipo em uma mesma variável indexada. Graças a essa característica, referencia-se essa técnica como *estrutura de dados homogênea*.

A estrutura de dados homogênea em programação recebe diversos nomes, como variáveis indexadas, variáveis compostas, variáveis subscritas, arranjos, vetores, matrizes, tabelas em memória, *arrays* (do inglês) ou conjuntos.

6.1 Ser Programador

É fundamental ponderar sobre as palavras de Afonso Inácio Orth (1985) ao dizer que um "algoritmo não é a solução de um problema, pois, se assim fosse, cada problema teria um único algoritmo", e complementa: "algoritmo é um caminho para a solução de um problema, em geral, os caminhos que a uma solução são muitos".

O desenvolvimento de algoritmos utiliza procedimentos lógicos e de raciocínio na busca da solução de problemas. Um mesmo problema pode ser resolvido de várias maneiras, tanto por uma pessoa como por um grupo de pessoas. No entanto, resolver um problema de várias maneiras não significa, em absoluto, escrever a solução de qualquer jeito. A escrita de algoritmos deve respeitar um certo formalismo. A base do desenvolvimento de algoritmos, do ponto de vista computacional, é o próprio computador. É necessário ao programador ter seu pensar modelado no computador, como indicado no Capítulo 2, e para pensar "computador" é preciso seguir as regras apresentadas neste trabalho.

Como exposto, também no Capítulo 2, programar não é trabalho fácil. Se programar um computador fosse simples, todas as pessoas o fariam, e não seria necessário muito esforço para o aprendizado. A grande dificuldade está exatamente no fato de existirem vários caminhos para a solução de um problema e ter de seguir regras de trabalho. Como saber o caminho correto? Qual é o melhor algoritmo para o problema?

O professor Carlos Almeida adverte que o aprendizado de algoritmos não se faz copiando algoritmos, mas construindo e testando-os, ou seja, exercitando algoritmos. Não há outro modo de fazê-lo, pois *"o único lugar onde o sucesso vem antes do trabalho é no dicionário"* (Borges, 2017).

Por mais experiência que tenha um programador, em algum momento da vida profissional ele terá de elaborar e testar algoritmos muitas vezes complexos e diferentes da forma que esteja acostumado. O programador é um eterno estudante.

A construção de algoritmos voltados à programação de computadores exige cuidado e atenção. Assim que a solução de um certo problema computacional, por meio de um algoritmo, é elaborada, é necessário realizar testes para verificar se a linha de raciocínio é correta, chamados *testes de mesa*.

O *teste de mesa* é semelhante a tirar a "prova dos nove" para verificar se um cálculo matemático está correto. Leva este nome por ser feito em uma folha de papel sobre uma mesa. Não se fazem testes de mesa em computadores.

É a verificação da linha de raciocínio do programador, o modo como o programador confere se o seu pensar está correto, se está dentro da esfera de funcionamento de um computador. O *teste de mesa* pode também ser utilizado como mecanismo de verificação da lógica de programação de outras pessoas.

De forma prática, não existe oficialmente um mecanismo de elaboração de *teste de mesa*. A tarefa de verificação é muito pessoal. No entanto, a Tabela 5.1 apresenta uma forma, uma sugestão de *teste de mesa* ao descrever o processo de entendimento do cálculo da fatorial do valor cinco em uma tabela de valores.

6.2 Matrizes de Uma Dimensão

A matriz de uma dimensão é a maneira mais simples de usar tabelas de valores com apenas uma coluna e várias linhas de dados. Essa estrutura de dados fica em uma única variável dimensionada com determinado tamanho. A dimensão de uma matriz é formada por constantes inteiras e positivas. Os nomes dados a uma variável composta (matriz) seguem as mesmas regras dos nomes dados a variáveis simples e também ao comando **var** com auxílio do comando **conjunto** na definição da matriz.

Para ter ideia de como usar uma matriz de uma dimensão em certa situação e de sua vantagem operacional de trabalho, considere o seguinte problema:

Elaborar um programa que calcule e apresente o valor da média geral das médias individuais de uma classe com oito alunos.

É necessário somar primeiramente as médias de cada um dos alunos para dividir pela quantidade de alunos da classe.

A Tabela 6.1 apresenta a quantidade de alunos da classe, suas notas bimestrais e respectivas médias. É a partir da média (coluna **Média**) de cada um dos alunos que será calculada a média da turma.

Tabela 6.1 Médias escolares

Tabela de médias escolares					
Aluno	Nota 1	Nota 2	Nota 3	Nota 4	Média
1	4,0	6,0	5,0	3,0	4,5
2	6,0	7,0	5,0	8,0	6,5
3	9,0	8,0	9,0	6,0	8,0
4	3,0	5,0	4,0	2,0	3,5
5	4,0	6,0	6,0	8,0	6,0
6	7,0	7,0	6,0	5,0	6,5
7	8,0	7,0	6,0	5,0	6,5
8	6,0	7,0	2,0	9,0	6,0

A partir dos dados da coluna **Média**, basta escrever um programa para fazer o cálculo da média geral das oito médias de cada aluno. Para representar a média do primeiro aluno será utilizada a variável **MD1**; para a média do segundo aluno, a variável **MD2**; e assim por diante até a oitava média associada à variável **MD8**. Considere as variáveis simples seguintes e seus respectivos valores:

```
MD1 ← 4.5
MD2 ← 6.5
MD3 ← 8.0
MD4 ← 3.5
MD5 ← 6.0
MD6 ← 6.5
MD7 ← 6.5
MD8 ← 6.0
```

Com o conhecimento adquirido até o momento, deve ser elaborado um programa que leia cada uma das oito médias, efetue a soma delas e a divisão por oito, e apresente o resultado da média geral obtida. Observe detalhadamente o exemplo da Figura 6.1 e sua codificação:

Diagramação

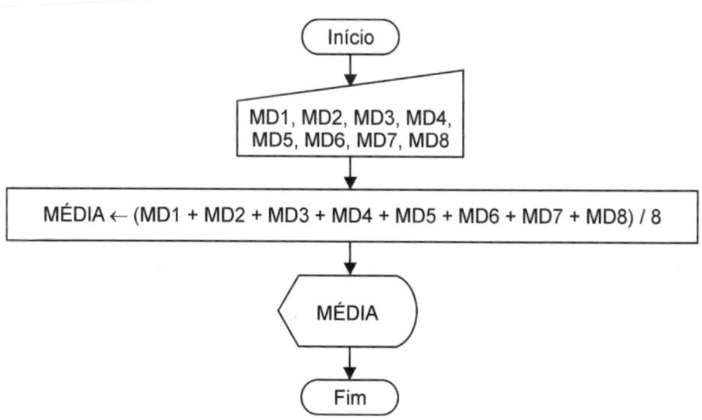

Figura 6.1 Diagrama de bloco do programa de cálculo de média geral.

Codificação

```
programa MÉDIA_GERAL_V1
var
  MD1, MD2, MD3, MD4, MD5, MD6, MD7, MD8, MÉDIA : real
início
  leia MD1, MD2, MD3, MD4, MD5, MD6, MD7, MD8
  MÉDIA ← (MD1 + MD2 + MD3 + MD4 + MD5 + MD6 + MD7 + MD8) / 8
  escreva MÉDIA
fim
```

Como exemplo contextualizado, o programa anterior pode ser visto em algumas linguagens de programação a partir do repositório GitHub: **https://github.com/J-AugustoManzano/livro_Algoritmos_Logica/tree/main/Cap%2006/6.2%20-%20Matrizes%20de%20Uma%20Dimensao/Media%20Geral%20V1**.

Se desejar, aponte para o QR Code ao lado e tenha acesso ao repositório indicado.

uqr.to/1wj4s

Para receber a média de cada aluno da classe, foi necessário utilizar oito variáveis simples. Com a técnica de matrizes é possível utilizar apenas uma variável composta com a capacidade de armazenar oito valores.

Uma matriz de uma dimensão será representada neste trabalho por nome de identificação e tamanho (dimensão) entre colchetes. Para o exemplo, usa-se a variável composta **MD** para armazenamento das médias de cada aluno. A variável composta **MD** deve ter dimensão total de oito elementos. A dimensão será indicada entre colchetes pelo valor de índice inicial até o índice final separados por ponto e ponto, ou seja, para oito elementos usa-se a dimensão **[1..8]** escrita ao lado direito do nome da matriz. Dessa maneira, a matriz **MD** de dimensão **[1..8]** fica como **MD[1..8]**, indicando individualmente a existência das posições **MD[1]** (variável **MD**, índice **1**), **MD[2]** (variável **MD**, índice **2**), e assim sucessivamente até **MD[8]** (variável **MD**, índice **8**).

É pertinente lembrar que variável *é uma região de memória utilizada para armazenar um valor por determinado espaço de tempo*. Esta definição foi explanada, na ocasião, em relação ao uso de variáveis simples. No uso de matrizes, esta é uma variável que pode armazenar mais de um valor por vez, respeitando o limite da dimensão estabelecida, por ser dimensionada. É importante considerar que cada um dos índices, cada uma das posições de uma matriz, só pode armazenar um valor por vez, caracterizando a manipulação dos elementos de uma matriz de forma individualizada.

No exemplo do cálculo da média geral das médias individuais dos oito alunos, haverá uma única variável indexada (a matriz), denominada **MD**, contendo os valores das médias de cada aluno. Isso é representado do seguinte modo:

```
MD[1] ← 4.5
MD[2] ← 6.5
MD[3] ← 8.0
MD[4] ← 3.5
MD[5] ← 6.0
MD[6] ← 6.5
MD[7] ← 6.5
MD[8] ← 6.0
```

O nome da variável indexada (matriz) é um só: **MD**. O que de fato muda é a informação indicada entre colchetes, os índices da matriz que são os endereços (a posição) em que um certo elemento (o conteúdo) está armazenado. É necessário que fique bem claro que elemento é o conteúdo, é o dado armazenado da matriz, neste caso representado pelos valores das médias de cada um dos oito alunos atribuídos a uma posição da matriz. No caso, **MD[1]** ← **4.5**, sendo o número **1** o valor do índice; o endereço cujo elemento **4.5** está armazenado está sendo atribuído.

Matrizes são estruturas de dados que podem ser definidas de forma estática ou dinâmica. A forma estática é a maneira pela qual se define uma matriz, estabelecendo-se exatamente a quantidade de elementos que ela conterá antes do início do programa. Na forma dinâmica, a definição da quantidade de elementos de uma matriz é estabelecida após o início do programa.

Em português estruturado, as matrizes são definidas por meio de uso do comando **conjunto**, que indica uma coleção de dados de mesmo tipo.

A forma estática de definição de uma matriz de uma dimensão segue como sintaxe a estrutura apresentada em seguida:

```
VARIÁVEL : conjunto[<dimensão>] de <tipo de dado>
```

em que **VARIÁVEL** é o nome da variável indexada (matriz) a ser usada, **<dimensão>**, indica a quantidade de elementos que conterá a matriz (valor inicial, definido como 1, e valor final indicando o tamanho máximo da matriz separando-os entre ponto e ponto: **1..5** para uma matriz estática de cinco posições), e **<tipo de dado>**, o tipo de dado operacionalizado na matriz (**real**, **inteiro**, **lógico** e **cadeia** ou **caractere**)

A definição dinâmica de matriz de uma dimensão, também chamada de arranjo ou vetor, se faz pelo uso da seguinte estrutura de instrução:

```
VARIÁVEL : conjunto[1..#] de <tipo de dado>
```

em que a indicação **[1..#]** refere-se ao estabelecimento da dimensão de uma variável composta contendo a definição da quantidade desconhecida de elementos, indicados por **[1..#]**, em que a posição inicial de armazenamento é **"1"** (primeiro elemento) e a posição final de armazenamento é representada pelo símbolo **"#"** (que constitui o último elemento de valor desconhecido). O símbolo **"#"** é utilizado como um marcador especial, um coringa, que é substituído por uma variável que contenha a quantidade definida de elementos.

6.2.1 Leitura dos Dados de uma Matriz

A leitura dos dados de uma matriz é processada passo a passo, um elemento por vez, por meio de um laço de repetição. A seguir, são apresentados diagrama de blocos (Figura 6.2) e codificação em português estruturado da leitura das médias de cada um dos alunos, cálculo da média geral e a apresentação do resultado.

Diagramação	Codificação

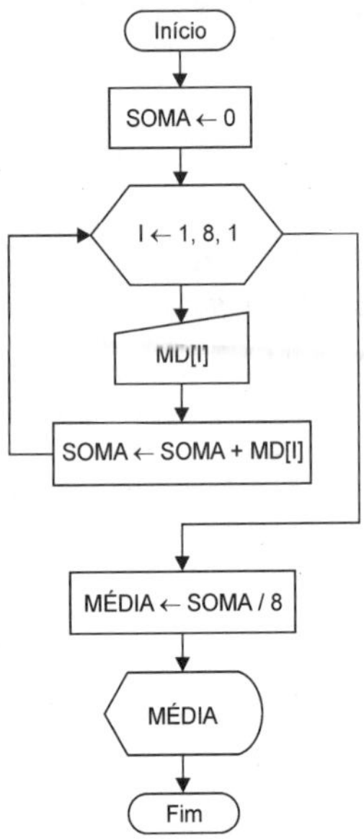

Figura 6.2 Diagrama de blocos para leitura dos elementos de uma matriz do tipo vetor.

```
programa MÉDIA_GERAL_V2
var
  I : inteiro
  MD : conjunto[1..8] de real
  SOMA, MÉDIA : real
início
  SOMA ← 0
  para I de 1 até 8 passo 1 faça
    leia MD[I]
    SOMA ← SOMA + MD[I]
  fim_para
  MÉDIA ← SOMA / 8
  escreva MÉDIA
fim
```

O programa **MÉDIA_GERAL_V2** possui maior mobilidade em relação ao programa **MÉDIA_GERAL_V1**, pois, se houver a necessidade de calcular um número maior de médias individuais, basta dimensionar a matriz para o novo tamanho e mudar o valor final da instrução **para...fim_para** de oito para o valor desejado.

No programa **MÉDIA_GERAL_V2**, a leitura de cada uma das médias é feita pelo laço de repetição, uma leitura por vez, oito vezes. A matriz é controlada pelo número de cada índice, que faz com que cada entrada aconteça em uma posição diferente da outra. Assim, a matriz passa, ao fim da execução do laço de repetição, a possuir armazenadas todas as médias de cada um dos oito alunos.

Tabela 6.2 Tabela matriz MD

Índice	Elemento
1	4,5
2	6,5
3	8,0
4	3,5
5	6,0
6	6,5
7	6,5
8	6,0

A Tabela 6.2 mostrou como ficam os valores armazenados na matriz na memória principal de um computador.

Não confunda índice com elemento. Índice é o endereço, o local de armazenamento de uma matriz, enquanto elemento é o conteúdo, o dado armazenado em determinada posição da matriz.

Como exemplo contextualizado, o programa anterior pode ser visto em algumas linguagens de programação a partir do repositório GitHub: **https://github.com/J-AugustoManzano/livro_Algoritmos_Logica/tree/main/Cap%2006/6.2%20-%20Matrizes%20de%20Uma%20Dimensao/Media%20Geral%20V2**.

Se desejar, aponte para o QR Code ao lado e tenha acesso ao repositório indicado.

uqr.to/1wj4t

6.2.2 Escrita dos Dados de uma Matriz

O processo de escrita dos dados de uma matriz é bastante parecido com o processo de leitura desses dados. Em seguida, são apresentados o diagrama de blocos (Figura 6.3) e a codificação em português estruturado da escrita das médias individuais dos oito alunos antes de mostrar o resultado do cálculo da média geral.

Diagramação	Codificação

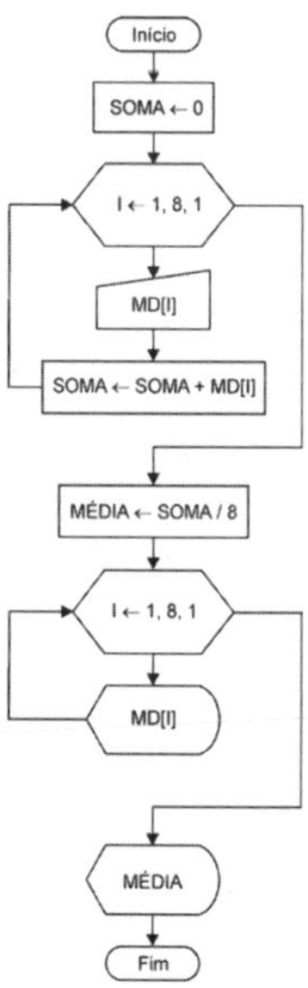

Figura 6.3 Diagrama de blocos para escrita dos elementos de uma matriz do tipo vetor.

```
programa MÉDIA_GERAL_V3
var
  I : inteiro
  MD : conjunto[1..8] de real
  SOMA, MÉDIA : real
início
  SOMA ← 0
  para I de 1 até 8 passo 1 faça
    leia MD[I]
    SOMA ← SOMA + MD[I]
  fim_para
  MÉDIA ← SOMA / 8
  para I de 1 até 8 passo 1 faça
    escreva MD[I]
  fim_para
  escreva MÉDIA
fim
```

Como exemplo contextualizado, o programa anterior pode ser visto em algumas linguagens de programação a partir do repositório GitHub: **https://github.com/J-AugustoManzano/livro_Algoritmos_Logica/tree/main/Cap%2006/6.2%20-%20Matrizes%20de%20Uma%20Dimensao/Media%20Geral%20V3.**

Se desejar, aponte para o QR Code ao lado e tenha acesso ao repositório indicado.

uqr.to/1wj4u

Exercício de Aprendizagem

Para demonstrar a utilização de matrizes de uma dimensão em um exemplo maior, considere os problemas apresentados em seguida. Um exemplo destaca a manipulação dos índices de uma matriz, e o outro, a manipulação dos elementos de uma matriz.

Exemplo 1

Desenvolver um programa que leia 10 elementos numéricos reais de uma matriz A do tipo vetor. Construir uma matriz B de mesmo tipo, observando a seguinte lei de formação: se o valor do índice da matriz A for par, o valor deve ser multiplicado por 5; sendo ímpar, deve ser somado com 5. Ao final, mostrar o conteúdo da matriz A e B.

Observe a seguir a descrição das etapas básicas de entendimento do problema e a representação das ações do programa na Figura 6.4.

Entendimento

Este exemplo de resolução mostra como fazer o tratamento da condição do índice.

1. Iniciar o contador de índice, variável I como 1, estendendo essa contagem até 10.
2. Ler os 10 valores, um a um.
3. Verificar se o índice da matriz A é par; se sim, multiplicar o valor por 5; se não, somar 5 ao valor. Criar a matriz B e atribuir a ela os valores da matriz A devidamente calculados.
4. Apresentar o conteúdo das matrizes: A e B.

No processamento do programa, pergunta-se se o valor do índice I em determinado momento é par (ele será par quando, dividido por 2, obtiver um quociente inteiro e o resto igual a zero). Sendo a condição verdadeira, será implicada na matriz B[I] a multiplicação do elemento da matriz A[I] por 5. Caso o valor do índice I seja ímpar, será implicada na matriz B[I] a soma do elemento da matriz A[I] por 5.

Exemplo 2

Desenvolver um programa que leia cinco elementos numéricos inteiros de uma matriz A do tipo vetor. No final, apresentar o total da soma de todos os elementos da matriz A que sejam ímpares.

Observe a seguir a descrição das etapas básicas de entendimento do problema e a representação das ações do programa na Figura 6.5.

Entendimento

O primeiro exemplo pedia para verificar se o índice era par ou ímpar. Este solicita que se analise a condição do elemento, e não do índice. Já foi alertado anteriormente para não confundir elemento com índice. Veja a solução:

1. Iniciar o contador de índice, variável I como 1, estendendo essa contagem até 5.
2. Ler os cinco valores, um a um.
3. Verificar se o elemento é ímpar; se sim, efetuar a soma dos elementos.
4. Apresentar o total de todos os elementos ímpares da matriz.

Representação gráfica do Exemplo 1

Diagramação

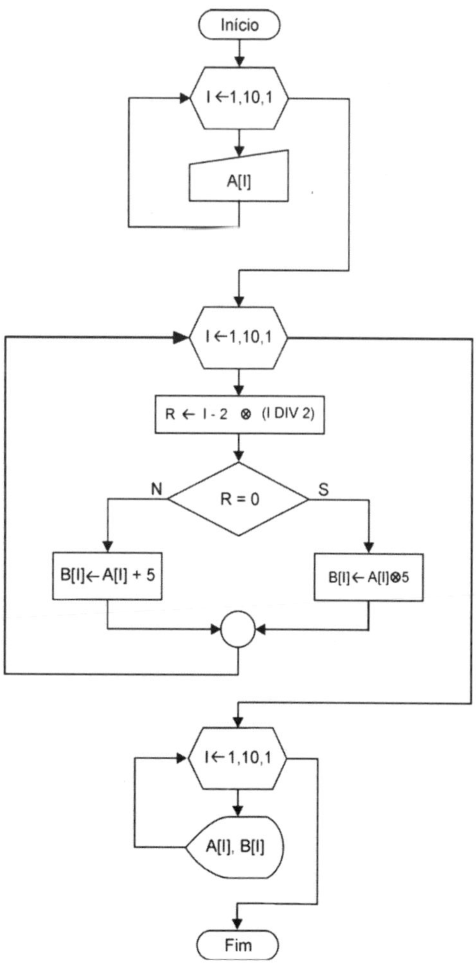

Figura 6.4 Diagrama de blocos para o primeiro exemplo.

Codificação

```
programa ÍNDICE_PAR_OU_ÍMPAR
var
  I, R : inteiro
  A, B : conjunto[1..10] de real
início
  para I de 1 até 10 passo 1 faça
    leia A[I]
  fim_para
  para I de 1 até 10 passo 1 faça
    R ← I - 2 * (I div 2)
    se (R = 0) então
      B[I] ← A[I] * 5
    senão
      B[I] ← A[I] + 5
    fim_se
  fim_para
  para I de 1 até 10 passo 1 faça
    escreva A[I], B[I]
  fim_para
fim
```

Representação gráfica do Exemplo 2

Diagramação	Codificação

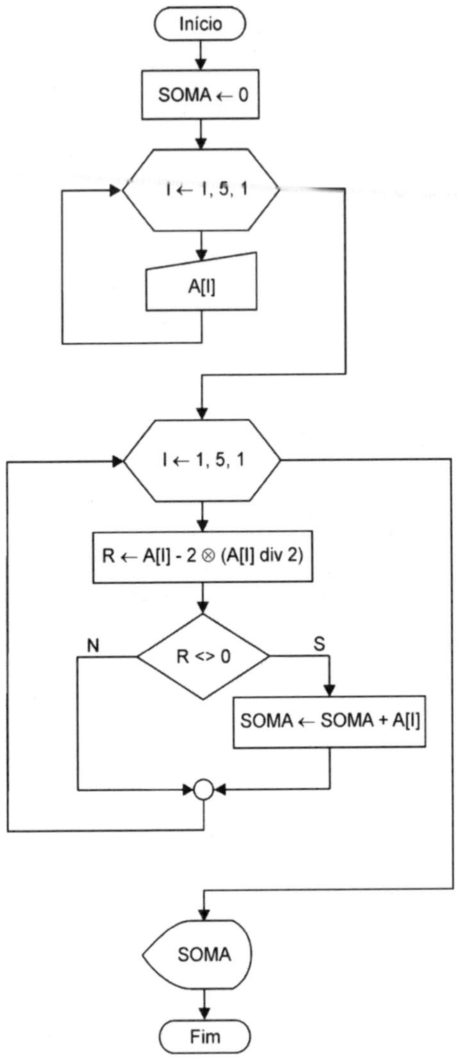

Figura 6.5 Diagrama de blocos para o segundo exemplo.

```
programa ELEMENTO_ÍMPAR
var
  R, I, SOMA : inteiro
  A : conjunto[1..5] de inteiro
início
  SOMA ← 0
  para I de 1 até 5 passo 1 faça
    leia A[I]
  fim_para
  para I de 1 até 5 passo 1 faça
    R ← A[I] - 2 * (A[I] div 2)
    se (R <> 0) então
      SOMA ← SOMA + A[I]
    fim_se
  fim_para
  escreva SOMA
fim
```

Quando se faz menção ao índice, indica-se a variável que controla o contador de índice; no caso do exemplo anterior, a variável I. Quando se faz menção ao elemento, indica-se A[I], pois, desse modo, se pega o valor armazenado, e não a sua posição de endereço.

Exemplo 3

Desenvolver um programa em que o usuário determine a quantidade de valores numéricos inteiros a serem fornecidos para uma matriz A do tipo vetor. No final, apresentar o total da soma de todos os elementos da matriz A que sejam pares.

Observe a seguir a descrição das etapas básicas de entendimento do problema e a representação das ações do programa na Figura 6.6.

Entendimento

1. Solicitar a quantidade de elementos a serem fornecidos.
2. Iniciar o contador de índice, variável I como 1, estendendo essa contagem até a quantidade indicada.
3. Ler os valores, um a um.
4. Verificar se o elemento é par; se sim, efetuar a soma dos elementos.
5. Apresentar o total de todos os elementos ímpares da matriz.

Diagramação

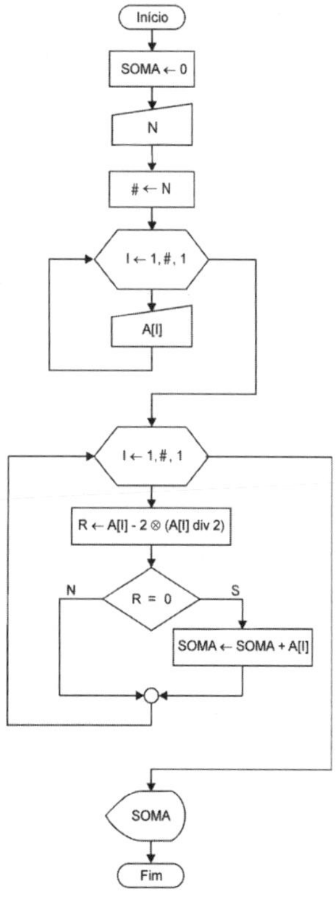

Figura 6.6 Diagrama de blocos para o terceiro exemplo.

Codificação

```
programa SOMA_ELEMENTOS_PARES
var
  N, R, I, SOMA : inteiro
  A : conjunto[1..#] de inteiro
início
  SOMA ← 0
  leia N
  # ← N
  para I de 1 até # passo 1 faça
    leia A[I]
  fim_para
  para I de 1 até # passo 1 faça
    R ← A[I] - 2 * (A[I] div 2)
    se (R = 0) então
      SOMA ← SOMA + A[I]
    fim_se
  fim_para
  escreva SOMA
fim
```

A definição **conjunto[1.#]** para a variável composta **A** é usada quando há a necessidade de representar a indicação de uma *matriz dinâmica*. Uma matriz é dinâmica quando não se sabe de antemão a quantidade de elementos que ela deverá conter, sendo esta quantidade definida dentro do bloco **início** e **fim** a partir da escolha do usuário do programa ou de outras estratégias para a inserção de elementos até que certa condição ocorra a partir da instrução **# ← <variável com limite de dimensionamento>**. As matrizes em que se conhece de antemão a quantidade de elementos são chamadas de matrizes estáticas.

Os detalhes retratados neste capítulo, sobre programação com variáveis compostas, são facilmente encontrados em qualquer linguagem de programação estruturada, modular ou orientada a objetos, como: AWK, Structured BASIC, C, C++, C#, D, Dart, Fortran, Go, Groovy, Java, JavaScript, Julia, Kotlin, Lua, Pascal, Perl, PHP, Pike, Python, Raku, Ruby, Rust, Scala, Swift, Tcl, TypeScript, Visual Basic .Net, entre outras.

Exercícios de Fixação

1. Desenvolver os diagramas de bloco e a codificação em português estruturado dos problemas computacionais seguintes:

a) Elaborar um programa que efetue a leitura de 10 nomes de pessoas em uma matriz A do tipo vetor e apresentá-los em seguida.

b) Elaborar um programa que leia oito elementos inteiros em uma matriz A do tipo vetor. Construir uma matriz B de mesma dimensão com os elementos da matriz A multiplicados por 3. O elemento B[1] deve ser implicado pelo elemento A[1] * 3, o elemento B[2] implicado pelo elemento A[2] * 3, e assim por diante, até 8. Apresentar a matriz B.

c) Escrever um programa que leia duas matrizes (denominadas A e B) do tipo vetor com 20 elementos reais. Construir uma matriz C, sendo cada elemento da matriz C a subtração de um elemento correspondente da matriz A com um elemento correspondente da matriz B, ou seja, a operação de processamento deve estar baseada na operação C[I] ← A[I] - B[I]. Ao final, apresentar os elementos da matriz C.

d) Elaborar um programa que leia 15 elementos inteiros de uma matriz A do tipo vetor. Construir uma matriz B de mesmo tipo, observando a seguinte lei de formação: "todo elemento da matriz B deve ser o quadrado do elemento da matriz A correspondente". Apresentar os elementos das matrizes A e B.

e) Elaborar um programa que leia uma matriz A do tipo vetor com 15 elementos inteiros. Construir uma matriz B de mesmo tipo, e cada elemento da matriz B deve ser o resultado da fatorial correspondente de cada elemento da matriz A. Apresentar as matrizes A e B.

f) Construir um programa que leia duas matrizes A e B do tipo vetor com 15 elementos quaisquer inteiros. Construir uma matriz C, sendo esta o resultado da junção das matrizes A e B. Assim, a matriz C deve ter o dobro de elementos em relação às matrizes A e B, ou seja, a matriz C deve possuir 30 elementos. Apresentar a matriz C.

g) Elaborar um programa que leia duas matrizes do tipo vetor para o armazenamento de nomes de pessoas, sendo a matriz A com 20 elementos e a matriz B com 30 elementos.

Construir uma matriz C, sendo esta a junção das matrizes A e B. Dessa maneira, a matriz C deve ter a capacidade de armazenar 50 elementos. Apresentar os elementos da matriz C.

h) Elaborar um programa que leia 20 elementos do tipo real em uma matriz A unidimensional e construir uma matriz B de mesma dimensão com os mesmos elementos armazenados na matriz A, porém de forma invertida. Ou seja, o primeiro elemento da matriz A passa a ser o último da matriz B, o segundo elemento da matriz A passa a ser o penúltimo da matriz B, e assim por diante. Apresentar os elementos das matrizes A e B.

i) Escrever um programa que leia três matrizes (A, B e C) de uma dimensão do tipo vetor com cinco elementos cada que sejam do tipo real. Construir uma matriz D, sendo esta o resultado da junção das três matrizes (A, B e C). Dessa maneira, a matriz D deve ter o triplo de elementos das matrizes A, B e C, ou seja, 15 elementos. Apresentar os elementos da matriz D.

j) Elaborar um programa que leia uma matriz A do tipo vetor com 20 elementos inteiros. Construir uma matriz B dos mesmos tipo e dimensão da matriz A, sendo cada elemento da matriz B o somatório de 1 até o valor do elemento correspondente armazenado na matriz A. Se o valor do elemento da matriz A[1] for 5, o elemento correspondente da matriz B[1] deve ser 15, pois o somatório do elemento da matriz A é 1 + 2 + 3 + 4 + 5. Apresentar os elementos da matriz B.

k) Elaborar um programa que leia uma matriz A do tipo vetor com 10 elementos inteiros estritamente positivos. Construir uma matriz B de mesmo tipo e dimensão, em que cada elemento da matriz B deve ser o valor negativo do elemento correspondente da matriz A. Dessa maneira, se em A[1] estiver armazenado o elemento 8, deve estar em B[1] o valor −8, e assim por diante. Apresentar os elementos da matriz B.

l) Elaborar um programa que leia uma matriz A do tipo vetor com 10 elementos inteiros. Construir uma matriz B de mesmo tipo, em que cada elemento deve ser a metade exata de cada um dos elementos existentes da matriz A. Apresentar os elementos das matrizes A e B.

m) Construir um programa que calcule a tabuada de um valor qualquer de 1 até 10 e armazene os resultados em uma matriz A de uma dimensão. Apresentar os elementos da matriz A.

n) Elaborar um programa que leia 20 elementos (valores reais) para temperaturas em graus Celsius e armazene esses valores em uma matriz A de uma dimensão. O programa ao final deve apresentar a menor, a maior e a média das temperaturas lidas.

o) Escrever um programa que leia 25 elementos (valores reais) para temperaturas em graus Celsius e armazene esses valores em uma matriz A de uma dimensão do tipo vetor. Construir uma matriz B de mesmo tipo e dimensão, em que cada elemento da matriz B deve ser a conversão da temperatura em graus Fahrenheit do elemento correspondente da matriz A. Apresentar os elementos das matrizes A e B.

p) Elaborar um programa que leia 12 elementos inteiros para uma matriz A de uma dimensão do tipo vetor. Construir uma matriz B de mesmo tipo e dimensão, observando a seguinte lei de formação: "todo elemento da matriz A que for ímpar deve ser multiplicado por 2; caso contrário, o elemento da matriz A deve permanecer constante". Apresentar os elementos da matriz B.

q) Elaborar um programa que leia 15 elementos reais para uma matriz A de uma dimensão do tipo vetor. Construir uma matriz B de mesmo tipo e dimensão, observando a seguinte lei de formação: "todo elemento da matriz A que possuir índice par deve ter seu elemento dividido por 2; caso contrário, o elemento da matriz A deve ser multiplicado por 1.5". Apresentar os elementos da matriz B.

r) Elaborar um programa que leia seis elementos (valores inteiros) para as matrizes A e B de uma dimensão do tipo vetor. Construir as matrizes C e D de mesmo tipo e dimensão. A matriz C deve ser formada pelos elementos de índice ímpar das matrizes A e B e a matriz D deve ser formada pelos elementos de índice par das matrizes A e B. Apresentar os elementos das matrizes C e D.

s) Elaborar um programa que leia duas matrizes A e B de uma dimensão com seis elementos. A matriz A deve aceitar apenas a entrada de valores pares, enquanto a matriz B deve aceitar apenas a entrada de valores ímpares. A entrada das matrizes deve ser validada pelo programa, e não pelo usuário. Construir uma matriz C que seja o resultado da junção das matrizes A e B, de modo que a matriz C contenha 12 elementos. Apresentar os elementos da matriz C.

t) Escrever um programa que leia duas matrizes A e B de uma dimensão com 10 elementos. A matriz A deve aceitar apenas a entrada de valores divisíveis por 2 e 3, enquanto a matriz B deve aceitar apenas a entrada de valores múltiplos de 5. A entrada das matrizes deve ser validada pelo programa, e não pelo usuário. Construir uma matriz C que seja o resultado da junção das matrizes A e B, de modo que contenha 20 elementos. Apresentar os elementos da matriz C.

u) Elaborar um programa que leia duas matrizes A e B de uma dimensão com 12 elementos. A matriz A deve aceitar apenas a entrada de valores divisíveis por 2 ou 3, enquanto a matriz B deve aceitar apenas a entrada de valores que não sejam múltiplos de 5. A entrada das matrizes deve ser validada pelo programa, e não pelo usuário. Construir uma matriz C que seja o resultado da junção das matrizes A e B, de modo que contenha 24 elementos. Apresentar os elementos da matriz C.

v) Construir um programa que leia uma matriz A de uma dimensão do tipo vetor com 30 elementos do tipo inteiro. Ao final do programa, apresentar a quantidade de elementos (valores) pares e ímpares existentes na referida matriz.

w) Elaborar um programa que leia duas matrizes A e B de uma dimensão do tipo vetor com 10 elementos inteiros cada. Construir uma matriz C de mesmos tipo e dimensão que seja formada pelo quadrado da soma dos elementos correspondentes nas matrizes A e B. Apresentar os elementos da matriz C.

x) Elaborar um programa que leia uma matriz A de uma dimensão com seis elementos do tipo real. Construir uma matriz B, em que cada posição de índice ímpar da matriz B deve ser atribuída com um elemento de índice par existente na matriz A e cada posição de índice par da matriz B deve ser atribuída com um elemento de índice ímpar existente na matriz A. Apresentar os elementos das duas matrizes.

y) Escrever um programa que leia uma matriz A de uma dimensão com 15 elementos numéricos inteiros. Apresentar o total de elementos pares existentes na matriz.

z) Elaborar um programa que leia uma matriz A de uma dimensão com 10 elementos numéricos inteiros. Apresentar o total de elementos ímpares existentes na matriz e também o percentual do valor total de números ímpares em relação à quantidade total de elementos armazenados na matriz.

Videoaulas

Após a leitura do Capítulo 6, é propício assistir às videoaulas disponíveis no QR Code a seguir. Assista-as na ordem que apresentamos.

uqr.to/1wj4v

ANOTAÇÕES

CAPÍTULO 7

APLICAÇÕES BÁSICAS COM MATRIZES DE UMA DIMENSÃO

A utilização de matrizes em programação é bastante ampla, que vai desde o uso direto, quando o programador constrói a estrutura de dados e faz o seu controle operacional, até o uso indireto, quando o programador usa um sistema de gerenciamento de banco de dados para auxiliar na construção e no controle das operações em tabelas de dados.

O Capítulo 6 apresentou uma técnica de programação que possibilita o uso e o armazenamento de um grande conjunto de dados em uma única variável de estrutura composta, denominada matriz.

Este capítulo traz exemplos práticos da técnica de programação com base no uso de matrizes de uma dimensão. Mostra três algoritmos clássicos, muito utilizados, um de classificação de elementos, e os outros dois, de pesquisa de elementos.

7.1 Ser Programador

A partir da segunda metade do século XX e início do século XXI, muitas pessoas passaram a ter muita pressa de realizar seus compromissos diários. Parece que, se não agirem assim, o mundo vai acabar, que estão fora de moda, e que esse "vírus" contaminou ou está contaminando a todos, principalmente profissionais da área de desenvolvimento de programas e sistemas para computadores, que acabam esquecendo o lado bom da profissão em detrimento da pressa dos outros, tornando o trabalho de programação algo terrível.

Peter Norvig publicou um artigo em seu *site* pessoal[23] que parece ter fomentado a discussão sobre a pressa exacerbada. O artigo intitulado *Teach Yourself Programming in Ten Years* (*Aprenda a Programar em Dez Anos*), dirigido aos profissionais de desenvolvimento de programas e sistemas de computadores, foi traduzido para diversos idiomas, entre eles o português (Norvig, 2007). Nesse artigo, Peter Norvig apresenta as consequências da banalização de uma indústria

---

23 Disponível em: http://norvig.com/21-days.html. Acesso em: 8 jan. 2018.

de produção e publicação de livros e revistas sensacionalistas que acabaram por prejudicar, em vez de ajudar, o estado refinado da ciência da computação.

Peter Norvig defende a ideia de que se aprende a programar a longo prazo, não em apenas algumas horas, dias ou meses. Justifica esse apelo com exemplos reais de personalidades conhecidas que levaram 10 anos ou mais até atingirem sucesso.

Peter Norvig descreve algumas recomendações a serem observadas pelas pessoas que desejam aprender a programar computadores e ter sucesso nessa empreitada, podendo-se destacar alguns pontos, apresentados em seguida:

- Interesse se por programação, e faça porque é legal. Tenha certeza de que continue legal para dedicar 10 anos a isso, o que é muito tempo. Assegure-se de que gosta de programar, pois descobrir depois de alguns anos que você não gosta é realmente um atraso de vida.
- Converse com outros programadores; leia outros programas. Isso é mais importante do que qualquer livro ou curso de treinamento. Isto posto, não significa jogar fora livros e instruções aprendidas em cursos e treinamentos, mas sim aproveitar a experiência de outros como mais uma fonte de aprendizado.
- Trabalhe em projetos com outros programadores. Seja o melhor programador em alguns projetos, seja o pior em outros. Quando você é o melhor, você testa suas habilidades [...]. Quando você é o pior, aprende o que os mestres ensinam e o que não gostam de fazer. Estar envolvido em equipes de projetos faz com que você aprenda a aceitar as ideias de outros e apresente o seu ponto de vista.
- Trabalhe em projetos após outros programadores. Esteja envolvido em entender um programa escrito por outro. Veja o que é preciso para entender e consertar quando o programador original não está por perto. Pense em como desenvolver seu programa para que ele seja fácil para quem for mantê-lo após você. Esse compromisso exige que se aprenda a trabalhar respeitando regras e normas.
- Aprenda pelo menos meia dúzia de linguagens de programação. Inclua na lista uma linguagem orientada a objetos (como Java ou C++), uma que seja de abstração funcional (como Lisp ou ML), uma que suporte abstração sintática (como Lisp), uma que suporte especificação declarativa (como Prolog ou C++ com templates), uma que suporte corrotinas (como Icon ou Scheme) e uma que suporte paralelismo (como Sisal). Conheça uma linguagem que dê suporte à programação estruturada (como Pascal, C ou C++). O programador deve ser um profissional poliglota. Saber apenas uma ou duas linguagens de programação não lhe proporciona espaço adequado em um mercado de trabalho altamente competitivo.
- Envolva-se na padronização de uma linguagem, pode ser o comitê ANSI C++, ou na padronização de programação na sua empresa, se utilizaram indentação com dois ou quatro espaços. Em qualquer caso, você aprende o que outras pessoas gostam em uma linguagem, o quanto gostam e porque gostam. A dedicação e o esforço auxiliam na obtenção do grau de disciplina que um desenvolvedor de programação necessita como uma das virtudes indicadas pelo professor Guerreiro (2000) e citadas no tópico 4.1 do Capítulo 4.

Educação (não importa o âmbito em que esta palavra está inserida) é um processo, e como processo é algo que leva certo tempo para ser aprendido e absorvido. Não tenha pressa em aprender, não seja afobado, siga seu ritmo. Mas também não demore muito, pois sempre há alguém prestes a ultrapassá-lo.

7.2 Classificação de Elementos

Uma das operações mais importantes efetuadas em computadores é, sem dúvida, a organização e a distribuição dos dados armazenados em memória. Uma das maneiras de organizar dados é proceder à classificação desses dados em ordem numérica (crescente ou decrescente), ou ordem alfabética/alfanumérica (ascendente ou descendente), respeitando, dentro do universo computacional, a ordem dos caracteres estabelecida na tabela ASCII apresentada no tópico 1.1.3 do Capítulo 1.

A classificação numérica de dados pode ser efetuada na ordem crescente (do menor valor numérico para o maior) ou na ordem decrescente (do maior valor numérico para o menor).

A classificação alfabética de dados pode ser efetuada na ordem ascendente (de "A" até "Z" ou de "a" até "z") ou na ordem descendente (de "Z" até "A" ou de "z" até "a"). Primeiramente, ocorre a ordenação dos caracteres alfabéticos maiúsculos e, depois, a ordenação dos caracteres minúsculos.

A classificação alfanumérica de dados pode ser feita na ordem ascendente ou descendente. Esse tipo de classificação considera dados numéricos, alfabéticos e demais caracteres gráficos previstos na tabela ASCII.

Para classificar dados em uma matriz de uma dimensão (ou mesmo matrizes com mais dimensões) não há necessidade de um programador desenvolver algoritmos próprios, pois já existe um conjunto de algoritmos para essa finalidade. Basta conhecer e escolher aquele algoritmo que melhor atenda a certa necessidade. Entre as técnicas existentes, podem-se citar os métodos de classificação apontados por Azeredo (1996):

- Classificação por inserção (método da inserção direta, método da inserção direta com busca binária, método dos incrementos decrescentes - *shellsort*).
- Classificação por troca (método da bolha - *bubblesort*, método da agitação - *shakesort*, método do pente - *combsort*, método de partição e troca - *quicksort*).
- Classificação por seleção (método da seleção direta, método da seleção em árvore - *heapsort*, método de seleção em árvore amarrada - *threadedheapsort*).
- Classificação por distribuição de chaves (método de indexação direta - *radixsort*).
- Classificação por intercalação (método da intercalação simples - *mergesort*, método de intercalação de sequências naturais).
- Classificação por cálculo de endereços (método das listas de colisão, método da solução postergada das colisões).

Dos algoritmos de classificação existentes, o algoritmo apresentado neste livro encontra-se na categoria *classificação por troca* e não é retratado no trabalho de Azeredo (1996), sendo um método muito simples de classificação de dados, o qual pode ser chamado de método de "*Classificação por Seleção Distributiva*" (*Selection Distribution Sort*). Apesar de eficaz, sua eficiência de velocidade é, de certo modo, questionável, pois é um método de classificação bastante lento, mas extremamente simples de ser entendido, didático para iniciantes em programação, sendo útil para classificar conjuntos pequenos de dados.

O método de classificação de dados apresentado baseia-se no algoritmo de propriedade distributiva (exercício de fixação 4, g, do Capítulo 3) combinado com o algoritmo de troca de valores (permuta) entre variáveis (exercício de fixação 4, f, do Capítulo 3), que possibilitou o resultado do exercício de fixação 3, f, do Capítulo 4 com variáveis simples. Neste contexto será usado o mesmo método, porém, aplicado a variáveis compostas.

A título de ilustração, imagine a necessidade de colocar em ordem crescente cinco valores numéricos inteiros, representados na Tabela 7.1.

Tabela 7.1 Valores numéricos a serem classificados

Tabela de valores	
Índice	**Elemento**
1	9
2	8
3	7
4	5
5	3

Os elementos estão armazenados na ordem 9, 8, 7, 5 e 3, respectivamente, para os índices 1, 2, 3, 4 e 5 e devem ser apresentados na ordem 3, 5, 7, 8 e 9, respectivamente, para os índices 1, 2, 3, 4 e 5. Os elementos da matriz (tabela) devem ser trocados de posição no sentido de apresentarem a ordem desejada. Convertendo a tabela no formato matricial, haverá, então:

```
A[1] = 9 | A[2] = 8 | A[3] = 7 | A[4] = 5 | A[5] = 3
```

Para o processo de troca, é necessário aplicar o método de propriedade distributiva. O elemento que estiver em A[1] deve ser comparado com os elementos que estiverem em A[2], A[3], A[4] e A[5]. Depois, o elemento que estiver em A[2] não precisa ser comparado com o elemento que estiver em A[1], pois foi anteriormente comparado, passando a ser comparado somente com os elementos que estiverem em A[3], A[4] e A[5]. Na sequência, o elemento que estiver em A[3] é comparado com os que estiverem em A[4] e A[5] e, por fim, o elemento que estiver em A[4] é comparado com o que estiver em A[5].

Seguindo este raciocínio, basta comparar o valor do elemento armazenado em A[1] com o valor do elemento armazenado em A[2]. Se o valor do primeiro elemento for maior que o valor do segundo, efetua-se a troca dos elementos em relação às suas posições de índice. Assim, considere o seguinte:

```
A[1] = 9 | A[2] = 8 | A[3] = 7 | A[4] = 5 | A[5] = 3
```

Como a condição de troca é verdadeira, o elemento 9 de A[1] é maior que o elemento 8 de A[2], passa-se para A[1] o elemento 8 e para A[2] passa-se o elemento 9. Desse modo, os valores dentro da matriz passam a ter a seguinte formação:

```
A[1] = 8 | A[2] = 9 | A[3] = 7 | A[4] = 5 | A[5] = 3
```

Seguindo a regra de aplicação de propriedade distributiva, o atual valor de A[1] deve ser comparado com o próximo valor após a sua última comparação. Assim, ele deve ser comparado com o valor existente em A[3].

```
A[1] = 8 | A[2] = 9 | A[3] = 7 | A[4] = 5 | A[5] = 3
```

O atual valor do elemento de A[1] é maior que o valor do elemento de A[3], ou seja, 8 é maior que 7, efetua-se então a sua troca, ficando A[1] com o elemento de valor 7 e A[3] com o elemento de valor 8. Os valores da matriz passam a ter a seguinte formação:

A[1] = 7 | A[2] = 9 | **A[3] = 8** | A[4] = 5 | A[5] = 3

Agora devem ser comparados os valores dos elementos armazenados nas posições A[1] e A[4].

A[1] = 7 | A[2] = 9 | A[3] = 8 | **A[4] = 5** | A[5] = 3

O elemento 7 de A[1] é maior que o elemento 5 de A[4]. Eles são trocados, passando A[1] a possuir o elemento 5 e A[4] a possuir o elemento 7. A matriz passa a ter a seguinte formação:

A[1] = 5 | A[2] = 9 | A[3] = 8 | **A[4] = 7** | A[5] = 3

Os elementos comparados foram trocados de posição, estando agora em A[1] o elemento de valor 5. Devem ser comparados os valores dos elementos armazenados nas posições A[1] e A[5].

A[1] = 5 | A[2] = 9 | A[3] = 8 | A[4] = 7 | **A[5] = 3**

O elemento 5 de A[1] é comparado como o elemento 3 de A[5]. Como A[1] possui valor de elemento maior que o valor de elemento de A[5], os seus valores são trocados. Desse modo, a matriz passa a ter a seguinte formação:

A[1] = 3 | A[2] = 9 | A[3] = 8 | A[4] = 7 | **A[5] = 5**

A partir deste ponto, o elemento de valor 3 armazenado em A[1] não precisa mais ser comparado com os demais elementos. É necessário pegar o atual valor do elemento da posição A[2] e efetuar sucessivamente sua comparação com os outros elementos restantes. Desse modo, o valor do elemento armazenado em A[2] deve ser comparado com os elementos armazenados em A[3], A[4] e A[5], segundo a regra da aplicação de propriedade distributiva. Agora devem ser comparados os valores dos elementos armazenados nas posições A[2] e A[3].

A[1] = 3 | **A[2] = 9** | **A[3] = 8** | A[4] = 7 | A[5] = 5

Comparando o elemento 9 da posição A[2] com o elemento 8 da posição A[3] e sendo essa condição verdadeira, efetua-se a troca de modo que o elemento 8 esteja em A[2] e o elemento 9 esteja em A[3]. A matriz passa a ter a seguinte formação:

A[1] = 3 | **A[2] = 8** | **A[3] = 9** | A[4] = 7 | A[5] = 5

Em seguida, o atual valor do elemento de A[2], que é 8, deve ser comparado com o valor do elemento de A[4], que é 7.

A[1] = 3 | **A[2] = 8** | A[3] = 9 | **A[4] = 7** | A[5] = 5

Pelo fato de o elemento 8 de A[2] ser maior que o elemento 7 de A[4], eles são trocados, ficando A[2] com o elemento 7 e A[4] com o elemento 8. Desse modo, a matriz passa a ter a seguinte formação:

A[1] = 3 | **A[2] = 7** | A[3] = 9 | **A[4] = 8** | A[5] = 5

Então, continua-se o processo de comparação e troca. O atual valor do elemento na posição A[2] é 7 e será comparado com o valor do elemento A[5] que é 5.

A[1] = 3 | **A[2] = 7** | A[3] = 9 | A[4] = 8 | **A[5] = 5**

Por ser a condição verdadeira, sao trocados. A posição A[2] fica com o elemento 5 e a posição A[5] fica com o elemento 7, conforme indicado no esquema:

A[1] = 3 | **A[2] = 5** | A[3] = 9 | A[4] = 8 | **A[5] = 7**

Até este ponto A[2] foi comparada com todas as posições subsequentes, não tendo mais nenhuma comparação para ela. Agora se efetua a comparação da próxima posição com o restante, no caso, de A[3] com A[4] e A[5]. O elemento 9 da posição A[3] será comparado com o elemento 8 da posição A[4].

A[1] = 3 | A[2] = 5 | **A[3] = 9** | **A[4] = 8** | A[5] = 7

Por ser a condição verdadeira, são trocados. A posição A[3] fica com o elemento 8 e a posição A[4] fica com o elemento 9, conforme indicado no esquema:

A[1] = 3 | A[2] = 5 | **A[3] = 8** | **A[4] = 9** | A[5] = 7

A seguir, compara-se o elemento 8 da posição A[3] com o elemento 7 da posição A[5], como indicado:

A[1] = 3 | A[2] = 5 | **A[3] = 8** | A[4] = 9 | **A[5] = 7**

Por ser o valor do elemento 8 maior que o valor do elemento 7, ocorre a troca. Desse modo, A[3] passa a ter o elemento 7 e A[5] passa a ter o elemento 8, como indicado em seguida:

A[1] = 3 | A[2] = 5 | **A[3] = 7** | A[4] = 9 | **A[5] = 8**

Efetuadas todas as comparações de A[3] com A[4] e A[5], fica disponível apenas a última comparação, que é A[4] com A[5], em que o elemento 9 de A[4] será comparado com o elemento 8 de A[5].

A[1] = 3 | A[2] = 5 | A[3] = 7 | **A[4] = 9** | **A[5] = 8**

Pelo fato de o elemento 9 de A[4] ser maior que o elemento 8 de A[5] eles são trocados, passando A[4] a possuir o elemento 8 e A[5] a possuir o elemento 9, como mostrado em seguida:

A[1] = 3 | A[2] = 5 | A[3] = 7 | **A[4] = 8** | **A[5] = 9**

Pode-se notar que a referida classificação foi feita. Apresentando os elementos da matriz em ordem crescente, haverá a seguinte situação:

```
A[1] = 3 | A[2] = 5 | A[3] = 7 | A[4] = 8 | A[5] = 9
```

Para dados do tipo caractere ou cadeia o processo de classificação é idêntico, uma vez que cada letra possui um valor diferente. Por exemplo, a letra "A" tem valor menor que a letra "B", e assim por diante. Se a letra "A" maiúscula for comparada com a letra "a" minúscula, elas terão valores diferentes, como pode ser constatado na tabela ASCII.

A seguir, como exemplo, é apresentado um programa completo com a parte da entrada de dados na matriz, o processamento da ordenação e a apresentação dos dados ordenados.

Elaborar um programa que leia os nomes de 20 pessoas em uma variável composta, processar a ordenação ascendente desses nomes e apresentar a listagem dos nomes em ordem alfabética.

Observe a seguir a descrição das etapas básicas de entendimento do problema e a representação das ações a serem efetuadas pelo programa na Figura 7.1.

Entendimento

Com base na necessidade de ordenar 20 nomes em uma matriz de uma dimensão do tipo vetor, devem-se observar os seguintes passos, dando maior atenção ao quarto passo, que deve ser implementado de acordo com o exposto anteriormente.

1. Definir uma variável do tipo inteiro para controlar a execução do laço.
2. Definir a variável matriz NOME do tipo cadeia para acesso a 20 elementos.
3. Iniciar o programa e efetuar a entrada dos 20 nomes.
4. Colocar em ordem ascendente os elementos da matriz.
5. Apresentar os 20 nomes que devem estar classificados.

A Figura 7.1 exibe o diagrama de blocos que representa a entrada dos 20 nomes, o processamento da ordenação (classificação ascendente) dos nomes e a apresentação dos nomes de forma ordenada.

O trecho do diagrama de blocos que faz o processamento da ordenação possui dois laços encadeados para procederem ao funcionamento da aplicação de propriedade distributiva.

Note o uso do segundo laço de uma segunda variável para controlar o índice subsequente no processo de ordenação, no caso, a variável **J**. Atente para o fato de a variável **I** ser inicializada com valor numérico **1**, estendendo-se até o valor numérico **19**, e a variável **J** (encadeada à variável **I**) ser inicializada com o valor numérico **I + 1**, estendendo-se até o valor **20**. Isso implica a seguinte sequência de valores ao longo da execução do trecho de programa que opera a classificação dos elementos da matriz NOME:

Diagramação

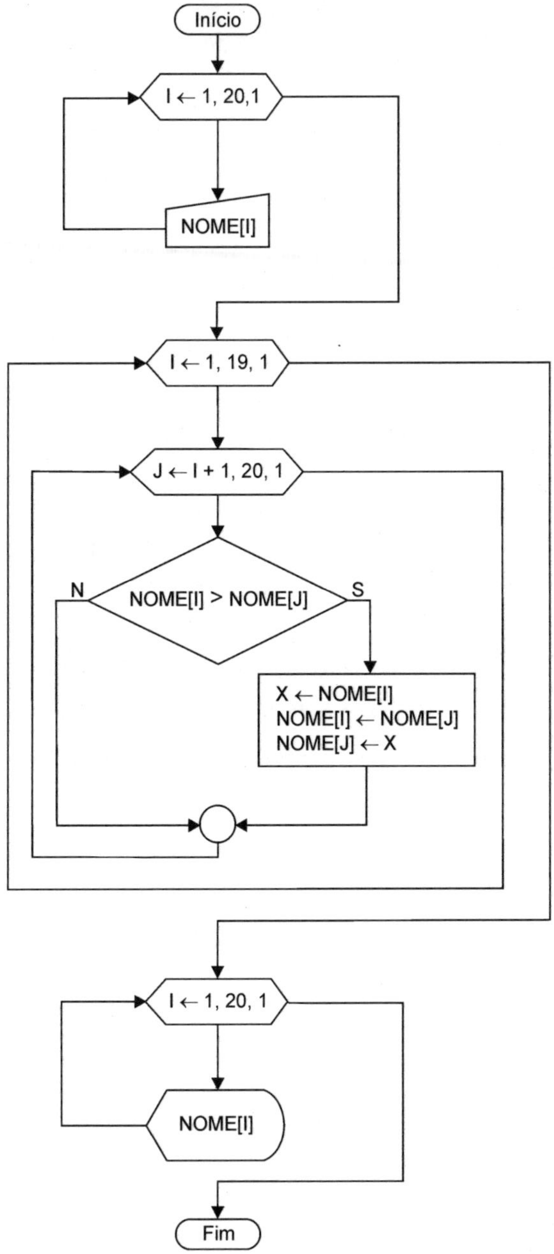

Figura 7.1 Diagrama de blocos para a classificação dos nomes.

Tabela 7.2 Valores das variáveis I e J

Quando I for	J será
1	2, 3, 4, 5, 6, 7, 8, 9, 10, 11, 12, 13, 14, 15, 16, 17, 18, 19, 20
2	3, 4, 5, 6, 7, 8, 9, 10, 11, 12, 13, 14, 15, 16, 17, 18, 19, 20
3	4, 5, 6, 7, 8, 9, 10, 11, 12, 13, 14, 15, 16, 17, 18, 19, 20
4	5, 6, 7, 8, 9, 10, 11, 12, 13, 14, 15, 16, 17, 18, 19, 20
5	6, 7, 8, 9, 10, 11, 12, 13, 14, 15, 16, 17, 18, 19, 20

15	16, 17, 18, 19, 20
16	17, 18, 19, 20
17	18, 19, 20
18	19, 20
19	20

Somente quando a variável **J** atinge o valor 20 é que seu laço se encerra, retornando ao laço da variável **I**, acrescentando o valor 1 à variável **I** até que a variável **I** atinja o seu limite e ambos os laços sejam encerrados.

Quando a variável **I** for 1, a variável **J** será 2 e contará até 20. Ao fim desse ciclo, a variável **I** é acrescida de 1, tornando-se 2; assim, a variável **J** passa a ter o valor 3. Quando a variável **J** voltar a ser 20, a variável **I** passa a possuir o valor 3, e a variável **J**, o valor 4. Este ciclo será executado até que, por fim, a variável **I** tenha o valor 19 e a variável **J** tenha o valor 20.

Outro detalhe a ser observado é a utilização do algoritmo de troca de valores na instrução de tomada de decisão **se** ***NOME*[*I*] > *NOME*[*J*]** **então**.

Por exemplo, considere o elemento **NOME[I]** com o valor cadeia "CARLOS" e o elemento NOME[J] com o valor cadeia "ALBERTO". Após verificar a condição pela tomada de decisão, o elemento **NOME[I]** deve estar com o valor cadeia "ALBERTO", e o elemento NOME[J], com o valor cadeia "CARLOS". Lembre-se de que, para conseguir efetuar a troca de valores, é necessário fazer uso de uma variável simples de apoio, a qual está representada pela variável **X**.

Após a verificação da condição como verdadeira, ou seja, sendo o primeiro nome maior que o segundo, efetua-se então a sua troca com o algoritmo:

```
      X ← NOME[I]
NOME[I] ← NOME[J]
NOME[J] ← X
```

Para que o elemento **NOME[I]** fique livre para receber o valor do elemento **NOME[J]**, a variável **X** deve ser implicada pelo valor do elemento **NOME[I]**. A variável **X** passa a possuir o valor cadeia "CARLOS". Em seguida, implica-se o valor do elemento **NOME[J]** no elemento **NOME[I]**. Assim, o elemento **NOME[I]** passa a possuir o valor cadeia "ALBERTO". Na sequência, o elemento **NOME[J]** é implicado pelo valor cadeia que está armazenado na variável **X**. Em razão do mecanismo do algoritmo de troca ao final, teremos **NOME[I]** com "ALBERTO" e **NOME[J]** com "CARLOS".

Codificação

Observe em seguida a codificação do programa de ordenação de valores em português estruturado. Atente para o detalhe das instruções de laço utilizadas pelo comando **para** em formato encadeado na fase de processamento da ordenação. Lembre-se de que, no caso de encadeamento, será executado primeiramente o laço mais interno, no caso, o trecho de contagem da variável **J**, passando o processamento para a rotina mais externa controlada pela variável **I**, quando o trecho mais interno fecha o seu ciclo operacional.

```
programa LISTA_NOME_CLASSIFICADA
var
  I, J : inteiro
  NOME : conjunto[1..20] de cadeia
  X : cadeia
início

  // Trecho de entrada de dados

  para I de 1 até 20 passo 1 faça
    leia NOME[I]
  fim_para

  // Trecho de processamento da classificação

  para I de 1 até 19 passo 1 faça
    para J de I + 1 até 20 passo 1 faça
      se (NOME[I] > NOME[J]) então
         X ← NOME[I]
         NOME[I] ← NOME[J]
         NOME[J] ← X
      fim_se
    fim_para
  fim_para

  // Trecho de saída com dados classificados

  para I de 1 até 20 passo 1 faça
    escreva NOME[I]
  fim_para

fim
```

Um detalhe deste programa exemplo são os comentários de ilustração colocados após os símbolos com barras duplas "//". Comentários desse tipo servem para auxiliar a documentação interna de código de um programa, facilitando a interpretação de determinado trecho.

São utilizados três trechos de comentários indicando as etapas de ação de um computador (entrada, processamento e saída). Note que cada trecho sinalizado do código de programa se enquadra com os trechos equivalentes no diagrama de blocos da Figura 7.1.

Como exemplo contextualizado, o programa anterior pode ser visto em algumas linguagens de programação a partir do repositório GitHub: **https://github.com/J-AugustoManzano/livro_Algoritmos_Logica/tree/main/Cap%2007/7.2%20-%20Classificacao%20de%20Elementos**.

Se desejar, aponte para o QR Code ao lado e tenha acesso ao repositório indicado.

uqr.to/1wj4w

7.3 Métodos de Pesquisa de Elementos

As matrizes permitem o uso de grandes tabelas de valores. Quanto maior for a tabela, maior a dificuldade de localizar um elemento na matriz de maneira rápida. Imagine uma matriz com 400.000 elementos (400.000 nomes de pessoas). Será que você conseguiria encontrar rapidamente um elemento de forma manual? Dependendo da posição em que o elemento estiver, certamente não. Para solucionar este problema existem algoritmos específicos, entre os quais se destacam os métodos de pesquisa linear, binário, árvore binária, largura, profundidade, entre tantos outros. Nesta obra são apresentados os algoritmos de pesquisa sequencial (linear) e de pesquisa binária.

7.3.1 Pesquisa Sequencial

Esse método consiste em buscar a informação desejada a partir do primeiro elemento, avançando sequencialmente cada posição da matriz até chegar ao último elemento. Se ao longo da pesquisa ocorrer a localização da informação, ela é apresentada. Caso chegue ao fim da matriz sem localizar o elemento, indica que ele não está armazenado na matriz.

Esse método de pesquisa é lento, porém eficiente nos casos em que uma matriz se encontra com os elementos desordenados. Para exemplificar a utilização desse tipo de pesquisa, veja a Tabela 7.3.

A Tabela 7.3 representa uma matriz unidimensional com sete elementos do tipo **cadeia**. Deseja-se fazer uma pesquisa de um dos elementos. No caso, será escolhido o elemento **Frederico**, que se encontra na posição de índice **3**.

Tabela 7.3 Nomes desordenados

Pesquisa sequencial	
Índice	**Nomes**
1	André
2	Carlos
3	Frederico
4	Golias
5	Silvia
6	Silvio
7	Waldir

O processo de pesquisa sequencial consiste em verificar se o conteúdo da posição de índice 1 é igual ao conteúdo pesquisado, ou seja, se "André" é igual a "Frederico". Se o resultado for verdadeiro, a pesquisa é encerrada, pois o conteúdo foi localizado. Se não, posiciona-se no próximo índice da tabela e efetua-se nova verificação. Em um segundo momento o conteúdo "Carlos" da posição de índice 2 é verificado com o conteúdo de pesquisa "Frederico". Se o resultado dessa verificação for verdadeiro, a pesquisa é encerrada; caso não seja, o processamento de pesquisa é repetido sequencialmente até chegar ao fim da matriz, se este for o caso. No caso da situação exposta, o processamento de pesquisa será encerrado quando a verificação chegar ao índice 3 da tabela.

No sentido de demonstrar a técnica de pesquisa sequencial, considere o exemplo seguinte:

Elaborar um programa que leia 10 nomes e apresente pelo método de pesquisa sequencial os nomes que porventura estejam armazenados na matriz e que coincidam com o nome de entrada de pesquisa. Além de apresentar o nome, o programa deve indicar em que posição da matriz ele está armazenado. Caso o nome pesquisado não seja encontrado, deve informar que o nome pesquisado não foi localizado.

Observe a seguir a descrição das etapas básicas de entendimento do problema e a representação das ações do programa nas Figuras 7.2(a) e 7.2(b).

Entendimento

O algoritmo indicado em seguida descreve a entrada de 10 nomes e a apresentação de nomes que podem ser solicitados na fase de pesquisa sequencial.

1. Iniciar um laço e pedir a leitura de 10 nomes.
2. Criar um laço que faça a pesquisa sequencial enquanto o usuário desejar. Na fase de pesquisa deve ser solicitada a informação a ser pesquisada, a qual deve ser comparada com o primeiro elemento. Sendo igual, mostra; caso contrário, avança para o próximo. Se não achar em toda lista o conteúdo pesquisado, informar que não existe o elemento pesquisado; se existir, deve ser mostrado.
3. Encerrar a pesquisa e o programa, quando desejado.

Diagramação

Os diagramas de blocos das Figuras 7.2(a) e 7.2(b) apresentam apenas o trecho do processamento da pesquisa sequencial. O trecho referente à entrada de dados foi omitido, por já ser conhecido.

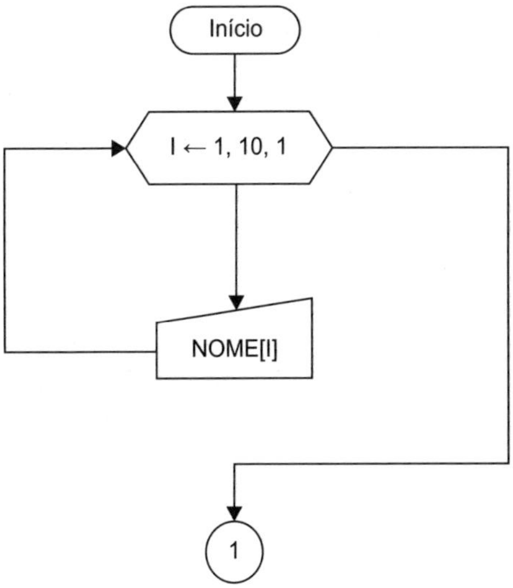

Figura 7.2(a) Diagrama de blocos para pesquisa sequencial (entrada).

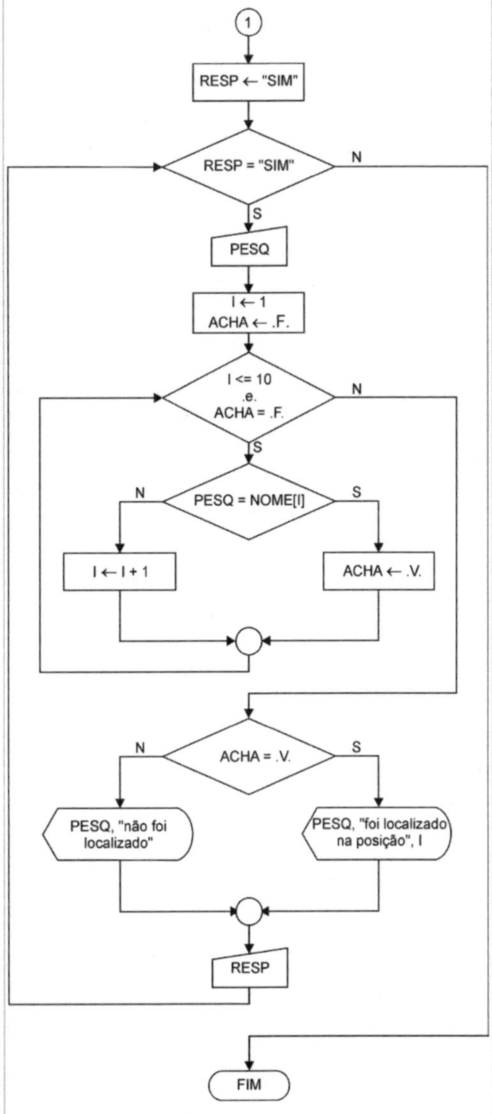

Figura 7.2(b) Diagrama de blocos para pesquisa sequencial (processamento).

Codificação

O programa seguinte demonstra o método de pesquisa sequencial em um contexto prático.

```
programa PESQUISA_SEQUENCIAL_NOME

var
  NOME : conjunto[1..10] de cadeia
  I : inteiro
  PESQ, RESP : cadeia
  ACHA : lógico
início

  para I de 1 até 10 passo 1 faça
    leia NOME[I]
  fim_para

  // *** início do trecho de pesquisa sequencial ***

  RESP ← "SIM"
  enquanto (RESP = "SIM") faça
    escreva "Entre o nome a ser pesquisado: "
    leia PESQ
    I ← 1
    ACHA ← .Falso.
    enquanto (I <= 10) .e. (ACHA = .Falso.) faça
      se (PESQ = NOME[I]) então
        ACHA ← .Verdadeiro.
      senão
        I ← I + 1
      fim_se
    fim_enquanto
    se (ACHA = .Verdadeiro.) então
      escreva PESQ, " foi localizado na posição ", I
    senão
      escreva PESQ, " não foi localizado"
    fim_se
    escreva "Deseja continuar? (SIM/NÃO): "
    leia RESP
  fim_enquanto

  // *** fim do trecho de pesquisa sequencial ***

fim
```

Anteriormente, foi montada a rotina de pesquisa empregada em um contexto. Observe o trecho seguinte, que faz a pesquisa com seus comentários:

```
leia PESQ
I ← 1
ACHA ← .Falso.
enquanto (I <= 10) .e. (ACHA = .Falso.) faça
  se (PESQ = NOME[I]) então
    ACHA ← .Verdadeiro.
  senão
    I ← I + 1
  fim_se
```

```
10 - fim_enquanto
11 - se (ACHA = .Verdadeiro.) então
12 -   escreva PESQ, " foi localizado na posição", I
13 - senão
14 -   escreva PESQ, " não foi localizado"
15 - fim_se
```

Na linha 1, é solicitado o nome a ser pesquisado na variável PESQ. Em, seguida, na linha 2, é setado o valor do contador de índice como 1 e na linha 3, a variável **ACHA** é setada como tendo um valor falso. A linha 4 apresenta a instrução **enquanto** indicando que, enquanto o valor da variável I for menor ou igual a 10 e, simultaneamente, o valor da variável **ACHA** for falso, deve ser processado o conjunto de instruções situadas nas linhas 5, 6, 7, 8 e 9.

Neste ponto, a instrução **se** da linha 5 verifica se o valor da variável **PESQ** é igual ao valor da variável indexada **NOME[1]** e, se for igual, é sinal de que o nome foi encontrado. Nesse caso, a variável **ACHA** passa a ser verdadeira, forçando a execução da linha 11, uma vez que uma das condições do laço **enquanto** da linha 4 se tornou falsa. Na linha 11, é confirmado se a variável **ACHA** está mesmo com o valor verdadeiro. Sendo essa condição verdadeira, é apresentada a mensagem da linha 12.

Caso na linha 5 seja verificado que o valor de **PESQ** não é igual a **NOME[1]**, é incrementado 1 à variável **I**. É executada a próxima verificação de **PESQ** com **NOME[2]**, e assim por diante. Caso o processamento chegue até o final e não encontre nada, a variável **ACHA** permanece com valor falso. Quando analisada pela linha 11, será então falsa e apresenta a mensagem da linha 14.

A variável **ACHA** exerce um papel importante na rotina de pesquisa, pois serve como um pivô, estabelecendo um valor verdadeiro quando determinada informação é localizada. Esse tratamento de variável é conhecido pelo nome de *flag* (bandeira). A variável **ACHA** é o *flag*, podendo dizer que, ao começar a rotina, a bandeira estava "abaixada" - falsa; quando a informação é encontrada, a bandeira é "levantada" - verdadeira, indicando a localização da informação desejada.

Como exemplo contextualizado, o programa anterior pode ser visto em algumas linguagens de programação a partir do repositório GitHub: **https://github.com/J-AugustoManzano/livro_Algoritmos_Logica/tree/main/Cap%2007/7.3%20-%20Metodos%20de%20Pesquisa%20de%20Elementos/7.3.1%20%20-%20Pesquisa%20Sequencial**.

Se desejar, aponte para o QR Code ao lado e tenha acesso ao repositório indicado.

uqr.to/1wj4x

7.3.2 Pesquisa Binária

O método de pesquisa binária é, em média, mais rápido que o método de pesquisa sequencial, no entanto, exige que a matriz esteja previamente ordenada. O método de pesquisa binária simula em uma matriz a mesma estratégia usada para consultar um dicionário ou uma lista telefônica. Ele "divide" a matriz em duas partes (por isso chama-se pesquisa binária) e procura saber se a informação a ser pesquisada está na posição central da matriz, após a divisão da tabela. Se a informação em pesquisa estiver na posição central, é apresentada. Caso o elemento da posição central seja diferente do valor pesquisado, o método de pesquisa verifica a possibilidade de essa informação estar posicionada na primeira ou na segunda parte da matriz.

Neste ponto, se a possibilidade de localizar a informação estiver na primeira parte da tabela, a posição do ponto central até a última posição da segunda parte da tabela será desprezada. A partir dessa ocorrência, o final da tabela será o valor da posição central menos 1. Se a possibilidade de localizar a informação estiver na segunda parte da tabela, a posição do ponto central até a primeira posição da primeira parte da tabela será desprezada. A partir dessa ocorrência, o início da tabela será o valor da posição central mais 1.

O processo de pesquisa binária será executado de forma repetitiva enquanto a informação não for localizada. Se ao longo da pesquisa a informação for localizada, ela é apresentada. Caso chegue ao início ou ao fim da matriz sem localizar o elemento, indica que ele não está armazenado na matriz.

Graças a essa característica de divisão sucessiva da matriz em duas partes, o volume de dados a ser verificado sempre diminui pela metade. Por esta razão, esse método recebe a denominação de pesquisa binária e é, em média, mais rápido que o método sequencial. Para exemplificar a utilização desse tipo de pesquisa, veja a Tabela 7.4.

Tabela 7.4 Nomes classificados

Pesquisa binária	
Índice	**Nomes**
1	André
2	Carlos
3	Frederico
4	Golias
5	Silvia
6	Silvio
7	Waldir

A tabela em questão representa uma matriz unidimensional ordenada com sete elementos do tipo **cadeia**. Deseja-se fazer uma pesquisa de um dos seus elementos. No caso, será escolhido o elemento **Waldir**, que é o último da tabela, situado na posição de índice **7**.

O processo de pesquisa binária consiste em pegar o número total de elementos e dividir por 2. Assim, soma-se o índice do primeiro elemento, valor 1, com o índice do último elemento, valor 7. Dessa maneira, 1 + 7 resulta 8. Em seguida, divide-se o valor 8 por 2 e obtém-se o valor 4, que é a posição central da tabela.

É preciso verificar se o conteúdo da posição central, nesse caso, posição de índice 4, é igual ao conteúdo que se está pesquisando, ou seja, verificar se "Golias" é igual a "Waldir". Se o resultado for verdadeiro, a pesquisa é encerrada. Se não, verifica-se em qual das partes da tabela a partir da posição central pode ser encontrado o elemento "Waldir", ou seja, a possibilidade de localizar "Waldir" está na segunda parte (parte inferior) da tabela em relação à posição de índice 4.

A tabela fica dividida em duas partes, a partir da posição central. A primeira parte (parte superior), delimitada entre os índices 1 e 3, e a segunda parte (parte inferior), delimitada entre os índices 5 e 6, como mostra a Tabela 7.5.

Tabela 7.5 Divisão binária

Parte superior	
Índice	**Nomes**
1	André
2	Carlos
3	Frederico
Parte central	
Índice	**Nome**
4	Golias
Parte inferior	
Índice	**Nomes**
5	Silvia
6	Silvio
7	Waldir

Como há possibilidade de encontrar "Waldir" na parte inferior, despreza-se por completo a parte da tabela acima da posição de índice 4, ou seja, o trecho entre os índices 1 a 3, e assume-se o trecho de índices 5 a 6 como porção válida. Observe que o novo início da tabela é a posição de índice 5, obtida a partir da posição central mais uma unidade de posição a partir do meio da tabela.

Caso necessite pegar a porção de cima a partir do ponto central, deve-se definir a nova posição de fim da tabela. Considerando a posição central como índice 4, a nova posição de fim será o índice 3, ou seja, o novo final da tabela é o valor do índice da posição do meio menos uma unidade em relação à posição central da tabela.

O novo começo será a posição de índice 5 (parte inferior da matriz a partir de seu meio representado pelo índice 4), ou seja, o começo é a posição central acrescida de uma unidade em relação à posição central. De acordo com o exemplo exposto, é preciso pegar a porção inferior da tabela. Assim, considera-se que a tabela tem seu início marcado na posição de índice 5, desprezando a primeira parte, que é menor que 5. Como são três elementos restantes, soma-se o valor da posição 5 com o valor da posição 7; tem-se então o valor 12, que, dividido por 2, resulta no valor do meio, 6, indicado na Tabela 7.6.

Tabela 7.6 Parte inferior da divisão binária

Pesquisa binária	
Índice	**Nomes**
5	Silvia
6	Silvio
7	Waldir

Verifica-se então se o conteúdo da posição de índice 6 é igual ao conteúdo que se está pesquisando, ou seja, se "Waldir" é igual a "Silvio". Se o conteúdo for igual, a pesquisa termina aqui. Se não, verifica-se em qual parte da tabela a partir da posição central "Waldir" pode estar. Novamente, a tabela é dividida em duas partes. Desconsiderando a posição central, que já fora avaliada, tem-se a estrutura da Tabela 7.7.

Tabela 7.7 Nova divisão binária

Parte superior	
Índice	**Nome**
5	Silvia
Parte inferior	
Índice	**Nome**
7	Waldir

Nessa etapa, verifica-se se o conteúdo a ser pesquisado está na parte superior ou inferior da tabela. A probabilidade de encontrar "Waldir" está indicada na parte inferior da tabela. Assim, assume-se a parte inferior, em que o valor do novo começo é o valor do índice do meio mais uma posição, ou seja, o meio está neste momento com valor de índice 6, que, somado a 1, resulta em um começo a partir do índice 7. Resta apenas um elemento a ser verificado. Para tanto, soma-se o valor do índice de começo, que é 7, com o valor do índice de final da tabela, que é 7. Obtém-se o valor 14, que, dividido por 2, resulta 7. Verifica-se se o conteúdo da posição de índice 7 é igual ao conteúdo que se está pesquisando, ou seja, se "Waldir" é igual a "Waldir", então o elemento pesquisado foi localizado e a busca é encerrada.

Imagine que a posição de índice 7 tenha outro nome que não "Waldir", o que aconteceria? Haveria novamente a decisão de pegar a parte superior ou inferior. Nesse caso, por ser esse ponto o extremo da tabela, na tentativa de subir ou descer, ocorre um estouro do começo ou do final da tabela (dependendo da parte em uso), indicando que a busca não é mais possível.

No sentido de demonstrar a técnica de pesquisa binária, considere o exemplo seguinte:

Elaborar um programa que leia 10 nomes e apresente por meio do método de pesquisa binária os nomes que porventura estejam armazenados na matriz e que coincidam com o nome de entrada de pesquisa. Além de apresentar o nome, o programa deve indicar em que posição da matriz ele está armazenado. Caso o nome pesquisado não seja encontrado, deve informar que o nome pesquisado não foi localizado.

Observe a seguir a descrição das etapas básicas de entendimento do problema e a representação das ações a serem efetuadas pelo programa na Figura 7.3.

Entendimento

O algoritmo indicado em seguida descreve a entrada de 10 nomes e a apresentação de nomes que podem ser solicitados durante a fase de pesquisa binária.

1. Iniciar um laço, pedir a leitura de dez nomes e colocá-los em ordem alfabética.
2. Criar um laço que faça a pesquisa enquanto o usuário desejar. Durante a fase de pesquisa deve ser solicitada a informação a ser pesquisada, a qual deve ser comparada pelo método de pesquisa binária. Sendo igual, mostra; caso contrário, avança para o próximo. Se não achar em toda a lista, informar que não existe o elemento pesquisado; se existir, deve mostrá-lo.
3. Encerrar a pesquisa, quando desejado.

Diagramação

O diagrama de blocos da Figura 7.3 apresenta apenas o trecho do processamento da pesquisa binária. O trecho referente à entrada de dados e sua classificação obrigatória são propositalmente omitidos, por já serem conhecidos.

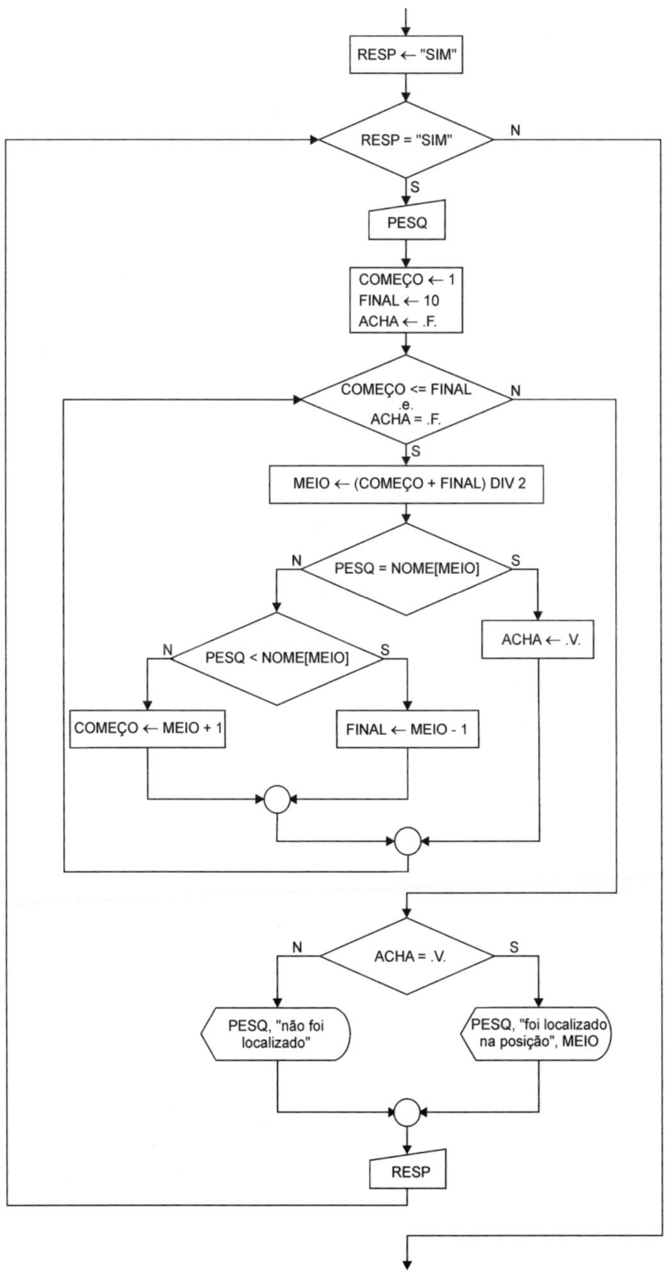

Figura 7.3 Diagrama de blocos para pesquisa binária.

Codificação

O programa seguinte demonstra o processamento do método de pesquisa binária em um contexto prático.

```
programa PESQUISA_BINÁRIA_NOME

var
  NOME : conjunto[1..10] de cadeia
  I, J, COMEÇO, FINAL, MEIO : inteiro
  PESQ, RESP, X : cadeia
  ACHA : lógico

início

  para I de 1 até 10 passo 1 faça
    leia NOME[I]
  fim_para

  // *** início trecho de classificação ***

  para I de 1 até 9 passo 1 faça
    para J de I + 1 até 10 passo 1 faça
      se (NOME[I] > NOME[J]) então
        X ← NOME[I]
        NOME[I] ← NOME[J]
        NOME[J] ← X
      fim_se
    fim_para
  fim_para

  // *** fim trecho de classificação ***

  // *** início trecho de pesquisa binária ***

  RESP ← "SIM"
  enquanto (RESP = "SIM") faça
    escreva "Entre o nome a ser pesquisado: "
    leia PESQ
    COMEÇO ← 1
    FINAL ← 10
    ACHA ← .Falso.
    enquanto (COMEÇO <= FINAL) .e. (ACHA = .Falso.) faça
      MEIO ← (COMEÇO + FINAL) div 2
      se (PESQ = NOME[MEIO]) então
        ACHA ← .Verdadeiro.
      senão
        se (PESQ < NOME[MEIO]) então
          FINAL ← MEIO - 1
        senão
          COMEÇO ← MEIO + 1
        fim_se
      fim_se
    fim_enquanto
    se (ACHA = .Verdadeiro.) então
      escreva PESQ, " foi localizado na posição ", MEIO
    senão
      escreva PESQ, " não foi localizado"
    fim_se
    escreva "Deseja continuar? (SIM/NÃO): "
    leia RESP
  fim_enquanto

  // *** fim trecho de pesquisa binária ***

fim
```

Anteriormente, foi montada a rotina de pesquisa empregada em um contexto. Observe o trecho que executa a pesquisa com seus comentários:

```
1 - leia PESQ
2 - COMEÇO ← 1
3 - FINAL ← 10
4 - ACHA ← .Falso.
5 - enquanto (COMEÇO <= FINAL) .e. (ACHA = .Falso.) faça
6 -   MEIO ← (COMEÇO + FINAL) div 2
7 -   se (PESQ = NOME[MEIO]) então
8 -     ACHA ← .Verdadeiro.
9 -   senão
10 -     se (PESQ < NOME[MEIO]) então
11 -       FINAL ← MEIO - 1
12 -     senão
13 -       COMEÇO ← MEIO + 1
14 -     fim_se
15 -   fim_se
16 - fim_enquanto
17 - se (ACHA = .Verdadeiro.) então
18 -   escreva PESQ, " foi localizado na posição ", MEIO
19 - senão
20 -   escreva PESQ, " não foi localizado"
21 - fim_se
```

Na linha 1, é solicitado o dado a ser pesquisado. As linhas 2 e 3 inicializam as variáveis de controle **COMEÇO** com 1 e **FINAL** com 10. A linha 4 inicializa o *flag* **ACHA**. A linha 5 apresenta a instrução que manterá a pesquisa em execução enquanto o **COMEÇO** for menor ou igual ao **FINAL** e, simultaneamente, o *flag* **ACHA** for falso. O processamento divide a tabela ao meio, conforme instrução na linha 6, em que 1, que é o começo da tabela, é somado com 10, que é o fim da tabela, resultando 11 que, dividido por 2, resulta 5, que é o meio da tabela.

Nesse ponto, a tabela está dividida em duas partes. A instrução da linha 7 verifica se o valor fornecido para **PESQ** é igual ao valor armazenado na posição **NOME[5]**. Se for, o *flag* é setado como verdadeiro, sendo em seguida apresentada a mensagem da linha 18. Se a condição de busca não for igual, pode ocorrer uma de duas situações.

Na primeira situação, a informação pesquisada está em uma posição acima da atual, no caso, **NOME[5]**, ou seja, o valor da variável **PESQ** é menor que o valor de **NOME[5]** (linha 10). Nesse caso, deve a variável **FINAL** ser implicada pelo valor da variável **MEIO** subtraída de 1 (linha 11), ficando a variável **FINAL** com valor 4. Se for essa a situação ocorrida, será processada a linha 5, que efetua novamente o laço pelo fato de o valor 1 da variável **COMEÇO** ser menor ou igual ao valor 4 da variável **FINAL**. A instrução da linha 6 divide a primeira parte da tabela ao meio. Desse modo, 1 é somado com 4, resultando 5, e dividido por 2 resulta 2 (sendo considerada a parte inteira do resultado da divisão), que é o meio da primeira parte da tabela.

A segunda situação pode ocorrer caso a informação pesquisada esteja abaixo do meio da tabela, ou seja, o valor da variável **PESQ** é maior que o valor de **NOME[5]** (linha 10). Nesse caso, deve a variável **COMEÇO** ser implicada pelo valor da variável **MEIO** somado com 1 (linha 13), ficando a variável **COMEÇO** com valor 6. Se for esta a situação ocorrida, será processada a linha 5, que efetua novamente o laço pelo fato de o valor 6 da variável **COMEÇO** ser menor ou igual ao valor 10 da variável **FINAL**. A instrução da linha 6 divide a segunda parte da tabela ao meio. Desse modo, 6 é somado com 10, resultando 16, que, dividido por 2, resulta 8, que é o meio da segunda parte da tabela.

Tanto na primeira como na segunda situação, sempre se utiliza uma das metades da tabela. A vantagem desse método está exatamente na metade desprezada, pois ela não é verificada novamente.

Como exemplo contextualizado, o programa anterior pode ser visto em algumas linguagens de programação a partir do repositório GitHub: **https://github.com/J-AugustoManzano/livro_Algoritmos_Logica/tree/main/Cap%2007/7.3%20-%20Metodos%20de%20Pesquisa%20de%20Elementos/7.3.2%20%20-%20Pesquisa%20Binaria**.

Se desejar, aponte para o QR Code ao lado e tenha acesso ao repositório indicado.

uqr.to/1wj4y

7.4 Uso de Matrizes Dinâmicas

Os exemplos apresentados anteriormente fizeram uso de matrizes estáticas, ou seja, matrizes em que se conhece de antemão o número de elementos que serão nelas armazenados. No entanto, nem sempre é possível trabalhar com essa abordagem. Há situações em que há a necessidade de se trabalhar com matrizes sem saber de antemão quantos elementos elas devem armazenar. Assim, é necessário fazer uso de matrizes dinâmicas.

A definição de matrizes dinâmicas em português estruturado segue essa sintaxe:

```
VARIÁVEL : conjunto[1..] de <tipo de dado>
```

em que **conjunto** é seguido de um par de colchetes em branco, o qual deixa em aberto para o programa a quantidade de elementos limite a ser definida dentro do próprio programa. Nesse caso, define-se o valor do primeiro elemento e omite-se o valor do último elemento, o qual será posteriormente definido como uma redefinição do conjunto.

O processo de operação de entrada, processamento e saída de dados em um programa que usa matrizes dinâmicas é semelhante aos códigos de programas já utilizados para manipulação de matrizes estáticas, com a diferença de que o número de elementos a ser usado é definido dentro do código do programa pelo próprio usuário do programa. Assim, considere como exemplo o seguinte requisito:

Elaborar um programa que leia uma matriz dinâmica A com N elementos do tipo cadeia para representar os nomes de algumas pessoas e em seguida apresentar a lista de nomes que foram inseridos na matriz A de acordo com a quantidade informada.

Observe a seguir a descrição das etapas básicas de entendimento do problema e a representação das ações do programa na Figura 7.4.

Entendimento

1. Efetuar a leitura do número de elementos a ser inserido na matriz dinâmica A.
2. Ler os N elementos para a matriz dinâmica A.
3. Apresentar os elementos que foram inseridos na matriz dinâmica A.

Diagramação	Codificação

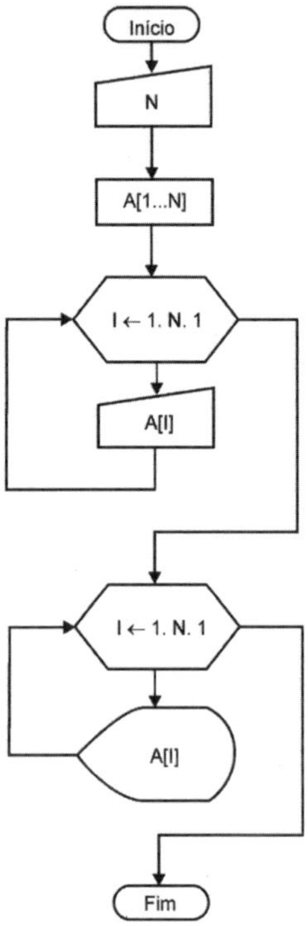

Figura 7.4 Diagrama de blocos para programa com matriz dinâmica.

```
programa MATRIZ_DINÂMICA
var
  I, N : inteiro
  A : conjunto[1..] de cadeia

início

  leia N

 A[1..N]

  para I de 1 até N passo 1 faça
    leia A[I]
  fim_para

  para I de 1 até N passo 1 faça
    escreva A[I]
  fim_para

fim
```

Como exemplo contextualizado, o programa anterior pode ser visto em algumas linguagens de programação a partir do repositório GitHub: **https://github.com/J-AugustoManzano/livro_Algoritmos_Logica/tree/main/Cap%2007/7.4%20-%20Uso%20de%20Matrizes%20Dinamicas**.

Se desejar, aponte para o QR Code ao lado e tenha acesso ao repositório indicado.

uqr.to/1wj4z

Exercício de Aprendizagem

Apesar de os exemplos anteriores demonstrarem com bastante propriedade as técnicas aplicadas neste capítulo, faz-se necessária para o iniciante a apresentação de mais exemplos que ilustrem essas técnicas. A seguir, veja três situações que ilustram as técnicas apresentadas e servem de base à solução dos exercícios de fixação.

Exemplo 1

Elaborar um programa que leia 10 elementos numéricos inteiros em uma matriz A de uma dimensão do tipo vetor. Construir uma matriz B de mesmos tipo e dimensão com os elementos da matriz A divididos por cinco. Apresentar os elementos armazenados na matriz B na ordem decrescente.

Observe a seguir a descrição das etapas básicas de entendimento do problema e a representação das ações do programa nas Figuras 7.5(a) e 7.5(b).

Entendimento

1. Iniciar um laço e pedir a leitura dos 10 valores inteiros para a matriz A.
2. Criar uma matriz B (do tipo real) que conterá em cada uma de suas posições os valores dos elementos da matriz A divididos por cinco.
3. Ordenar de forma decrescente os valores da matriz B.
4. Apresentar os valores da matriz B.

Diagramação

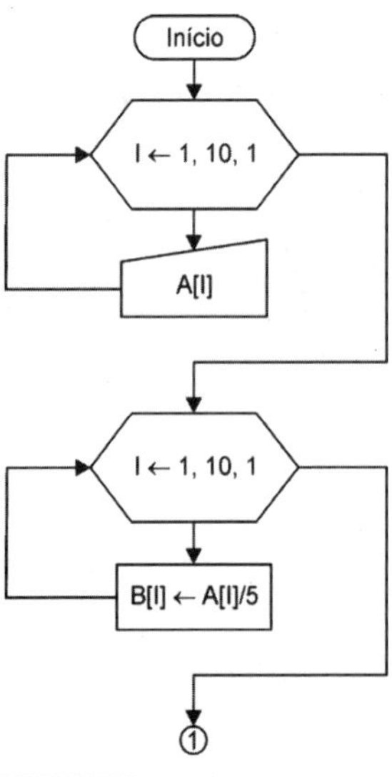

Figura 7.5(a) Diagrama de blocos para demonstração do primeiro exemplo.

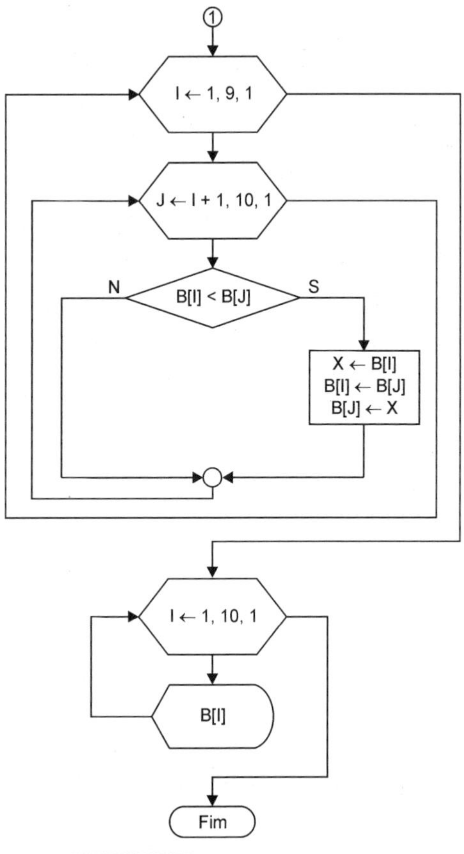

Figura 7.5(b) Diagrama de blocos para demonstração do primeiro exemplo.

Codificação

```
programa EXEMPLO_1
var
  I, J : inteiro
  A : conjunto[1..10] de inteiro
  B : conjunto[1..10] de real
  X : real
início

  // Trecho de entrada de dados

  para I de 1 até 10 passo 1 faça
    leia A[I]
  fim_para

  // Trecho de criação da matriz B

  para I de 1 até 10 passo 1 faça
    B[I] ← A[I] / 5
  fim_para

  // Trecho de processamento de ordenação

  para I de 1 até 9 passo 1 faça
    para J de I + 1 até 10 passo 1 faça
      se (B[I] < B[J]) então
         X ← B[I]
         B[I] ← B[J]
         B[J] ← X
      fim_se
    fim_para
  fim_para

  // Trecho de saída com dados ordenados

  para I de 1 até 10 passo 1 faça
    escreva B[I]
  fim_para

fim
```

Exemplo 2

Elaborar um programa que leia duas matrizes A e B de uma dimensão do tipo vetor com 20 elementos inteiros cada. Construir uma matriz C de mesmo tipo e dimensão que seja formada pela subtração de cada elemento da matriz A em relação a cada elemento correspondente da matriz B. Montar o trecho de pesquisa sequencial para pesquisar os elementos existentes na matriz C.

Observe a seguir a descrição das etapas básicas de entendimento do problema e a representação das ações do programa nas Figuras 7.6(a) e 7.6(b).

Entendimento

1. Efetuar a leitura dos 20 elementos inteiros da matriz A.
2. Ler os 20 elementos inteiros da matriz B.
3. Criar uma matriz C que conterá o valor da subtração da matriz A em relação à matriz B.
4. Apresentar os valores da matriz C a partir da pesquisa sequencial.

Diagramação

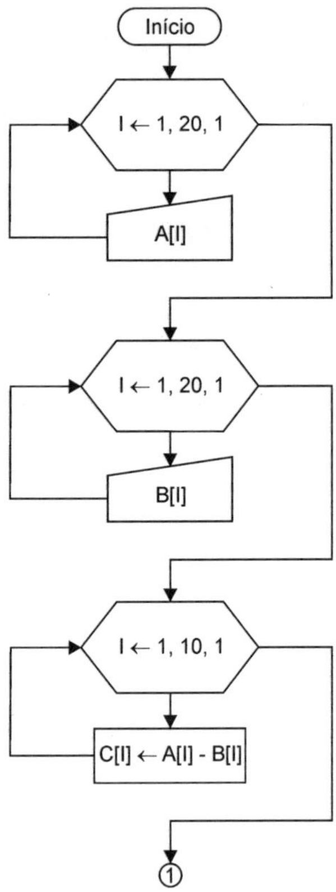

Figura 7.6(a) Diagrama de blocos para demonstração do segundo exemplo.

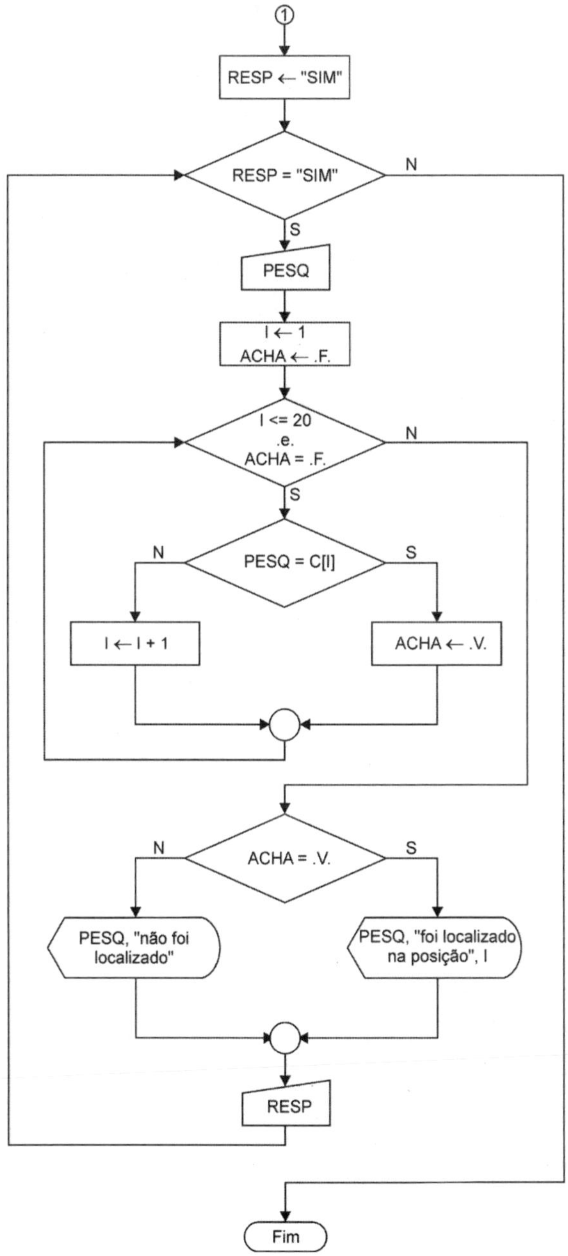

Figura 7.6(b) Diagrama de blocos para demonstração do segundo exemplo.

Codificação

```
programa EXEMPLO_2
var
  A, B, C : conjunto[1..20] de inteiro
  RESP : cadeia
  ACHA : lógico
  I, PESQ : inteiro
início

  // Trecho de entrada de dados da matriz A

  para I de 1 até 20 passo 1 faça
    leia A[I]
  fim_para

  // Trecho de entrada de dados da matriz B

  para I de 1 até 20 passo 1 faça
    leia B[I]
  fim_para

  // Trecho de criação da matriz C

  para I de 1 até 20 passo 1 faça
    C[I] ← A[I] - B[I]
  fim_para

  // Trecho de pesquisa sequencial

  RESP ← "SIM"
  enquanto (RESP = "SIM") faça
    leia PESQ
    I ← 1
    ACHA ← .Falso.
    enquanto (I <= 20) .e. (ACHA = .Falso.) faça
      se (PESQ = C[I]) então
        ACHA ← .Verdadeiro.
      senão
        I ← I + 1
      fim_se
    fim_enquanto
    se (ACHA = .Verdadeiro.) então
      escreva PESQ, " foi localizado na posição ", I
    senão
      escreva PESQ, " não foi localizado"
    fim_se
    leia RESP
  fim_enquanto

fim
```

Exemplo 3

Elaborar um programa que leia uma matriz A com 15 elementos inteiros e uma matriz B com 35 elementos inteiros. Construir uma matriz C de mesmo tipo e dimensão que seja formada pela junção dos elementos das matrizes A e B de modo que possa armazenar 50 elementos. Montar o trecho de pesquisa binária para pesquisar os elementos existentes na matriz C.

Observe a seguir a descrição das etapas básicas de entendimento do problema e a representação das ações do programa nas Figuras 7.7(a), 7.7(b) e 7.7(c).

Entendimento

1. Efetuar a leitura dos 15 elementos inteiros da matriz A.
2. Efetuar a leitura dos 35 elementos inteiros da matriz B.
3. Criar a matriz C com 50 elementos como junção das matrizes A e B.
4. Apresentar os valores da matriz C a partir da pesquisa binária.

Diagramação

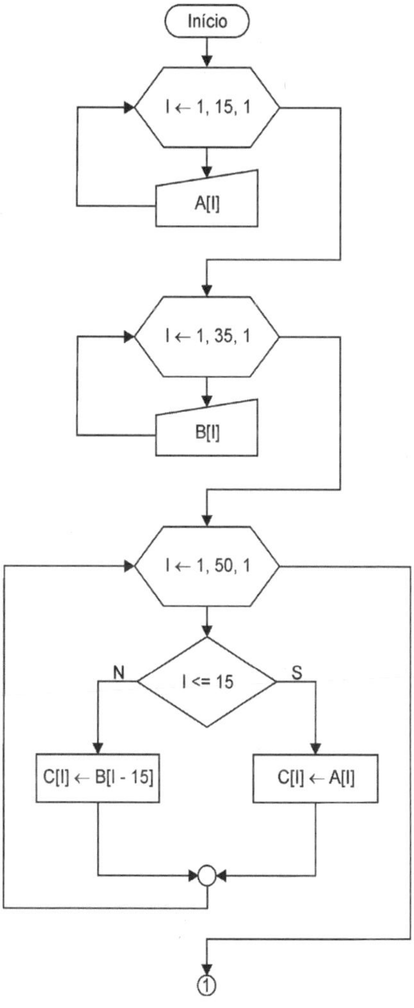

Figura 7.7(a) Diagrama de blocos para demonstração do terceiro exemplo.

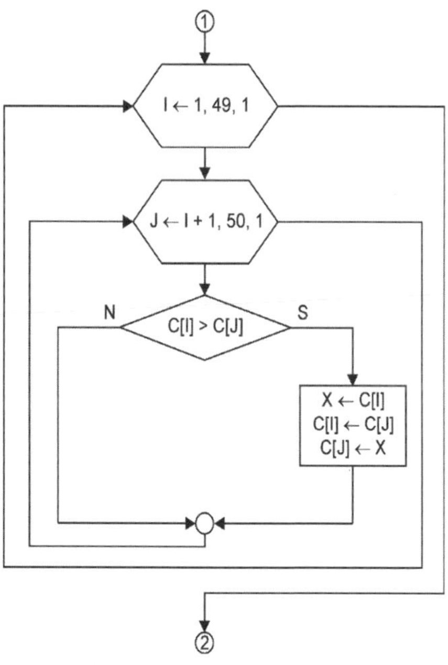

Figura 7.7(b) Diagrama de blocos para demonstração do terceiro exemplo.

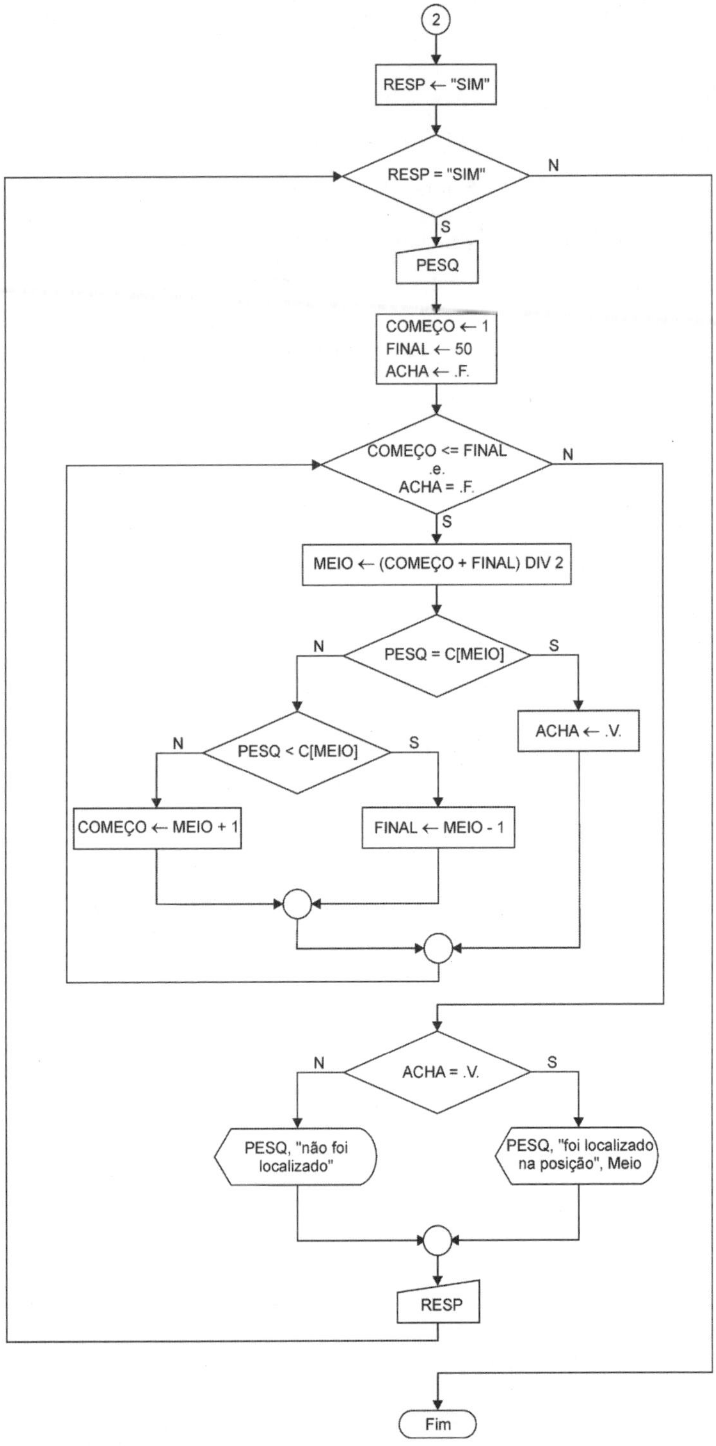

Figura 7.7(c) Diagrama de blocos para demonstração do terceiro exemplo.

Codificação

```
programa EXEMPLO_3
var
  A : conjunto[1..15] de inteiro
  B : conjunto[1..35] de inteiro
  C : conjunto[1..50] de inteiro
  RESP : cadeia
  ACHA : lógico
  I, J, PESQ, COMEÇO, FINAL, MEIO, X : inteiro
início

  // Trecho de entrada de dados da matriz A

  para I de 1 até 15 passo 1 faça
    leia A[I]
  fim_para

  // Trecho de entrada de dados da matriz B

  para I de 1 até 35 passo 1 faça
    leia B[I]
  fim_para

  {Trecho de junção da matriz C}

  para I de 1 até 50 passo 1 faça
    se (I <= 15) então
      C[I] ← A[I]
    senão
      C[I] ← B[I - 15]
    fim_se
  fim_para

  // Trecho de ordenação da matriz C

  para I de 1 até 49 passo 1 faça
    para J de I + 1 até 50 passo 1 faça
      se (C[I] > C[J]) então
        X ← C[I]
        C[I] ← C[J]
        C[J] ← X
      fim_se
    fim_para
  fim_para

  // Trecho de pesquisa binária

  RESP ← "SIM"
  enquanto (RESP = "SIM") faça
    leia PESQ
    COMEÇO ← 1
    FINAL ← 50
    ACHA ← .Falso.
    enquanto (COMEÇO <= FINAL) .e. (ACHA = .Falso.) faça
      MEIO ← (COMEÇO + FINAL) div 2
      se (PESQ = C[MEIO]) então
        ACHA ← .Verdadeiro.
      senão
        se (PESQ < C[MEIO]) então
          FINAL ← MEIO - 1
        senão
          COMEÇO ← MEIO + 1
        fim_se
      fim_se
    fim_enquanto
    se (ACHA = .Verdadeiro.) então
      escreva PESQ, " foi localizado na posição ", MEIO
    senão
      escreva PESQ, " não foi localizado"
    fim_se
    leia RESP
  fim_enquanto

fim
```

Os detalhes retratados neste capítulo, sobre programação com classificação e pesquisa de dados, são facilmente encontrados em qualquer linguagem de programação estruturada, modular ou orientada a objetos, como: AWK, Structured BASIC, C, C++, C#, D, Dart, Fortran, Go, Groovy, Java, JavaScript, Julia, Kotlin, Lua, Pascal, Perl, PHP, Pike, Python, Raku, Ruby, Rust, Scala, Swift, Tcl, TypeScript, Visual Basic .Net, entre outras.

Exercícios de Fixação

1. Desenvolver os diagramas de bloco e a codificação em português estruturado dos problemas computacionais seguintes:

a) Elaborar um programa que leia 12 elementos numéricos inteiros em uma matriz do tipo vetor. Coloque-os em ordem decrescente e apresente os elementos ordenados.

b) Elaborar um programa que leia oito elementos numéricos inteiros em uma matriz A de uma dimensão do tipo vetor. Construir uma matriz B de mesmos tipo e dimensão com os elementos da matriz A multiplicados por 5. Montar uma rotina de pesquisa binária para pesquisar os elementos armazenados na matriz B.

c) Construir um programa que leia 15 elementos numéricos inteiros em uma matriz A de uma dimensão do tipo vetor. Construir uma matriz B de mesmo tipo e dimensão, em que cada elemento seja o fatorial do elemento correspondente armazenado na matriz A. Apresentar os elementos da matriz B ordenados de forma crescente.

d) Elaborar um programa que leia uma matriz A com 12 elementos do tipo real. Após a leitura da matriz A, colocar os seus elementos em ordem crescente. Depois, fazer a leitura de uma matriz B também com 12 elementos do tipo real e colocar os elementos em ordem crescente. Construir uma matriz C, em que cada elemento seja a soma do elemento correspondente das matrizes A e B. Colocar em ordem decrescente os elementos da matriz C e apresentar os seus valores.

e) Escrever um programa que leia duas matrizes A e B do tipo vetor com elementos do tipo cadeia, sendo a matriz A com 20 elementos e a matriz B com 30 elementos. Construir uma matriz C, sendo esta a junção das matrizes A e B. Dessa maneira, a matriz C deve ter a capacidade de armazenar 50 elementos. Apresentar os elementos da matriz C em ordem descendente.

f) Elaborar um programa que leia 30 elementos numéricos reais em uma matriz A do tipo vetor. Construir uma matriz B de mesmo tipo, observando a seguinte lei de formação: todo elemento da matriz B deve ser o cubo do elemento correspondente da matriz A. Montar o trecho de pesquisa sequencial para pesquisar os elementos armazenados na matriz B.

g) Elaborar um programa que leia 20 elementos numéricos inteiros em uma matriz A do tipo vetor. Construir uma matriz B de mesma dimensão com os mesmos elementos da matriz A, acrescidos de 2. Colocar os elementos da matriz B em ordem crescente. Montar um trecho de pesquisa binária para pesquisar os elementos armazenados na matriz B.

h) Escrever um programa que leia 20 elementos numéricos inteiros negativos em uma matriz A do tipo vetor. Construir uma matriz B de mesmo tipo e dimensão, em que cada elemento deve ser o valor estritamente positivo do elemento correspondente da matriz A.

Dessa maneira, se em A[1] estiver armazenado o elemento –3, deve estar em B[1] o valor 3, e assim por diante. Apresentar os elementos da matriz B em ordem decrescente.

i) Elaborar um programa que leia 15 elementos inteiros em uma matriz A. Construir uma matriz B de mesmos tipo e tamanho, em que cada elemento da matriz B seja a metade absoluta de cada elemento da matriz A. Apresentar os elementos da matriz A em ordem decrescente e os de B em ordem crescente.

j) Elaborar um programa que leia duas matrizes A e B do tipo vetor com 15 elementos inteiros cada. Construir duas outras matrizes C e D de mesmo tipo. Cada elemento da matriz C deve ser o somatório do elemento correspondente da matriz A, e cada elemento da matriz D deve ser o fatorial do elemento correspondente da matriz B. Em seguida, construir uma matriz E, que deve conter a diferença dos elementos das matrizes C e D com a soma dos elementos das matrizes A e B. Apresentar os elementos da matriz E em ordem crescente.

k) Elaborar um programa que leia duas matrizes A e B de uma dimensão do tipo vetor com 10 elementos inteiros cada. Construir uma matriz C de mesmos tipo e dimensão que seja formada pela soma dos quadrados de cada elemento correspondente das matrizes A e B. Apresentar a matriz C em ordem decrescente.

l) Construir um programa que leia três matrizes A, B e C de uma dimensão do tipo vetor com 15 elementos reais cada. Construir uma matriz D de mesmos tipo e dimensão que seja formada pelo cubo da soma dos elementos correspondentes às matrizes A, B e C. Apresentar a matriz D em ordem crescente.

m) Elaborar um programa que leia duas matrizes A e B de uma dimensão do tipo vetor com 12 elementos reais cada. Construir uma matriz C de mesmos tipo e dimensão que seja formada pelo produto de cada elemento correspondente às matrizes A e B. Montar o trecho de pesquisa sequencial para pesquisar os elementos existentes na matriz C.

n) Elaborar um programa que leia três matrizes A, B e C de uma dimensão do tipo vetor com 15 elementos inteiros cada. Construir uma matriz D de mesmos tipo e dimensão que seja formada pela soma dos elementos correspondentes às matrizes A, B e C. Montar o trecho de pesquisa binária para pesquisar os elementos existentes na matriz D.

o) Escrever um programa que leia 15 elementos do tipo inteiro em uma matriz A e apresentar os elementos da matriz utilizando a pesquisa binária.

p) Elaborar um programa que leia uma matriz A com 10 elementos do tipo cadeia. Construir uma matriz B de mesmos tipo e dimensão que a matriz A. O último elemento da matriz A deve ser o primeiro da matriz B, o penúltimo elemento da matriz A deve ser o segundo da matriz B até que o primeiro elemento da matriz A seja o último da matriz B. Apresentar os elementos da matriz B de forma ordenada ascendente.

q) Elaborar um programa que leia 10 elementos do tipo cadeia em uma matriz A e apresentá-los utilizando pesquisa binária.

r) Elaborar um programa que efetue a leitura de dados em duas matrizes (A e B) de uma dimensão do tipo vetor, sendo a matriz A com 10 elementos e a matriz B com cinco elementos. Os elementos a serem armazenados nas matrizes devem ser do tipo cadeia. Construir uma matriz C com a capacidade de armazenar um total de 15 elementos e executar a junção das matrizes A e B na matriz C. Apresentar os dados da matriz C em ordem alfabética descendente.

s) Elaborar um programa que leia 10 elementos numéricos reais em uma matriz A do tipo vetor e apresentar esses elementos por meio de pesquisa sequencial.

Videoaula

Após a leitura do Capítulo 7, é propício assistir à videoaula disponível no QR Code a seguir.

uqr.to/1wj50

CAPÍTULO 8

ESTRUTURAS DE DADOS HOMOGÊNEAS DE DUAS DIMENSÕES

Os dois últimos capítulos orientaram a utilização de variáveis indexadas (matrizes) de uma dimensão. O Capítulo 6 apresentou a base de uma estrutura de dados homogênea de uma dimensão e o Capítulo 7 demonstrou algumas operações básicas e triviais (ordenação e pesquisa) normalmente necessárias e muito utilizadas na programação de computadores, principalmente em sistemas que não interagem com programas gerenciadores de bancos de dados.

Este capítulo aborda estruturas de dados homogêneas de duas dimensões (matrizes bidimensionais ou tabelas bidimensionais). Esse tipo de matriz é referenciado como tabela, termo normalmente associado às estruturas de dados usadas nos programas de gerenciamento de bancos de dados. São apresentadas operações de entrada, processamento e saída em tabelas, ou seja, matrizes bidimensionais. Exemplifica como efetuar ordenação e pesquisa sequencial de matrizes de duas dimensões.

8.1 Ser Programador

A matéria-prima de trabalho de um programador de computador, por mais estranho que pareça, é a lógica de programação, e não a linguagem de programação em si. A linguagem de programação, seja qual for, é apenas uma ferramenta que possibilita concretizar na memória de um computador digital o programa idealizado na mente do profissional de programação de computadores. Por esta razão, é ideal que esse profissional conheça algumas linguagens de programação; quanto mais linguagens conhecer, melhor.

Muitos profissionais dessa área, por falta de uma devida orientação e educação técnica adequada, baseiam seu aprendizado de programação na ferramenta, na linguagem de programação. Há aqueles que focam o aprendizado em uma única linguagem, e não no exercício de aplicação da lógica de programação, que usa algoritmos e desenvolve projetos lógicos devidamente documentados.

O problema dessa atitude é que uma linguagem de programação pode deixar de ser utilizada ou ter seu uso reduzido no mercado por qualquer motivo. Nesse caso, um programador pode não ser mais necessário nesse mercado. Pelo fato de voltar o aprendizado à parte prática de determinada linguagem, acaba por perder muito da sensibilidade algorítmica de que precisa para programar de forma mais ampla e também aprender novas linguagens.

Quando um programador aprende a programar um computador sobre uma ferramenta de linguagem de programação, acaba por desenvolver uma mentalidade preconceituosa, achando que a linguagem de programação que ele sabe usar é a melhor e que outras linguagens desconhecidas por ele não prestam. Cada linguagem de programação foi criada para solucionar categorias distintas de problemas, portanto, uma linguagem de programação não é melhor que a outra. Muitas vezes, as linguagens se complementam, tanto que é comum usar no desenvolvimento de um único sistema várias linguagens de programação. O maior exemplo dessa diversidade é a própria internet, em que o desenvolvimento de um sítio se faz com várias linguagens, como XHTML, CSS, PHP, Ajax, entre outras.

8.2 Matrizes com Mais de Uma Dimensão

Os dois capítulos anteriores apresentaram variáveis indexadas de uma dimensão (uma coluna e várias linhas ou uma linha e várias colunas). Este capítulo mostra tabelas com mais de uma linha e coluna, em que abstrativamente os elementos da variável indexada ficam nas posições horizontais e verticais. A matriz de duas dimensões é uma estrutura de dados com mais de uma coluna e mais de uma linha. A Figura 8.1 ilustra exemplos de variáveis indexadas de uma e duas dimensões.

Matriz A (1D)	
Índice	Elemento
1	
2	
3	
4	
5	

Tabela vertical de uma dimensão (uma coluna e várias linhas)

Matriz A (1D)	Índice	1	2	3	4	5
	Elemento					

Tabela horizontal de uma dimensão (uma linha e várias colunas)

Matriz A (2D)					
Índices	1	2	3	4	5
1					
2					
3			Elementos		
4					
5					

Tabela de duas dimensões (várias colunas e várias linhas)

Figura 8.1 Matrizes de uma e duas dimensões.

A Figura 8.1 mostra que a matriz de uma dimensão é uma estrutura de dados cujos elementos podem ser dispostos no sentido vertical ou no sentido horizontal. Já uma matriz de duas dimensões somente pode dispor seus elementos em uma tabela bidimensional.

Com o conhecimento adquirido nos Capítulos 6 e 7, é possível elaborar um programa que leia quatro notas bimestrais dos alunos de uma sala de aula, utilizando matrizes de uma dimensão, apresentar a média de cada aluno e a média geral da sala por meio de matrizes unidimensionais. No entanto, o trabalho computacional é grande, uma vez que é necessário utilizar uma matriz de uma dimensão para cada nota bimestral (quatro matrizes), mais uma matriz para armazenar o cálculo da média escolar de cada aluno para posterior cálculo da média geral.

Para facilitar o trabalho com estruturas de dados desse porte, usam-se matrizes com mais de uma dimensão. A organização da estrutura de dados mais comum para esses casos é de matrizes de duas dimensões, por se relacionar diretamente com tabelas. Matrizes com mais de duas dimensões são utilizadas com menos frequência. Se o leitor dominar bem a utilização de uma matriz com duas dimensões, não terá dificuldade em usar matrizes com mais dimensões.

Um importante aspecto a ser considerado é que, na manipulação de uma matriz do tipo vetor, é utilizada uma única instrução de laço (**enquanto**, **para** ou **repita**). No caso de matrizes com mais dimensões, deve ser utilizado o número de laços relativo ao tamanho de sua dimensão. Dessa maneira, uma matriz de duas dimensões deve ser controlada com dois laços, de três dimensões deve ser controlada por três laços, e assim por diante.

Em matrizes de duas dimensões, os elementos são manipulados de forma individualizada, sendo a referência feita sempre por meio de dois índices: o primeiro, para indicar a linha, e o segundo, para indicar a coluna. Desse modo, **TABELA[2,3]** indica que é feita uma referência ao elemento armazenado na linha 2 coluna 3. Pode-se considerar que uma matriz com mais de uma dimensão é também um vetor de dados (por mais estranho que isso soe a alguém), sendo válido para esse tipo de matriz tudo o que foi utilizado para as matrizes de uma dimensão. A definição de uma matriz de duas dimensões é realizada com a sintaxe:

```
VARIÁVEL : conjunto[1..2, 1..3] de <tipo de dado>
```

As matrizes de mais de uma dimensão também podem ser definidas de forma dinâmica. Basta fazer uso da definição das dimensões com vírgulas dentro dos colchetes de definição da dimensão. Por exemplo, para uma matriz de duas dimensões em que não se conhece de antemão a quantidade de linhas e colunas usa-se a sintaxe:

```
VARIÁVEL : conjunto[1..#, 1..#] de <tipo de dado>
```

em que **conjunto** é seguido de um par de colchetes com uma vírgula separando as posições **..** para definição de uma variável com duas dimensões. Caso se queira trabalhar com uma matriz de três dimensões, basta inserir dentro dos colchetes duas vírgulas, tal como **conjunto[1..#, 1..#, 1..#]**, e assim por diante. **VARIÁVEL** é o nome da variável indexada e **tipo de dado**, o tipo de dado associado à variável indexada.

Neste capítulo, os exemplos apresentados estão fundamentados na definição de matrizes estáticas.

8.3 Matrizes de Duas Dimensões

Uma matriz de duas dimensões faz menção a um elemento armazenado em uma linha e coluna. A matriz é representada por seu nome e seu tamanho (dimensão) entre colchetes, portanto, é uma matriz de duas dimensões, por exemplo, **TABELA[1..8,1..5]**, cujo nome da variável indexada é **TABELA**, com um tamanho de **8** linhas (de 1 a 8) e **5** colunas (de 1 a 5), ou seja, é uma matriz de 8 por 5 (8 × 5). Isto posto, significa que podem ser armazenados em **TABELA** até **40** elementos. A Figura 8.2 apresenta a matriz com a indicação das posições de linhas e colunas que serão usadas para o armazenamento de seus elementos.

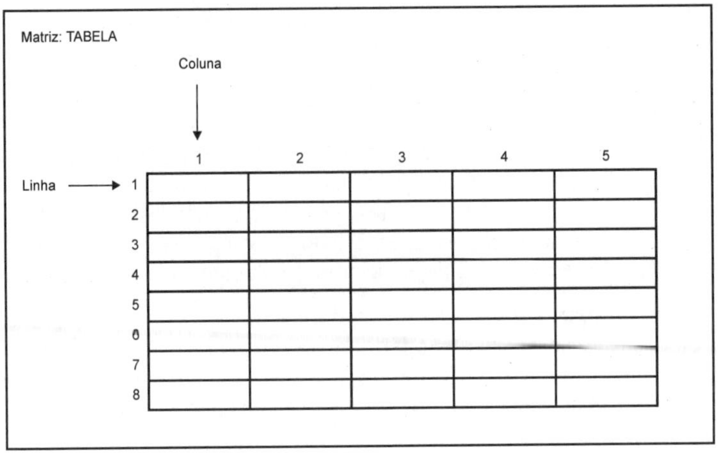

Figura 8.2 Exemplo da matriz TABELA com suas posições.

Uma matriz de duas dimensões é atribuída pelo comando **conjunto** de forma semelhante à usada pela matriz de uma dimensão. A sintaxe é:

```
VARIÁVEL : conjunto[<dimensão1>, <dimensão2>] de <tipo de dado>
```

em que **VARIÁVEL** é o nome da variável que será indexada, **<dimensão1>** é o número de linhas, **<dimensão2>** é o número de colunas e **<tipo de dado>** é o tipo de dado da matriz, que pode ser **real**, **inteiro**, **lógico** e **cadeia** ou **caractere**.

8.3.1 Leitura dos Dados de uma Matriz

A leitura dos dados de uma matriz de duas dimensões, assim como dos dados de matrizes de uma dimensão, é processada passo a passo por meio do comando **leia**, seguido do nome da variável mais os seus índices. A seguir, são apresentados o diagrama de blocos e a codificação em português estruturado da leitura de quatro notas bimestrais de oito alunos, sem considerar o cálculo da média.

Diagramação

É considerada a leitura das quatro notas (colunas) de oito alunos (linhas). Assim, a tabela em questão armazena 32 elementos. Um detalhe é a utilização de duas variáveis para controlar os dois índices de posicionamento de dados na tabela. Anteriormente, foi utilizada a variável **I** para controlar as posições dos elementos dentro da matriz. Neste exemplo, a variável **I** continua com o mesmo efeito e a segunda variável, a **J**, controla a posição da coluna, como mostra a Figura 8.3.

Ao se analisar o diagrama de blocos, tem-se a inicialização das variáveis **I** (linhas) e **J** (coluna) como o valor **1**, ou seja, a leitura é feita na primeira linha da primeira coluna. Em seguida, é iniciado em primeiro lugar o laço da variável **I** para controlar a posição de um elemento em relação às linhas, depois é iniciado o laço da variável **J** para controlar a posição do elemento em relação às colunas.

Ao serem iniciados os valores para o preenchimento da tabela, eles são colocados na posição **NOTAS[1,1]**, lembrando que o primeiro valor entre colchetes representa a dimensão das linhas e o segundo valor representa a dimensão das colunas. Então, informa-se para o primeiro aluno a sua primeira nota. Depois é incrementado mais 1 em relação à coluna, sendo colocada para a entrada a posição **NOTAS[1,2]**, linha 1 e coluna 2. É então informada para o primeiro aluno a sua segunda nota.

Quando o contador de coluna, o laço da variável **J**, atingir o valor 4, ele é encerrado. Em seguida, o contador da variável **I** é incrementado com mais 1, tornando-se 2. É então inicializado novamente o contador **J** em 1, permitindo informar um novo dado na posição **NOTAS[2,1]**.

Diagramação	Codificação

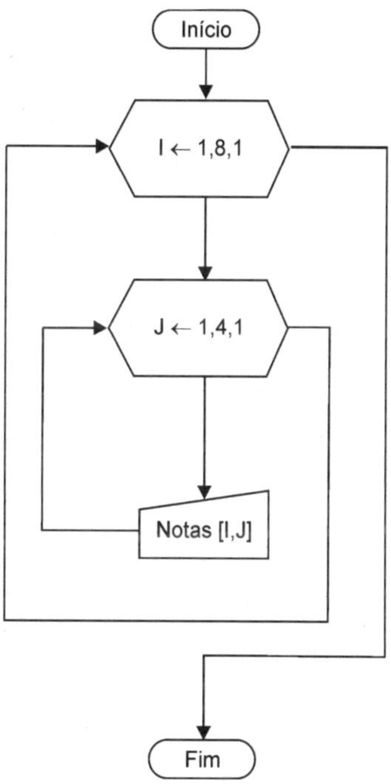

Figura 8.3 Diagrama de blocos para leitura dos elementos de uma matriz do tipo tabela.

```
programa LEITURA_DE_ELEMENTOS
var
  NOTAS : conjunto[1..8,1..4] de real
  I, J  : inteiro
início
  para I de 1 até 8 passo 1 faça
    para J de 1 até 4 passo 1 faça
      leia NOTAS[I,J]
    fim_para
  fim_para
fim
```

O mecanismo de preenchimento vai se estender até que o contador de linhas atinja o seu último valor, no caso, 8. Esse laço é o principal, tendo a função de controlar o posicionamento na tabela por aluno. O segundo laço, mais interno, controla o posicionamento das notas.

8.3.2 Escrita dos Dados de uma Matriz

O processo de escrita dos dados de uma matriz de duas dimensões é semelhante ao processo de leitura desses dados. Supondo que após a leitura das notas dos oito alunos houvesse a necessidade de apresentá-las, acompanhe o diagrama de blocos (Figura 8.4) e a codificação em português estruturado das quatro notas dos oito alunos.

Diagramação	Codificação

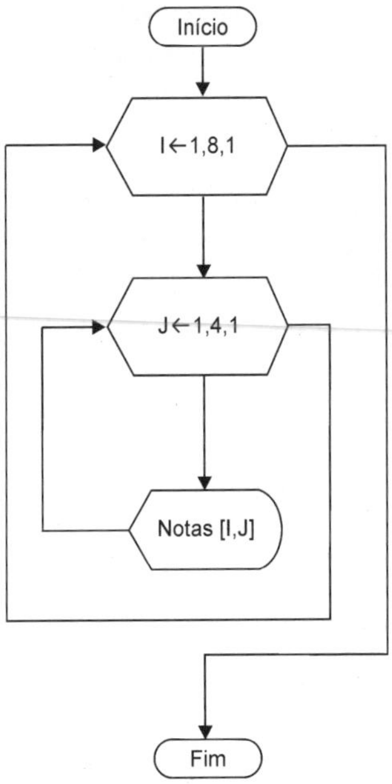

Figura 8.4 Diagrama de blocos para escrita dos elementos de uma matriz do tipo tabela.

```
programa ESCRITA_DE_ELEMENTOS
var
  NOTAS : conjunto[1..8,1..4] de real
  I, J  : inteiro
início
  para I de 1 até 8 passo 1 faça
    para J de 1 até 4 passo 1 faça
      escreva NOTAS[I,J]
    fim_para
  fim_para
fim
```

Como exemplo contextualizado, o programa anterior pode ser visto em algumas linguagens de programação a partir do repositório GitHub: **https://github.com/J-AugustoManzano/livro_Algoritmos_Logica/tree/main/Cap%2008/8.3%20-%20Matrizes%20de%20Duas%20Dimensoes/8.3.1%20e%208.3.2%20juntos.**

Se desejar, aponte para o QR Code ao lado e tenha acesso ao repositório indicado.

uqr.to/1wj51

Exercício de Aprendizagem

Para demonstrar a utilização de matrizes com duas dimensões, considere os exemplos apresentados em seguida:

Exemplo 1

Desenvolver um programa que simule uma agenda de cadastro pessoal com nome, endereço, código postal, bairro e telefone de 10 pessoas. Ao final, o programa deve apresentar seus elementos dispostos em ordem alfabética ascendente a partir do elemento (campo) nome.

Entendimento

Para resolver este problema computacional, é necessário usar uma tabela com 10 linhas (que contenha os registros dos dados pessoais) e cinco colunas (com os dados pessoais representados como colunas). Observe a estrutura da Figura 8.5:

		Colunas (Campos)				
		1	2	3	4	5
		Nome	Endereço	Código postal	Bairro	Telefone
Linhas (Registros)	1					
	2					
	3					
	4					
	5					
	6					
	7					
	8					
	9					
	10					

Figura 8.5 Tabela com os registros de dados pessoais.

Em cada coluna da Figura 8.5 é indicado um número, sendo cinco colunas, uma para cada informação pessoal (registro). O número de linhas totaliza um conjunto de 10 registros de cada um dos dados pessoais a ser armazenado na tabela.

Na tabela, são utilizados dois elementos numéricos, o valor de código postal (coluna 3) e o valor de telefone (coluna 5). Apesar de serem numéricos, não são utilizados para a realização de cálculos matemáticos. Assim, esses dados devem ser armazenados como do tipo cadeia.

Após efetuar o cadastro de todos os elementos, inicia-se o processo de classificação alfabética ascendente pelo campo *Nome* (campo-chave). O método de ordenação foi anteriormente apresentado; basta aplicá-lo neste contexto. Após a comparação do primeiro nome com o segundo, sendo o primeiro maior que o segundo, devem ser trocados. Os demais elementos relacionados ao nome, ou seja, as demais colunas (campos) da tabela, também devem ser trocados no mesmo nível de verificação, ficando para o final o trecho de apresentação de todos os elementos.

O processo de ordenação de elementos de uma matriz de duas dimensões é o mesmo utilizado para ordenar matrizes de uma dimensão. No trecho de ordenação, a troca de posição dos elementos das colunas 2 a 5 é feita após verificar a condição e fazer a troca dos dados da coluna 1. Assim que o nome é trocado de posição, os demais elementos relacionados com ele na mesma linha também são.

Diagramação

Neste exemplo a seguir, não foram utilizados para a entrada de dados dois laços para controlar o posicionamento dos elementos na matriz. As referências feitas ao endereço das colunas são citadas como constantes, durante a variação do valor da variável **I**. Tanto a parte relacionada com os trechos de entrada como a de saída dos dados foram omitidas do diagrama de blocos apresentado na Figura 8.6, por serem conhecidas. Ela foca apenas o trecho de processamento da ordenação dos elementos em tabelas bidimensionais, sendo as partes relacionadas com as operações de entrada e saída propositalmente omitidas.

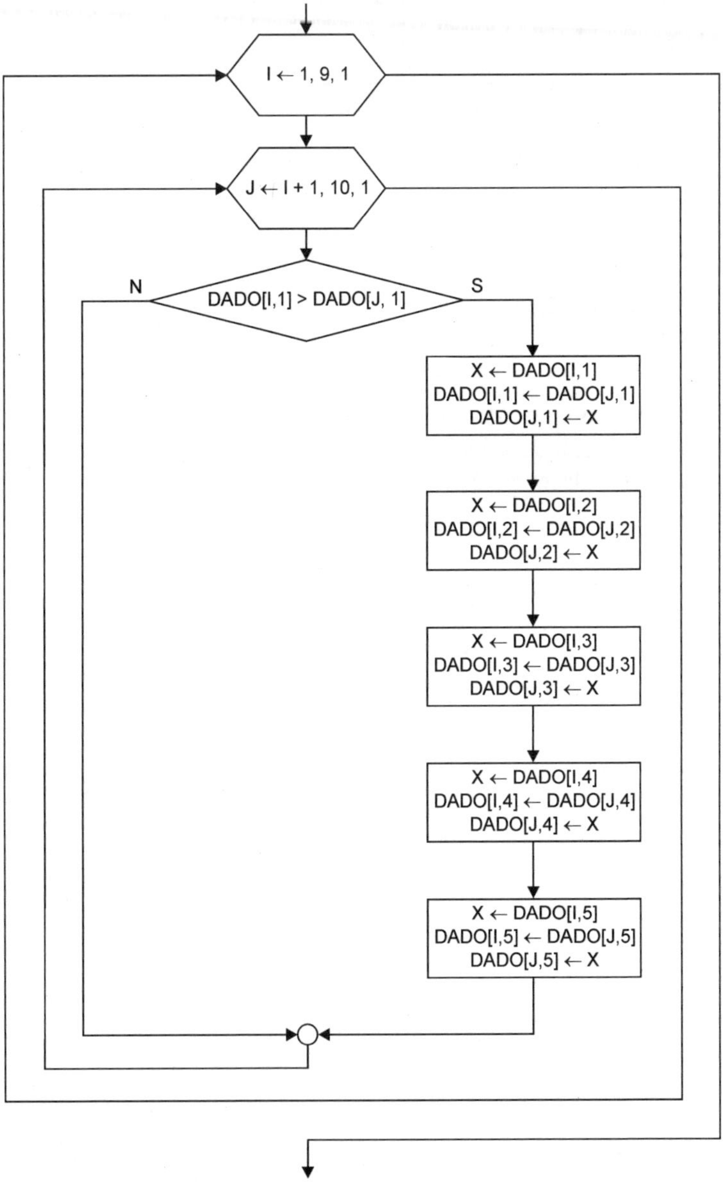

Figura 8.6 Diagrama de blocos para o trecho de ordenação do programa de agenda.

Codificação

```
programa AGENDA_V1

var
  DADO : conjunto[1..10,1..5] de cadeia
  I, J : inteiro
  X : cadeia
início

  // Rotina de entrada

  para I de 1 até 10 passo 1 faça
    escreva "Nome ...........: " leia DADO[I,1]
    escreva "Endereço ........: " leia DADO[I,2]
    escreva "Código postal ...: " leia DADO[I,3]
    escreva "Bairro ..........: " leia DADO[I,4]
    escreva "Telefone ........: " leia DADO[I,5]
  fim_para

  // Rotina de ordenação dos elementos}

  para I de 1 até 9 passo 1 faça
    para J de I + 1 até 10 passo 1 faça

      se (DADO[I,1] > DADO[J,1]) então

         {Troca do Nome}

         X ← DADO[I,1]
         DADO[I,1] ← DADO[J,1]
         DADO[J,1] ← X

         {Troca do Endereço}

         X ← DADO[I,2]
         DADO[I,2] ← DADO[J,2]
         DADO[J,2] ← X

         {Troca do Código Postal}

         X ← DADO[I,3]
         DADO[I,3] ← DADO[J,3]
         DADO[J,3] ← X

         {Troca do Bairro}

         X ← DADO[I,4]
         DADO[I,4] ← DADO[J,4]
         DADO[J,4] ← X

         {Troca do Telefone}

         X ← DADO[I,5]
         DADO[I,5] ← DADO[J,5]
         DADO[J,5] ← X

      fim_se

    fim_para
  fim_para

  // Rotina de saída

  para I de 1 até 10 passo 1 faça
    para J de 1 até 5 passo 1 faça
      escreva DADO[I,J]
    fim_para
  fim_para

fim
```

O trecho de ordenação do programa AGENDA pode ser simplificado com a inserção de um laço para administrar todas as trocas após a verificação da condição:

se (*DADO*[*I*,1] > *DADO*[*J*,1]) **então**

A Figura 8.7 demonstra o trecho de ordenação simplificado por meio do controle de trocas de valores pelo laço em substituição ao conjunto de trocas representado na Figura 8.6.

Diagramação

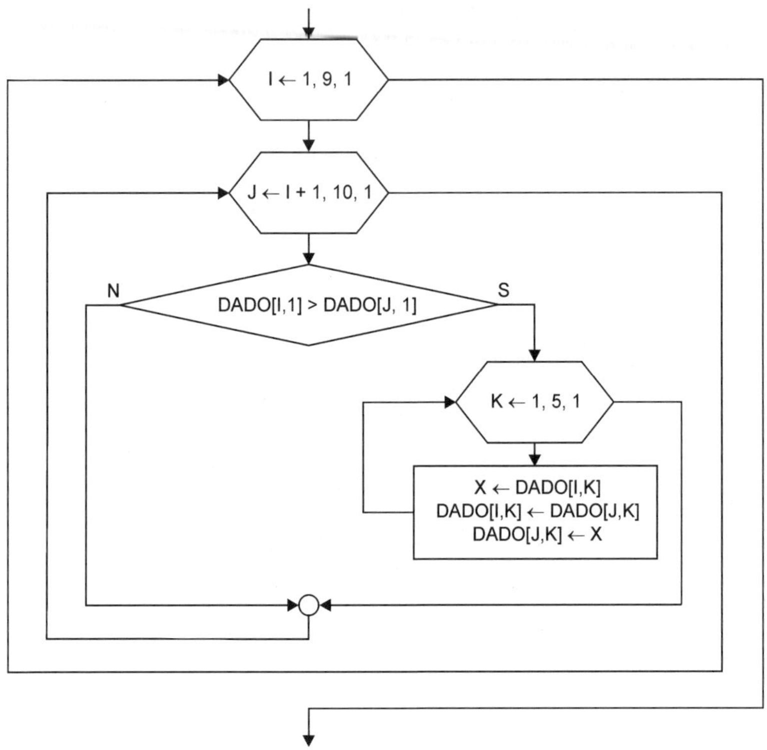

Figura 8.7 Diagrama de blocos para o trecho de ordenação simplificado do programa de agenda.

Codificação

```
programa AGENDA_V2

var
  DADO : conjunto[1..10,1..5] de cadeia
  I, J, K : inteiro
  X : cadeia
início
```

```
    // Rotina de entrada

    para I de 1 até 10 passo 1 faça
      escreva "Nome ...........: " leia DADO[I,1]
      escreva "Endereço ........: " leia DADO[I,2]
      escreva "Código postal ...: " leia DADO[I,3]
      escreva "Bairro ..........: " leia DADO[I,4]
      escreva "Telefone ........: " leia DADO[I,5]
    fim_para

    // Rotina de ordenação com laço para controlar a troca de
  elementos

    para I de 1 até 9 passo 1 faça
      para J de I + 1 até 10 passo 1 faça

        se (DADO[I,1] > DADO[J,1]) então

          para K de 1 até 5 passo 1 faça
            X ← DADO[I,K]
            DADO[I,K] ← DADO[J,K]
            DADO[J,K] ← X
          fim_para

        fim_se

      fim_para
    fim_para

    // Rotina de saída

    para I de 1 até 10 passo 1 faça
      para J de 1 até 5 passo 1 faça
        escreva DADO[I,J]
      fim_para
    fim_para

  fim
```

Exemplo 2

Desenvolver um programa que leia os nomes de oito alunos e também suas quatro notas bimestrais. Ao final, deve apresentar o nome de cada aluno classificado em ordem alfabética, bem como suas médias e a média geral dos oito alunos.

Entendimento

Este exemplo apresenta um problema cuja solução é utilizar três matrizes para a entrada e a manipulação de dados. Já é sabido que uma matriz trabalha somente com dados de mesmo tipo (homogêneos). E, neste caso, em particular, será necessário usar uma matriz de uma dimensão para armazenar os nomes e outra de duas dimensões para armazenar as notas, uma vez que os tipos de dados são diferentes. Além dessas matrizes, será necessário ainda uma matriz para armazenar os valores das médias a serem apresentadas com os nomes dos alunos. Considere, para tanto, a Figura 8.8.

	Nomes
1	
2	
3	
4	
5	
6	
7	
8	

	Notas			
	1	2	3	4
1				
2				
3				
4				
5				
6				
7				
8				

	Médias
1	
2	
3	
4	
5	
6	
7	
8	

Figura 8.8 Tabelas com os dados escolares.

O programa deve pedir o nome dos oito alunos e, em seguida, as quatro notas bimestrais de cada aluno, calcular a média e armazená-la na terceira matriz de uma dimensão, para, ao final, apresentar o nome de cada aluno e a respectiva média, bem como a média do grupo.

Logo no início, a variável **SOMA_MD** é inicializada com valor zero. Ela será utilizada para armazenar a soma das médias de cada aluno durante a entrada de dados.

Depois, a instrução **para** / **de** 1 **até** 8 **passo** 1 **faça** inicializa o primeiro laço, que tem por finalidade controlar o posicionamento dos elementos no sentido linear. Neste ponto, a variável **SOMA_NT** é inicializada com o valor zero para o primeiro aluno. Ela guarda a soma das quatro notas de cada aluno durante a execução do segundo laço. Neste momento, é solicitado antes do segundo laço o nome do aluno.

Toda vez que o segundo laço é encerrado, a matriz **MÉDIA** é alimentada com o valor da variável **SOMA_NT** dividido por 4. Desse modo, tem-se o resultado da média do aluno cadastrado. Em seguida, é efetuada a soma das médias de cada aluno na variável **SOMA_MD**, que posteriormente servirá para determinar o cálculo da média do grupo. É nesse ponto que o primeiro laço repete o seu processo para o próximo aluno, e assim transcorre até o último aluno.

Após a disposição dos alunos em ordem alfabética, inicia-se a apresentação dos nomes de cada aluno e suas respectivas médias. Ao final, a variável **MEDIA_GP** determina o cálculo da média do grupo (média das médias) por meio do valor armazenado na variável **SOMA_MD** dividido por 8 (total de alunos).

A Figura 8.9 demonstra apenas o trecho de ordenação dos nomes e das médias calculadas de cada um dos oito alunos, sendo as partes relacionadas com as operações de entrada e saída omitidas.

Diagramação

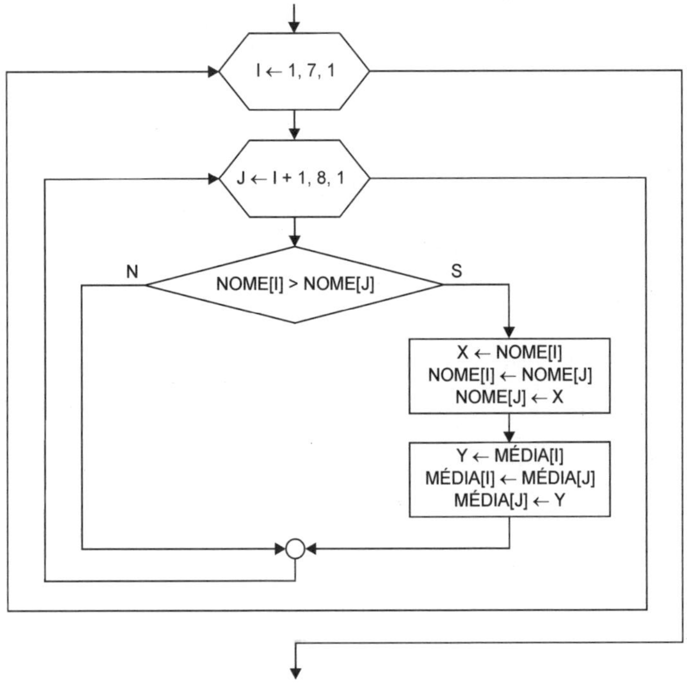

Figura 8.9 Diagrama de blocos para o trecho de ordenação do programa de cálculo de médias.

Codificação

```
programa CALC_MÉDIA

var
  X : cadeia
  I, J : inteiro
  Y, SOMA_NT, SOMA_MD, MÉDIA_GP : real
  NOTA : conjunto[1..8,1..4] de real
  MÉDIA : conjunto[1..8] de real
  NOME : conjunto[1..8] de cadeia

início

  SOMA_MD ← 0
  para I de 1 até 8 passo 1 faça
    SOMA_NT ← 0
    escreva "Aluno ..: ", I
    leia NOME[I]
    para J de 1 até 4 passo 1 faça
      escreva "Nota ...: ", J
      leia NOTA[I,J]
      SOMA_NT ← SOMA_NT + NOTA[I,J]
    fim_para
    MÉDIA[I] ← SOMA_NT / 4
    SOMA_MD ← SOMA_MD + MÉDIA[I]
  fim_para
```

```
    // Rotina de ordenação e troca de elementos

    para I de 1 até 7 passo 1 faça
      para J de I + 1 até 8 passo 1 faça

        se (NOME[I] > NOME[J]) então

          X ← NOME[I]
          NOME[I] ← NOME[J]
          NOME[J] ← X

          Y ← MÉDIA[I]
          MÉDIA[I] ← MÉDIA[J]
          MÉDIA[J] ← Y

        fim_se

      fim_para
    fim_para

    para I de 1 até 8 passo 1 faça
      escreva "Aluno ...: ", NOME[I]
      escreva "Média ...: ", MÉDIA[I]
    fim_para

    MÉDIA_GP ← SOMA_MD / 8
    escreva "Média Geral : ", MÉDIA_GP

  fim
```

Os detalhes retratados neste capítulo, sobre programação com variáveis compostas de mais de uma dimensão, são facilmente encontrados em qualquer linguagem de programação estruturada, modular ou orientada a objetos, como: AWK, Structured BASIC, C, C++, C#, D, Dart, Fortran, Go, Groovy, Java, JavaScript, Julia, Kotlin, Lua, Pascal, Perl, PHP, Pike, Python, Raku, Ruby, Rust, Scala, Swift, Tcl, TypeScript, Visual Basic .Net, entre outras.

Exercícios de Fixação

1. Desenvolver os diagramas de bloco e a codificação em português estruturado dos problemas computacionais seguintes:

a) Elaborar um programa que leia duas matrizes A e B, cada uma de duas dimensões com cinco linhas e três colunas para valores inteiros. Construir uma matriz C de mesma dimensão, que seja formada pela soma dos elementos da matriz A com os elementos da matriz B. Apresentar os elementos da matriz C.

b) Elaborar um programa que leia duas matrizes A e B, cada uma com uma dimensão para sete elementos inteiros. Construir uma matriz C de duas dimensões, cuja primeira coluna deve ser formada pelos elementos da matriz A e a segunda coluna pelos elementos da matriz B. Apresentar a matriz C.

c) Elaborar um programa que leia 20 elementos para uma matriz qualquer, considerando que essa matriz tenha o tamanho de quatro linhas por cinco colunas. Em seguida, apresentar a matriz.

d) Elaborar um programa que leia uma matriz A de uma dimensão com 10 elementos inteiros. Construir uma matriz C de duas dimensões com três colunas, sendo a primeira coluna da matriz C formada pelos elementos da matriz A somados com 5, a segunda coluna formada pelo valor do cálculo da fatorial de cada elemento correspondente da matriz A e a terceira e última coluna pelos quadrados dos elementos correspondentes da matriz A. Apresentar a matriz C.

e) Elaborar um programa que leia duas matrizes A e B, cada uma com uma dimensão para 12 elementos reais. Construir uma matriz C de duas dimensões, sendo a primeira coluna da matriz C formada pelos elementos da matriz A multiplicados por 2 e a segunda coluna formada pelos elementos da matriz B subtraídos de 5. Apresentar separadamente as matrizes.

f) Elaborar um programa que leia uma matriz A de duas dimensões com cinco linhas e quatro colunas. Construir uma matriz B de mesma dimensão, em que cada elemento seja o fatorial de cada elemento correspondente armazenado na matriz A. Apresentar ao final as matrizes A e B.

g) Elaborar um programa que leia uma matriz A de duas dimensões com quatro linhas e cinco colunas, armazenando nessa matriz os valores das temperaturas em graus Celsius. Construir a matriz B de mesma dimensão, em que cada elemento seja o valor da temperatura em graus Fahrenheit de cada elemento correspondente da matriz A. Apresentar ao final as matrizes A e B.

h) Elaborar um programa que leia uma matriz A do tipo inteira de duas dimensões com cinco linhas e cinco colunas. Construir uma matriz B de mesma dimensão, em que cada elemento seja o dobro de cada elemento correspondente da matriz A, com exceção dos valores situados na diagonal principal (posições B[1,1], B[2,2], B[3,3], B[4,4] e B[5,5]), os quais devem ser o triplo de cada elemento correspondente da matriz A. Apresentar ao final a matriz B.

i) Elaborar um programa que leia uma matriz A do tipo inteira de duas dimensões com sete linhas e sete colunas. Construir a matriz B de mesma dimensão, em que cada elemento seja o somatório de 1 até o valor armazenado na posição da matriz A, com exceção dos valores situados nos índices ímpares da diagonal principal (B[1,1], B[3,3], B[5,5] e B[7,7]), os quais devem ser o fatorial de cada elemento correspondente da matriz A. Apresentar ao final a matriz B.

j) Elaborar um programa que leia uma matriz A de duas dimensões com seis linhas e cinco colunas. Construir a matriz B de mesma dimensão, que deve ser formada do seguinte modo: para cada elemento par da matriz A deve ser somado 5 e de cada elemento ímpar da matriz A deve ser subtraído 4. Apresentar ao final as matrizes A e B.

k) Elaborar um programa que leia uma matriz A do tipo real de duas dimensões com cinco linhas e cinco colunas. Apresentar o somatório dos elementos situados na diagonal principal (posições A[1,1], A[2,2], A[3,3], A[4,4] e A[5,5]) da referida matriz.

l) Elaborar um programa que leia uma matriz A de duas dimensões com 15 linhas e 15 colunas. Apresentar o somatório dos elementos pares situados na diagonal principal da referida matriz.

m) Elaborar um programa que leia uma matriz A do tipo real de duas dimensões com cinco linhas e cinco colunas. Apresentar o somatório dos elementos situados nas posições de linha e coluna ímpares da diagonal principal (A[1,1], A[3,3], A[5,5]) da referida matriz.

n) Elaborar um programa que leia uma matriz A de duas dimensões com sete linhas e sete colunas. Ao final, apresentar o total de elementos pares existentes na matriz.

o) Elaborar um programa que leia uma matriz A do tipo real de duas dimensões com oito linhas e seis colunas. Construir a matriz B de uma dimensão que seja formada pela soma de cada linha da matriz A. Ao final, apresentar o somatório dos elementos da matriz B.

p) Elaborar um programa que leia uma matriz A de duas dimensões com 10 linhas e sete colunas. Ao final, apresentar o total de elementos pares e ímpares existentes na matriz. Apresentar também o percentual de elementos pares e ímpares em relação ao total de elementos da matriz. Supondo a existência de 20 elementos pares e 50 elementos ímpares, haveria 28,6% de elementos pares e 71,4% de elementos ímpares.

q) Elaborar um programa que faça a leitura de 20 valores inteiros em uma matriz A de duas dimensões com quatro linhas e cinco colunas. Construir a matriz B de uma dimensão para quatro elementos que seja formada pelo somatório dos elementos correspondentes de cada linha da matriz A. Construir também a matriz C de uma dimensão para cinco elementos que seja formada pelo somatório dos elementos correspondentes de cada coluna da matriz A. Ao final, o programa deve apresentar o somatório dos elementos da matriz B com o somatório dos elementos da matriz C.

r) Elaborar um programa que leia quatro matrizes A, B, C e D de uma dimensão com quatro elementos. Construir uma matriz E de duas dimensões do tipo 4 × 4, sendo a primeira linha formada pelo dobro dos valores dos elementos da matriz A, a segunda linha formada pelo triplo dos valores dos elementos da matriz B, a terceira linha formada pelo quádruplo dos valores dos elementos da matriz C e a quarta linha formada pelo fatorial dos valores dos elementos da matriz D. Apresentar a matriz E.

s) Elaborar um programa que leia duas matrizes A e B, cada uma de duas dimensões com cinco linhas e seis colunas. A matriz A deve aceitar a entrada de valores pares, enquanto a matriz B deve aceitar a entrada de valores ímpares. As entradas de valores nas matrizes A e B devem ser validadas pelo programa, e não pelo usuário. Construir a matriz C de mesma dimensão, que seja formada pela soma dos elementos da matriz A com os elementos da matriz B. Apresentar os elementos da matriz C.

t) Elaborar um programa que leia duas matrizes A e B de duas dimensões com quatro linhas e cinco colunas. A matriz A deve ser formada por valores divisíveis por 3 e 4, enquanto a matriz B deve ser formada por valores divisíveis por 5 ou 6. As entradas dos valores nas matrizes devem ser validadas pelo programa, e não pelo usuário. Construir e apresentar a matriz C de mesma dimensão e número de elementos que contenha a subtração dos elementos da matriz A em relação aos elementos da matriz B.

u) Elaborar um programa que leia duas matrizes A e B de duas dimensões com quatro linhas e cinco colunas. A matriz A deve ser formada por valores divisíveis por 3 ou 4, enquanto a matriz B deve ser formada por valores divisíveis por 5 e 6. As entradas dos valores nas matrizes devem ser validadas pelo programa, e não pelo usuário. Construir e apresentar a matriz C de mesma dimensão e número de elementos que contenha o valor da multiplicação dos elementos da matriz A com os elementos correspondentes da matriz B.

v) Elaborar um programa que faça a leitura de duas matrizes A e B de duas dimensões com cinco linhas e cinco colunas. A matriz A deve ser formada por valores que não sejam divisíveis por 3, enquanto a matriz B deve ser formada por valores que não sejam divisíveis por 6. As entradas dos valores nas matrizes devem ser validadas pelo programa, e não pelo usuário. Construir e apresentar uma matriz C de mesma dimensão e número de elementos que contenha a soma dos elementos das matrizes A e B.

w) Elaborar um programa que leia uma matriz A do tipo inteira de duas dimensões com cinco linhas e cinco colunas. Construir uma matriz B de mesma dimensão, em que cada elemento seja o dobro de cada elemento correspondente da matriz A, com exceção dos valores situados na diagonal inversa (posições B[1,5], B[2,4], B[3,3], B[4,2] e B[5,1]), os quais devem ser o triplo de cada elemento correspondente da matriz A. Apresentar ao final a matriz B.

Videoaulas

Após a leitura do Capítulo 8, é propício assistir às videoaulas disponíveis no QR Code a seguir. Assista-as na ordem que apresentamos.

uqr.to/1wj52

ANOTAÇÕES

CAPÍTULO 9

ESTRUTURAS DE DADOS HETEROGÊNEAS

Nos três capítulos anteriores foram apresentadas técnicas de programação com estruturas de dados homogêneas com base em matrizes de uma e duas dimensões. Uma estrutura homogênea de dados permite trabalhar com um só tipo de dado em toda matriz. No segundo exemplo do Capítulo 8 foi necessário usar dados de vários tipos, portanto, foram utilizadas três matrizes diferentes para representar os nomes dos alunos, suas notas e suas médias. Apesar de ter sido possível resolver o problema (mecanismo utilizado com linguagens de programação que não dão suporte a dados heterogêneos), existe uma maneira mais cômoda de fazê-lo com estruturas de dados heterogêneas, que possibilitam dados de tipos diferentes na mesma tabela, baseando-se em registros.

Este capítulo descreve uma técnica de programação que auxilia no agrupamento de dados diferentes em uma mesma variável indexada. Graças a essa característica, referencia-se essa técnica como *estrutura de dados heterogênea*. Será apresentado o *registro*, uma das formas de usar dados derivados.

9.1 Ser Programador

Um dos grandes problemas enfrentados pelos profissionais da área de desenvolvimento de *software* em microinformática é acumular funções. Nas áreas de minicomputadores e de computadores de grande porte, essa incidência ocorre em um nível muito pequeno e de forma esporádica.

É comum ver, nos classificados de emprego de jornais, anúncios que solicitam profissionais de desenvolvimento de *software* para a microinformática, como *programador analista* ou *analista programador*. A questão maior é definir um *programador analista* ou um *analista programador*.

Como é possível uma pessoa executar duas tarefas distintas no mesmo trabalho? O que seria de um hospital que contrata *médico-enfermeiro* ou *enfermeiro-médico* simplesmente para economizar salário e reduzir pessoal? Imagine um técnico de futebol contratar *centroavante-goleiro* ou *goleiro-centroavante* para que assuma os dois papéis no mesmo jogo. É algo abominável, no entanto, comum na área de desenvolvimento de *software* na microinformática.

Não se está dizendo que um profissional não possa executar várias tarefas. O problema está no fato de executar tarefas diferentes no mesmo trabalho, quando uma delas tem relação direta com outra tarefa, exigindo do profissional um desgaste sobre-humano.

O profissional de microinformática não se valoriza, por isso seu nível de experiência é sempre baixo, mesmo após anos de trabalho, dificultando seu avanço profissional e a ascensão para as áreas de grande porte e minicomputação. Isso faz também com que os salários pagos sejam mais baixos.

Um detalhe que precisa ser levado em consideração é que as atividades de análise de sistemas e de programação são diferentes. Um excelente programador não necessariamente será um excelente analista de sistemas, e vice-versa.

O analista de sistema trabalha em um nível macro do desenvolvimento de um sistema, pois sua atividade é realizar estudos de processos com a finalidade de viabilizar racionalmente o melhor caminho para processar as informações.

O analista de sistemas é semelhante a um arquiteto. Projeta e desenha, por intermédio de fluxogramas, como o sistema deve ser, mas não realiza a montagem do sistema, apenas acompanha e gerencia as etapas do projeto. Um arquiteto acompanha a obra que projeta, mas não se envolve diretamente com a colocação de tijolos, hidráulica, elétrica etc. O analista de sistemas faz a tradução das necessidades do usuário e de seu negócio para que um programador possa construir o programa que vai gerenciar as informações desse usuário. Por esta razão, é fundamental a um analista de sistemas ter sólido conhecimento da área em que vai atuar. Por exemplo, para o desenvolvimento de sistemas comerciais, ele deve conhecer administração, economia, matemática financeira, enfim, ter noções de negócio. Se estiver voltado para a área de saúde, por exemplo, deve ter noções de medicina, pois só assim conseguirá atender às necessidades dos usuários de uma área que necessita de sistemas computacionais.

O programador de computador trabalha em um nível micro do desenvolvimento de um sistema. Seu foco é a máquina e não o usuário do sistema. Sua função é traduzir para um computador, por meio de uma linguagem de programação, o projeto desenvolvido por um analista de sistemas. O programador é, de certa maneira, semelhante a um pedreiro, responsável pela colocação dos tijolos (comandos) no sentido de erguer uma parede (o programa). Ele projeta e desenha as rotinas de programas por intermédio de diagramas de blocos para atender aos requisitos apresentados pelo analista de sistemas em seus fluxogramas.

A junção equivocada das duas funções na área da microinformática decorre basicamente de dois fatores. Um é a ganância de um mercado que deseja serviços informáticos, mas não quer pagar o que eles valem, e outro é que, para lucrar, o profissional aceita qualquer caminho e paga qualquer preço, incluindo a ideia de fazer duas atividades distintas como se fossem uma, mesmo que traga prejuízo para si e para outros profissionais. Isto posto, quando não aceita, além de ser analista e programador do mesmo projeto, ser também o digitador dos dados do sistema, assim chamado pela alcunha de *digipromanalista*, ou seja, um profissional que faz tudo, mas acaba por não dar conta adequada de nada.

9.2 Tipo de Dado Derivado

Nos capítulos anteriores, os projetos apresentados fizeram uso de tipos de dados para qualificar o conteúdo a ser manipulado na memória de um computador. Foram apresentados tipos de dados básicos, também chamados de tipos de dados primitivos: *inteiro*, *real*, *cadeia*, *caractere* e *lógico*.

Apesar de os tipos de dados básicos atenderem à grande necessidade de qualificação de conteúdo, eles não são completos e deixam algumas necessidades em aberto. Para atender à ausência existente, é possível estabelecer *tipos de dados derivados.*

O termo "derivado" sugere algo que advém de outro, ou seja, um *tipo de dado derivado* só pode ser definido a partir de um *tipo* de *dado básico* (que é preexistente). Neste sentido, pode-se entender que é possível em linguagens de programação que atendem ao paradigma estruturado estabelecer, no mínimo, duas categorias de derivação: tipo simples e tipo registro. Já as linguagens que atendem ao paradigma da orientação a objetos podem derivar tipos simples e tipos classes (em substituição ao tipo registro). No entanto, uma linguagem de programação pode oferecer outras categorias de derivação. No contexto desta obra, ficam apenas concentradas as categorias de derivação simples e de registro dentro do contexto do paradigma da programação estruturada.

O tipo de dado derivado simples é um tipo livre de definição que visa criar apelidos que melhor representem certo tipo de dado dentro de certo contexto a partir da sintaxe:

Codificação

```
tipo
  <identificador> = <tipo de dado primitivo>

var
  <variável> : <identificador>
```

Por exemplo, em uma aplicação na qual seja necessário ter a definição de variáveis que armazenem a idade e a altura de uma pessoa. Sem o conhecimento da possibilidade da derivação de tipos, possivelmente a declaração dessas variáveis será produzida como:

```
var
  IDADE : inteiro
  ALTURA : real
```

A partir da ideia da derivação de tipos, pode-se, com o uso do comando **tipo** obrigatoriamente antes do comando **var**, definir tipos de dados que sejam mais condizentes com a aplicação, por exemplo:

```
tipo
  idade_t  = inteiro
  altura_t = real

var
  IDADE : idade_t
  ALTURA : altura_t
```

Veja que após o uso do **tipo** faz-se a definição dos novos tipos de dados, neste caso, derivados. Veja que tem-se, desse modo, uma maneira de escrever programas com a definição de dados mais sugestivos ao contexto da aplicação, sendo isso útil em grandes projetos.

Diagramação

A definição de um tipo de dado derivado não pode ser colocada no diagrama de blocos. Sua documentação é definida a partir de outro documento, chamado diagrama de tipo, como mostra a Figura 9.1.

Tipo de dado derivado: IDADE_T	Tipo de dado derivado: ALTURA_T
REAL	INTEIRO

Figura 9.1 Representação da definição dos tipos IDADE e ALTURA.

Atente para a estrutura de documentação dos tipos de dados derivados **idade** e **altura** junto à Figura 9.1. Veja que o diagrama é dividido em duas áreas, sendo a área superior destinada ao nome do dado derivado e a área inferior destinada à definição do dado primitivo que será substituído pelo nome do dado derivado.

O tipo de dado derivado em estilo registro caracteriza-se por ser uma estrutura predefinida que dá a liberdade de se criar uma estrutura homogênea de dados, desde que se siga certo ritual de configuração a partir de uma sintaxe específica:

Codificação

```
tipo
  <identificador> = registro
                      <lista dos campos e seus tipos>
                    fim_registro
var
  <variável> : <identificador>
```

em que **tipo** é o comando utilizado para a construção de um dado derivado, *identificador* é o nome do tipo registro em caracteres maiúsculos, em itálico, como aparecem as variáveis, e *lista dos campos e seus tipos* é a relação de variáveis que serão usadas como campos, bem como o seu tipo de estrutura de dados, podendo ser real, inteiro, lógico ou cadeia/caractere. Os comandos **registro** e **fim_registro** são usados para definir o dado derivado preexistente de um registro de dados.

Após o comando **var**, deve ser indicada a variável que será associada (instanciada) ao tipo de dado derivado de acordo com o identificador definido. O comando **tipo**, como mencionado, deve ser utilizado antes do comando **var**, pois, ao indicar um tipo de variável, pode-se utilizá-lo.

Diagramação

Um método de documentação que pode ser usado para descrever o formato de uma estrutura de dados heterogênea na forma de registro pode ser definido a partir do uso da técnica de cartões CRC (*class, responsibility, collaborator*). O CRC é uma das técnicas de documentação utilizada em classes na programação orientada a objetos (Ambler, 2004, p. 231-236), tendo sido proposta em 1989 por Kent Beck e Ward Cunningham (Bezerra, 2002). Esta obra utiliza uma adaptação do cartão CRC para representar a estrutura de dados de um tipo de dado derivado registro. A Figura 9.2 exibe um cartão CRC e sua adaptação para o contexto de registro, campo e tipo como cartão RCT (ou mesmo como diagrama RCT), a ser utilizado nesta publicação.

Na área **Registro**, coloca-se o nome do registro, na área **Campo** relacionam-se as variáveis de dados e no campo **tipo** estabelecem-se os tipos de dados de cada variável relacionada na área **Campo**. Veja que a estrutura de registro é um recurso que possibilita combinar vários dados de tipos diferentes (os quais serão chamados de campos) em uma mesma estrutura de dados. Por esta razão, esse tipo de estrutura de dados é considerado heterogêneo. De maneira mais ampla, pode-se dizer que registro é uma coleção designada de dados que descreve um objeto de dados como uma abstração de dados (Pressman, 1995, p. 422).

Classe	
Responsabilidade	Colaborador

Cartão CRC típico

Registro	
Campo	Tipo

Cartão RCT (registro, campo, tipo) adaptado do cartão CRC

Figura 9.2 CRC típico e adaptado.

O registro é um recurso preexistente em algumas linguagens de programação para atender exclusivamente à necessidade de operar com dados de tipos diversos em uma mesma estrutura. A Figura 9.3 mostra como exemplo o *layout* básico de uma ficha de cadastro, neste caso, escolar, contendo os campos nome, primeira nota, segunda nota, terceira nota e quarta nota.

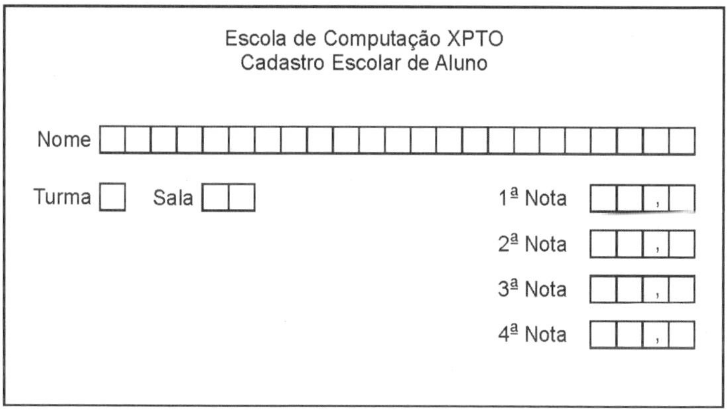

Figura 9.3 Exemplo do *layout* de um registro com seus campos.

Observe na Figura 9.3 a apresentação dos campos **Nome** (que deve conter dados do tipo cadeia), **Turma** (que deve conter dados do tipo caractere), **Sala** (que deve conter dados do tipo inteiro), **1ª Nota**, **2ª Nota**, **3ª Nota** e **4ª Nota** (que devem conter dados do tipo real), que formam a estrutura de um registro de dados heterogêneos.

9.2.1 Atribuição de Registro

O tipo derivado preexistente de registro deve ser declarado pelo comando **tipo** antes do comando **var**, uma vez que a variável que conterá a estrutura heterogênea de dados deve ser declarada com o tipo de dado **registro** definido no comando **tipo**.

A declaração do tipo registro é uma tarefa delicada e precisa ser feita com cuidado, pois é a base para tabela ou tabelas heterogêneas que serão utilizadas no programa. Um erro na montagem de uma tabela heterogênea ocasiona grande problema no desenvolvimento do programa. Além da criação do diagrama de blocos, que representa a linha de raciocínio utilizada pelo programador, é ideal fazer a documentação da estrutura dos dados a ser utilizada pelo programa.

A declaração de um registro é citada no algoritmo e em português estruturado, mas não aparece de forma explícita no diagrama de blocos, que só fará menção à utilização de determinado campo da estrutura heterogênea definida. Por esta razão, aconselha-se, para sua documentação, o uso da técnica RCT adaptada da técnica CRC indicada na Figura 9.2.

Como exemplo de aplicação do *layout* de ficha de cadastro apresentado na Figura 9.1 e de descrição do registro de acordo com o exposto na Figura 9.2, cujos campos são NOME, TURMA, SALA, NOTA1, NOTA2, NOTA3 e NOTA4, observe a estrutura de registro **CAD_ALUNO** identificada com o cartão RCT na Figura 9.4 e sua descrição em português estruturado.

Registro: CAD_ALUNO	
Campo	Tipo
NOME TURMA SALA NOTA1 NOTA2 NOTA3 NOTA4	cadeia caractere inteiro real real real real

Figura 9.4 Documentação da estrutura do registro CAD_ALUNO em RCT.

Codificação

```
tipo
  CAD_ALUNO = registro
                NOME  : cadeia
                TURMA : caractere
                SALA  : inteiro
                NOTA1 : real
                NOTA2 : real
                NOTA3 : real
                NOTA4 : real
              fim_registro
var
  ALUNO : cad_aluno
```

É especificado um tipo derivado registro denominado **CAD_ALUNO**, o qual é um conjunto de dados heterogêneos (campos dos tipos cadeia, caractere, inteiro e real), que se torna, após sua definição, um dado derivado, podendo ser utilizado exatamente como primitivo com uma variável após o comando **var**.

Pode-se dizer que um dado derivado registro é também uma espécie de variável indexada (vetor ou matriz de uma dimensão), pois essa estrutura tem a variável **ALUNO** do tipo **cad_aluno** com a capacidade de armazenar sete campos diferentes, sendo **NOME**, **TURMA**, **SALA**, **NOTA1**, **NOTA2**, **NOTA3** e **NOTA4**, ou seja, uma variável baseada na estrutura **VARIÁVEL.CAMPO**, sendo **ALUNO.NOME**, **ALUNO.TURMA**, **ALUNO.SALA**, **ALUNO.NOTA1**, **ALUNO.NOTA2**, **ALUNO.NOTA3** e **ALUNO.NOTA4**.

9.2.2 Leitura de Registro

A leitura de um registro é realizada com a instrução **leia** seguida do nome da variável do tipo registro e seu campo correspondente separado por um caractere "." ponto. A Figura 9.5 apresenta o diagrama de blocos e o código em português estruturado referentes ao programa LEITURA, com base na estrutura de dados de registro da Figura 9.4.

Diagramação	Codificação

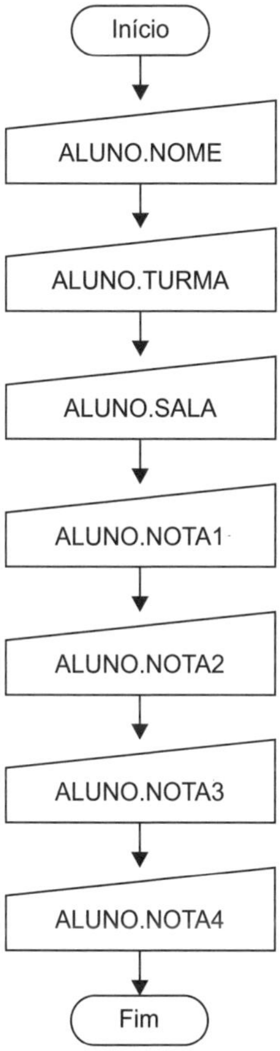


```
programa LEITURA_V1
tipo
  CAD_ALUNO = registro
                NOME  : cadeia
                TURMA : caractere
                SALA  : inteiro
                NOTA1 : real
                NOTA2 : real
                NOTA3 : real
                NOTA4 : real
              fim_registro
var
  ALUNO : cad_aluno
início
  leia ALUNO.NOME
  leia ALUNO.TURMA
  leia ALUNO.SALA
  leia ALUNO.NOTA1
  leia ALUNO.NOTA2
  leia ALUNO.NOTA3
  leia ALUNO.NOTA4
fim
```

Figura 9.5 Exemplo de leitura de um registro.

Uma leitura de registros também pode ser feita com a instrução **leia** *ALUNO*. Nesse caso, é feita uma leitura genérica, em que todos os campos são referenciados implicitamente. A forma explícita apresentada anteriormente é mais legível, uma vez que se faz referência a um campo em específico.

9.2.3 Escrita de Registro

O processo de escrita de um registro é realizado com a instrução **escreva** de forma semelhante ao processo de leitura. Observe na Figura 9.6 o diagrama de blocos e o código em português estruturado referentes ao programa ESCRITA, com base na estrutura de dados de registro da Figura 9.4.

Diagramação	Codificação

Figura 9.6 Exemplo de escrita de um registro.

```
programa ESCRITA_V1
tipo
  CAD_ALUNO = registro
                    NOME  : cadeia
                    TURMA : caractere
                    SALA  : inteiro
                    NOTA1 : real
                    NOTA2 : real
                    NOTA3 : real
                    NOTA4 : real
                 fim_registro
var
  ALUNO : cad_aluno
início
  escreva ALUNO.NOME
  escreva ALUNO.TURMA
  escreva ALUNO.SALA
  escreva ALUNO.NOTA1
  escreva ALUNO.NOTA2
  escreva ALUNO.NOTA3
  escreva ALUNO.NOTA4
fim
```

A escrita de um registro também pode ser feita com a instrução **escreva** *ALUNO*, desde que se deseje uma escrita genérica de todos os campos de uma única vez. A estrutura de registro apresentada permite somente a leitura e a escrita de um único conjunto de campos para um registro. Mais adiante, vamos estudar como ler e escrever mais de um registro.

Como exemplo contextualizado, o programa anterior pode ser visto em algumas linguagens de programação a partir do repositório GitHub: **https://github.com/J-AugustoManzano/livro_Algoritmos_Logica/tree/main/Cap%2009/9.2%20-%20Tipo%20de%20Dado%20Derivado**.

Se desejar, aponte para o QR Code ao lado e tenha acesso ao repositório indicado.

uqr.to/1wj53

9.3 Estrutura de Registro de Matriz

O tópico anterior mostrou como usar um registro de dados heterogêneos. Neste, vamos ensinar a usar uma matriz de uma dimensão dentro de um registro. Considere como exemplo o registro **CAD_ALUNO** já utilizado, com os campos **NOME**, **MATRÍCULA**, **SALA**, **NOTA1**, **NOTA2**, **NOTA3** e **NOTA4**. É possível usar uma matriz para guardar de forma mais cômoda o vetor de notas escolares. A proposta a seguir apresenta uma variável indexada que se chama **NOTAS** (campo indexado) com quatro índices, um para cada nota bimestral. A Figura 9.7 mostra o *layout* dessa nova proposta.

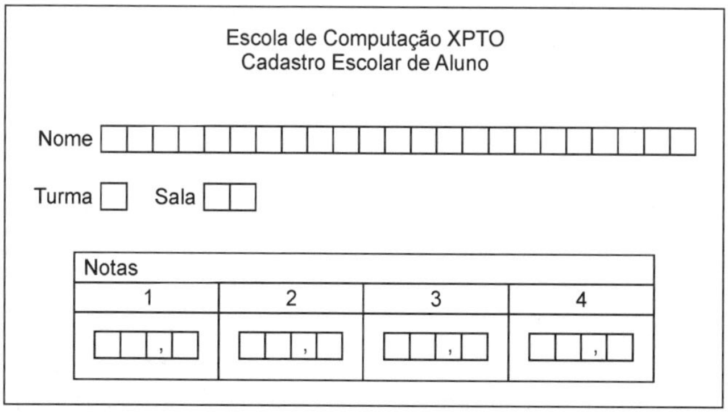

Figura 9.7 Exemplo do *layout* de um registro de conjunto com seus campos.

A Figura 9.7 apresenta o quadro **NOTAS** com quatro posições (índices) para o registro das notas bimestrais escolares de um aluno. O objetivo neste estágio é criar na estrutura do registro **CAD_ALUNO** uma matriz de uma dimensão do tipo real para facilitar a construção do próprio registro e sua manipulação pelo programa que gerenciará o acesso a essa estrutura de dados.

9.3.1 Atribuição de Registro de Matriz

A partir da proposta de um registro denominado **CAD_ALUNO**, cujas notas bimestrais serão informadas em uma matriz de uma dimensão (vetor) de tipo real com nome **NOTAS**, observe a estrutura de documentação proposta no cartão RCI da Figura 9.8 e sua descrição em português estruturado.

Registro: CAD_ALUNO	
Campo	Tipo
NOME TURMA SALA NOTAS	cadeia caractere inteiro conjunto[1..4]de real

Figura 9.8 Estrutura do registro de matriz CAD_ALUNO.

Codificação

```
tipo
  CAD_ALUNO = registro
                 NOME  : cadeia
                 TURMA : caractere
                 SALA  : inteiro
                 NOTAS : conjunto[1..4] de real
              fim_registro
```

9.3.2 Tipo de Dado Derivado: Definido pelo Programador

Apesar de **registro** ser um tipo de dado derivado e poder ter seu formato especificado pelo próprio programador, é considerado preexistente. Assim, a liberdade para um novo tipo de dado (derivado) com base em registro é, de certa maneira, restrita, pois ela só existe quando o programador indica seu próprio tipo de dado sem nenhuma restrição preexistente.

A criação de tipos de dados definidos (derivados) pelo próprio programador ocorre por vários motivos, entre os quais a busca de simplificação de uma forma que será usada em vários pontos do mesmo programa, e isso também se chama abstração de dados.

No contexto apresentado, imagine que se queira um tipo de dado derivado com o nome **bimestre**, e esse tipo de abstração de dado representa um conjunto de quatro posições para armazenamento de dados do tipo real. Após o uso do comando **tipo**, indica-se a linha de código **BIMESTRE = conjunto[1..4] de real**, estabelecendo a criação de um tipo de dado derivado denominado **bimestre**, que representa uma estrutura matricial de uma dimensão com quatro posições do tipo real.

Observe nas Figuras 9.9 e 9.10 o dado derivado **bimestre** criado pelo programador e seu uso no registro **CAD_ALUNO**. Note o formato codificado em português estruturado em seguida.

Tipo de dado definido: BIMESTRE
Estrutura da definição
conjunto[1..4] de real

Figura 9.9 Definição do tipo bimestre.

Registro: CAD_ALUNO	
Campo	Tipo
NOME TURMA SALA NOTAS	cadeia caractere inteiro bimestre

Figura 9.10 Estrutura do registro de matriz CAD_ALUNO com uso do tipo bimestre.

Codificação

```
tipo
  BIMESTRE = conjunto[1..4] de real
  CAD_ALUNO = registro
                NOME  : cadeia
                TURMA : caractere
                SALA  : inteiro
                NOTAS : bimestre
              fim_registro
```

Na especificação do registro **CAD_ALUNO** existe um campo denominado **NOTAS** do tipo **bimestre**, sendo *bimestre* um dado derivado matricial unidimensional com a capacidade de armazenar quatro elementos do dado primitivo **real**.

9.3.3 Leitura de Registro de Conjuntos

A leitura do campo indexado de um registro de matriz deve ser realizada com a instrução **leia** dentro de um laço. Observe o diagrama de blocos da Figura 9.11 e o código correspondente em português estruturado que representam a leitura do nome, da turma, da sala e das quatro notas bimestrais do aluno.

Diagramação	Codificação

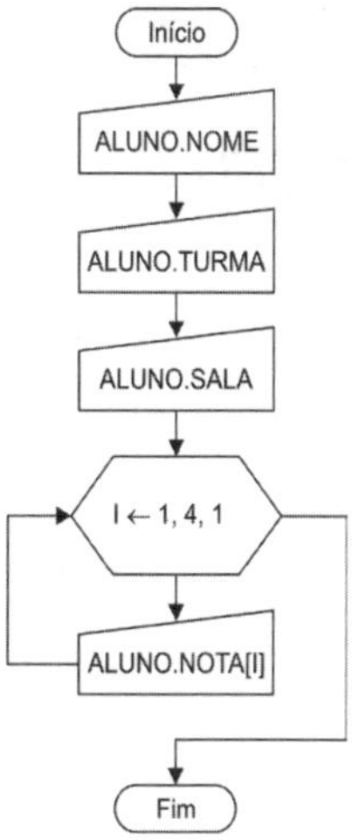

Figura 9.11 Exemplo de leitura de um registro de conjunto.

```
programa LEITURA_V2
tipo
  BIMESTRE = conjunto[1..4] de real
  CAD_ALUNO = registro
                NOME  : cadeia
                TURMA : caractere
                SALA  : inteiro
                NOTAS : bimestre
              fim_registro
var
  ALUNO : cad_aluno
  I : inteiro
início
  leia ALUNO.NOME
  leia ALUNO.TURMA
  leia ALUNO.SALA
  para I de 1 até 4 passo 1 faça
    leia ALUNO.NOTAS[I]
  fim_para
fim
```

9.3.4 Escrita de Registro de Conjuntos

O processo de escrita de um registro de matriz é feito com a instrução **escreva** de modo semelhante ao processo de leitura. Observe em seguida o diagrama de blocos da Figura 9.12 e o código correspondente em português estruturado.

Diagramação	Codificação

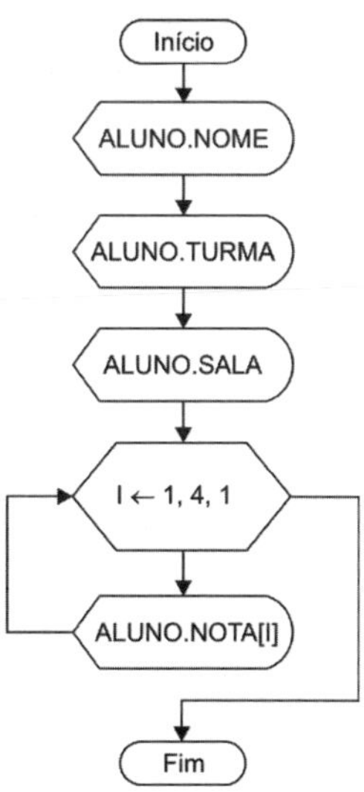

Figura 9.12 Exemplo de escrita de um registro de conjunto.

```
programa ESCRITA_V2
tipo
  BIMESTRE = conjunto[1..4] de real
  CAD_ALUNO = registro
                NOME  : cadeia
                TURMA : caractere
                SALA  : inteiro
                NOTAS : bimestre
              fim_registro
var
  ALUNO : cad_aluno
  I : inteiro
início
  escreva ALUNO.NOME
  escreva ALUNO.TURMA
  escreva ALUNO.SALA
  para I de 1 até 4 passo 1 faça
    escreva ALUNO.NOTAS[I]
  fim_para
fim
```

Como exemplo contextualizado, o programa anterior pode ser visto em algumas linguagens de programação a partir do repositório GitHub: **https://github.com/J-AugustoManzano/livro_Algoritmos_Logica/tree/main/Cap%2009/9.3%20-%20Estrutura%20de%20Registro%20de%20Matriz**.

Se desejar, aponte para o QR Code ao lado e tenha acesso ao repositório indicado.

uqr.to/1wj54

9.4 Estrutura de Matriz de Registros

Com as técnicas de programação apresentadas neste capítulo, passou-se a ter muita mobilidade para trabalhar de forma mais adequada com diversos tipos de problema, principalmente aqueles que envolvem dados heterogêneos, facilitando a construção de programas que necessitam operar com uma estrutura de dados mais flexível. Os programas apresentados com registros só fizeram menção à leitura e escrita de um único registro, mas não em relação a um número maior de registros. Assim, introduz-se matriz de registros que permite a construção de programas que fazem entrada, processamento e saída de diversos registros.

9.4.1 Atribuição de Matriz de Registros

Para declarar uma matriz de registros, é necessário possuir um registro, ou seja, é necessário ter o formato da estrutura do registro (será utilizada a mesma estrutura representada nas Figuras 9.9 e 9.10) para então escolher os oito registros a serem utilizados pelo programa.

Para exemplificar o exposto, considere que seja necessário desenvolver um programa que leia o nome e as quatro notas escolares de oito alunos. Isso já é familiar. Veja a seguir o tipo de dado derivado registro dimensionado para oito alunos:

Codificação

```
tipo
  BIMESTRE = conjunto[1..4] de real
  CAD_ALUNO = registro
                NOME  : cadeia
                TURMA : caractere
                SALA  : inteiro
                NOTAS : bimestre
              fim_registro
var
  ALUNO : conjunto[1..8] de cad_aluno
```

Após a instrução **var**, é indicada a variável **ALUNO**, que é um conjunto (uma matriz) de oito posições com a capacidade de armazenar os registros do tipo **cad_aluno**.

9.4.2 Leitura de Matriz de Registros

A leitura dos elementos da matriz de registros será feita com dois laços, pois, além de controlar a entrada das quatro notas de cada aluno, é necessário controlar a entrada de oito alunos. Essa estrutura é bastante similar a uma matriz de duas dimensões. Observe o diagrama de blocos da Figura 9.13 e o código correspondente em português estruturado.

O laço da variável **I** controla o número de alunos da turma, no caso oito, e o laço da variável **J** controla o número de notas, até quatro por aluno. Para cada movimentação de mais um na variável **I** existem quatro movimentações na variável **J**.

Diagramação

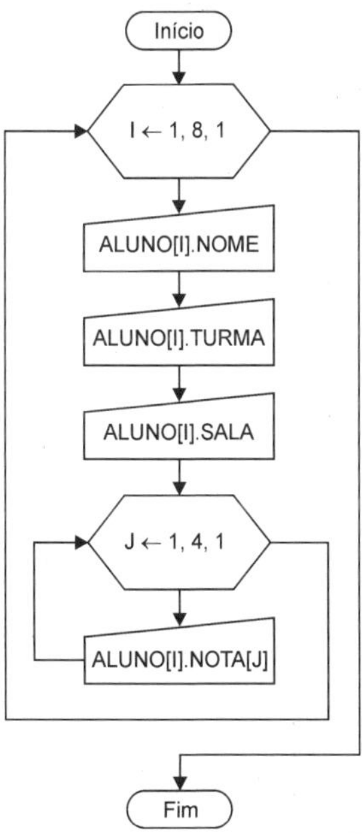

Figura 9.13 Exemplo de leitura de um conjunto de registros.

Codificação

```
programa LEITURA_V3
tipo
  BIMESTRE = conjunto[1..4] de real
  CAD_ALUNO = registro
                NOME  : cadeia
                TURMA : caractere
                SALA  : inteiro
                NOTAS : bimestre
              fim_registro
var
  ALUNO : conjunto[1..8] de cad_aluno
  I, J : inteiro
início
  para I de 1 até 8 passo 1 faça
    leia ALUNO[I].NOME
    leia ALUNO[I].TURMA
    leia ALUNO[I].SALA
    para J de 1 até 4 passo 1 faça
      leia ALUNO[I].NOTAS[J]
    fim_para
  fim_para
fim
```

9.4.3 Escrita de Matriz de Registros

O processo de escrita dos elementos de uma matriz de registros é similar aos modos já estudados. Observe o diagrama de blocos da Figura 9.14 e o código correspondente em português estruturado.

Diagramação	Codificação

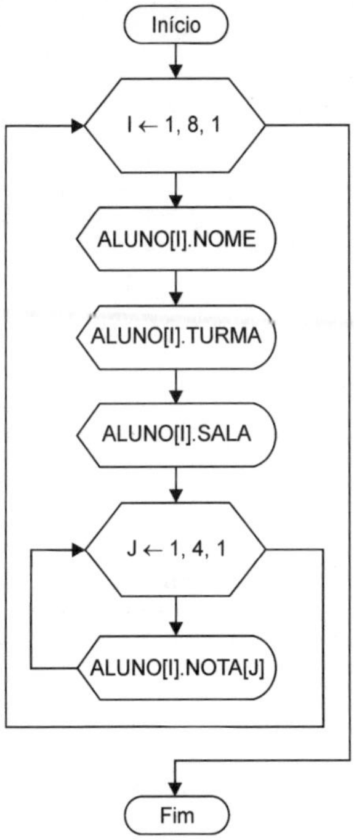

Figura 9.14 Exemplo de escrita de um conjunto de registros.

```
programa ESCRITA_V3
tipo
  BIMESTRE = conjunto[1..4] de real
  CAD_ALUNO = registro
                NOME  : cadeia
                TURMA : caractere
                SALA  : inteiro
                NOTAS : bimestre
              fim_registro
var
  ALUNO : conjunto[1..8] de cad_aluno
  I, J : inteiro
início
  para I de 1 até 8 passo 1 faça
    escreva ALUNO[I].NOME
    escreva ALUNO[I].TURMA
    escreva ALUNO[I].SALA
    para J de 1 até 4 passo 1 faça
      escreva ALUNO[I].NOTAS[J]
    fim_para
  fim_para
fim
```

Como exemplo contextualizado, o programa anterior pode ser visto em algumas linguagens de programação a partir do repositório GitHub: **https://github.com/J-AugustoManzano/livro_Algoritmos_Logica/tree/main/Cap%2009/9.4%20-%20Estrutura%20de%20Matriz%20de%20Registros**.

Se desejar, aponte para o QR Code ao lado e tenha acesso ao repositório indicado.

uqr.to/1wj55

Exercício de Aprendizagem

Para demonstrar a utilização de programas com tabelas de dados com base em estruturas heterogêneas a partir da construção de registros, considere os seguintes problemas:

Exemplo 1

Desenvolver um programa que leia quatro notas bimestrais de oito alunos e apresente no final os registros desses alunos ordenados alfabeticamente pelo campo nome de forma ascendente.

Entendimento

O algoritmo de ordenação a ser utilizado é o mesmo apresentado no Capítulo 7 e será aplicado da mesma maneira, porém, é necessário estabelecer dois critérios:

- Por se tratar de uma ordenação de registro, é preciso estabelecer a variável de auxílio à troca, a qual pode ser denominada **X**, sendo do tipo registro.
- A ordenação é feita com base no campo **NOME** de cada um dos registros e, quando estiver fora da ordem, os dados devem ser trocados de posição. O campo **NOME** será a chave de classificação da tabela.

Diagramação

Observe o diagrama de blocos apresentado nas três etapas das Figuras 9.15(a), 9.15(b) e 9.15(c) com uso da estrutura de dados heterogênea indicada nas Figuras 9.9 e 9.10. Atente exclusivamente para o trecho responsável pela ordenação dos registros na Figura 9.15(b). É questionado se o nome do aluno atual (variável **I**) é maior que o nome do aluno próximo (variável **J**). Sendo a condição verdadeira, efetua-se a troca não só do campo **NOME**, mas de todos os outros campos que compõem a estrutura da tabela em uso.

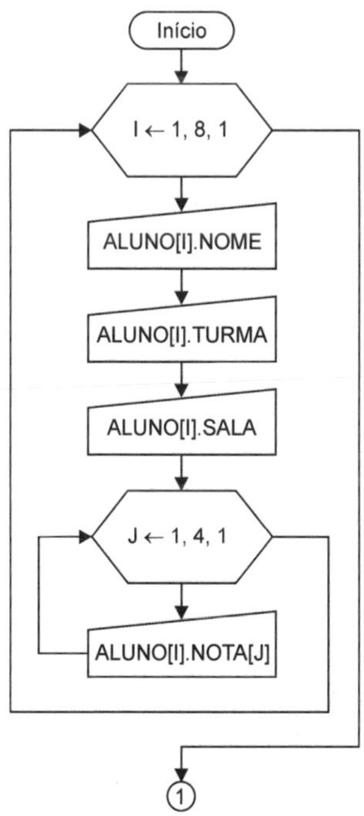

Figura 9.15(a) Trecho responsável pela entrada dos registros.

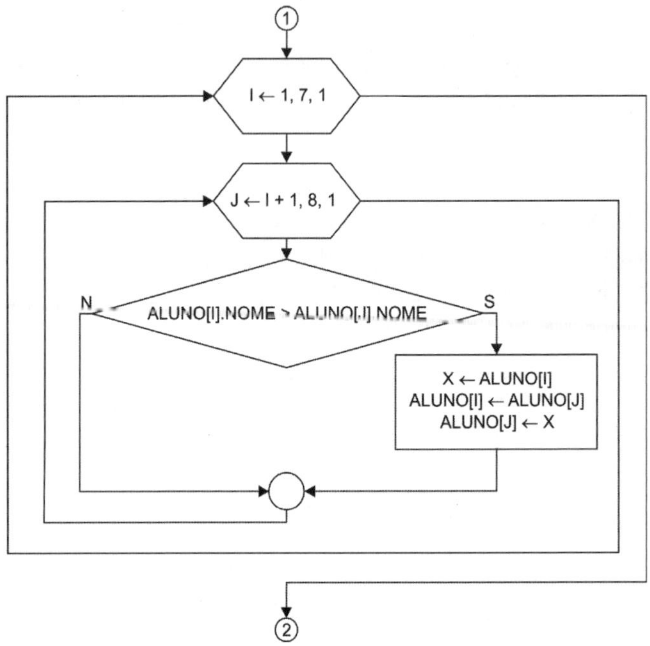

Figura 9.15(b) Trecho responsável pelo processamento da ordenação dos registros.

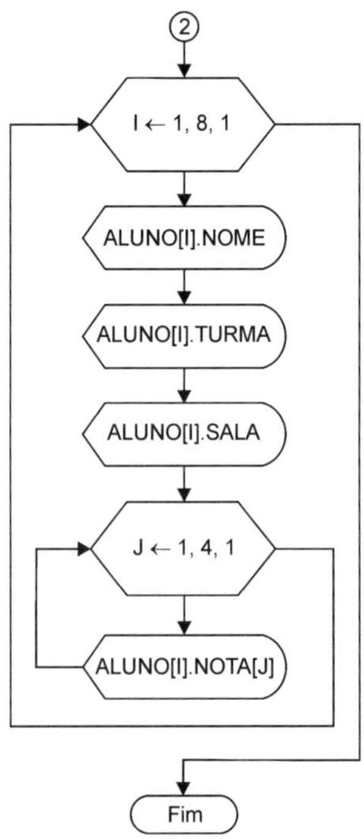

Figura 9.15(c) Trecho responsável pela saída dos registros.

Codificação

```
programa LEITURA_ORDENAÇÃO_ESCRITA
tipo
  BIMESTRE = conjunto[1..4] de real
  CAD_ALUNO = registro
                NOME  : cadeia
                TURMA : caractere
                SALA  : inteiro
                NOTA  : bimestre
              fim_registro
var
  ALUNO : conjunto[1..8] de cad_aluno
  I, J : inteiro
  X : cad_aluno
início

  // Trecho de entrada de dados heterogêneos

  para I de 1 até 8 passo 1 faça
    leia ALUNO[I].NOME
    leia ALUNO[I].TURMA
    leia ALUNO[I].SALA
    para J de 1 até 4 passo 1 faça
      leia ALUNO[I].NOTA[J]
    fim_para
  fim_para

  // Trecho de ordenação de dados heterogêneos

  para I de 1 até 7 passo 1 faça
    para J de I + 1 até 8 passo 1 faça
      se (ALUNO[I].NOME > ALUNO[J].NOME) então
        X ← ALUNO[I]
        ALUNO[I] ← ALUNO[J]
        ALUNO[J] ← X
      fim_se
    fim_para
  fim_para

  // Trecho de saída de dados heterogêneos

  para I de 1 até 8 passo 1 faça
    escreva ALUNO[I].NOME
    escreva ALUNO[I].TURMA
    escreva ALUNO[I].SALA
    para J de 1 até 4 passo 1 faça
      escreva ALUNO[I].NOTA[J]
    fim_para
  fim_para
fim
```

Exemplo 2

Desenvolver um programa que leia uma tabela de cargos e salários. Em seguida, o programa deve solicitar que seja fornecido o código de determinado cargo. Esse código deve estar entre 1 e 17. O operador do programa pode fazer quantas consultas desejar. Sendo o código válido, o programa deve apresentar o cargo e o salário associados ao cargo selecionado. Caso seja inválido, deve avisar o operador dessa ocorrência. Para inserir dados no sistema dos códigos de cargos/salários, observe a Tabela 9.1.

Tabela 9.1 Cargos e salários

Tabela de cargos e salários		
Código	**Cargo**	**Salário**
1	Analista de Salários	9.00
2	Auxiliar de Contabilidade	6.25
3	Chefe de Cobrança	8.04
4	Chefe de Expedição	8.58
5	Contador	15.60
6	Gerente de Divisão	22.90
7	Escriturário	5.00
8	Faxineiro	3.20
9	Gerente Administrativo	10.30

Tabela de cargos e salários		
Código	**Cargo**	**Salário**
10	Gerente Comercial	10.40
11	Gerente de Pessoal	10.29
12	Gerente de Treinamento	10.68
13	Gerente Financeiro	10.54
14	Contínuo	2.46
15	Operador de Computador	6.05
16	Programador de Computador	9.10
17	Secretária	7.31

Entendimento

Observe os breves passos que o programa deve executar. No tocante ao uso do algoritmo de pesquisa, será usado o método de pesquisa sequencial:

1. A tabela em questão é formada por três tipos de dados: o código, que é um tipo primitivo inteiro, o cargo, que é um primitivo cadeia, e o número de salários, um tipo primitivo real.
2. A partir das características apontadas no item 1, elaborar o dado derivado do tipo registro para acomodar o formato indicado.
3. Cadastrar na tabela os registros da tabela de cargos e salários. Para facilitar a entrada dos dados, o programa deve fornecer de forma automática o número do código de cargo e salário no momento do cadastramento.
4. Criar um laço para executar as consultas enquanto o usuário do sistema desejar.
5. Pedir o código do cargo; se válido, apresentar o cargo e o salário.
6. Se o código for inexistente, apresentar a mensagem "Cargo inexistente" ao usuário.
7. Saber do usuário se ele deseja continuar as consultas; se sim, repetir os passos 5 e 6; se não, encerrar o programa.

Diagramação

O diagrama de blocos da Figura 9.17 baseia-se na estrutura do tipo de dado derivado registro apresentado na Figura 9.16.

Registro: REG_DADOS	
Campo	Tipo
CÓDIGO CARGO SALÁRIO	inteiro cadeia real

Figura 9.16 Estrutura CRC do registro de dados da tabela de cargos e salários.

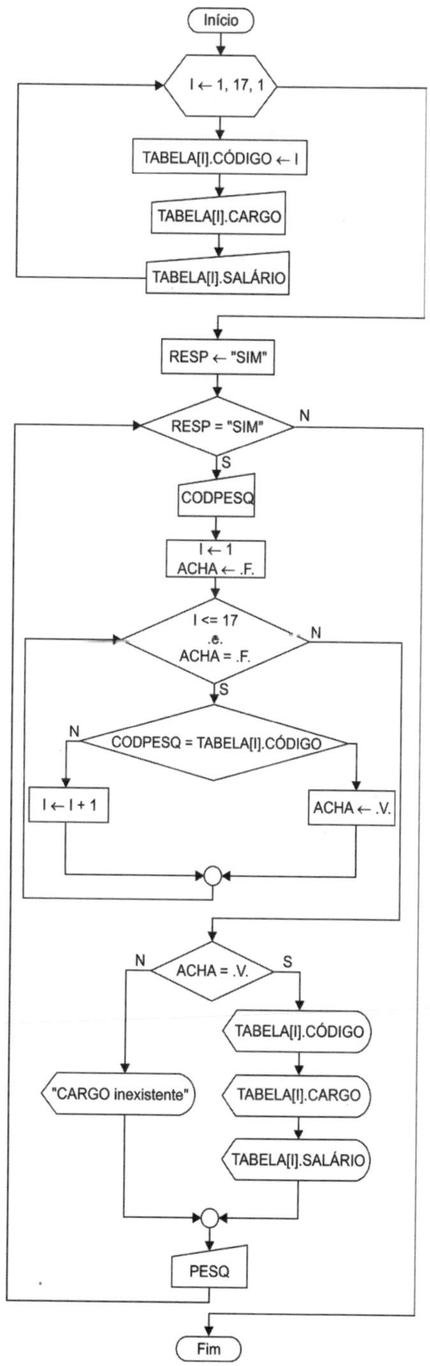

Figura 9.17 Diagrama de blocos do programa de manipulação da tabela de cargos e salários.

Codificação

```
programa TABELA_DE_SALÁRIOS
tipo
  REG_DADOS = registro
              CÓDIGO  : inteiro
              CARGO   : cadeia
              SALÁRIO : real
            fim_registro
var
  TABELA : conjunto[1..17] de reg_dados
  I, CODPESQ : inteiro
  RESP : caractere
  ACHA : lógico
início

  // Trecho de entrada dos dados da tabela

  para I de 1 até 17 passo 1 faça
    TABELA[I].CÓDIGO ← I
    escreva "Código ......: ", TABELA[I].CÓDIGO
    escreva "Cargo .......: " leia TABELA[I].CARGO
    escreva "Salário .....: " leia TABELA[I].SALÁRIO
  fim_para

  // Trecho de pesquisa sequencial

  RESP ← "S"
  enquanto (RESP = "S") faça

    escreva "Qual código - 1 a 17: "

    leia CODPESQ
    I ← 1
    ACHA ← .Falso.
    enquanto (I <= 17) .e. (ACHA = .Falso.) faça
      se (CODPESQ = TABELA[I].CÓDIGO) então
        ACHA ← .Verdadeiro.
      senão
        I ← I + 1
      fim_se
    fim_enquanto
    se (ACHA = .Verdadeiro.) então
      escreva "Código:  ", TABELA[I].CÓDIGO
      escreva "Cargo:   ", TABELA[I].CARGO
      escreva "Salário: ", TABELA[I].SALÁRIO
    senão
      escreva "Cargo Inexistente"
    fim_se

    escreva "Deseja continuar pesquisa? - Responda [S]im ou [N]ão: "
    leia RESP

  fim_enquanto
fim
```

Os detalhes retratados neste capítulo, sobre programação uso de registros (estrutura de dados derivada), são facilmente encontrados em qualquer linguagem de programação estruturada, modular ou orientada a objetos, como: AWK, Structured BASIC, C, C++, C#, D, Dart, Fortran, Go, Groovy, Java, JavaScript, Julia, Kotlin, Lua, Pascal, Perl, PHP, Pike, Python, Raku, Ruby, Rust, Scala, Swift, Tcl, TypeScript, Visual Basic .Net, entre outras.

Exercícios de Fixação

1. Elaborar um programa que efetue o gerenciamento dos dados de 10 registros de uma agenda que contenha nomes, endereços e telefones, defina a estrutura de registro apropriada, o diagrama de blocos e a codificação de um programa que, por meio de um menu de opções, execute as seguintes etapas:

   a) Cadastrar os 10 registros.

   b) Pesquisar um registro de cada vez pelo campo nome (usar o método sequencial).

   c) Classificar por ordem de nome os registros cadastrados.

   d) Apresentar todos os registros.

   e) Sair do programa de cadastro.

2. Elaborar um programa escolar que armazene o nome e as notas bimestrais de 20 alunos de determinado curso, definir a estrutura de registro apropriada, o diagrama de blocos e a codificação de um programa que, por meio de um menu de opções, execute as seguintes etapas:

   a) Cadastrar os 20 registros (após o cadastro dos 20 registros, classificar imediatamente a tabela de dados pelo campo nome).

   b) Pesquisar os 20 registros, de cada vez, pelo campo nome (usar o método de pesquisa binária; nessa pesquisa, o programa deve também apresentar a média do aluno e as mensagens: "Aprovado", caso sua média seja maior ou igual a 5, ou "Reprovado" para média abaixo de 5).

   c) Apresentar todos os registros, médias e a mensagem de aprovação ou reprovação.

   d) Sair do programa de cadastro.

3. Elaborar um programa que armazene o nome e a altura de 15 pessoas com o uso de registros. O programa deve usar um menu que execute as seguintes etapas:

   a) Cadastrar os 15 registros.

   b) Apresentar os registros (nome e altura) das pessoas com 1,5 m ou menores.

   c) Apresentar os registros (nome e altura) das pessoas com mais de 1,5 m.

   d) Apresentar os registros (nome e altura) das pessoas com mais de 1,5 m e menos de 2,0 m.

   e) Apresentar todos os registros com a média extraída de todas as alturas armazenadas.

   f) Sair do programa de cadastro.

4. Elaborar um programa que gerencie os registros de 20 funcionários, contendo os campos matrícula, nome e salário. O programa deve, por meio de um menu, executar as seguintes etapas:

   a) Cadastrar os 20 empregados.

   b) Classificar os registros por número de matrícula.

   c) Pesquisar determinado empregado pelo número de matrícula (método binário).

d) Apresentar de forma ordenada os registros dos empregados que recebem salários acima de R$ 1.000.

e) Apresentar de forma ordenada os registros dos empregados que recebem salários abaixo de R$ 1.000.

f) Apresentar de forma ordenada os registros dos empregados que recebem salários iguais a R$ 1.000.

g) Sair do programa de cadastro.

Fica a critério do professor selecionar a ordem e/ou os exercícios a serem resolvidos pelos alunos.

Videoaulas

Após a leitura do Capítulo 9, é propício assistir às videoaulas disponíveis no QR Code a seguir. Assista-as na ordem que apresentamos.

uqr.to/1wj56

CAPÍTULO 10

PROGRAMAÇÃO COM SUB-ROTINAS (MODULAR)

Este capítulo mostra os detalhes do que caracteriza seguir o padrão da filosofia do paradigma de programação modular de computadores a partir da base e uso de subprogramas na forma de sub-rotinas, representados neste livro como procedimentos e funções. A estratégia de criação de subprogramas, também conhecida como abstração procedimental ou modularidade, permite trabalhar diretamente em atendimento à filosofia da programação estruturada. O uso de módulos possibilita, a partir de um grande problema, dividi-lo em pequenas partes. Ao resolver as partes menores do problema, automaticamente obtém-se a solução do problema como um todo. Além da modularidade, apresenta-se também o uso de variáveis globais e locais; passagens de parâmetros por valor e por referência a partir do uso de argumentos; parâmetros formais e reais e outros detalhes para controlar as estratégias de programação do universo da programação imperativa, a qual suporta a programação estruturada e a programação orientada a objetos. A estratégia de trabalho com base no uso de sub-rotinas caracteriza-se pela ação de *dividir para conquistar.*

10.1 Ser Programador

Em alguns capítulos, mais propriamente a partir do terceiro, foi discutido, no início de cada um deles, o sentido de "ser programador". Cabe ressaltar que "ser" foi enfatizado tanto como *verbo* (predicativo) quanto como *substantivo.* Como verbo, procurou-se descrever a atividade de programação de computadores e o cuidado ético que exige da pessoa que a ela se dedica. Como substantivo, procurou-se descrever o comportamento e a atuação do programador diante das necessidades de mercado e como esse mercado espera a realização desse trabalho. Neste sentido, parafraseando o grande escritor britânico William Shakespeare (1564-1616), que em sua peça *Hamlet*, no Ato III/Cena I, cita a famosa frase: *To be or not to be, that's the question* (Ser ou não ser, eis a questão). Assim, fica aqui registrado: *Ser ou não ser programador, eis a questão.*

Partindo para a esfera lógica, descreveu-se a relação entre o sujeito "ser" com o seu predicado "programador". Já na esfera filosófica descreveu-se a condição de qualidade a ser desenvolvida e empenhada pelo (sujeito) "programador".

Cabe deixar para reflexão do estudante de programação o registro de um ensinamento passado por M. A. Jackson (1975). Ele afirmou que o início da sabedoria, do conhecimento de um programador de computador, é entender a diferença entre fazer um programa certo e fazê-lo funcionar. De fato, o mercado necessita de programadores que saibam fazer o programa certo, que saibam de fato programar e utilizem técnicas de trabalho reconhecidas e validadas internacionalmente. Não é possível, em hipótese nenhuma, produzir sistemas de informação e outros tipos de programas com qualidade por meio de mãos que fazem simplesmente os programas funcionarem. Chega de "gambiarra".

10.2 Modularidade

O efeito de *modularidade* em programação decorre do uso da organização hierárquica de programas caracterizando o paradigma de *programação modular* com o objetivo de aumentar a qualidade de escrita de códigos de programas, tornando-os mais fáceis de se manter e evoluir. Esta técnica foi absorvida pelo paradigma de *programação estruturada* fazendo parte, inclusive, do paradigma de *programação orientada a objetos*.

O pensamento modular surge naturalmente com os computadores no sentido de buscar formas de reaproveitar códigos de programas já escritos e organizar melhor o desenvolvimento de cada aplicação. Visa desenvolver módulos que sejam responsáveis por tarefas específicas de um programa, podendo esses módulos ser chamados várias vezes e evitando-se a necessidade de escrever o mesmo código em outras partes de um programa.

A necessidade em reaproveitar códigos e organizá-los hierarquicamente vem ocorrendo desde o período em que a programação era realizada apenas com códigos de máquina (programas escritos utilizando-se números binários e hexadecimais), antes mesmo da existência da linguagem Assembly.

Veja que desde o início da computação tem-se o desenvolvimento de um pensar estruturado, mesmo que as linguagens de programação da época não fossem estruturadas. O conceito de modularidade na programação de computadores tem sido adotado desde meados da década de 1950, segundo aponta Pressman (1995, p. 427).

O cenário de desenvolvimento na área da computação muda quando, em 1958, é lançada uma linguagem algorítmica chamada ALGOL (**ALGO**rithmic **L**anguage). ALGOL é o primeiro exemplar de uma linguagem de programação estruturada, apresentando comandos para a efetivação de laços pré-teste (decisão-ação) e pós-teste (ação-decisão), além do uso intenso do mecanismo de modularidade.

A programação modular baseia-se no uso de estruturas denominadas módulos, sub-rotinas ou subprogramas. Seu objetivo é dividir em pequenas partes um problema que seja considerado grande e, assim, de maior dificuldade de solução, pois, em linhas gerais, problemas complexos exigem, para sua solução, algoritmos complexos. A divisão de um problema grande em problemas menores é conhecida como uma estratégia de divisão e conquista.

Os módulos são blocos de programas que podem efetuar operações computacionais de entrada, processamento e saída (não necessariamente nesta ordem) retornando ou não algum valor como resposta operacional. Ao dividir um problema complexo em módulos, automaticamente usa-se a ideia de abstração. Abstrair um algoritmo significa considerar isoladamente um ou mais elementos de seu todo;[23] significa separar o todo em partes que sejam mais fáceis de serem resolvidas.

A operação de funcionalidade de um módulo em um programa de computador baseia-se na existência de três características operacionais (adaptado de Sebesta, 2003, p. 330):

- Cada módulo possui um único ponto de chamada (entrada).
- Toda unidade de programa chamadora (unidade pai) é suspensa durante a execução da unidade de módulo (chamada unidade filho), o que implica a existência de somente um módulo em execução em determinado momento, exceto quando se usa paralelismo ou corrotinas (não abordados neste trabalho).
- Quando a execução da unidade filho é encerrada, o controle do fluxo de execução do programa volta para a primeira linha de instrução após a chamada do módulo na unidade pai (se for um módulo sem retorno de valor - procedimento) ou retorna na mesma linha de código que efetuou a chamada (se for um módulo com retorno de valor - função).

Ao se trabalhar com essa técnica, pode ocorrer a necessidade de dividir um módulo em outros tantos módulos quantos forem necessários, buscando a solução mais simples de parte do problema maior. A divisão de um módulo em outros módulos denomina-se *refinamento* (Wirth, 1971).

Um módulo de programa pode ser constituído de duas formas básicas, um *procedimento* ou uma *função*. O que muda nessas formas de sub-rotinas são detalhes de seu comportamento operacional: procedimentos não retornam valor e funções sempre retornam valor, e esse é um dos temas deste capítulo.

Tanto os módulos de *sub-rotina sem retorno de valor* (procedimento) como os módulos de *sub-rotina com retorno de valor* (função) são formas de estender os recursos de abstração apregoados pela filosofia da chamada programação estruturada. Um problema em relação ao uso de modularidade são as formas como esses módulos são conceituados e nomeados nas diversas linguagens de programação existentes. Esses módulos são referenciados a partir de algumas nomenclaturas, como: procedimentos, funções, métodos ou sub-rotinas membro. Em alguns casos, esses termos são usados como sinônimos ou como classificadores de seus estilos de operação, dependendo do paradigma de programação em uso, o que pode ficar confuso para programadores iniciantes e até mesmo para profissionais com certo grau de experiência.

Nesta obra, os módulos de programas são tratados como *sub-rotinas sem retorno de valor* na forma de *procedimentos* e *sub-rotinas com retorno de valor* na forma de *funções*.

---

23 O conceito de abstração usado na área de desenvolvimento de programação de computadores é, de certa forma, semelhante ao utilizado na área de filosofia. No dicionário *Aurélio* (2010) se encontra a definição de abstração como "ato de separar mentalmente um ou mais elementos de uma totalidade complexa (coisa, representação, fato), os quais só mentalmente podem subsistir fora dessa totalidade". A relação entre filosofia e computação conjumina-se graças à característica de um programa de computador ser criado a partir de uma linha de raciocínio lógico (um processo mental).

10.3 Métodos *Top-Down* e *Bottom-Up*

Os métodos *top-down* (de cima para baixo, programação descendente) e *bottom-up* (de baixo para cima, programação ascendente) podem ser utilizados para facilitar a construção de programas de computador. O método *top-down* descreve de forma resumida as ações de um programa sem se preocupar com detalhes que sejam específicos, ou seja, consiste em começar analisando o problema em linhas gerais para elucidar, pouco a pouco, os casos particulares (Abello, 1986, p. 9). Em contrapartida, o método *bottom-up* descreve detalhadamente as operações mínimas de um programa a partir de seus módulos e progride para os níveis mais altos até atingir o topo (Thakur, 2017).

De maneira mais prática, o desenvolvimento organizacional de um programa, ou seja, do projeto do programa em si, pode ser feito com base no método *top-down*. Já o desenvolvimento dos diagramas de blocos e do código do programa pode ser feito com o método *bottom-up*.

Os métodos *top-down* e *bottom-up* facilitam a aplicação das etapas da programação estruturada ou mesmo da programação orientada a objetos. Boa parte das modernas linguagens de programação estruturadas ou orientadas a objetos permite o uso dessas metodologias.

O método *top-down* caracteriza-se basicamente por:

- Antes de iniciar a construção de um programa de computador, o programador deve ter em mente as tarefas principais que ele deve executar. Não é necessário saber como funcionarão, somente quantas são.
- Conhecidas todas as tarefas a serem executadas, deve-se ter em mente como deve ser o *programa principal*, o qual vai controlar todas as outras tarefas distribuídas em sub-rotinas.
- Definido o programa principal, é iniciado o processo de detalhamento estrutural para cada sub-rotina. São definidos vários algoritmos, um para cada rotina em separado, para que se tenha uma visão do que deve ser executado em cada módulo de programa. Existem programadores que estabelecem o número máximo de linhas de programa que uma rotina deve possuir. Se o número de linhas ultrapassa o limite preestabelecido, a rotina em desenvolvimento é dividida em outra sub-rotina (é nesse ponto que se aplica o método de refinamento sucessivo).

O uso do método *top-down* faz com que a estrutura do programa seja semelhante a um organograma. A Figura 10.1 apresenta um exemplo dessa estrutura.

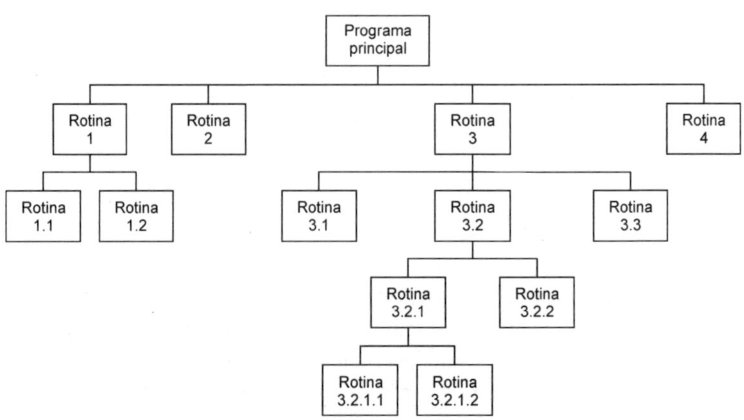

Figura 10.1 Organização hierárquica de programa com o método *top-down*.

A utilização do método "de cima para baixo - *top-down*" permite uma visão detalhada da estrutura de cada módulo de programa separadamente. Dessa maneira, por meio do projeto "de baixo para cima - *bottom-up*", cada uma das sub-rotinas do programa pode ser testada separadamente, garantindo que o programa completo esteja sem erro ao término, além de permitir que mais de um programador trabalhe no mesmo projeto, aumentando assim o tempo de produtividade no desenvolvimento de um programa de computador.

Outro detalhe a ser considerado é que, muitas vezes, existem em um programa trechos de códigos repetidos. Eles podem ser utilizados como sub-rotinas, proporcionando um programa menor e mais fácil de ser alterado.

A utilização de sub-rotinas na programação de computadores permite elaborar rotinas exclusivas. Por exemplo, uma rotina somente para entrada, outra para o processamento e outra para a saída dos dados. Se o leitor comparar essa proposta com o que foi estudado anteriormente, verá suas vantagens. Nos programas anteriores, todos os algoritmos de saída obrigavam a realizar primeiramente a entrada dos dados.

10.4 Sub-Rotina sem Retorno de Valor: Procedimento

Um módulo de procedimento (sub-rotina) é um bloco de programa com início e fim, identificado por um nome que referencia seu uso em qualquer parte do programa principal ou do programa chamador da sub-rotina. Este tipo de sub-rotina possui como comportamento retornar seu controle operacional para a primeira linha de instrução após sua chamada.

O uso de uma sub-rotina em um diagrama de blocos é idêntico às formas de desenho já utilizadas. No caso do desenho da ação da sub-rotina, a diferença está na identificação dos rótulos utilizados nos símbolos *terminal*, em que as identificações tradicionais de **início** (primeiro símbolo) e **fim** (segundo símbolo) são substituídas pelo nome do procedimento no primeiro símbolo de *terminal* e pelo rótulo de identificação **RETORNA** no segundo símbolo de *terminal*. Na representação da chamada da sub-rotina (ou procedimento) usa-se o símbolo *processo predefinido* (*predefined process*), idêntico ao símbolo de processamento com linhas paralelas à borda esquerda e também à borda direita, o qual tem por finalidade representar a chamada de um subprograma. A Figura 10.2 demonstra a estrutura básica dos diagramas de bloco que representam o programa chamador (a) e o módulo de procedimento (b) propriamente dito. Em seguida, apresenta-se a estrutura geral do código escrito em português estruturado.

Diagramação

Observe na Figura 10.2 dois diagramas de bloco. O diagrama de bloco (a) representa o programa chamador do subprograma (veja o uso do símbolo *processo predefinido*). O diagrama de bloco (b) representa a ação do módulo de procedimento. Atente para o uso dos símbolos *terminal* com as identificações início, fim, sub-rotina e retorna.

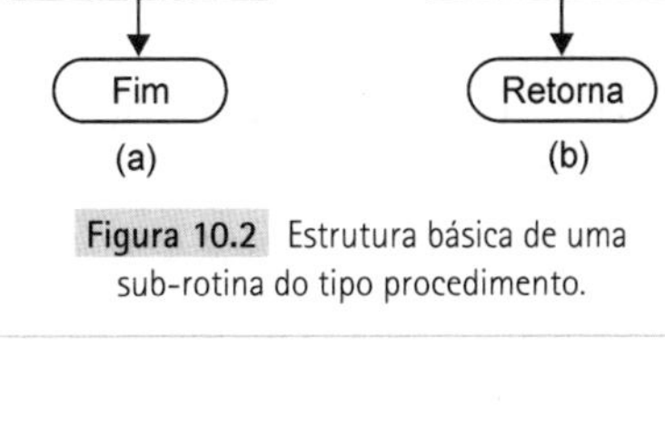

Figura 10.2 Estrutura básica de uma sub-rotina do tipo procedimento.

Codificação

```
programa <nome programa>
[var
  <variáveis>]

  procedimento <sub-rotina>
  [var
    <variáveis>]
  início
    <instruções>
  fim

[var
  <variáveis>]
início
  <sub-rotina>
fim
```

O código da sub-rotina deve ser escrito antes de sua chamada no trecho de chamada da sub--rotina, ou seja, escreve-se o código do programa com base no método "de baixo para cima – *bottom-up*". Perceba que a chamada da sub-rotina é representada em português estruturado de forma sublinhada, estando essa forma associada à ação indicada do símbolo *processo predefinido*.

A título de ilustração de uso de sub-rotina do tipo procedimento, considere o problema a seguir, observando as etapas de entendimento, diagramação e codificação.

Desenvolver um programa de computador que simule as operações básicas de uma calculadora que opere com a entrada de dois valores do tipo real após a escolha da operação a ser executada. O programa deve apresentar uma lista de opções (menu) com as operações matemáticas de adição, subtração, multiplicação e divisão, além de uma opção de saída do programa. Escolhida a opção desejada, deve ser solicitada a entrada de dois valores numéricos para que seja possível executar o processamento escolhido. Após a execução da operação, o programa deve apresentar o resultado. Após a execução de qualquer uma das operações de cálculo, o programa deve voltar para o menu de seleção.

Entendimento

O programa de simulação de calculadora deve ter um conjunto de cinco rotinas, sendo uma rotina principal e quatro secundárias. A rotina principal controla as quatro secundárias, que pedem a leitura de dois valores, fazem a operação associada e apresentam o resultado obtido. A Figura 10.3 exibe um organograma em estilo *top-down* com a ideia de hierarquização das rotinas do programa. A quinta opção não é uma rotina, apenas a opção que vai encerrar o laço de controle do menu.

A partir de uma ideia da estrutura geral do programa (Figura 10.3), escreve-se em separado cada algoritmo com os seus detalhes de operação. Primeiramente se definem as operações do programa principal e depois as operações das outras rotinas, de preferência na mesma ordem em que estão mencionadas no organograma da Figura 10.3, respeitando o método *top-down*.

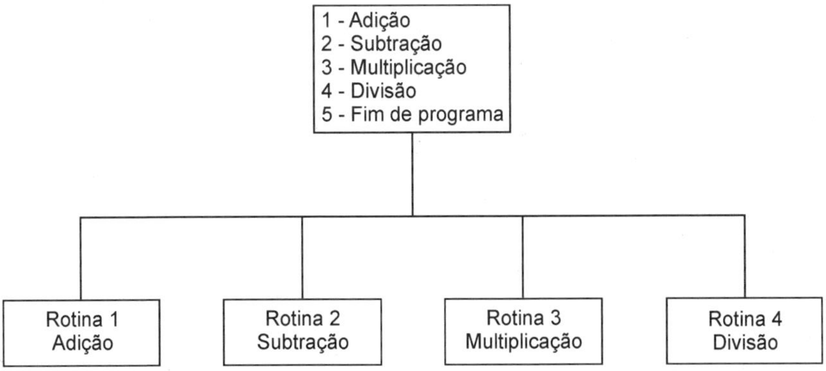

Figura 10.3 Hierarquia das rotinas do programa calculadora.

Programa principal

1. Apresentar um menu de seleção com cinco opções:
    1. Adição
    2. Subtração
    3. Multiplicação
    4. Divisão
    5. Fim de programa
2. Ao selecionar uma opção, a rotina correspondente deve ser executada.
3. Ao escolher o valor 5, o programa deve ser encerrado.

Rotina 1 – Adição

1. Ler dois valores, no caso variáveis A e B.
2. Efetuar a soma das variáveis A e B, colocando o resultado na variável R.
3. Apresentar o valor da variável R.
4. Retornar ao programa principal.

Rotina 2 – Subtração

1. Ler dois valores, no caso, variáveis A e B.
2. Efetuar a subtração das variáveis A e B, colocando o resultado na variável R.
3. Apresentar o valor da variável R.
4. Retornar ao programa principal.

Rotina 3 – Multiplicação

1. Ler dois valores, no caso, variáveis A e B.
2. Efetuar a multiplicação das variáveis A e B, colocando o resultado na variável R.
3. Apresentar o valor da variável R.
4. Retornar ao programa principal.

Rotina 4 – Divisão

1. Ler dois valores, no caso, variáveis A e B.
2. Efetuar a divisão das variáveis A e B, colocando o resultado na variável R.
3. Apresentar o valor da variável R.
4. Retornar ao programa principal.

Diagramação

Na diagramação de cada rotina (Figura 10.4), são definidas em separado suas ações como se fossem de um programa independente. O que muda é a forma de identificação do símbolo *terminal*. Em vez de se utilizarem os rótulos **início** e **fim**, utilizam-se o nome da sub-rotina para iniciar e o rótulo **retorna** indicando o encerramento da sub-rotina e seu retorno ao programa que a chamou. Em relação ao módulo principal do programa (Figura 10.5), observe o uso do símbolo *processo predefinido*, que indica a chamada de uma sub-rotina.

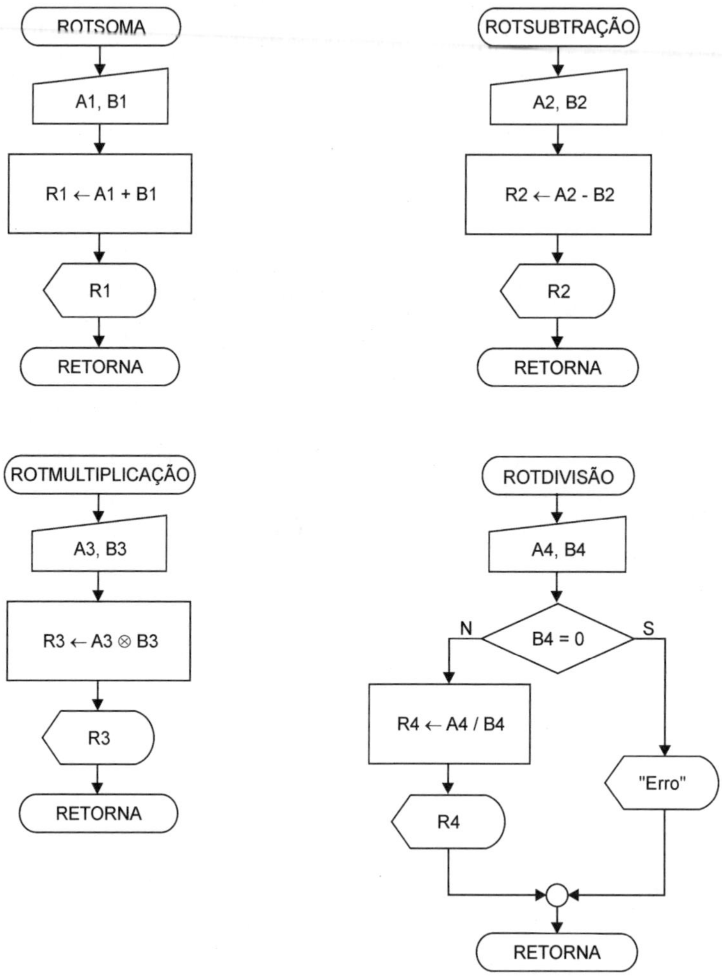

Figura 10.4 Diagrama de blocos para o programa calculadora com suas sub-rotinas.

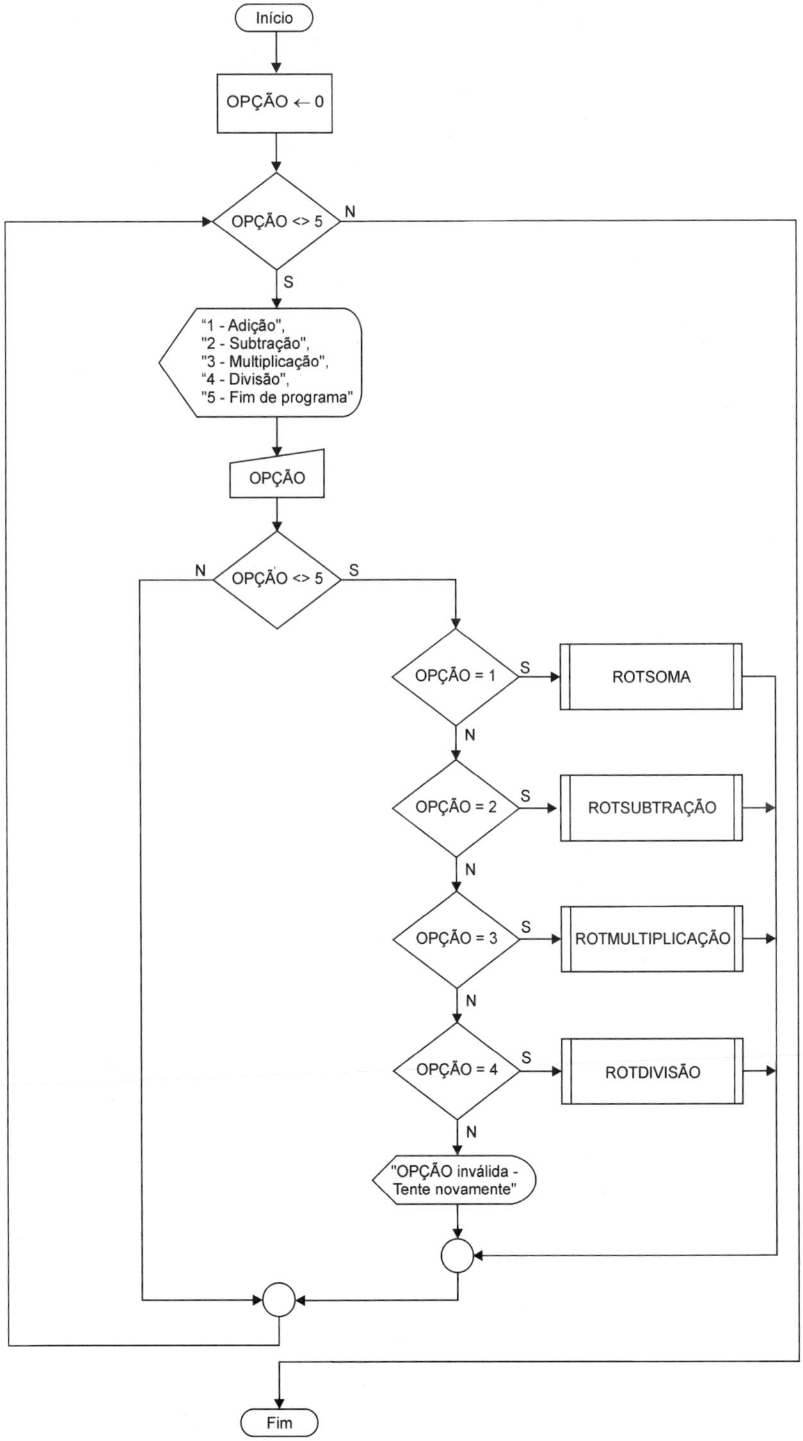

Figura 10.5 Diagrama de blocos para o programa calculadora com trecho principal.

Codificação

A partir de uma visão *top-down* do programa e de sua diagramação de blocos, parte-se para a codificação com o método *bottom-up*. Assim, codificam-se primeiramente os trechos de sub-rotinas mais inferiores, avança-se para as sub-rotinas que chamam as sub-rotinas inferiores e que são de níveis intermediários, e assim por diante, até chegar ao último trecho do programa, considerado a rotina principal. Note no programa seguinte o uso da variável **OPÇÃO** para controlar a seleção da opção da operação de cálculo a ser realizada no programa. Outro detalhe é a citação do nome sublinhado em maiúsculo de cada uma das sub-rotinas mencionadas na instrução **caso...fim caso** no trecho principal do programa.

```
programa CALCULADORA_V1

  // *** Trecho dos módulos para efetivação dos cálculos ***

  procedimento ROTSOMA
  var
    R1, A1, B1 : real
  início
    escreva "Rotina de Adição"
    escreva "Entre o 1o. valor: " leia A1
    escreva "Entre o 2o. valor: " leia B1
    R1 ← A1 + B1
    escreva "O resultado da operação equivale a: ", R1
  fim

  procedimento ROTSUBTRAÇÃO
  var
    R2, A2, B2 : real
  início
    escreva "Rotina de Subtração"
    escreva "Entre o 1o. valor: " leia A2
    escreva "Entre o 2o. valor: " leia B2
    R2 ← A2 - B2
    escreva "O resultado da operação equivale a: ", R2
  fim

  procedimento ROTMULTIPLICAÇÃO
  var
    R3, A3, B3 : real
  início
    escreva "Rotina de Multiplicação"
    escreva "Entre o 1o. valor: " leia A3
    escreva "Entre o 2o. valor: " leia B3
    R3 ← A3 * B3
    escreva "O resultado da operação equivale a: ", R3
  fim
```

```
    procedimento ROTDIVISÃO
    var
      R4, A4, B4 : real
    início
      escreva "Rotina de Divisão"
      escreva "Entre o 1o. valor: " leia A4
      escreva "Entre o 2o. valor: " leia B4
      se (B4 = 0) então
        escreva "O resultado da operação equivale a: ERRO"
      senão
        R4 ← A4 / B4
        escreva "O resultado da operação equivale a: ", R4
      fim_se
    fim

  // *** Trecho da parte principal do programa ***

  var
    OPÇÃO : inteiro

  início
    OPÇÃO ← 0
    enquanto (OPÇÃO <> 5) faça
      escreva "[1] - Adição"
      escreva "[2] - Subtração"
      escreva "[3] - Multiplicação"
      escreva "[4] - Divisão"
      escreva "[5] - Fim de Programa"
      escreva "Escolha uma opção: "
      leia OPÇÃO
      se (OPÇÃO <> 5) então
         caso OPÇÃO
           seja 1 faça ROTSOMA
           seja 2 faça ROTSUBTRAÇÃO
           seja 3 faça ROTMULTIPLICAÇÃO
           seja 4 faça ROTDIVISÃO
         senão
           escreva "Opção inválida - Tente novamente"
         fim_caso
      fim_se
    fim_enquanto
  fim
```

No algoritmo de programa anterior foi utilizado um conjunto de variáveis, tanto no trecho de sub-rotinas como no trecho principal. No trecho de sub-rotinas foram usadas as variáveis **R1**, **A1**, **B1**, **R2**, **A2**, **B2**, **R3**, **A3**, **B3**, **R4**, **A4** e **B4**, e no trecho principal foi utilizada a variável **OPÇÃO**. Este capítulo apresenta uma maneira diferente de usar variáveis, pois até o capítulo anterior foram utilizadas variáveis com escopo global (também conhecidas como variáveis públicas) e o algoritmo de programa anterior utiliza variáveis com escopo local (também conhecidas como variáveis privadas). A Figura 10.6 apresenta um esquema de distribuição das variáveis de acordo com o código do algoritmo do programa calculadora.

Observe na Figura 10.6 que a quantidade de espaço na área de dados da memória a ser utilizada para acomodar as variáveis chega a 13 posições. No entanto, os 13 espaços de memória não serão usados simultaneamente, mas apenas quatro espaços de memória; um para a variável **OPÇÃO** e outros três para as demais variáveis utilizadas em cada uma das rotinas de cálculo. Atente bem a esse detalhe e aos próximos apresentados ao longo deste capítulo.

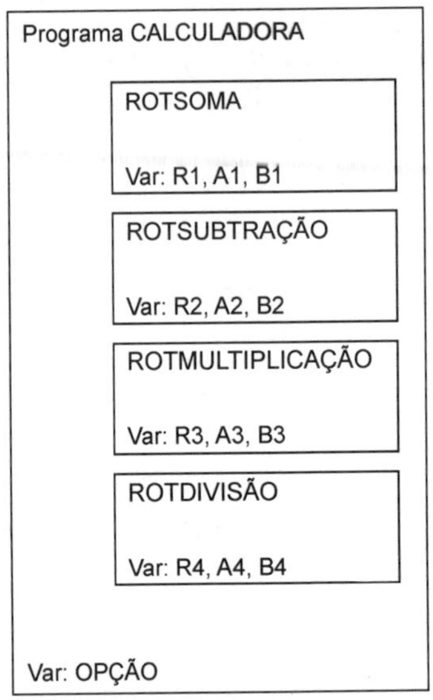

Figura 10.6 Estrutura de distribuição das variáveis do programa calculadora.

Esta obra apresentou o significado de *variável*. Foi exposto que uma variável pode assumir dois papéis operacionais: de ação e de controle. O papel de ação de variáveis engloba operações diretas de entrada, processamento e saída. O papel de controle das variáveis usa instruções de tomadas de decisão e controle de laços. Uma variável pode ser simples ou composta, além de poder assumir comportamento global ou local, o que leva o nome de *escopo de variáveis*.

Como exemplo contextualizado, o programa anterior pode ser visto em algumas linguagens de programação a partir do repositório GitHub: **https://github.com/J-AugustoManzano/livro_Algoritmos_Logica/tree/main/Cap%2010/10.4%20-%20Sub-rotina%20sem%20Retorno%20de%20Valor%20Procedimento**.

Se desejar, aponte para o QR Code ao lado e tenha acesso ao repositório indicado.

uqr.to/1wj57

10.5 Escopo de Variáveis

O escopo de uma variável, ou sua abrangência operacional, está vinculado à forma de sua visibilidade no programa (uma variável pode ser *global* ou *local*) em relação às sub-rotinas que compõem o programa, e sua visibilidade está relacionada com a hierarquia de composição perante o projeto *top-down*.

Uma variável é considerada de escopo *global* (ou *pública*) quando é declarada no início de um algoritmo antes de um conjunto de sub-rotinas. Assim, a variável sob esse escopo passa a ser visível a todas as sub-rotinas hierarquicamente subordinadas à rotina chamadora, que pode ser o próprio trecho principal do programa ou mesmo outra sub-rotina.

Uma variável é considerada de escopo *local* (ou *privada*) quando é declarada em uma sub-rotina e é somente válida dentro dela. As demais sub-rotinas e mesmo o trecho principal do programa não podem usar essas variáveis, uma vez que esses trechos não conseguem "visualizar" a existência delas.

O controle de visibilidade do conteúdo de uma variável e de sua permanência em memória é uma estratégia encontrada na metodologia de programação estruturada, pois é a partir desse recurso que se economiza espaço em memória, tornando o programa mais eficiente. Essa estratégia de trabalho também influencia o uso de objetos e sua forma de acesso em memória quando se utilizam linguagens orientadas a objetos.

No sentido de demonstrar essa característica operacional, considere o seguinte problema computacional, já conhecido:

Desenvolver um programa que leia dois valores do tipo inteiro para armazenamento nas variáveis A e B. Efetuar a troca dos valores de forma que a variável A passe a possuir o valor da variável B e a variável B passe a possuir o valor da variável A. Apresentar os valores das variáveis A e B após o processamento da troca.

Para ilustrar o escopo de variáveis, o problema sugerido terá duas soluções, a primeira, de forma tradicional sem o uso de sub-rotina, e a segunda, com o uso de sub-rotinas.

Observe o diagrama de bloco da Figura 10.7 e seu código escrito em português estruturado para a primeira solução do problema.

Diagramação	Codificação

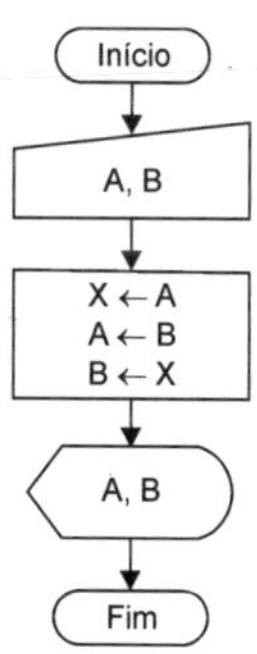

Figura 10.7 Diagrama de bloco para a primeira solução.

```
programa TROCA_VALORES_V1

var
  X, A, B : inteiro

início
  leia A, B
  X ← A
  A ← B
  B ← X
  escreva A, B
fim
```

O algoritmo de programa da primeira solução estabelece que as variáveis **X**, **A** e **B** são criadas com escopo *global* na área de dados da memória e assim permanecem até o término do algoritmo do programa. Durante a execução do programa ficam reservados três espaços da área de dados da memória, um para cada uma das variáveis. A variável **X** é usada apenas na operação de processamento, enquanto as variáveis **A** e **B** são usadas nas operações de entrada, processamento e saída. Neste caso, a variável **X** usa um espaço da área de dados da memória que poderia ficar parcialmente livre, uma vez que a variável **X** só é usada no processamento. Assim, as variáveis **A** e **B** podem ser qualificadas com o escopo global e a variável **X** com escopo local.

Como exemplo contextualizado, o programa anterior pode ser visto em algumas linguagens de programação a partir do repositório GitHub: **https://github.com/J-AugustoManzano/livro_Algoritmos_Logica/tree/main/Cap%2010/10.5%20-%20Escopo%20de%20Variaveis/Troca%20Valores%20V1**.

Se desejar, aponte para o QR Code ao lado e tenha acesso ao repositório indicado.

uqr.to/1wj58

Observe os diagramas de bloco da Figura 10.8 e seu código escrito em português estruturado para a segunda solução do problema.

Diagramação	Codificação

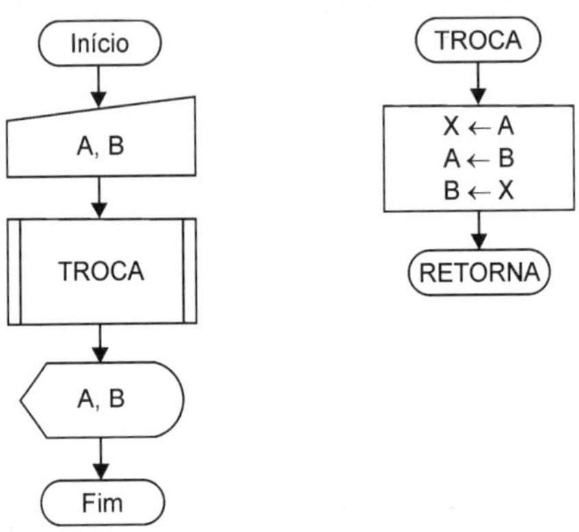

Figura 10.8 Diagramas de bloco para a segunda solução.

```
programa TROCA_VALORES_V2

var
  A, B : inteiro

  procedimento TROCA
  var
    X : inteiro
  início
    X ← A
    A ← B
    B ← X
  fim

início
  leia A, B
  TROCA
  escreva A, B
fim
```

O algoritmo de programa da segunda solução estabelece que as variáveis **A** e **B** são criadas com escopo *global* e a variável **X** com escopo *local* na área de dados da memória. As variáveis **A** e **B** permanecem com escopo *global* até que termine o algoritmo do programa, sendo válidas tanto para o trecho de sub-rotina como para o trecho principal do programa. Já a variável **X** que possui escopo *local* somente é criada na área de dados da memória quando a sub-rotina **troca** é executada. Ao término da execução da sub-rotina **troca**, a variável **X** é destruída da área de dados da memória e o fluxo de programa é direcionado para a linha de instrução **escreva A, B**. Durante a execução do programa ficam reservados três espaços da área de dados da memória: dois espaços *globais* para as variáveis **A** e **B** e um espaço *local* para a variável **X**, que somente é alocado quando há necessidade de usar essa variável. Neste caso, a variável **X** somente é criada quando precisa ser utilizada. Essa estratégia faz com que os dados armazenados em memória não consumam um espaço muito grande quando não são necessários e possibilita utilizar uma área menor de armazenagem para um conjunto maior de variáveis.

Como exemplo contextualizado, o programa anterior pode ser visto em algumas linguagens de programação a partir do repositório GitHub: **https://github.com/J-AugustoManzano/livro_Algoritmos_Logica/tree/main/Cap%2010/10.5%20-%20Escopo%20de%20Variaveis/Troca%20Valores%20V2.**

Se desejar, aponte para o QR Code ao lado e tenha acesso ao repositório indicado.

uqr.to/1wj59

O exemplo apresentado é uma situação muito simples e, por esta razão, não se tem uma visão completa das vantagens de uso da estratégia de organizar escopos de variáveis. Em uma situação mais ampla, em que o conjunto de variáveis a ser armazenado é grande, o uso dessa estratégia fica mais claro.

No tocante à definição de escopos de variáveis, há um detalhe importante a ser observado. Uma variável pode ser considerada de escopo *global* para todas as sub-rotinas inferiores a uma sub-rotina hierarquicamente superior, e dentro de uma dessas sub-rotinas a mesma variável pode ser utilizada como tendo escopo *local*. No sentido de demonstrar melhor essa ideia, considere a Figura 10.9.

Com relação à Figura 10.9, as variáveis **A** e **B** da rotina principal são, em um primeiro momento, de escopo global às sub-rotinas 1 e 2. Porém, dentro da sub-rotina 1, a variável **A** é definida novamente, assumindo um contexto de escopo local para essa sub-rotina (é como se utilizasse uma nova variável, no caso **A'**, ou seja, não se trata da mesma variável), mas será de escopo global para as sub-rotinas 1.1 e 1.2 com relação à variável **A'**, que também terá como escopo global a variável **X**. As variáveis **W** e **Y** que, respectivamente, pertencem às sub-rotinas 1.1 e 1.2, são de escopo local. A variável **B** possui escopo global para as sub-rotinas 1, 1.1 e 1.2.

Para a sub-rotina 2, as variáveis **A** e **B** da rotina principal são de escopo global e serão também visualizadas com escopo global para a rotina 2.1. A rotina 2 possui uma variável de escopo local chamada **M**, que é considerada com escopo global para a rotina 2.1, que faz referência à variável **X** de escopo local a essa sub-rotina, a qual não possui nenhuma referência com a variável **X** da sub-rotina 1.

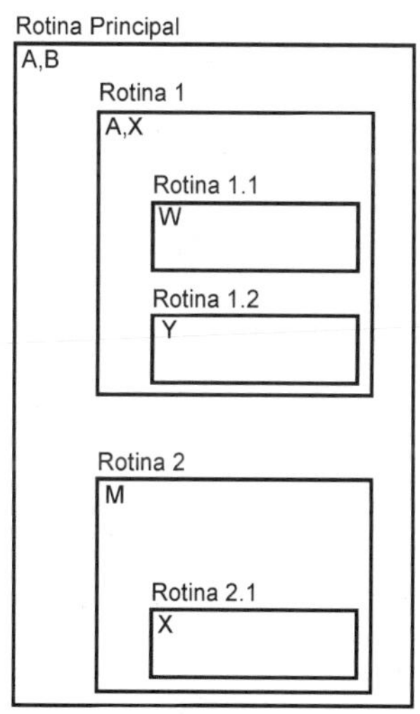

Figura 10.9 Representação do escopo de variáveis.

Um cuidado importante com relação ao escopo de uma variável é o fato de uma variável ser declarada antes ou depois de uma sequência de sub-rotinas. Se a variável é declarada antes de uma sub-rotina, terá seu escopo definido como global a todas as sub-rotinas existentes após a sua declaração. Porém, se for declarada após uma sequência de sub-rotinas, terá seu escopo considerado global do ponto em que está para baixo e com escopo local em relação às sub-rotinas definidas acima dela.

Tome como base o algoritmo do programa **TROCA_VALORES_V2**, por exemplo, no qual se utilizam os dois tipos de escopo de variáveis: **A** e **B** como globais e **X** como local. Neste caso, as variáveis **A** e **B** estão definidas com escopo global pelo fato de serem utilizadas tanto no trecho de sub-rotina como no trecho principal para representarem o mesmo contexto de ação. Imagine se as variáveis **A** e **B** fossem declaradas após a sub-rotina **troca**. Neste caso, elas seriam consideradas com escopo local, conforme demonstrado em seguida no algoritmo de programa **TROCA_VALORES_V3**. Observe atentamente os códigos apresentados:

```
programa TROCA_VALORES_V2

var
  A, B : inteiro

  procedimento TROCA
  var
    X : inteiro
  início
    X ← A
    A ← B
    B ← X
  fim

início
  leia A, B
  TROCA
  escreva A, B
fim
```

```
programa TROCA_VALORES_V3

  procedimento TROCA
  var
    X : inteiro
  início
    X ← A
    A ← B
    B ← X
  fim

var
  A, B : inteiro

início
  leia A, B
  TROCA
  escreva A, B
fim
```

A partir da observação desses algoritmos, é possível notar a diferença entre os escopos das variáveis. O exemplo de algoritmo do programa **TROCA_VALORES_V3** contém um erro no escopo das variáveis **A** e **B**. Elas não podem ser de escopo local, uma vez que são utilizadas no tratamento do mesmo conteúdo em mais de um trecho do mesmo programa.

Considerando o algoritmo **TROCA_VALORES_V2**, este seria executado a partir de uma linguagem formal de programação sem nenhum tipo de problema ou restrição. O mesmo não se pode dizer do algoritmo **TROCA_VALORES_V3**, que geraria um erro de requisito na definição do escopo das variáveis.

Um problema na falta de atenção a este detalhe é levar a tentar gerar soluções toscas no código. Por exemplo, o erro no algoritmo **TROCA_VALORES_V3** ocorrerá junto a sub-rotina **troca** e isto pode levar a um segundo erro de requisito ao se tentar definir as variáveis **A** e **B** dentro da sub-rotina **TROCA()**, que permitirá a compilação do programa, mas gerará um terceiro erro, neste caso, de lógica no programa. Veja o código do algoritmo **TROCA_VALORES_V4**:

```
programa TROCA_VALORES_V4

  procedimento TROCA
  var
    X, A, B : inteiro
  início
    X ← A
    A ← B
```

```
    B ← X
  fim

var
  A, B : inteiro
início
  leia A, B
  TROCA
  escreva A, B
fim
```

O algoritmo de programa **TROCA_VALORES_SOLUÇÃO4** apresenta erro na definição do escopo de variáveis. As variáveis **A** e **B** encontram-se definidas tanto no trecho principal como no trecho da sub-rotina **troca**. No entanto, como já descrito, não são as mesmas variáveis, apenas a referência de nomes é idêntica. Nesta situação, ocorre primeiro a criação das variáveis do trecho de programa de nível mais alto e depois a criação das variáveis de sub-rotinas subordinadas. Assim, são criadas primeiramente as variáveis **A** e **B** do trecho principal do programa, e quando a sub-rotina **troca** for chamada, serão criadas as variáveis **A** e **B** dessa sub-rotina, sobrepondo as variáveis **A** e **B** do trecho principal do programa. As variáveis **A** e **B** do trecho principal do programa somente podem ser utilizadas após o encerramento da execução da sub-rotina **troca** e a destruição de suas variáveis **A** e **B**. Dessa maneira, tenha muito cuidado com escopos de variáveis para não ter um projeto confuso e com erros estruturais.

O uso de escopos de variáveis é uma técnica de programação que possibilita e auxilia na programação estruturada. O objetivo maior é economizar o máximo de espaço de memória de computador, portanto, usar ao máximo variáveis que tenham escopo local, deixando o escopo global apenas para aquelas variáveis que serão utilizadas em mais de um trecho de rotina de programa.

Para alcançar o objetivo de trabalhar ao máximo com variáveis de escopo local, é necessário usar passagens de parâmetros. Por exemplo, o erro demonstrado no código do algoritmo do programa **TROCA_VALORES_SOLUÇÃO4** em relação ao escopo das variáveis **A** e **B** pode ser facilmente resolvido com passagens de parâmetros.

10.6 Passagens de Parâmetros

O efeito de passagem de parâmetro permite estabelecer uma linha de comunicação entre os conteúdos dos trechos de sub-rotinas e dos trechos de programa que chamam essas sub-rotinas quando usam variáveis com escopo local. A passagem de parâmetro é um mecanismo usado para realizar atribuições de conteúdo entre variáveis locais.

A passagem de parâmetro ocorre entre o trecho de programa chamador e o trecho de programa chamado. Um trecho de programa chamador pode passar um conteúdo para o trecho de programa chamado processar, e um trecho de programa chamado pode receber de volta o conteúdo do trecho do programa chamador.

A comunicação por passagens de parâmetros entre trechos de sub-rotinas e trechos de programas que chamam essas sub-rotinas ocorre com o uso de parâmetros *formais* e *reais*. Um parâmetro é considerado *formal* quando se encontra declarado no trecho de sub-rotina; é considerado *real* quando declarado no trecho de programa que chama a sub-rotina. O trecho de programa que chama uma sub-rotina com passagem de parâmetro, ao fazer essa operação, realiza uma abstração e, por esta razão, essa operação se chama *passagem de parâmetro real*. Quando a sub-rotina chamada recebe a passagem de parâmetro, esta deve formalizar a operação de abstração a ela transferida, por isso essa operação denomina-se *passagem de parâmetro formal*.

10.6.1 Passagem de Parâmetro por Valor

A passagem de parâmetro por valor ocorre quando o parâmetro formal da sub-rotina recebe do parâmetro real do trecho de programa chamador determinado conteúdo. Assim, o conteúdo passado pelo parâmetro real é copiado para o parâmetro formal que, neste caso, assume o papel de variável local da sub-rotina. Qualquer modificação no conteúdo do parâmetro formal não afeta o valor do conteúdo do parâmetro real correspondente, ou seja, o processamento é executado dentro da sub-rotina, ficando o resultado dessa operação "preso" na própria sub-rotina. Como exemplo desse tipo de passagem de parâmetro, considere a apresentação do resultado do cálculo da fatorial de um número qualquer.

Diagramação

Quando se utiliza passagem de parâmetros em uma sub-rotina, é necessário mencionar no diagrama de bloco ou blocos da sub-rotina o uso desse parâmetro entre parênteses, conforme o exemplo da Figura 10.10. Note a indicação **FATORIAL(N)** no símbolo *terminal* do diagrama da sub-rotina.

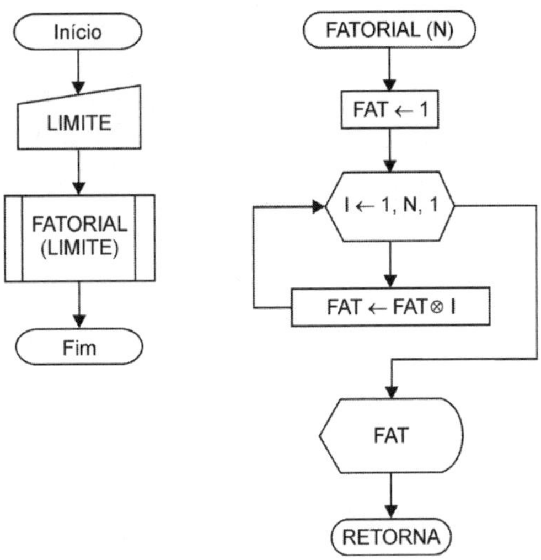

Figura 10.10 Diagramas de blocos com a sub-rotina FATORIAL.

Codificação

```
programa CALC_FAT_V1

  procedimento FATORIAL(N : inteiro)
  var
    I, FAT : inteiro
  início
    FAT ← 1
```

```
      para I de 1 até N passo 1 faça
        FAT ← FAT * I
      fim_para
      escreva FAT
    fim

  var
    LIMITE : inteiro

  início
    escreva "Qual fatorial: " leia LIMITE
    FATORIAL(LIMITE)
  fim
```

O algoritmo de programa **CALC_FAT_V1** indica o uso de passagem de parâmetro por valor. Neste caso, o parâmetro formal **N** recebe (formaliza) o valor armazenado na variável local **LIMITE** (realizado) do programa chamador. O valor da variável **LIMITE** é transferido para o parâmetro **N** e, assim, estabelece o número de vezes que o laço será executado para obter o resultado do cálculo da fatorial desejada.

Na sub-rotina **FATORIAL**, encontram-se as variáveis locais **I** e **FAT**. A variável **I** é utilizada para auxiliar a operação de cálculo da fatorial e efetuar o controle do laço. A variável **FAT** realiza o efeito de acumulador do cálculo da fatorial processada. Ao término de execução do laço, executa-se a instrução **escreva FAT**, que apresenta o valor do cálculo da fatorial armazenado na variável **FAT**. O valor obtido com a variável **FAT** somente é válido dentro da sub-rotina e, por esta razão, fica "preso" dentro dela. Ao término de execução da sub-rotina **FATORIAL**, o fluxo de execução do programa volta para a primeira linha após a chamada da sub-rotina no trecho do programa chamador. Quando isso ocorre, as variáveis **I** e **FAT** da sub-rotina são destruídas da memória, bem como seus conteúdos.

Resumidamente, a passagem de parâmetro por valor ocorre quando o conteúdo de uma variável local de uma sub-rotina de origem é transferido para a variável local de uma sub-rotina de destino. O conteúdo transferido entre origem e destino é operacionalizado na sub-rotina de destino, não tendo necessidade de retorno para a sub-rotina de origem. Transferência de conteúdo apenas de ida, ou seja, transferência unidirecional.

Como exemplo contextualizado, o programa anterior pode ser visto em algumas linguagens de programação a partir do repositório GitHub: **https://github.com/J-AugustoManzano/livro_Algoritmos_Logica/tree/main/Cap%2010/10.6%20-%20Passagens%20de%20Parametro/10.6.1%20-%20Passagem%20de%20Parametro%20por%20Valor**.

Se desejar, aponte para o QR Code ao lado e tenha acesso ao repositório indicado.

uqr.to/1wj5a

10.6.2 Passagem de Parâmetro por Referência

A passagem de parâmetro por referência ocorre quando o parâmetro real do trecho de programa chamador recebe o conteúdo do parâmetro formal de uma sub-rotina. Após certo processamento dentro da sub-rotina, o parâmetro formal reflete a alteração de seu conteúdo no parâmetro real. Qualquer modificação feita no conteúdo do parâmetro formal implica alteração imediata do conteúdo do parâmetro real correspondente. A alteração efetuada é devolvida ao trecho do programa chamador. Como exemplo desse tipo de passagem de parâmetro, considere a apresentação do resultado do cálculo da fatorial de um número qualquer; observe o uso do comando **var** na declaração do parâmetro formal da sub-rotina em português estruturado.

Diagramação

Quando se utiliza passagem de parâmetros por referência em uma sub-rotina, é necessário mencionar no diagrama de bloco ou blocos da sub-rotina o uso desse parâmetro entre parênteses, tanto no início da sub-rotina como no fim, no rótulo de identificação **RETORNA** no símbolo *terminal*. Essa forma é necessária para esclarecer o uso de uma passagem de parâmetro que devolve para o trecho de programa chamador algum conteúdo, conforme o exemplo da Figura 10.11. Note as indicações **FATORIAL(N, FAT)** e **RETORNA(FAT)** nos símbolos de *terminal* do diagrama da sub-rotina.

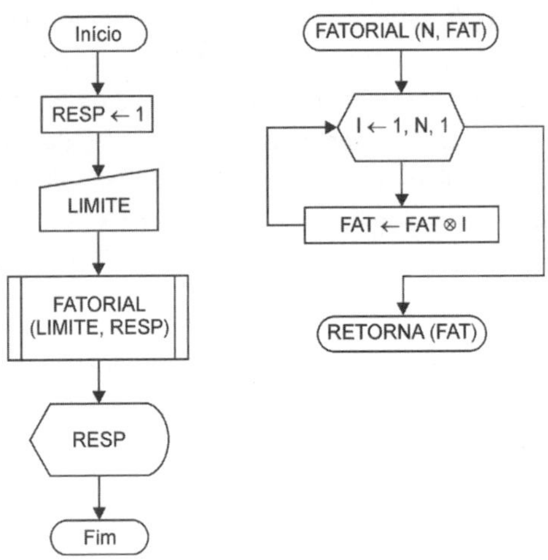

Figura 10.11 Diagramas de blocos com a sub-rotina FATORIAL.

Codificação

```
programa CALC_FAT_V2

  procedimento FATORIAL(N : inteiro; var FAT : inteiro)
  var
   I : inteiro
  início
    para I de 1 até N passo 1 faça
      FAT ← FAT * I
    fim_para
  fim
```

```
var
  LIMITE, RESP : inteiro

início
  RESP ← 1
  escreva "Qual fatorial: "
  leia LIMITE
  FATORIAL(LIMITE, RESP)
  escreva RESP
fim
```

O algoritmo de programa **CALC_FAT_V2** indica o uso de passagem de parâmetro por referência, mas possui também passagem de parâmetro por valor. Neste caso, o parâmetro formal **FAT** é definido como parâmetro de referência por meio do comando **var** declarado antes do nome do parâmetro (**var FAT**). O parâmetro formal **N** continua sendo um parâmetro por valor, pois recebe o conteúdo fornecido à variável **LIMITE**, parâmetro real, por meio da sub-rotina **FATORIAL**. Dentro da sub-rotina é encontrado o parâmetro **FAT**, que formaliza a recepção do valor **1** da variável **RESP**. Ao término do laço, o conteúdo do parâmetro **FAT** é transferido para fora da sub-rotina, ou seja, a variável ***RESP*** recebe a passagem da referência do conteúdo. Assim, a instrução ***escreva RESP*** imprime o conteúdo recebido da sub-rotina por meio da passagem do parâmetro **FAT**. A passagem de parâmetro por referência é utilizada para obter a saída de determinado conteúdo de uma sub-rotina, antes de a sub-rotina ser distribuída da memória junto com seus conteúdos.

Resumidamente, a passagem de parâmetro por valor ocorre quando o conteúdo de uma variável local de uma sub-rotina de origem é transferido para a variável local de uma sub-rotina de destino. O conteúdo transferido entre origem e destino é operacionalizado na sub-rotina de destino, tendo de ser devolvido à sub-rotina de origem. Transferência de conteúdo de ida e volta no mesmo parâmetro, ou seja, transferência bidirecional.

Como exemplo contextualizado, o programa anterior pode ser visto em algumas linguagens de programação a partir do repositório GitHub: **https://github.com/J-AugustoManzano/livro_Algoritmos_Logica/tree/main/Cap%2010/10.6%20-%20Passagens%20de%20Parametro/10.6.2%20-%20Passagem%20de%20Parametro%20por%20Referencia/Efetivo**.

Se desejar, aponte para o QR Code ao lado e tenha acesso ao repositório indicado.

uqr.to/1wj5b

Em relação ao uso e à definição de passagem de parâmetro por referência, é importante salientar que existem linguagens de programação que propositalmente não dão suporte a este tipo de operação e podem pegar de surpresa os profissionais iniciantes de desenvolvimento e até mesmo os mais experientes. Neste caso, o que se faz para simular a passagem de parâmetro por referência é usar como argumento alguma estratégia alternativa de passagem de parâmetro por valor, como, por exemplo, ponteiros e matrizes de uma ou mais dimensões. No entanto, existem outras maneiras de se fazer referência, como: objetos mutáveis, aliases, contextos, entre outras. A estratégia da escolha da forma de simulação da passagem de referência dependerá dos recursos oferecidos pela linguagem de programação em uso. Algumas estratégias são simples e de fácil entendimento e outras são mais complexas e exigem um grau de entendimento técnico mais apurado. No sentido, e dentro do escopo desta obra, são indicados o uso com ponteiro e as matrizes. Os demais modos fogem do escopo de apresentação deste trabalho, e por esta razão não são tratados.

Por que ponteiro? Um ponteiro é uma variável especial que armazena o endereço de memória de outra variável. Usar ponteiro na simulação da referência envolve passar o endereço de memória da variável original para a chamada de uma sub-rotina. Ao receber esse endereço, a sub-rotina acessa e modifica diretamente o conteúdo da variável original. Desse modo, o que se tem é *passagem de parâmetro por ponteiro*. Há algumas linguagens de programação que operam com este padrão, sendo populares neste efeito, principalmente, as linguagens: Ada, C, C++, D, Go e Rust. A linguagem C++, em particular, faz uso de passagem de parâmetro por valor, ponteiro e referência. Veja um exemplo de código típico de *passagem de parâmetro por ponteiro* simulando passagem de parâmetro por referência.

```
programa CALC_FAT_V2_ALTERNATIVO_1

  procedimento FATORIAL(N : inteiro; @FAT : inteiro)
  var
   I : inteiro
  início
    para I de 1 até N passo 1 faça
      @FAT ← @FAT * I
    fim_para
  fim

var
  LIMITE, RESP : inteiro

início
  RESP ← 1
  escreva "Qual fatorial: "
  leia LIMITE
  FATORIAL(LIMITE, &RESP)
  escreva RESP
fim
```

Note que a sub-rotina de procedimento **FATORIAL** recebe como *passagem de parâmetro por valor* a variável **N**, que representa o número para o qual o cálculo do fatorial é efetivado, ou seja, significa que uma cópia do valor de **LIMITE** para **N** é passada para a sub-rotina, a qual controla a quantidade de vezes que o cálculo será processado. Além disso, a sub-rotina também recebe como *passagem de parâmetro por ponteiro* a variável **FAT** prefixada com o símbolo "@".

Atentando especialmente para o parâmetro **FAT**, isto indica que ao se fazer a chamada da sub-rotina **FATORIAL** é necessário passar para esse parâmetro o endereço de memória onde a variável **RESP** está alocada junto ao programa principal para refletir as alterações realizadas em **FAT** dentro da função.

O símbolo "@" antes do parâmetro **FAT** indica que o parâmetro está sendo passado por ponteiro (simulando passagem de parâmetro por referência), ou seja, esse parâmetro precisa receber o endereço de memória da variável onde o resultado é armazenado para referenciá-lo. Isso permite que as alterações realizadas em **FAT** sejam refletidas na variável original, neste caso, na variável **RESP** do programa principal.

O símbolo "&" antes do parâmetro **RESP** é usado para obter o endereço de memória dessa variável, ou seja, indica que o que se deseja é o endereço da variável em vez de seu valor. O endereço de memória é usado para realizar uma operação de *passagem de parâmetro por referência.*

E por que matriz? As matrizes, quando usadas nas passagens de parâmetro em certas linguagens de programação, são, em sua maioria, automaticamente passadas por referência sem que nada precise ser sinalizado. No entanto, há linguagens em que a sinalização é obrigatória, isto dependerá da linguagem em uso. De maneira geral, o que se tem é *passagem de parâmetro por matriz.* Há algumas linguagens de programação que operam com o padrão de passagem de parâmetro por matriz, sendo populares as linguagens: Ada, C, C++, Fortran, Pascal e Modula-2. Veja um exemplo de código típico de *passagem de parâmetro por matriz.*

```
programa CALC_FAT_V2_ALTERNATIVO_2

  procedimento FATORIAL(N : inteiro; FAT : conjunto[1..1] de inteiro)
  var
    I : inteiro
  início
    para I de 1 até N passo 1 faça
      FAT[1] ← FAT[1] * I
    fim_para
  fim

var
  LIMITE : inteiro
  RESP : conjunto[1..1] de inteiro

início
  RESP[1] ← 1
  escreva "Qual fatorial: "
  leia LIMITE
  FATORIAL(LIMITE, RESP)
  escreva RESP[1]
fim
```

Veja que a sub-rotina de procedimento **FATORIAL** recebe como *passagem de parâmetro por valor* a variável **N**, que representa o número para o qual o cálculo do fatorial é efetivado, ou seja, significa que uma cópia do valor de **LIMITE** para **N** é passada para a sub-rotina, a qual controla a quantidade de vezes que o cálculo será processado. Além disso, a sub-rotina também recebe como *passagem de parâmetro por matriz* a variável **FAT** como um conjunto de tamanho fixo contendo apenas um elemento.

O conteúdo passado para **FAT** é armazenado obrigatoriamente na sua primeira e única posição **FAT[1]** e a partir dessa posição é calculado. A cada atualização do valor de **FAT** na posição **1**, ocorre a atualização do valor efetivamente calculado.

No programa principal, a variável composta **RESP** recebe em sua primeira posição o resultado obtido pela sub-rotina **FATORIAL** como se esta fosse uma ação a partir da passagem de parâmetro por referência e faz a apresentação de seu conteúdo em **RESP[1]**.

Em relação ao diagrama de blocos da Figura 10.11 para as definições de simulação de passagem de parâmetro por referência (ponteiro e matriz), nada precisa ser feito. O diagrama é sempre o mesmo, uma vez que representa o contexto lógico e não o contexto físico. O diagrama representa a *planta baixa* (a linha de raciocínio lógico a ser seguida para atendimento da operação de um *software*), mas não sua construção física (edificação) do projeto em si. Quando a construção "física" de certo projeto de *software* é implementada em certa linguagem de programação formal, problemas podem advir frente às diversas características operacionais que a linguagem pode ou não ter, exigindo do profissional de desenvolvimento capacidade técnica para buscar alternativas para solucionar adequadamente a operação a ser programada.

Existem várias razões pelas quais se explicam os motivos pelos quais algumas linguagens de programação são projetadas propositalmente sem suporte à passagem de parâmetro por referência. Isto não significa que haja concordância de todos os profissionais de desenvolvimento:

- *Gerenciamento de memória*: a passagem de parâmetros por referência pode complicar o gerenciamento de memória, especialmente em linguagens que não possuem um sistema de coleta de lixo automático. Ao evitar a passagem por referência, as linguagens podem simplificar o rastreamento e a liberação de memória, reduzindo assim a possibilidade de vazamentos ou acesso a áreas de memória inválidas.
- *Simplicidade e clareza*: a passagem de parâmetros por referência pode introduzir complexidade e sutilezas no comportamento do código. Ao limitarem as opções de passagem de parâmetros, as linguagens podem oferecer uma semântica mais simples e mais fácil de entender.
- *Segurança e previsibilidade*: a passagem de parâmetros por referência pode tornar o código mais suscetível a erros, como acessos inválidos à memória ou efeitos colaterais indesejados. Restringir a passagem de parâmetros pode ajudar a evitar esses problemas, tornando o código mais seguro e previsível.
- *Eficiência de implementação*: alguns sistemas de execução de linguagens podem otimizar melhor a passagem de parâmetros por valor do que por referência. Ao evitarem a passagem por referência, as implementações da linguagem podem ser mais eficientes em termos de tempo de execução e consumo de memória.
- *Design de linguagem*: algumas linguagens seguem uma filosofia de *design* específica, que pode incluir a exclusão da passagem por referência como um recurso. Isso pode ser feito para promover determinada abordagem ou paradigma de programação, ou, simplesmente, para manter a consistência e coerência interna da linguagem.
- *Paradigmas de programação*: linguagens de programação que operam paradigmas específicos, como programação funcional ou programação orientada a objetos, podem preferir evitar a passagem por referência, pois ela pode introduzir mutabilidade de dados indesejados e efeitos colaterais, que vão contra os princípios desses paradigmas.
- *Conformidade com padrões de segurança*: algumas linguagens de programação, especialmente aquelas utilizadas em ambientes críticos de segurança, podem restringir a passagem de parâmetros por referência para garantir a integridade dos dados e evitar vulnerabilidades de segurança, como ataques de injeção de código.

Cada linguagem de programação tem suas próprias características operacionais e escolhas de *design*, e a abordagem adotada em relação à passagem de parâmetros pode variar. É sempre recomendável consultar a documentação e as especificações da linguagem que se está usando para entender melhor como ela lida com a passagem de parâmetros.

Como exemplo contextualizado, o programa anterior pode ser visto em algumas linguagens de programação a partir do repositório GitHub: **https://github.com/J-AugustoManzano/livro_Algoritmos_Logica/tree/main/Cap%2010/10.6%20-%20Passagens%20de%20Parametro/10.6.2%20-%20Passagem%20de%20Parametro%20por%20Referencia/Simulado**.

Se desejar, aponte para o QR Code ao lado e tenha acesso ao repositório indicado.

uqr.to/1wj5c

10.7 Sub-Rotina com Retorno de Valor: Função

Função é um bloco de código de programa, assim como são os procedimentos (sub-rotinas), e contém início e fim, sendo identificada por um nome de referência. Uma função é parecida com um procedimento. A diferença está no fato de que função é uma estrutura de abstração de dados que possui como característica operacional a capacidade de sempre retornar um único conteúdo (valor) como resposta a sua operação. Os procedimentos não retornam conteúdos, a não ser com o uso de passagens de parâmetros por referência, que também podem ser usados com sub-rotinas de função. Esse tipo de sub-rotina possui como comportamento retornar seu controle operacional para a mesma linha de instrução que efetua sua chamada.

A identificação de uma função em um diagrama de blocos é basicamente igual às formas já utilizadas, com exceção de que uma função não possui símbolo próprio de representação em um diagrama de bloco ou blocos, como ocorre com as sub-rotinas. Isso decorre do fato de uma função estar sempre associada a alguma operação de processamento, tanto matemático como lógico. As operações de uma função são associadas com um dos símbolos ISO 5807:1985, sendo *process* quando atribuídas a alguma variável, *decision* quando usadas como condição ou de *display* quando usadas para a apresentação direta do valor de seu retorno.

A Figura 10.12 demonstra a estrutura dos diagramas de bloco que representam o programa chamador (a) e uma função (b) a ser chamada. Em seguida, é apresentada a estrutura geral do código escrito em português estruturado.

Diagramação

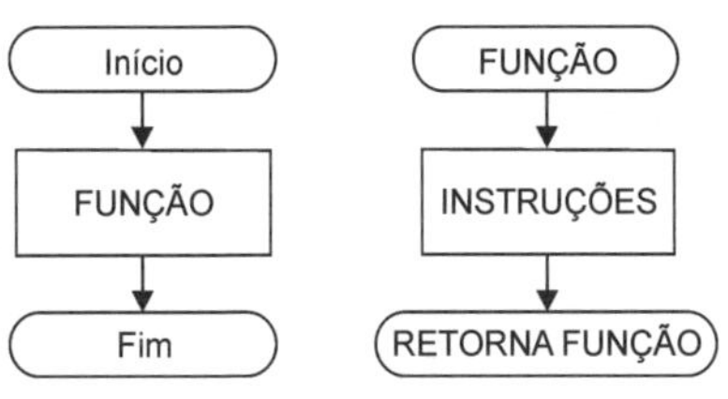

Figura 10.12 Estrutura básica de uma sub-rotina do tipo função.

Codificação

```
programa <nome programa>
[var
  <variáveis>]

   função <nome-função>(parâmetros) : <tipo de dado de retorno da função>
   [var
     <variáveis>]
   início
     <instruções>
   fim

[var
  <variáveis>]
início
  <nome-função>
fim
```

A principal diferença entre uma sub-rotina (procedimento) e uma função é a capacidade de uma função sempre retornar determinado conteúdo. O conteúdo de uma função é retornado automaticamente no próprio nome da função e pode ocorrer em operações de processamento (matemático ou lógico) e de saída. Por esta razão, é preciso indicar o tipo de dado da função. Como exemplo de função, considere o resultado do cálculo da fatorial de um número qualquer indicado nos diagramas de blocos da Figura 10.13.

Diagramação

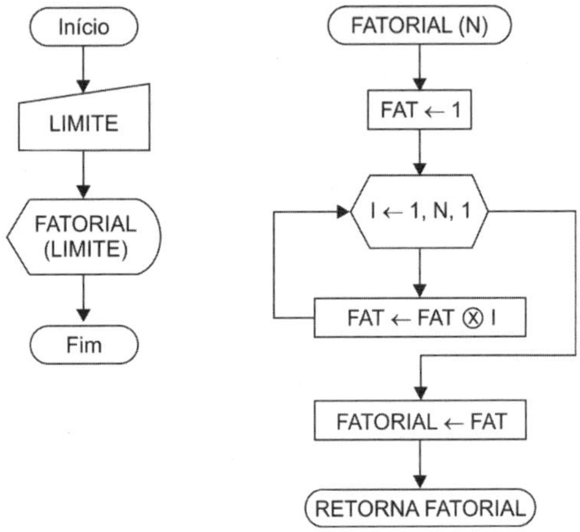

Figura 10.13 Diagramas de blocos com função FATORIAL.

Codificação

```
programa CALC_FAT_V3

  função FATORIAL(N : inteiro) : inteiro
  var
   I, FAT : inteiro
  início
    FAT ← 1
    para I de 1 até N passo 1 faça
      FAT ← FAT * I
    fim_para
    FATORIAL ← FAT
  fim

var
 LIMITE : inteiro

início
  escreva "Qual fatorial: "
  leia LIMITE
  escreva FATORIAL(LIMITE)
fim
```

O nome da função, no caso **FATORIAL()**, é também o nome da variável interna que recebe o valor acumulado da variável **FAT**, caso o valor transferido para o parâmetro formal **N** não seja zero. Se for zero, o valor da função **FATORIAL()** é igualado a 1, que é o valor da fatorial de zero. Desse modo, uma função retorna um valor pelo seu próprio nome, pois esse nome é usado no corpo da função para a recepção do valor calculado.

Outro detalhe a ser considerado em uma função, além de o seu nome ser usado como uma variável de retorno, é seu tipo, no caso, **função FATORIAL(N : inteiro) : inteiro**, em que **N** é considerado inteiro dentro dos parênteses. Isso significa que o valor fornecido pelo parâmetro **N** é inteiro, porém, existe um segundo tipo fora dos parênteses, que é de retorno da função. Assim, entra como conteúdo um valor inteiro com o parâmetro **N** e sai um conteúdo de valor inteiro por meio da variável **FATORIAL**, que transfere seu conteúdo para a função **FATORIAL()**.

Como exemplo contextualizado, o programa anterior pode ser visto em algumas linguagens de programação a partir do repositório GitHub: **https://github.com/J-AugustoManzano/livro_Algoritmos_Logica/tree/main/Cap%2010/10.7%20-%20Sub-rotina%20com%20Retorno%20de%20Valor%20Funcao/Calculo%20Fatorial**.

Se desejar, aponte para o QR Code ao lado e tenha acesso ao repositório indicado.

uqr.to/1wj5d

Um detalhe curioso de funções é que uma função pode receber a passagem de parâmetro de um tipo de dado ou de tipos de dados diversos e retornar como resposta um conteúdo de valor de tipo de dado diferente do passado. Como exemplo de função que recebe um tipo de dado na passagem de parâmetro e retorna um conteúdo de valor de outro tipo de dado, considere a passagem de dois parâmetros inteiros e se os valores passados por parâmetros de valor são ou não iguais, como indicam os diagramas de blocos da Figura 10.14.

Diagramação

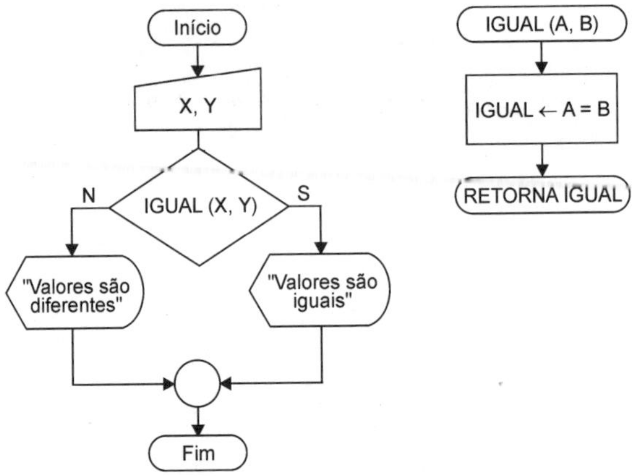

Figura 10.14 Diagramas de blocos com função de verificação de dados.

Codificação

```
programa VERIFICA_DADOS_IGUALDADE

  função IGUAL(A, B : inteiro) : lógico
  início
    IGUAL ← A = B
  fim

var
  X, Y : inteiro
início
  escreva "Informe o 1o. valor: " leia X
  escreva "Informe o 2o. valor: " leia Y
  se (IGUAL(X, Y)) então
    escreva "Valores são iguais"
  senão
    escreva "Valores são diferentes"
  fim_se
fim
```

O trecho de código da função **IGUAL()** recebe como passagem de parâmetro por valor os conteúdos **A** e **B** do tipo inteiro. Em seguida, os valores dos parâmetros **A** e **B** são comparados com o operador relacional *igual a*, que gera uma resposta verdadeira se ambos os valores forem iguais; sendo os valores diferentes, o resultado obtido é falso. Independentemente do resultado de **A = B**, este será atribuído à variável **IGUAL**, que transferirá seu resultado à função **IGUAL()**, que é utilizada na decisão do trecho do programa que efetua a chamada da função. A função **IGUAL()** recebe dois parâmetros inteiros e retorna como resposta um valor lógico.

Como exemplo contextualizado, o programa anterior pode ser visto em algumas linguagens de programação a partir do repositório GitHub: **https://github.com/J-AugustoManzano/livro_Algoritmos_Logica/tree/main/Cap%2010/10.7%20-%20Sub-rotina%20com%20Retorno%20de%20Valor%20Funcao/Verifica%20Dados%20(Igualdade)**.

Se desejar, aponte para o QR Code ao lado e tenha acesso ao repositório indicado.

uqr.to/1wj5e

10.8 Recursividade ou Recorrência

Do ponto de vista semântico, o termo "recursividade" expressa a propriedade daquilo que se repete um número indefinido de vezes. Na computação, indica a repetição continuada da mesma operação ou grupo de operações, sendo também conhecida como "equação de recorrência". O efeito de recursividade aplica-se naturalmente em sub-rotinas que possuem a capacidade natural de retornar valores como resposta a sua operação, ou seja, aplica-se apenas em sub-rotinas do tipo função.

Graças à característica operacional de retorno de uma função, é possível desenvolver sub-rotinas que chamam a si mesmas por meio de recursão (Odifreddi; Cooper, 2012). A recursão permite executar o processamento de certo cálculo com efeito cumulativo sem a utilização de laço. Uma função recursiva é uma estrutura simples que representa um algoritmo de cálculo complexo (Meneses, 2013, p. 216).

A recursividade é uma técnica de programação considerada elegante e muito eficiente para resolver problemas complexos, sendo útil na solução de problemas que podem ser divididos em subproblemas menores e mais simples, quando estes podem ser resolvidos de modo semelhante. Essa dinâmica de trabalho é uma maneira de se aplicar sobre sub-rotinas a técnica de divisão e conquista, em que um problema mais complexo é dividido em subproblemas menores quando esses problemas podem ser resolvidos de forma recursiva.

Uma função recursiva não pode chamar a si mesma indiscriminadamente (recursão infinita), pois, se assim o fizer, entrará em um processo infinito de chamadas exaustivas (função circular). Portanto, é necessário que a função recursiva tenha obrigatoriamente a definição de uma condição de encerramento (chamada de *caso base* ou *aterramento*), que é em si a solução mais simples e menor do problema avaliado (recursão terminante).

O caso base que permite a validação de encerramento de uma chamada recursiva caracteriza-se por ser um caso de indução. A indução é a técnica em que se prova que certa afirmação é verdadeira para determinado caso específico (caso base).

O efeito de recursividade é possível de ser aplicado nos casos em que se utilizam algoritmos de cálculos de ações cumulativas como operações de fatorial, somatório e ações seriadas como, por exemplo, a apresentação da série de Fibonacci, entre outras possibilidades. A recursão aplica-se efetivamente em situações nas quais certo problema possui como resposta uma parte do mesmo problema em um nível menor (Feofiloff, 2016). O uso de recursividade proporciona a escrita de código elegante, com alto grau de abstração e excelente velocidade de processamento quando, é claro, cuidadosamente implementada (Lipschutz; Lipson, 2013, p. 51).

As funções recursivas, no contexto desta obra, podem ser implementadas a partir de duas óticas. Podem ser de *recursividade simples*, também chamadas de *recursividade comum* ou de *recursividade de cauda*. Existem outras formas de recursão, mas isso é assunto para outras obras mais avançadas.

A *recursividade simples* (comum) pode ser usada com funções que chamam a si mesmas uma vez a cada iteração de seu processamento, não importando a quantidade de argumentos de entrada passados como parâmetros. Esse tipo de função tende, se não respeitada essa regra, a apresentar lentidão em seu processamento e ocasionar alto consumo dos recursos de memória, podendo causar a interrupção abrupta da execução de um programa por ficar sem espaço na pilha de memória para executar sua operação. Na dúvida sobre seu uso, simplesmente não a use.

A *recursividade de cauda* pode ser usada com funções que chamam a si mesmas uma ou mais vezes sem apresentar efeitos de lentidão e consumo excessivo da pilha de memória. Obviamente, essa categoria de função se apresenta de forma mais abstrata que as funções de recursividade simples, exigindo maior grau de cuidado em sua implementação. Dentro de um contexto prático, deve-se primeiro pensar em solucionar o problema com o uso de recursividade de cauda, deixando de lado ações com recursividade simples.

Como demonstração, observe os exemplos de cálculo de fatorial seguintes com base no uso de *recursividade simples* e *recursividade de cauda*. Do ponto de vista matemático, fatorial é o produto sucessivo dos números naturais iniciados em **n**, por todos os seus antecessores até chegar a **1**, lembrando que o fatorial de **0** é igual a **1**.

10.8.1 Recursividade Simples

A *recursividade simples* ou *recursividade comum* é uma técnica que armazena o valor temporário de sua chamada na pilha de memória e aguarda a ocorrência das chamadas sucessivas e dos armazenamentos sucessivos dos demais valores até que ocorra a condição de aterramento. Assim que a condição de aterramento ocorre, a função inicia as chamadas de retorno operacionalizando o valor armazenado da pilha com o valor calculado no retorno até chegar ao resultado esperado.

Como exemplo de demonstração de uso de recursividade simples, considere desenvolver um programa de computador que efetue a leitura de um número inteiro e retorne o resultado do fatorial deste número a partir do uso de sub-rotina que opere sob a ótica da recursividade simples.

Fórmula fatorial: recursividade simples

$$n! = \begin{cases} 1 & , \text{ se } n = 0 \\ n \cdot (n-1)! & , \text{ se } n > 0 \end{cases}$$

Diagramação

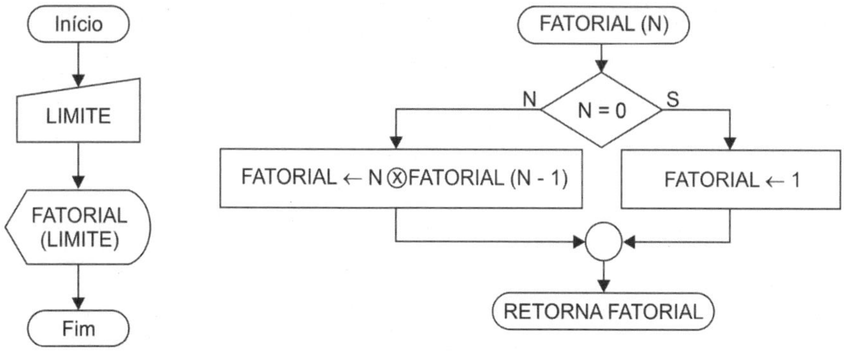

Figura 10.15 Diagramas de blocos com função FATORIAL recursiva simples.

Codificação

```
programa CALC_FAT_V4

  função FATORIAL(N : inteiro) : inteiro
  início
    se (N = 0) então
      FATORIAL ← 1
    senão
      FATORIAL ← N * FATORIAL(N - 1)
    fim_se
  fim

var
 LIMITE : inteiro

início
  escreva "Qual fatorial: " leia LIMITE
  escreva FATORIAL(LIMITE)
fim
```

Antes de observar qualquer detalhe da operação do programa, compare as imagens das Figuras 10.15 e 10.13 no que tange à estrutura sintática das sub-rotinas. Veja que a solução baseada em recursão se mostra mais simples e mais elegante (Figura 10.15) que a solução iterativa (Figura 10.13) definida a partir do comando **para**. Veja que, na forma recursiva, o trecho da função **FATORIAL(N : inteiro) : inteiro** do algoritmo **CALC_FAT_V4** possui como condição **(N = 0)**, que quando falsa executará a operação de cálculo **FATORIAL ← <u>FATORIAL</u>(N – 1) * N**, em que **FATORIAL** é atribuído pelo resultado da operação **FATORIAL(N - 1) * N**. O parâmetro real **N** determina o número de vezes que a operação deve ser efetuada e **<u>FATORIAL</u>(N – 1)** é uma nova instância de chamada da função **FATORIAL** realizando a si mesma com o valor do parâmetro **N** menos **1**.

Imagine a função recursiva **FATORIAL()** receber como passagem de parâmetro por valor o conteúdo inteiro **5**, ou seja, **FATORIAL(5)**. Neste caso, o resultado dessa operação será **120**. Para chegar a esse resultado, são necessários os seguintes passos:

1. Ao passar o conteúdo **5** para a função recursiva **FATORIAL()** e pelo fato de esse valor não ser menor ou igual a **1**, será efetuada a operação **FATORIAL ← <u>FATORIAL</u>(N – 1) * N**. Neste caso, **FATORIAL ← <u>FATORIAL</u>(4) * 5**, sendo o valor **5** armazenado na pilha de memória.

2. Em seguida, o conteúdo **4** obtido a partir de **5 – 1**, não sendo um valor menor ou igual a **1**, é passado à função recursiva **FATORIAL()**, que efetua a operação **FATORIAL ← <u>FATORIAL</u>(N – 1) * N**. Neste caso, **FATORIAL ← <u>FATORIAL</u>(3) * 4**, sendo o valor **4** armazenado na pilha de memória.

3. O conteúdo **3** obtido a partir de **4 – 1**, não sendo um valor menor ou igual a **1**, é passado à função recursiva **FATORIAL()**, que efetua a operação **FATORIAL ← <u>FATORIAL</u>(N – 1) * N**. Neste caso, **FATORIAL ← <u>FATORIAL</u>(2) * 3**, sendo o valor **3** armazenado na pilha de memória.

4. Depois, o conteúdo **2** obtido a partir de **3 – 1**, não sendo um valor menor ou igual a **1**, é passado à função recursiva **FATORIAL()**, que efetua a operação **FATORIAL ← <u>FATORIAL</u>(N – 1) * N**. Neste caso, **FATORIAL ← <u>FATORIAL</u>(1) * 2**, sendo o valor **2** armazenado na pilha de memória.

5. Por último, o conteúdo **1** obtido a partir de **2 – 1** é menor ou igual a **1** e, por esta razão, é atribuído à variável **FATORIAL** o valor **1**. Neste caso, a função recursiva **FATORIAL()** retorna o valor **1** e multiplica-o pelo valor **2** armazenado na pilha, obtendo o resultado **2**, que é então retornado pela própria função recursiva **FATORIAL()**. Neste caso, o valor **1** é destruído na memória, permanecendo em memória apenas o valor **2**.

6. Na sequência, o valor **2** retornado é multiplicado pelo valor empilhado **3**, obtendo o valor **6**, que é então retornado pela função recursiva **FATORIAL()**, e o valor **2** é destruído da memória, permanecendo em memória apenas o valor **6**.

7. Após o retorno, o valor **6** é multiplicado pelo valor empilhado **4**, obtendo o valor **24**, que é então retornado pela função recursiva **FATORIAL()**, e o valor **6** é destruído da memória, permanecendo em memória apenas o valor **24**.

8. Por último, o valor **24** é multiplicado pelo valor empilhado **5**, obtendo o valor **120**, que é então retornado pela função recursiva **FATORIAL()**, e o valor **24** é destruído da memória, permanecendo em memória apenas o valor **120**.

Após a obtenção do valor **120**, chega-se à quinta e última etapa do empilhamento dos valores calculados; ocorre então o encerramento do cálculo da função e o retorno do valor calculado é devolvido.

No sentido de ilustrar de maneira mais simplificada possível as etapas comentadas, observe o que ocorre internamente na memória de um computador ao se efetuar o cálculo recursivo simples para a **FATORIAL(5)**.

```
FATORIAL(5)
FATORIAL(5) * FATORIAL(4)
FATORIAL(5) * FATORIAL(4) * FATORIAL(3)
FATORIAL(5) * FATORIAL(4) * FATORIAL(3) * FATORIAL(2)
FATORIAL(5) * FATORIAL(4) * FATORIAL(3) * FATORIAL(2) * FATORIAL(1)
FATORIAL(5) * FATORIAL(4) * FATORIAL(3) * FATORIAL(2) * FATORIAL(1) * FATORIAL(0)
FATORIAL(5) * FATORIAL(4) * FATORIAL(3) * FATORIAL(2) * FATORIAL(1) * 1
FATORIAL(5) * FATORIAL(4) * FATORIAL(3) * FATORIAL(2) * 1
FATORIAL(5) * FATORIAL(4) * FATORIAL(3) * 2
FATORIAL(5) * FATORIAL(4) * 6
FATORIAL(5) * 24
120
```

A Figura 10.16 demonstra graficamente a lógica de funcionalidade e de ação e mostra como funciona uma função recursiva simples. Cada instância de chamada da função recursiva **FATORIAL()** ocorre de forma a empilhar cada uma das instâncias da função em operação para depois, no retorno, efetuar a multiplicação sucessiva típica do valor retornado com o valor armazenado na pilha, a fim de calcular a fatorial solicitada.

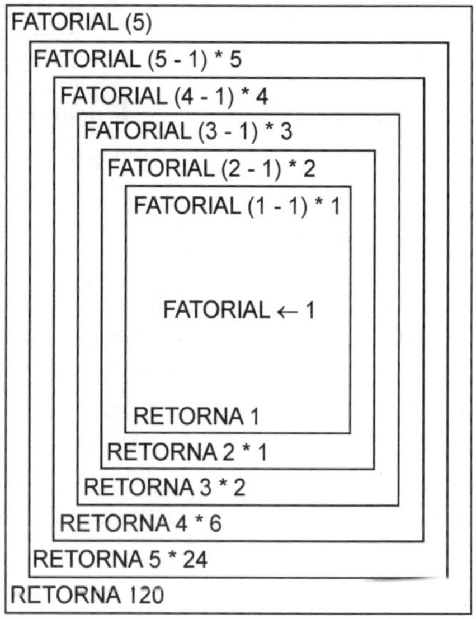

Figura 10.16 Esquema lógico de funcionalidade e ação de função recursiva.

A Figura 10.17 apresenta outra perspectiva do processamento da ação da função com recursividade simples **FATORIAL()**.

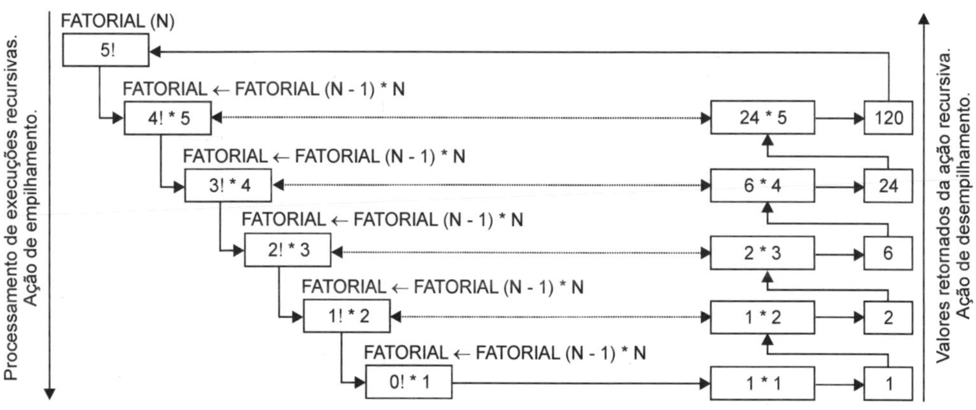

Figura 10.17 Perspectiva de função recursiva.

A recursividade, de modo geral, é considerada uma ação elegante ao facilitar a abstração e a modularidade no desenvolvimento de funções complexas (veja que a modularidade é uma conduta de programação incorporada ao paradigma imperativo). No entanto, em virtude do efeito de empilhamento, a recursividade simples consome espaço de memória e deve ser pensada a partir de outra ótica, como o uso de recursão de cauda.

Como exemplo contextualizado, o programa anterior pode ser visto em algumas linguagens de programação a partir do repositório GitHub: **https://github.com/J-AugustoManzano/livro_Algoritmos_Logica/tree/main/Cap%2010/10.8%20-%20Recursividade%20ou%20Recorrencia/10.8.1%20-%20Recursividade%20Simples**.

Se desejar, aponte para o QR Code ao lado e tenha acesso ao repositório indicado.

uqr.to/1wj5f

10.8.2 Recursividade de Cauda

A *recursividade de cauda* é uma técnica que garante efetivamente menor consumo de memória por não ser necessário guardar temporariamente na pilha a posição da chamada da função, ou seja, nenhum processamento adicional após o encerramento da função é realizado, sendo que o resultado final é calculado e obtido no próprio argumento antes de seu retorno. A grande vantagem do uso de recursão de cauda está no fato de esta ação não fazer uso da pilha de memória para o armazenamento dos valores que serão calculados, pois o cálculo é efetivado diretamente sobre o argumento da cauda. Internamente, no computador, é como se a operação fosse convertida em uma estrutura de laço iterativo.

Para implementar uma ação de recursividade de cauda é necessário, dependendo da linguagem de programação em uso, o desenvolvimento de duas sub-rotinas de função integradas: a primeira função responsável por efetuar a base do cálculo (função base, também chamada função auxiliar) contendo a definição de um conjunto de argumentos necessários à operação, sendo formada por, no mínimo, um argumento de entrada e um argumento obrigatório com a definição de um valor inicial à operação; uma segunda função (função interface) responsável por chamar a primeira função com a passagem dos argumentos de entrada e outros obrigatórios necessários ao cálculo, sem que o usuário da função seja obrigado a utilizá-los.

A função interface (função *wrapper*) não possui nenhum recurso lógico/aritmético. Sua principal ação é realizar a chamada da função auxiliar, passando os parâmetros necessários para o cálculo e retornando o resultado da função auxiliar para o usuário. O termo *wrapper* pode ser traduzido e entendido como *função embrulho* ou *função envoltório.*

Como exemplo de demonstração de uso de recursividade de cauda, considere um programa de computador que efetue a leitura de um número inteiro e retorne o resultado da fatorial deste número a partir do uso de sub-rotina que opere sob a ótica da recursividade de cauda.

Fórmula fatorial: recursividade de cauda

$$\underset{p\,=\,1}{(n,\ p)!} = \begin{cases} p & ,\ \text{se } n = 0 \\ (n - 1,\ n \cdot p)! & ,\ \text{se } n > 0 \end{cases}$$

Diagramação

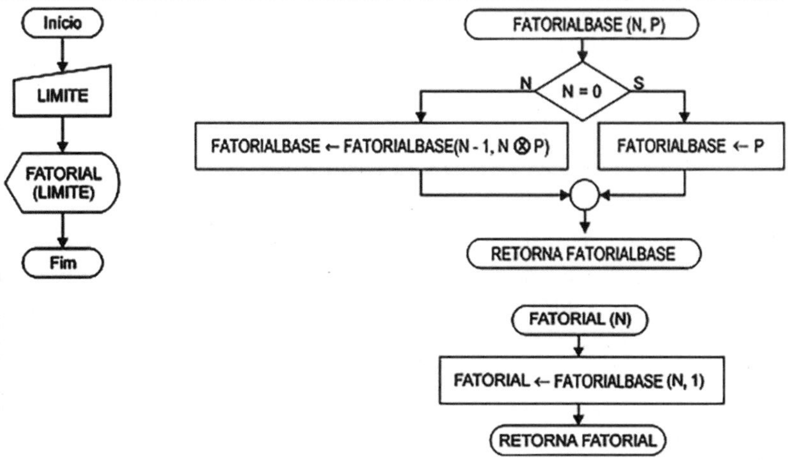

Figura 10.18 Diagramas de blocos com função FATORIAL recursiva simples.

Codificação

```
programa CALC_FAT_V5

  função FATORIALBASE(N, P : inteiro) : inteiro
  início
    se (N = 0) então
      FATORIALBASE ← P
    senão
      FATORIALBASE ← FATORIALBASE(N - 1, N * P)
    fim_se
  fim

  função FATORIAL(N : inteiro) : inteiro
  início
    FATORIAL ← FATORIALBASE(N, 1)
  fim

var
 LIMITE : inteiro

início
  escreva "Qual fatorial: " leia LIMITE
  escreva FATORIAL(LIMITE)
fim
```

Dentro do contexto indicado, a sub-rotina de função **FATORIALBASE()** deve ser considerada com escopo privado e, dessa maneira, não deve ser usada diretamente. Seu uso deve ser realizado, indiretamente, a partir da chamada da função interface, neste caso, a função **FATORIAL()**.

A função **FATORIAL()** é a definição de uma sub-rotina de apoio que permite realizar de forma simplificada a chamada da função com recursividade de cauda, mais complexa. Note que a função **FATORIAL()** recebe para seu uso apenas um argumento como parâmetro, neste caso representado por **N** (argumento de entrada), e faz uso da função **FATORIALBASE()** passando-lhe dois argumentos, sendo o argumento **N** recebido do usuário e o argumento **1** para o ajuste do cálculo da fatorial junto à variável **P** (parcial), pois, para se obter o resultado de uma fatorial, a variável (neste caso, uma função) que armazena o resultado do cálculo deve ser iniciada em **1** (argumento obrigatório à realização do cálculo).

A função **FATORIALBASE()** utiliza para sua ação dois parâmetros: o parâmetro **N** referente ao valor recebido do usuário, que determina a quantidade de iterações a serem efetivadas para a obtenção do resultado final esperado, e o valor inicial do parâmetro **P** em **1**, o qual auxilia a obtenção do resultado do fatorial calculado.

Note a seguir o que ocorre na memória ao se efetuar o cálculo para a função **FATORIALBASE (N, 1)** a partir de **N** com valor **5** indicado na função **FATORIAL(5)**, em que a função **FATORIALBASE()** é executada a partir da chamada **FATORIALBASE(5, 1)**. Atente em especial para o segundo argumento, marcado em negrito, da função **FATORIALBASE()**.

```
FATORIALBASE(5,   1) -> FATORIALBASE(5 - 1,   1 * 5) = FATORIALBASE( 4,   5)
FATORIALBASE(4,   5) -> FATORIALBASE(4 - 1,   5 * 4) = FATORIALBASE( 3,  20)
FATORIALBASE(3,  20) -> FATORIALBASE(3 - 1,  20 * 3) = FATORIALBASE( 2,  60)
FATORIALBASE(2,  60) -> FATORIALBASE(2 - 1,  60 * 2) = FATORIALBASE( 1, 120)
FATORIALBASE(1, 120) -> FATORIALBASE(1 - 1, 120 * 1) = FATORIALBASE( 0, 120)
FATORIALBASE(0, 120) -> 120 (valor retornado pelo parâmetro P)
```

Para que uma função que use recursividade de cauda seja bem definida, é importante levar a cabo duas propriedades comentadas por Lipschutz e Lipson (2013, p. 51):

- deve haver argumentos para a passagem de parâmetros chamados *valores bases*, para os quais a função em hipótese alguma faz referência a si mesma;
- cada vez que a função se retira a si mesma, seu resultado deve ficar mais próximo à resposta esperada a partir do parâmetro base utilizado.

Caso essas condições não sejam consideradas, haverá o risco de ocorrer a implementação de funções circulares, as quais produzem chamadas sucessivas e infinitas a si mesmas, consumindo recursos de memória desnecessários e não chegando a resultado algum.

Como exemplo contextualizado, o programa anterior pode ser visto em algumas linguagens de programação a partir do repositório GitHub: **https://github.com/J-AugustoManzano/livro_Algoritmos_Logica/tree/main/Cap%2010/10.8%20-%20Recursividade%20ou%20Recorrencia/10.8.2%20%20Recursividade%20de%20Cauda**.

Se desejar, aponte para o QR Code ao lado e tenha acesso ao repositório indicado.

uqr.to/1wj5g

Funções com recursividade comum (simples) e com recursividade de cauda ocupam a memória de maneiras diferentes. Considerando-se a função recursiva simples **FATORIAL1(3)** e de cauda **FATORIAL2(3,1)**, observe junto à Figura 10.19 como cada uma das funções se comporta na memória.

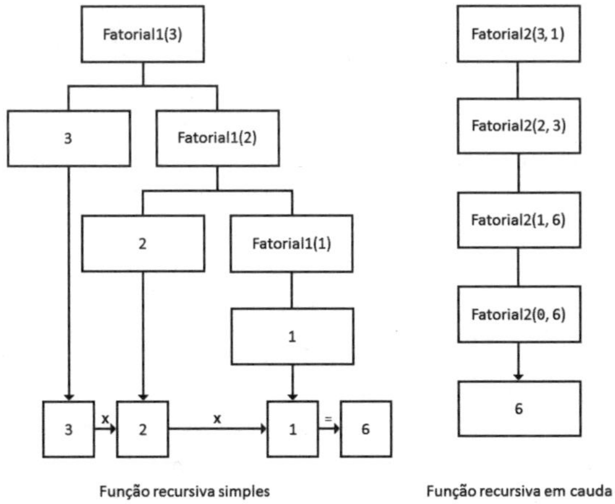

Figura 10.19 Função simples e cauda – comportamento em memória.

A partir da indicação da Figura 10.19, é possível ter ideia de como se comportam os tipos de recursividade simples (comum) e de cauda.

Resumidamente, tem-se como vantagem na recursão, de modo geral, a capacidade de dividir um problema complexo em sub-rotinas mais simples. Em particular, a recursividade comum tem como vantagem a capacidade de ser mais fácil de ser entendida e implementada que a recursão de cauda. No entanto, pode, dependendo de sua configuração, consumir muito mais memória pelo uso da pilha, além de ser menos eficiente em seu desempenho por consumir mais tempo de processamento quando as chamadas recursivas forem mais profundas, como ocorre com o cálculo da sequência de Fibonacci (a ser demonstrado mais adiante neste capítulo). Em contrapartida à recursão de cauda, é mais eficiente em sua execução por não armazenar na pilha os estados intermediários de sua operação, mas apresenta como desvantagem o fato de ser mais difícil de se entender e implementar, pois necessita que se tenha um grau de conhecimento mais avançado sobre sua lógica de operação.

Quando uma sub-rotina é executada em um computador, ocorre internamente no processador do computador o registro dessa ação de modo que o programa possa continuar do ponto em que parou após realizar a chamada da sub-rotina. O registro da execução de sub-rotinas é controlado por um componente interno do processador de tamanho fixo chamado *pilha*. O espaço de memória da pilha é estático, além de limitado. Por esta razão, usar ações recursivas simples não é indicado, uma vez que ocorrerá a sobrecarga desse espaço ocasionando estouro e interrupção abrupta da execução do programa.

Ações baseadas em recursão simples devem ser evitadas ao máximo. Em seu lugar, dê preferência ao uso de ações baseadas em recursão de cauda.

Observação

No sentido de uso prático de sub-rotinas do tipo procedimento, atente ao fato de que esse tipo de sub-rotina pode ser usado em ações de entrada, eventualmente em processamento e saída de dados, com ou sem passagens de parâmetros, podendo apresentar definição de ações de entrada e saída dentro de seu corpo. Já as sub-rotinas do tipo função, dada sua característica de retornar valor, devem ser empregadas apenas em ações de processamento, com ou sem passagens de parâmetros. Jamais estabeleça dentro do bloco de ação de uma sub-rotina do tipo função ações de entrada e/ou saída. Eventualmente, dentro de uma sub-rotina de função, poderá ser considerada ação de saída, desde que esta saída seja a indicação apenas de alguma mensagem de erro apresentada quando certa operação não for bem-sucedida. Jamais use essa possibilidade de saída em funções para apresentar resultados de sua operação. As entradas e saídas de uma função devem estar relacionadas apenas com as passagens de parâmetro que utilizam e com o retorno obrigatório de resposta que uma função fornece. Ações de entrada e saída, de cunho geral, internas ao bloco de uma sub-rotina, quando necessário, são implementadas apenas e tão somente em procedimentos. Ações de saída dentro de blocos em funções somente em último caso e tão somente para indicação de algum retorno de erro de operação da função.

A recursividade é uma técnica importante que pode ser usada para resolver diversos problemas computacionais, como comentado, de maneira bastante eficiente e com grande elegância.

Exercício de Aprendizagem

A seguir, são apresentados alguns exemplos de procedimentos e funções estudados neste capítulo. Atente a cada detalhe e a cada uma das soluções para os programas de gerenciamento de elementos matriciais, calculadora, manipulação de pilha e de fila e uso de recursividade com a série de *Fibonacci*.

Exemplo 1

Elaborar um programa de computador que efetue a entrada de 10 valores do tipo cadeia (10 nomes) e realizar a apresentação desses valores em ordem alfabética ascendente, controlando as etapas de entrada, processamento e saída com uso de sub-rotinas.

Entendimento

O exemplo seguinte usa procedimentos para controlar as etapas do programa (entrada, processamento e saída). Observe cuidadosamente cada trecho do algoritmo do programa. O procedimento **PROCESSAMENTO** usa como apoio duas sub-rotinas com os nomes **TROCA** e **ORDENAÇÃO**, em que o procedimento **TROCA** deve ser definido antes do procedimento **ORDENAÇÃO**. A Figura 10.20 apresenta a organização hierárquica do programa, e as Figuras 10.21(a), 10.21(b) e 10.21(c), os diagramas de blocos. Para o armazenamento e o controle dos dados, usa-se uma variável composta do tipo global. Cada sub-rotina deve conter o seu conjunto de variáveis locais.

Figura 10.20 Organização hierárquica do programa de ordenação.

Diagramação

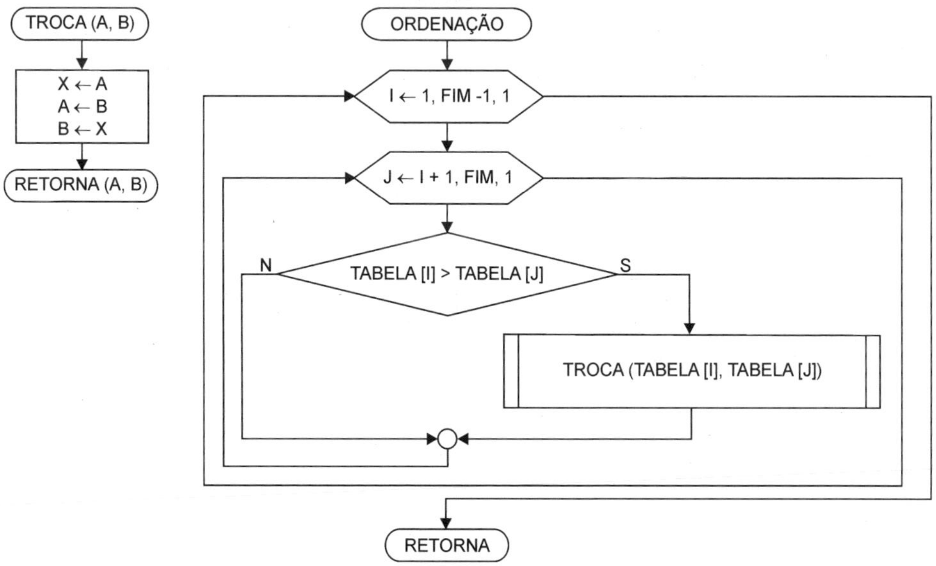

Figura 10.21(a) Ordenação de matriz com sub-rotinas.

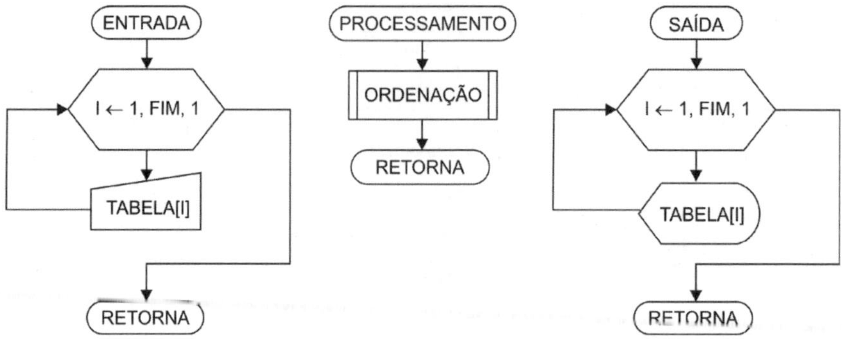

Figura 10.21(b) Ordenação de matriz com sub-rotinas.

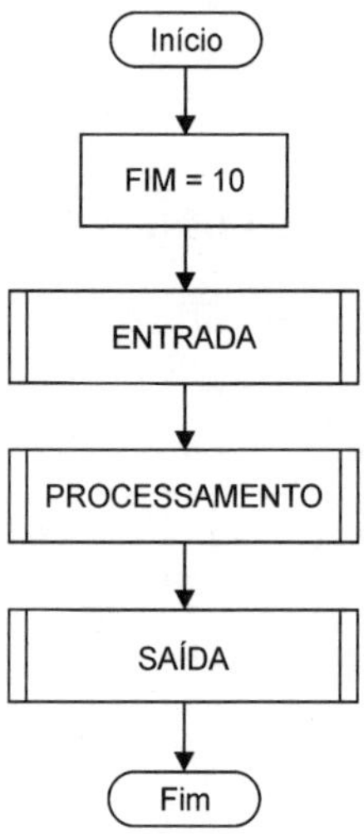

Figura 10.21(c) Ordenação de matriz com sub-rotinas.

Codificação

```
programa ORDMAT

const
  FIM = 10

tipo
  MATRIZ = conjunto[1..FIM] de cadeia

var
  TABELA : matriz

  procedimento ENTRADA
  var
    I : inteiro
  início
    para I de 1 até FIM passo 1 faça
      leia TABELA[I]
    fim_para
  fim
```

```
    procedimento PROCESSAMENTO

      procedimento TROCA(var A, B : cadeia)
      var
        X : cadeia
      início
        X ← A
        A ← B
        B ← X
      fim

      procedimento ORDENAÇÃO
      var
        I, J : inteiro
      início
        para I de 1 até FIM - 1 passo 1 faça
          para J de I + 1 até FIM passo 1 faça
            se (TABELA[I] > TABELA[J]) então
              TROCA(TABELA[I], TABELA[J])
            fim_se
          fim_para
        fim_para
      fim

    início
      ORDENAÇÃO
    fim

    procedimento SAÍDA
    var
      I : inteiro
    início
      para I de 1 até FIM passo 1 faça
        escreva TABELA[I]
      fim_para
    fim

  início
    ENTRADA
    PROCESSAMENTO
    SAÍDA
  fim
```

Um detalhe a ser considerado quando se usam procedimentos (sub-rotinas) ou funções é a possibilidade de usar em um desses módulos outras sub-rotinas ou funções. Para que essa estratégia funcione adequadamente, as sub-rotinas ou funções dentro de outras sub-rotinas ou funções devem ser estabelecidas antes dos blocos **início** e **fim** da rotina em operação. No código em português estruturado anterior, veja o módulo de procedimento **PROCESSAMENTO**, em que estão as sub-rotinas **TROCA** e **ORDENAÇÃO** antes dos comandos **início** e **fim**, quando da chamada da sub-rotina **ORDENAÇÃO**.

Exemplo 2

O algoritmo do programa calculadora, anteriormente apresentado, possui nos seus módulos operacionais uma série de linhas de instruções idênticas que existem igualmente nas demais rotinas de operação do programa, as quais, de certa maneira, repetem-se. Esse conjunto repetido de instruções pode ser simplificado por uma estratégia de codificação denominada *refinamento sucessivo*.

O *refinamento sucessivo* é uma técnica de programação que possibilita dividir uma sub-rotina em outras sub-rotinas, aproveitando o que se repete. O processo de refinamento sucessivo deve ser aplicado com muito critério para que o programa a ser construído não se torne desestruturado e difícil de ser compreendido.

Entendimento

O algoritmo do programa calculadora apresentado anteriormente permite que essa técnica seja aplicada, pois nas quatro sub-rotinas de cálculo existem instruções que realizam as mesmas tarefas. Por exemplo, a entrada e a saída são efetuadas com um conjunto de variáveis locais **R1**, **A1**, **B1**, **R2**, **A2**, **B2**, **R3**, **A3**, **B3**, **R4**, **A4** e **B4**. Neste caso, basta definir um conjunto de variáveis como globais. Podem ser usadas as variáveis **A**, **B** e **R** como globais e desenvolver mais duas sub-rotinas, uma para entrada e outra para saída.

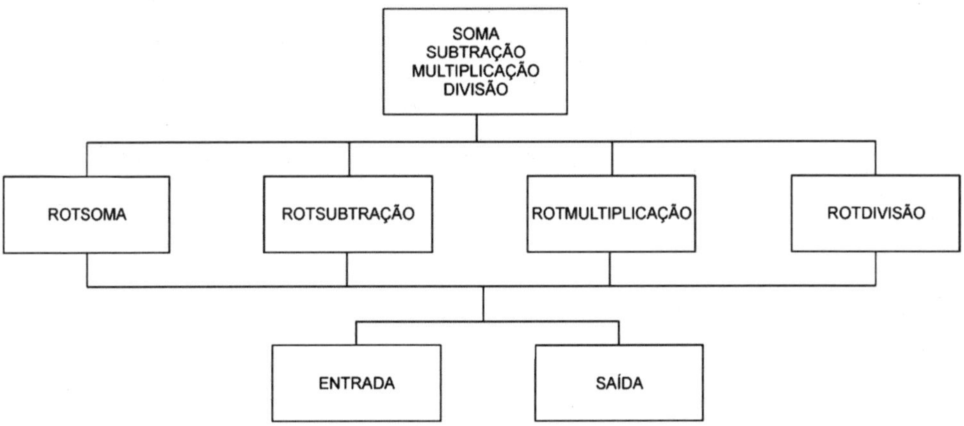

Figura 10.22 Organização hierárquica da segunda versão do programa calculadora.

As quatro sub-rotinas atuais serão diminuídas em número de linhas, pois tudo o que se repete nas sub-rotinas será retirado. A Figura 10.22 exibiu a organização hierárquica da segunda versão do programa calculadora, e as Figuras 10.23(a), 10.23(b) e 10.23(c) mostram o conjunto de diagramas de blocos.

Diagramação

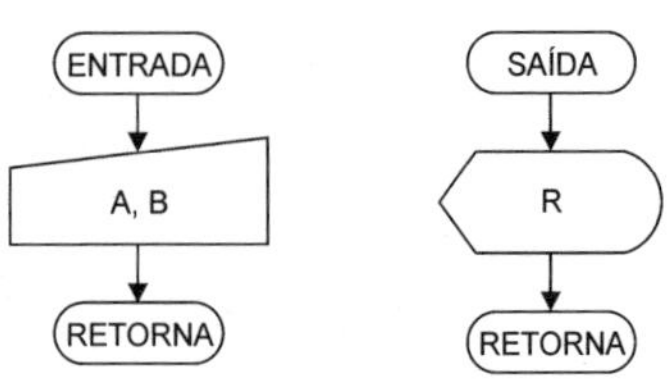

Figura 10.23(a) Diagramas de blocos da segunda versão do programa calculadora.

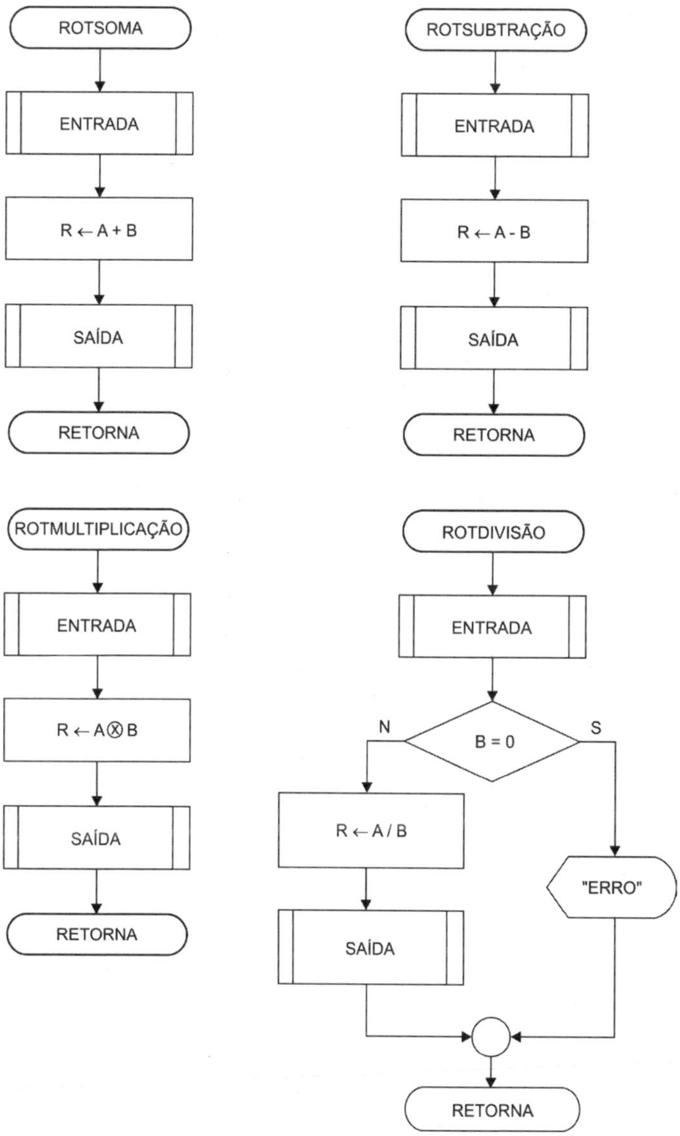

Figura 10.23(b) Diagramas de blocos da segunda versão do programa calculadora.

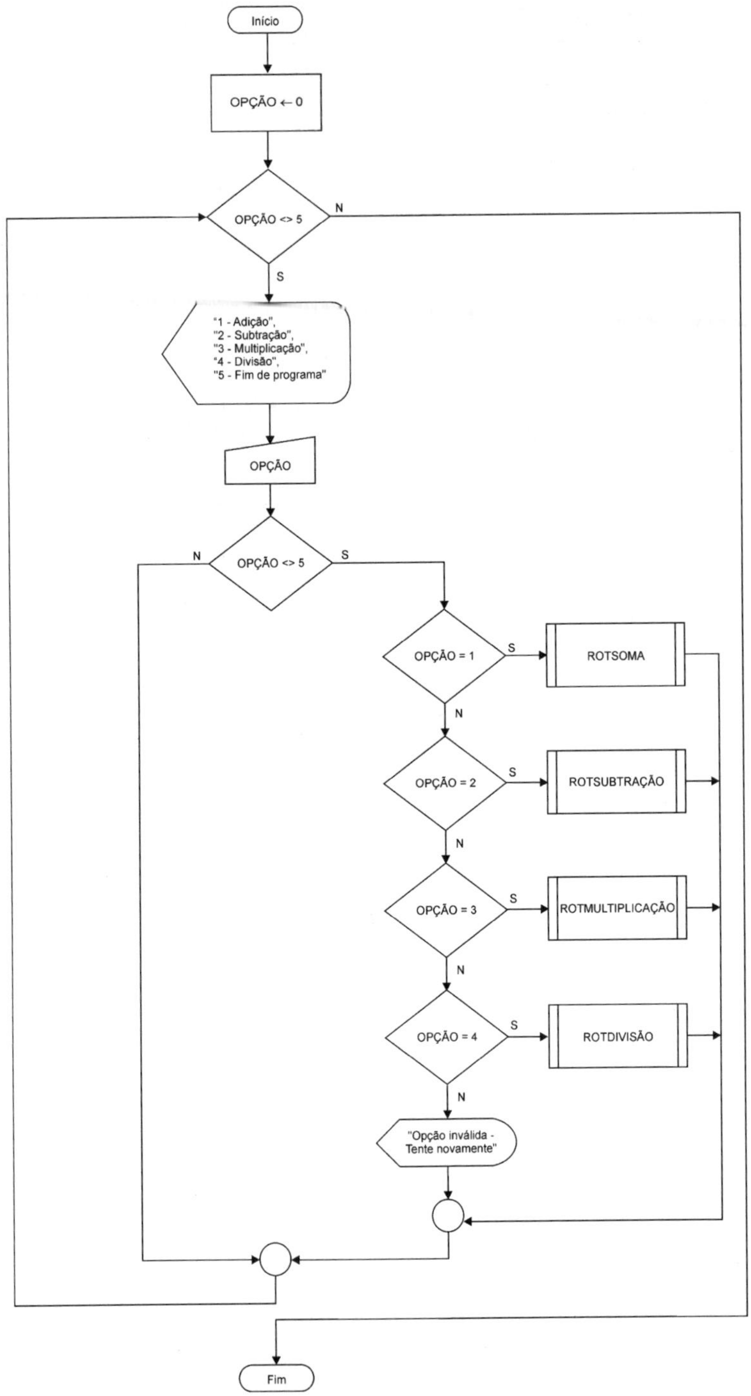

Figura 10.23(c) Diagramas de blocos da segunda versão do programa calculadora.

Codificação

```
programa CALCULADORA_V2

var
  R, A, B : real

  // Trecho de sub-rotinas de entrada e saída

  procedimento ENTRADA
  início
    escreva "Entre o 1o. valor: " leia A
    escreva "Entre o 2o. valor: " leia B
  fim

  procedimento SAÍDA
  início
    escreva "O resultado da operação equivale a: ", R
  fim

  // Trecho das sub-rotinas de cálculos

  procedimento ROTSOMA
  início
    escreva "Rotina de Adição"
    ENTRADA
    R ← A + B
    SAÍDA
  fim

  procedimento ROTSUBTRAÇÃO
  início
    escreva "Rotina de Subtração"
    ENTRADA
    R ← A - B
    SAÍDA
  fim

  procedimento ROTMULTIPLICAÇÃO
  início
    escreva "Rotina de Multiplicação"
    ENTRADA
    R ← A * B
    SAÍDA
  fim

  procedimento ROTDIVISÃO
  início
    escreva "Rotina de Divisão"
    ENTRADA
    se (B = 0) então
      escreva "O resultado da operação equivale a: ERRO"
    senão
      R ← A / B
      SAÍDA
    fim_se
  fim
```

```
// Trecho principal do programa

var
  OPÇÃO : inteiro

início
  OPÇÃO ← 0
  enquanto (OPÇÃO <> 5) faça
    escreva "[1] - Adição"
    escreva "[2] - Subtração"
    escreva "[3] - Multiplicação"
    escreva "[4] - Divisão"
    escreva "[5] - Fim de Programa"
    escreva "Escolha uma opção: " leia OPÇÃO
    se (OPÇÃO <> 5) então
      caso OPÇÃO
        seja 1 faça ROTSOMA
        seja 2 faça ROTSUBTRAÇÃO
        seja 3 faça ROTMULTIPLICAÇÃO
        seja 4 faça ROTDIVISÃO
      senão
        escreva "Opção inválida - Tente novamente"
      fim_caso
    fim_se
  fim_enquanto
fim
```

Note o grau de organização estrutural que o projeto de um programa pode ter. Observe o código do algoritmo anterior e também as Figuras 10.21, 10.22(a), 10.22(b) e 10.22(c), que demonstram o nível de abstração utilizado na segunda versão do programa calculadora.

Exemplo 3

O código da segunda versão do programa calculadora é apresentado com um grande conjunto de sub-rotinas (procedimentos). Essa nova versão (a terceira), além de possuir os mesmos procedimentos da segunda versão, acrescenta uma função para concluir os cálculos.

Entendimento

A proposta é criar uma função **CÁLCULO** que calcule de acordo com o parâmetro de operador aritmético fornecido. A função deve receber três parâmetros, sendo dois valores numéricos do tipo real e um parâmetro que represente o operador aritmético de cálculo desejado. Assim:

1. Se o operador for "+", faz-se a soma dos valores numéricos fornecidos.
2. Se o operador for "-", faz-se a subtração dos valores numéricos fornecidos.
3. Se o operador for "*", faz-se a multiplicação dos valores numéricos fornecidos.
4. Se o operador for "/", faz-se a divisão dos valores numéricos fornecidos.

A estrutura da função **CÁLCULO** será baseada na tomada de decisão por seleção com a omissão do comando **senão**. Essa estratégia é possível e pode ser utilizada quando não se deseja estabelecer uma operação para tratamento de alguma exceção de opção inválida. A Figura 10.24 mostra a estrutura do diagrama de blocos para a função **CÁLCULO** e, na sequência, apresenta-se o trecho de função codificado em português estruturado.

Diagramação

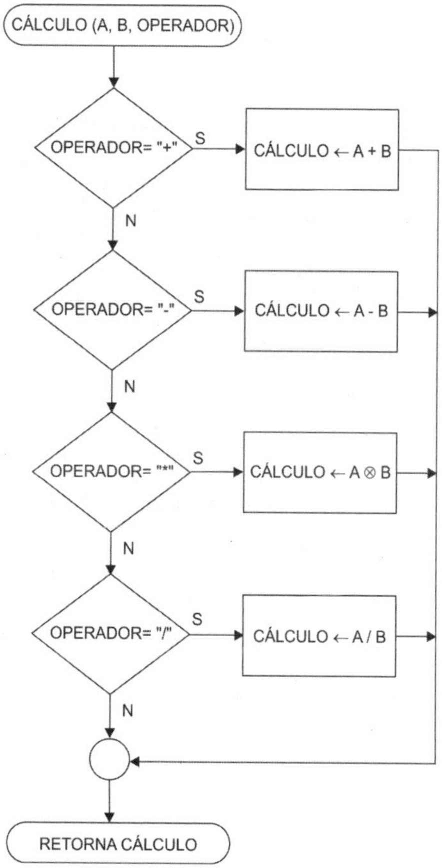

Figura 10.24 Diagrama de blocos da função CALCULO().

Codificação

```
função CALCULO(A, B : real; OPERADOR: caractere) : real
início
  caso OPERADOR
    seja "+" faça CALCULO ← A + B
    seja "-" faça CALCULO ← A - B
    seja "*" faça CALCULO ← A * B
    seja "/" faça CALCULO ← A / B
  fim_caso
fim
```

A Figura 10.25 mostra uma proposta de organização hierárquica do programa calculadora em sua terceira versão e as Figuras 10.26(a), 10.26(b) e 20.26(c) apresentam os diagramas de blocos. Depois das figuras encontra-se o código em português estruturado.

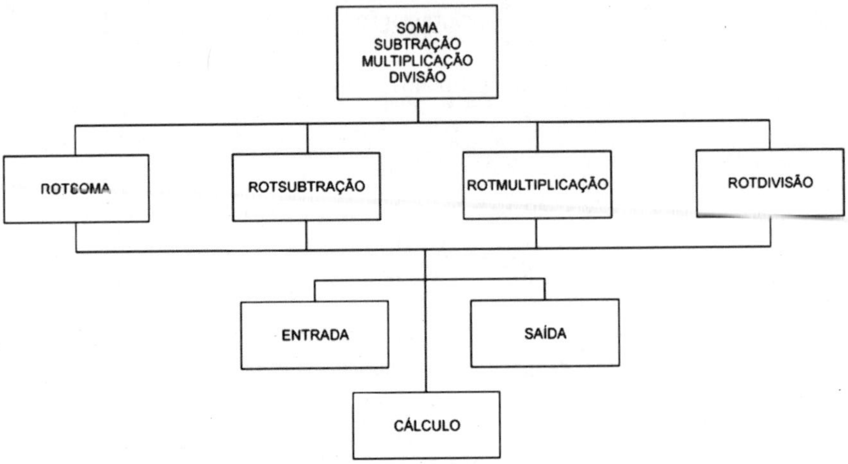

Figura 10.25 Organização hierárquica da terceira versão do programa calculadora.

Diagramação

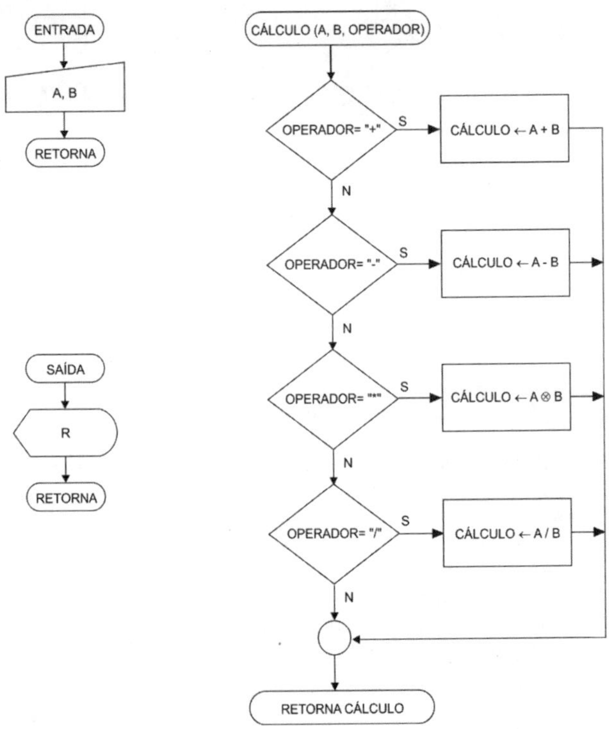

Figura 10.26(a) Diagramas de blocos da terceira versão do programa calculadora.

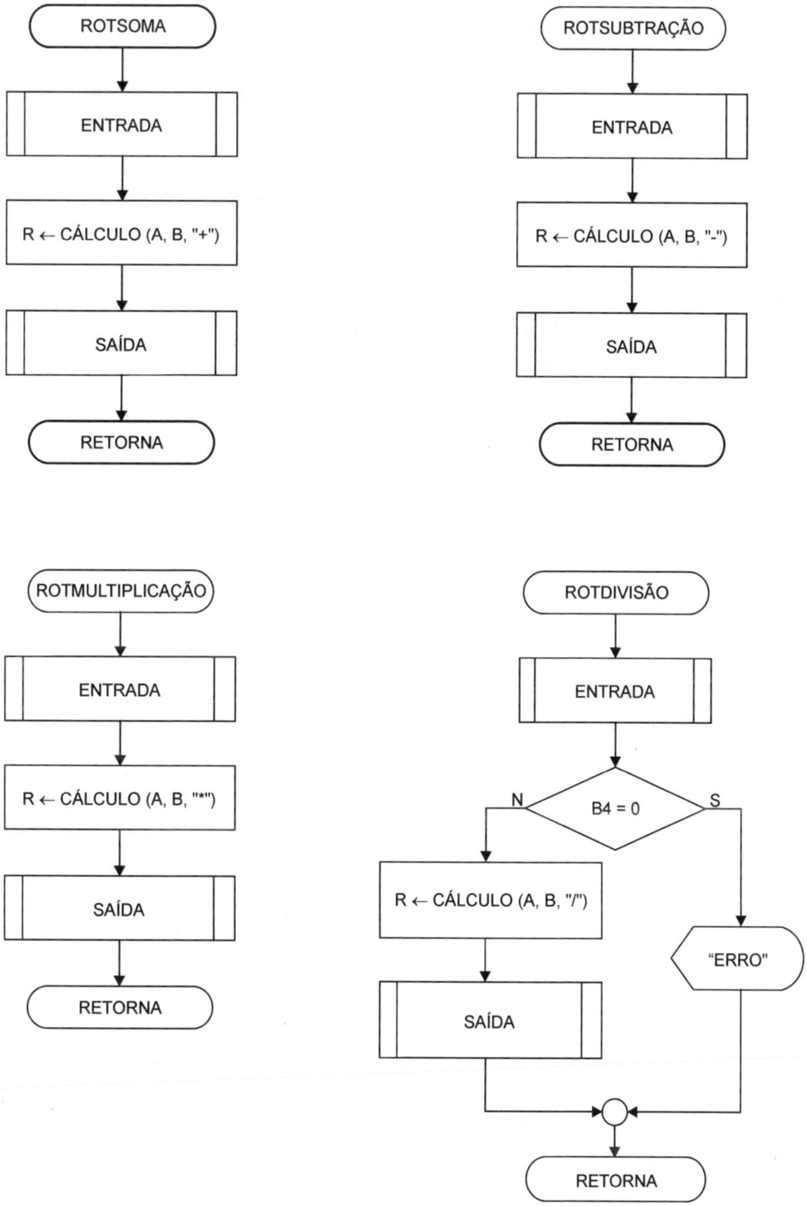

Figura 10.26(b) Diagramas de blocos da terceira versão do programa calculadora.

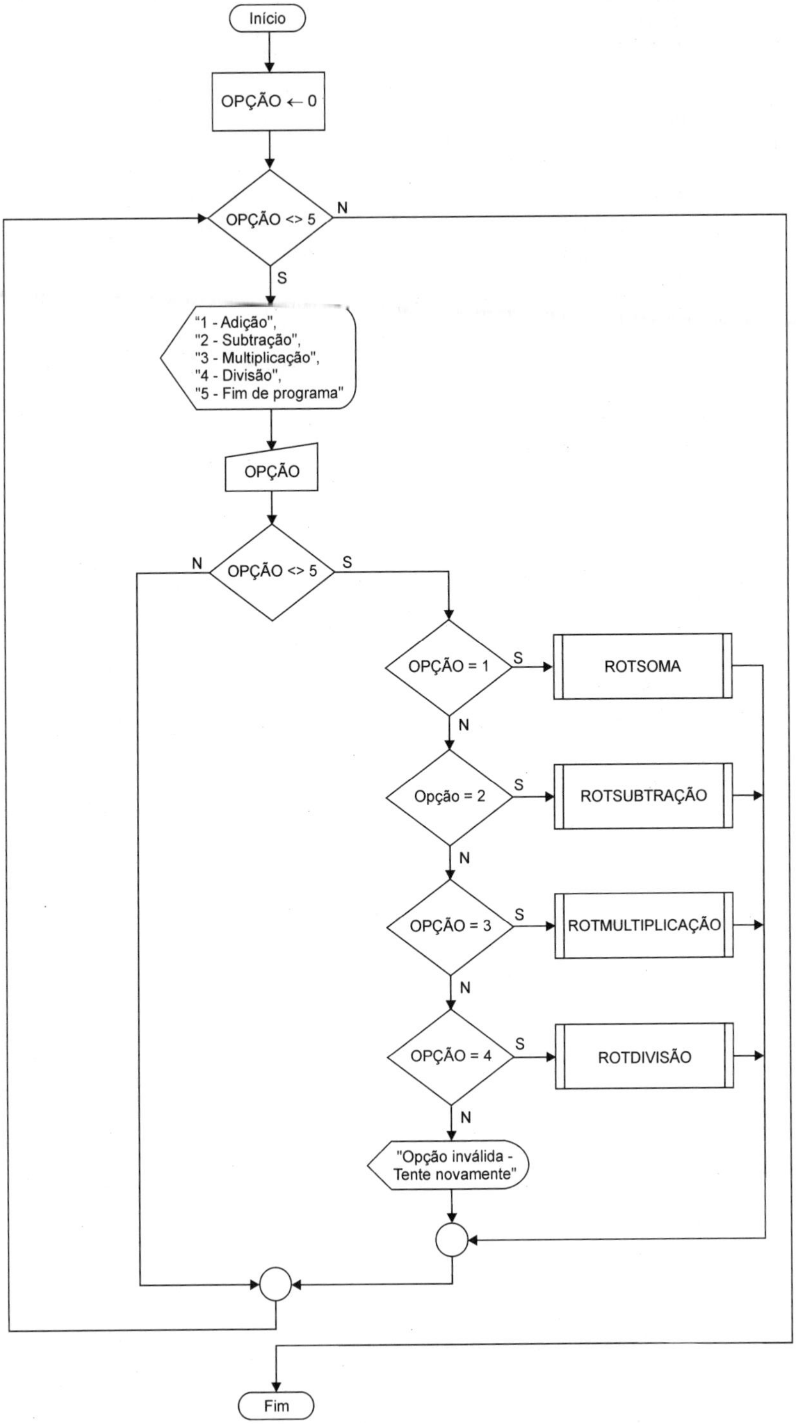

Figura 10.26(c) Diagramas de blocos da terceira versão do programa calculadora.

Codificação

```
programa CALCULADORA_V3

var
  R, A, B : real

  // Trecho de sub-rotinas de entrada e saída

  procedimento ENTRADA
  início
    escreva "Entre o 1o. valor: " leia A
    escreva "Entre o 2o. valor: " leia B
  fim

  procedimento SAÍDA
  início
    escreva "O resultado da operação equivale a: ", R
  fim

  // Trecho com função para o cálculo das operações

  função CALCULO(A, B : real, OPERADOR: caractere) : real
  início
    caso OPERADOR
      seja "+" faça CÁLCULO ← A + B
      seja "-" faça CÁLCULO ← A - B
      seja "*" faça CÁLCULO ← A * B
      seja "/" faça CÁLCULO ← A / B
    fim_caso
  fim

  // Trecho das sub-rotinas de cálculos

  procedimento ROTSOMA
  início
    escreva "Rotina de Adição"
    ENTRADA
    R ← CÁLCULO(A, B, "+")
    SAÍDA
  fim

  procedimento ROTSUBTRAÇÃO
  início
    escreva "Rotina de Subtração"
    ENTRADA
    R ← CÁLCULO(A, B, "-")
    SAÍDA
  fim

  procedimento ROTMULTIPLICAÇÃO
  início
    escreva "Rotina de Multiplicação"
    ENTRADA
    R ← CÁLCULO(A, B, "*")
    SAÍDA
  fim
```

```
  procedimento ROTDIVISÃO
  início
    escreva "Rotina de Divisão"
    ENTRADA
    se (B = 0) então
      escreva "O resultado da operação equivale a: ERRO"
    senão
      R ← CÁLCULO(A, B, "/")
      SAÍDA
    fim_se
  fim

// Trecho principal do programa

var
  OPÇÃO : inteiro

início
  OPÇÃO ← 0
  enquanto (OPÇÃO <> 5) faça
    escreva "[1] - Adição"
    escreva "[2] - Subtração"
    escreva "[3] - Multiplicação"
    escreva "[4] - Divisão"
    escreva "[5] - Fim de Programa"
    escreva "Escolha uma opção: " leia OPÇÃO
    se (OPÇÃO <> 5) então
      caso OPÇÃO
        seja 1 faça ROTSOMA
        seja 2 faça ROTSUBTRAÇÃO
        seja 3 faça ROTMULTIPLICAÇÃO
        seja 4 faça ROTDIVISÃO
      senão
        escreva "Opção inválida - Tente novamente"
      fim_caso
    fim_se
  fim_enquanto
fim
```

Na terceira versão do programa calculadora apresenta-se um programa com procedimentos (sub-rotinas) que gerenciam as operações de entrada e saída dos dados do programa. A função utilizada auxilia no processamento de cálculo do programa. Normalmente, esta é a regra que pode ser usada por um programador iniciante para decidir quando usar procedimento ou função. À medida que se usa a estratégia de abstração de programação, aprende-se a conhecer suas sutilezas.

O apêndice B desta obra apresenta como exemplo uma quarta versão do programa calculadora em que só há uma rotina de cálculo que identifica a operação e direciona a ação pretendida. Perceba no exemplo que a quarta versão faz uso da ação de refinamento sucessivo de maneira mais acentuada.

Exemplo 4

Este exemplo demonstra uma técnica de estrutura de dados baseada em lista de dados do tipo pilha, que é uma estrutura de dados que armazena um elemento sobre o outro de forma que sempre o último elemento armazenado na pilha é o primeiro a ser retirado dela.

Desenvolver um programa que armazene valores do tipo inteiro em uma pilha de dados que opere com, no máximo, 10 elementos. O programa deve possuir um menu com as opções empilhar, desempilhar, apresentar, criar pilha e sair.

Entendimento

Para o devido gerenciamento da pilha, o programa desse tipo de estrutura de dados precisa ter um conjunto de módulos que verifiquem se a pilha está vazia, se está cheia, acrescentem um elemento à pilha, retirem um elemento da pilha, apresentem os elementos armazenados na pilha e, eventualmente, permitam a destruição dos elementos da pilha, deixando-a vazia para a entrada de novos dados. Assim, cabe descrever as etapas de cada um dos módulos:

- O módulo de verificação pilha vazia, função **VAZIA**, é uma função lógica que verifica se o topo da pilha é igual ao valor zero. Se a condição **TOPO = 0** for verdadeira, a função retorna o resultado lógico verdadeiro; caso contrário, a função retorna o valor lógico falso.
- O módulo de verificação pilha cheia, função **CHEIA**, é uma função lógica, como a função VAZIA, que verifica se o topo da pilha é igual ao valor de limite de dados a serem entrados (neste caso, 10). Se a condição **TOPO = LIMITE** for verdadeira, a função retorna um resultado lógico verdadeiro; caso contrário, a função retorna um valor lógico falso.
- O módulo de adição de elementos à pilha, função **ADICIONA**, é uma função lógica que recebe como passagem de parâmetro por valor um elemento inteiro que será então inserido. Ao receber o elemento, a função verifica primeiramente se a pilha está cheia. Se a pilha estiver cheia, a função deve retornar o valor lógico falso. Caso contrário, a função deve atualizar em mais um o contador de topo da pilha, inserir o elemento inteiro na posição do contador da pilha atualizado e retornar para a função o valor lógico verdadeiro, confirmando a inserção do valor na pilha.
- O módulo de remoção de elementos da pilha, função **RETIRAR**, é uma função lógica que recebe como passagem de parâmetro por referência um conteúdo zerado do elemento inteiro a ser removido. A função de remoção deve, antes, verificar se a pilha está vazia. Se a pilha estiver vazia, a função deve retornar o valor lógico falso. Caso contrário, a função deve pegar o elemento inteiro existente na pilha e atribuir esse valor ao rótulo de identificação da passagem de parâmetro por referência, zerar a posição do elemento removido, atualizar em menos um o contador de topo da pilha e retornar para a função o valor lógico verdadeiro.
- O módulo de empilhamento de elementos, procedimento **EMPILHAR**, é um procedimento simples que usa a função de adição de elementos para indicar se o elemento foi ou não inserido na pilha.
- O módulo de desempilhamento de elementos, procedimento **DESEMPILHAR**, é um procedimento simples que usa a função de remoção de elementos para indicar se o elemento foi ou não retirado da pilha.
- O módulo de apresentação dos elementos armazenados na pilha, procedimento **MOSTRAR**, é um procedimento simples que usa a função de verificação pilha vazia para mostrar ou não os dados da pilha.
- O módulo de criação da pilha, procedimento **CRIAR**, usa passagem de parâmetro por referência. Observe que esse procedimento recebe a variável composta MATRIZ com conteúdo eventualmente armazenado e devolve a variável totalmente zerada (limpa). Essa sub-rotina também zera o valor do contador de topo da pilha.

No que tange ao exposto anteriormente, as operações de processamento da pilha são realizadas pelos módulos de função e as operações de entrada e saída da pilha são feitas pelos módulos de procedimento. Observe em seguida os detalhes do algoritmo do programa **VETOR_PILHA**. A Figura 10.27 mostra a organização hierárquica do programa de gerenciamento de pilha, e as Figuras 10.28(a), 10.28(b), 10.28(c), 10.28(d) e 10.28(e), o conjunto de diagramas de blocos com a abstração procedimental e, por fim, o código em português estruturado do programa, com certo toque de abstração de dados do tipo derivado **pilha**, quando da definição da linha de código do programa com o uso da instrução **PILHA = conjunto[1..LIMITE] de inteiro**.

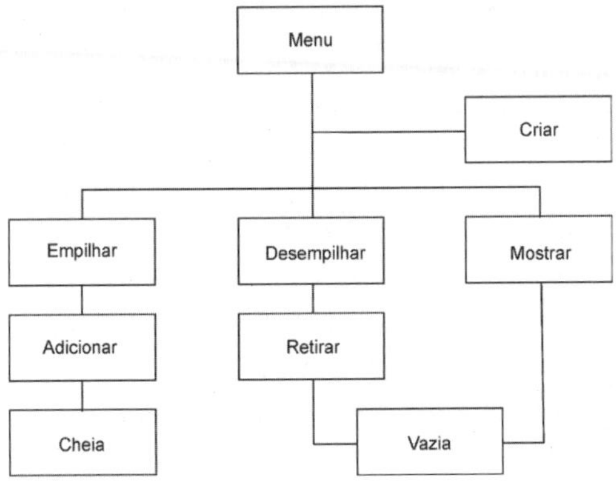

Figura 10.27 Organização hierárquica do programa PILHA.

Diagramação

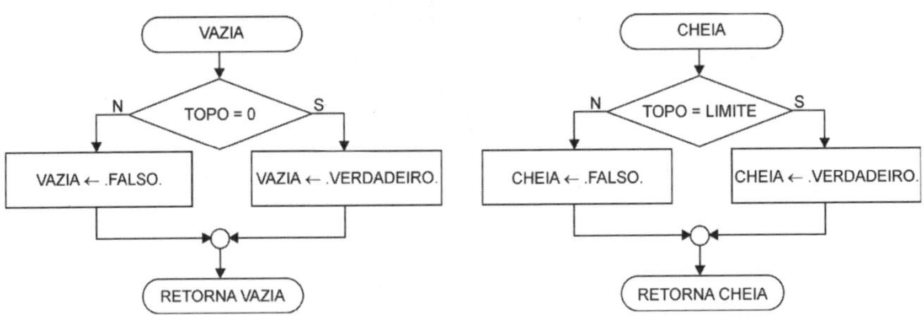

Figura 10.28(a) Diagramas de blocos do programa PILHA.

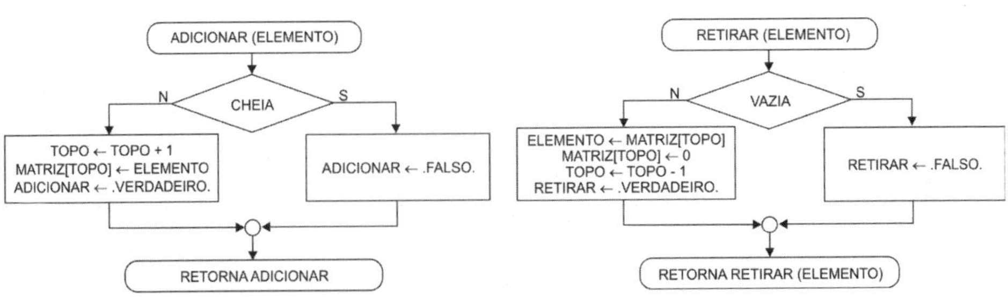

Figura 10.28(b) Diagramas de blocos do programa VETOR_PILHA.

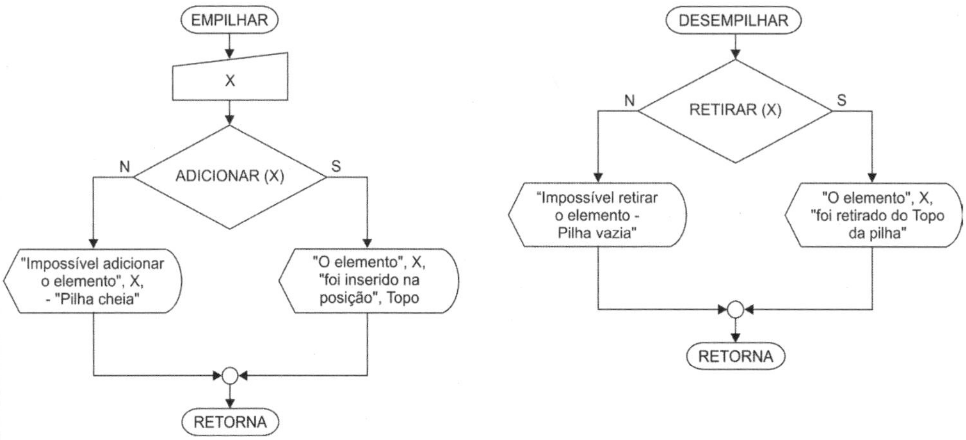

Figura 10.28(c) Diagramas de blocos do programa PILHA.

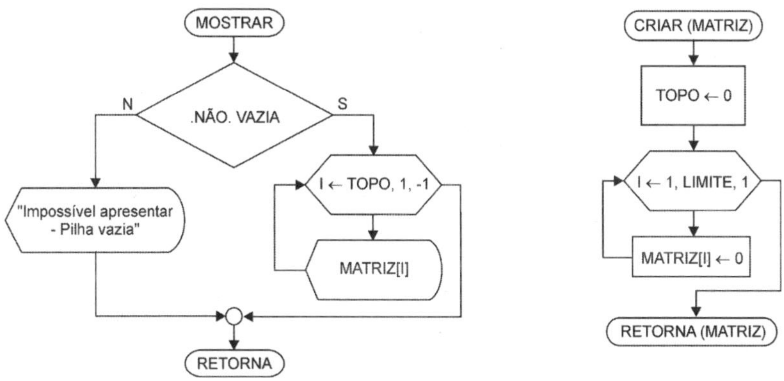

Figura 10.28(d) Diagramas de blocos do programa VETOR_PILHA.

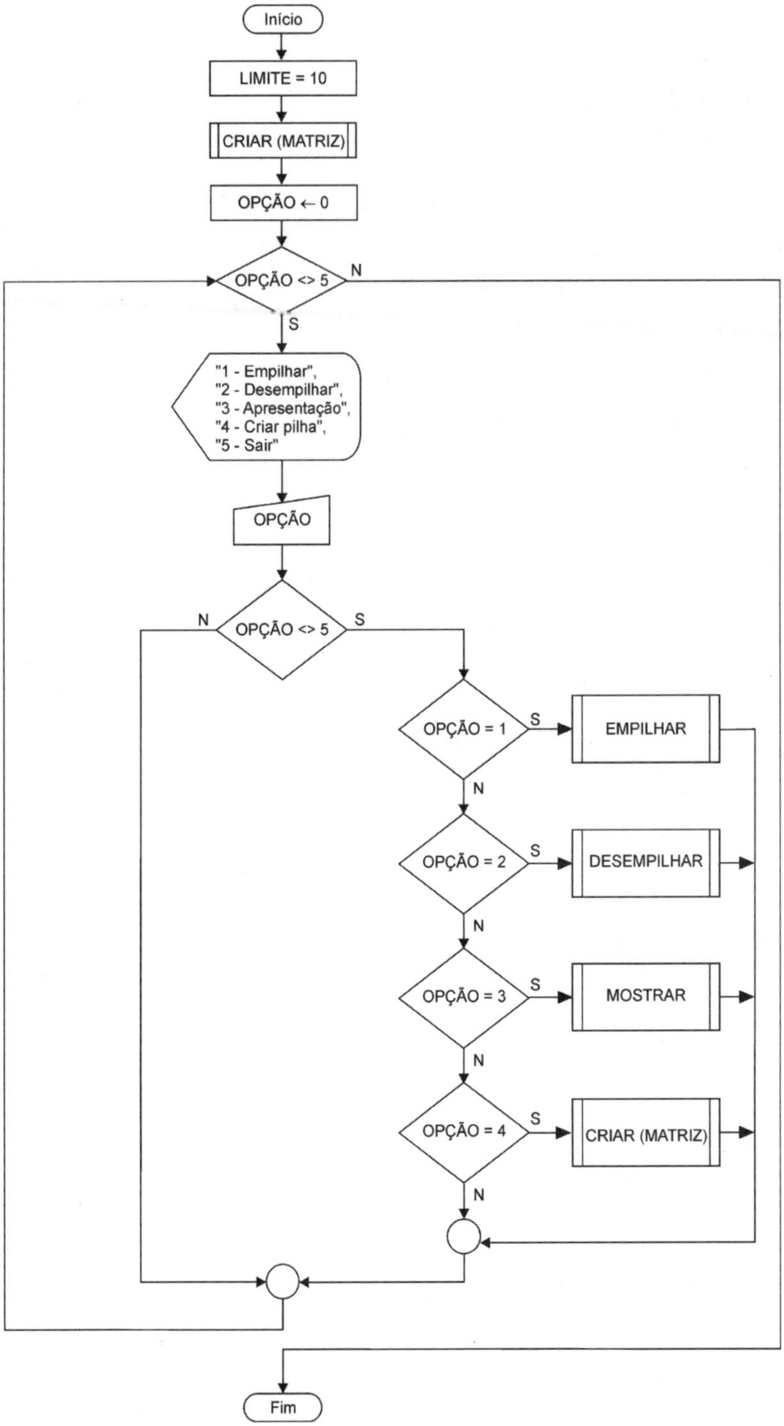

Figura 10.28(e) Diagramas de blocos do programa VETOR_PILHA.

Codificação

```
programa VETOR_PILHA

const
  LIMITE = 10

tipo
  PILHA = conjunto[1..LIMITE] de inteiro

var
  TOPO : inteiro
  MATRIZ : pilha

  função VAZIA : lógico
  início
    se (TOPO = 0) então
      VAZIA ← .Verdadeiro.
    senão
      VAZIA ← .Falso.
    fim_se
  fim

  função CHEIA : lógico
  início
    se (TOPO = LIMITE) então
      CHEIA ← .Verdadeiro.
    senão
      CHEIA ← .Falso.
    fim_se
  fim

  função ADICIONAR(ELEMENTO : inteiro) : lógico
  início
    se (CHEIA) então
      ADICIONAR ← .Falso.
    senão
      TOPO ← TOPO + 1
      MATRIZ[TOPO] ← ELEMENTO
      ADICIONAR ← .Verdadeiro.
    fim_se
  fim

  função RETIRAR(var ELEMENTO : inteiro) : lógico
  início
    se (VAZIA) então
      RETIRAR ← .Falso.
    senão
      ELEMENTO ← MATRIZ[TOPO]
      MATRIZ[TOPO] ← 0
      TOPO ← TOPO - 1
      RETIRAR ← .Verdadeiro.
    fim_se
  fim
```

```
procedimento EMPILHAR
var
  X : inteiro
início
  leia X
  se (ADICIONAR(X)) então
    escreva "O elemento ", X, " foi inserido na posição ", TOPO, "."
  senão
    escreva "Impossível adicionar o elemento ", X, " - pilha cheia."
  fim_se
fim

procedimento DESEMPILHAR
var
  X : inteiro
início
  se (RETIRAR(X)) então
    escreva "O elemento ", X, " foi retirado do topo da pilha."
  senão
    escreva "Impossível retirar elementos - pilha vazia."
  fim_se
fim

procedimento MOSTRAR
var
  I : inteiro
início
  se .não. (VAZIA)) então
    para I de TOPO até 1 passo -1 faça
      escreva "Posição: ", I, " = ", MATRIZ[I]
    fim_para
  senão
    escreva "Impossível apresentar - pilha vazia."
  fim_se
fim

procedimento CRIAR(var MATRIZ : pilha)
var
  I : inteiro
início
  TOPO ← 0
  para I de 1 até LIMITE passo 1 faça
    MATRIZ[I] ← 0
  fim_para
fim
```

```
var
  OPÇÃO : inteiro

início
  CRIAR(MATRIZ)
  OPÇÃO ← 0
  enquanto (OPÇÃO <> 5) faça
    escreva "[1] - Empilhar"
    escreva "[2] - Desempilhar"
    escreva "[3] - Apresentar"
    escreva "[4] - Criar pilha"
    escreva "[5] - Sair"
    escreva "Escolha uma opção: "
    leia OPÇÃO
    se (OPÇÃO <> 5) então
      caso OPÇÃO
        seja 1 faça EMPILHAR
        seja 2 faça DESEMPILHAR
        seja 3 faça MOSTRAR
        seja 4 faça CRIAR(MATRIZ)
      fim_caso
    fim_se
  fim_enquanto
fim
```

Observe no algoritmo do programa **VETOR_PILHA**, inicialmente, a definição da constante **LIMITE** com valor 10. Essa estratégia permite que outros valores sejam definidos para os limites de operação do programa sem ter de se preocupar com alterações dos valores de limite de operação do programa ao longo do seu código.

Em seguida, é criada a abstração de dados, tipo de dado derivado denominado **pilha**, que representa, no contexto do programa, uma matriz de uma dimensão do tipo inteiro limitado ao tamanho da constante **LIMITE**, que será utilizada como tipo de dado derivado para a variável **MATRIZ**.

Na sequência encontra-se a definição da variável **TOPO**, que controla o número de elementos inseridos na pilha de dados ou retirados dela e a variável **MATRIZ**, que representa a pilha de dados manipulada.

Após o preparo do ambiente de trabalho são apresentados os módulos de funções utilizados para o processamento do programa. Neste sentido são criadas as funções **VAZIA** e **CHEIA**, que permitem verificar o estado de preenchimento da pilha de dados, **ADICIONAR** e **RETIRAR**, que permitem efetivar as ações de inserção de elementos na pilha de dados e a remoção.

Em seguida, os módulos de procedimentos realizam a entrada e a saída de elementos da pilha de dados. Neste sentido, encontram-se os módulos de procedimento **EMPILHAR**, **DESEMPILHAR**, **MOSTRAR** e **CRIAR**, que usam os módulos de funções criados no programa para o gerenciamento da estrutura de dados do tipo pilha.

Observação

Um olhar atento para a sub-rotina **CRIAR** pode levar a uma observação peculiar: como a variável composta **MATRIZ** é global, ela não precisaria ser passada por referência. Contudo, a opção de passá-la dessa forma ocorre por dois motivos principais: primeiro, para demonstrar como passar uma variável composta como parâmetro, que deve ser feito como um todo; segundo, porque em linguagens como C e C++, variáveis compostas são automaticamente passadas por referência, o que não acontece em todas as linguagens, como Pascal.

Outro ponto a ser observado no algoritmo do programa **VETOR_PILHA** são as variáveis **TOPO** e **MATRIZ** como sendo de escopo global e, por esta razão, declaradas antes dos módulos de procedimentos e funções do programa, pois assim são visíveis a todas as rotinas de subprogramas do programa como um todo. Repare na variável de escopo local **OPÇÃO** realizada após o último módulo de subprograma. Neste caso, a visibilidade da variável **OPÇÃO** é apenas para o trecho principal do programa, e não para as rotinas antes dessa variável. Lembre-se de que a visibilidade de escopo de uma variável depende do local do programa onde ela se encontra.

Exemplo 5

Este exemplo demonstra a técnica de estrutura de dados baseada em lista do tipo fila, que é uma estrutura de dados que armazena um elemento após o outro de modo que o primeiro elemento armazenado na fila é o primeiro elemento a ser retirado. Após a remoção de um elemento da fila, os elementos subsequentes devem ser reposicionados, de modo que o próximo elemento assuma a posição do elemento retirado e os demais sejam igualmente reposicionados, abrindo uma nova posição de inserção para um novo elemento no fim da fila.

Desenvolver um programa de computador que armazene valores do tipo inteiro em uma fila de dados que opere com, no máximo, 10 elementos. O programa deve possuir um menu com as opções entrar na fila, sair da fila, apresentar primeiro elemento da fila, apresentar todos os elementos da fila, criar fila e sair.

Entendimento

Em linhas gerais, os algoritmos dos programas de gerenciamento de fila e de pilha são, de certa forma, idênticos. A diferença ocorre no momento da remoção de um elemento. Toda vez que um elemento sai da fila para atendimento (sempre o primeiro elemento), os demais elementos da pilha são colocados uma posição à frente. Fila é uma estrutura de dados que possui início e fim. Observe a seguir os detalhes do algoritmo do programa **VETOR_FILA**. A Figura 10.29 apresenta a organização hierárquica do programa de gerenciamento de fila, e as Figuras 10.30(a), 10.30(b), 10.30(c), 10.30(d) e 10.30(e), o conjunto de diagramas de blocos com a abstração procedimental e, por fim, o código em português estruturado do programa, com certo toque de abstração de dados do tipo derivado **fila**.

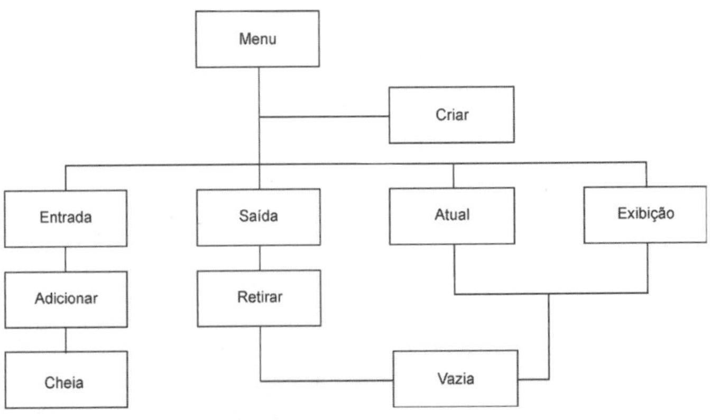

Figura 10.29 Organização hierárquica do programa VETOR_FILA.

Diagramação

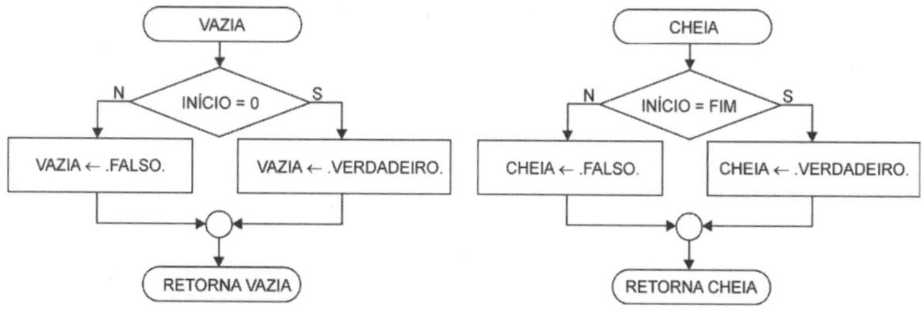

Figura 10.30(a) Diagramas de blocos do programa VETOR_FILA.

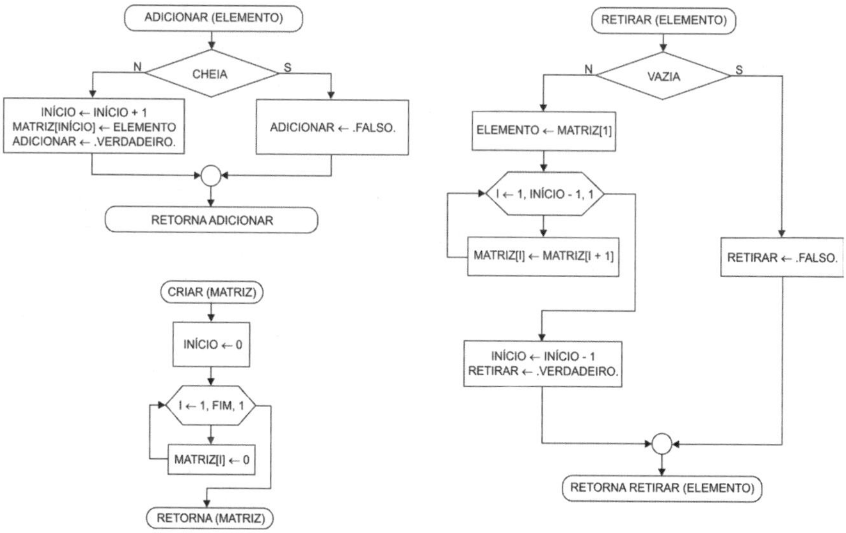

Figura 10.30(b) Diagramas de blocos do programa VETOR_FILA.

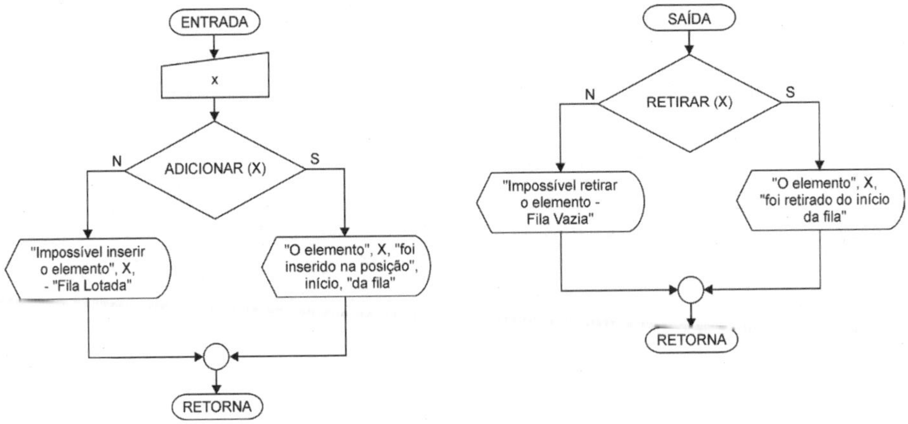

Figura 10.30(c) Diagramas de blocos do programa VETOR_FILA.

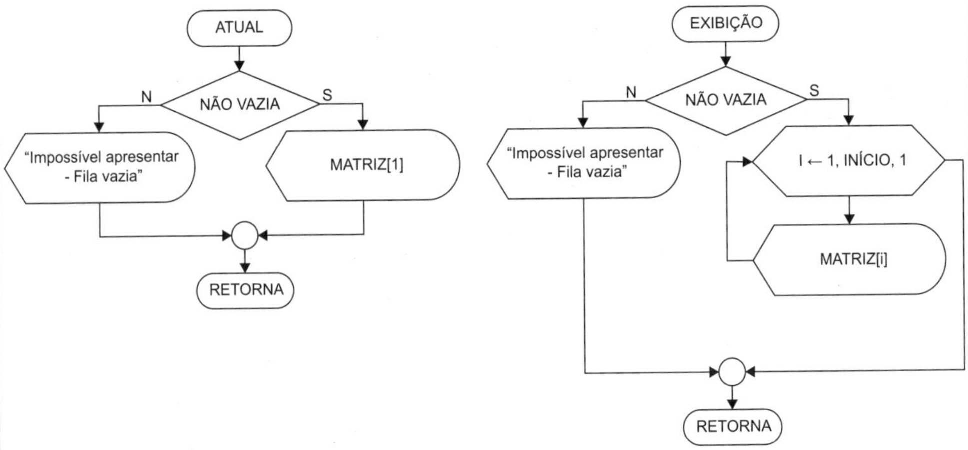

Figura 10.30(d) Diagramas de blocos do programa VETOR_FILA.

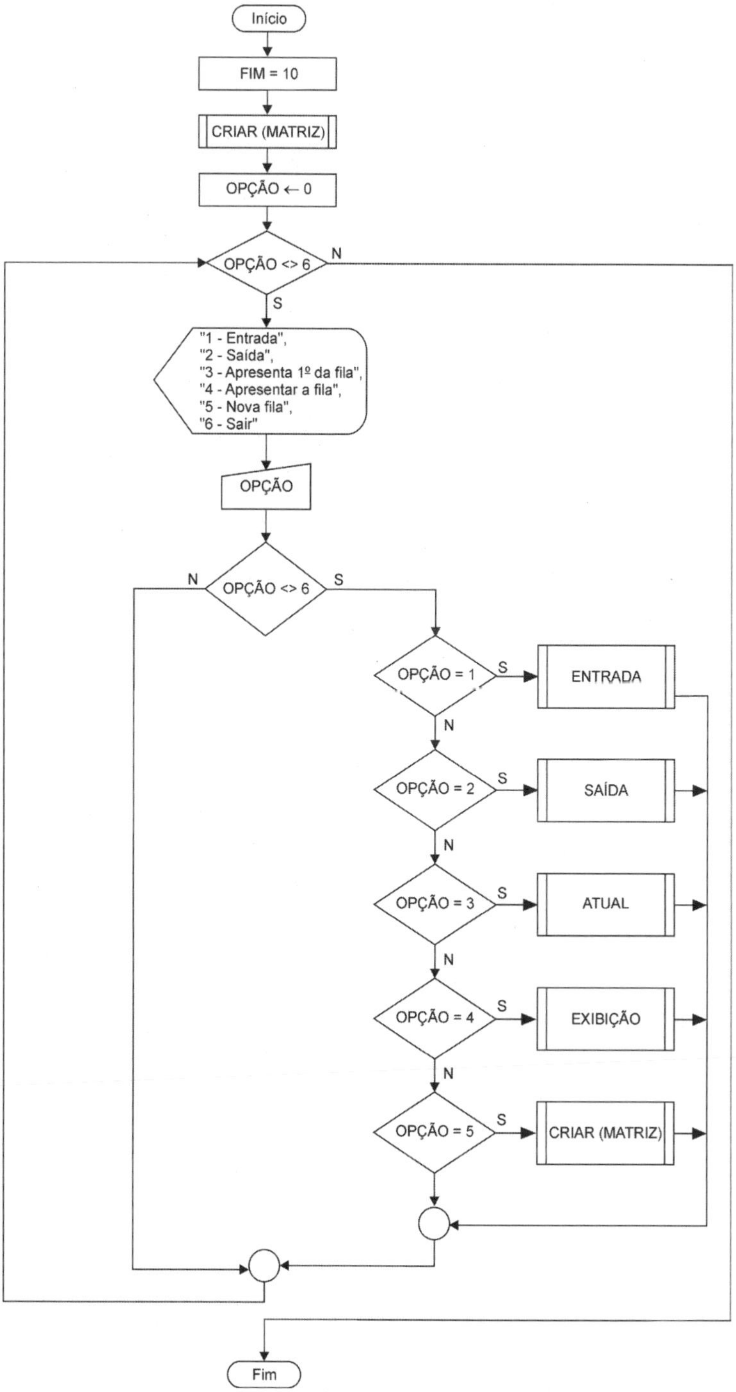

Figura 10.30(e) Diagramas de blocos do programa VETOR_FILA.

Codificação

```
programa VETOR_FILA

const
  FIM = 10

tipo
  FILA = conjunto[1..FIM] de inteiro

var
  INÍCIO : inteiro
  MATRIZ : fila

  função VAZIA : lógico
  início
    se (INÍCIO = 0) então
      VAZIA ← .Verdadeiro.
    senão
      VAZIA ← .Falso.
    fim_se
  fim

  função CHEIA : lógico
  início
    se (INÍCIO = FIM) então
      CHEIA ← .Verdadeiro.
    senão
      CHEIA ← .Falso.
    fim_se
  fim

  função ADICIONAR(ELEMENTO : inteiro) : lógico
  início
    se (CHEIA) então
      ADICIONAR ← .Falso.
    senão
      INÍCIO ← INÍCIO + 1
      MATRIZ[INÍCIO] ← ELEMENTO
      ADICIONAR ← .Verdadeiro.
    fim_se
  fim

  função RETIRAR(var ELEMENTO : inteiro) : lógico
  var
    I : inteiro
  início
    se (VAZIA) então
      RETIRAR ← .Falso.
    senão
      ELEMENTO ← MATRIZ[1]
      para I de 1 até INÍCIO - 1 passo 1 faça
        MATRIZ[I] ← MATRIZ[I + 1]
      fim_para
      INÍCIO ← INÍCIO - 1
      RETIRAR ← .Verdadeiro.
    fim_se
  fim
```

```
procedimento CRIAR(var MATRIZ : fila)
var
  I : inteiro
início
  INÍCIO ← 0
  para I de 1 até FIM passo 1 faça
    MATRIZ[I] ← 0
  fim_para
fim

procedimento ENTRADA
var
  X : inteiro
início
  leia X
  se (ADICIONAR(X)) então
    escreva "Elemento ", X, " foi inserido na posição ", INÍCIO, " da fila."
  senão
    escreva "Impossível inserir o elemento ", X, " - fila lotada."
  fim_se
fim

procedimento SAÍDA
var
  X : inteiro
início
  se (RETIRAR(X)) então
    escreva "O elemento ", X, " foi retirado do início da fila."
  senão
    escreva "Impossível retirar elementos - fila vazia."
  fim_se
fim

procedimento ATUAL
início
  se .não. (VAZIA) então
    escreva MATRIZ[1], " primeiro elemento da fila neste momento."
  senão
    escreva "Impossível apresentar - fila vazia."
  fim_se
fim

procedimento EXIBIÇÃO
var
  I : inteiro
início
  se .não. (VAZIA) então
    para I de 1 até INÍCIO passo 1 faça
      escreva "Posição: ", I, " possui o elemento ", MATRIZ[I], "."
    fim_para
  senão
    escreva "Impossível apresentar - fila vazia."
  fim_se
fim
```

```
var
  OPÇÃO : inteiro

início
  CRIAR(MATRIZ)
  OPÇÃO ← 0
  enquanto (OPÇÃO <> 6) faça
    escreva "[1] - Entrada"
    escreva "[2] - Saída"
    escreva "[3] - Apresenta 1o. da fila"
    escreva "[4] - Apresentar a fila"
    escreva "[5] - Nova fila"
    escreva "[6] - Sair"
    escreva "Escolha uma opção: "
    leia OPÇÃO
    se (OPÇÃO <> 6) então
      caso OPÇÃO
        seja 1 faça ENTRADA
        seja 2 faça SAÍDA
        seja 3 faça ATUAL
        seja 4 faça EXIBIÇÃO
        seja 5 faça CRIAR(MATRIZ)
      fim_caso
    fim_se
  fim_enquanto
fim
```

Para o gerenciamento de dados de uma estrutura do tipo fila, o módulo de rotina mais importante, que age como fila (em um guichê de atendimento), é a função **RETIRAR**. Após a captura do primeiro elemento, essa função reposiciona os elementos seguintes a partir da posição inicial liberada e atualiza o contador **INÍCIO** com menos um, para liberar a posição para uma nova entrada na fila.

Exemplo 6

No Capítulo 5, foi solicitado um exercício de fixação que apresentasse a sequência de Fibonacci até o décimo quinto termo. Aproveitando esse mesmo problema, em seguida veja um exemplo de algoritmo de programa que, por meio de recursividade simples (a qual efetivamente deve ser evitada), realiza a ação semelhante na faixa de valores de 0 a 14. Observe a Figura 10.31 com os diagramas de blocos e em seguida o código em português estruturado e sua relação com a fórmula apresentada.

Fórmula Fibonacci: recursividade simples

$$F(n) = \begin{cases} 0 & \text{, se } n = 0 \\ 1 & \text{, se } n = 1 \\ F(n-1) + F(n-2) & \text{, se } n >= 2 \end{cases}$$

Diagramação

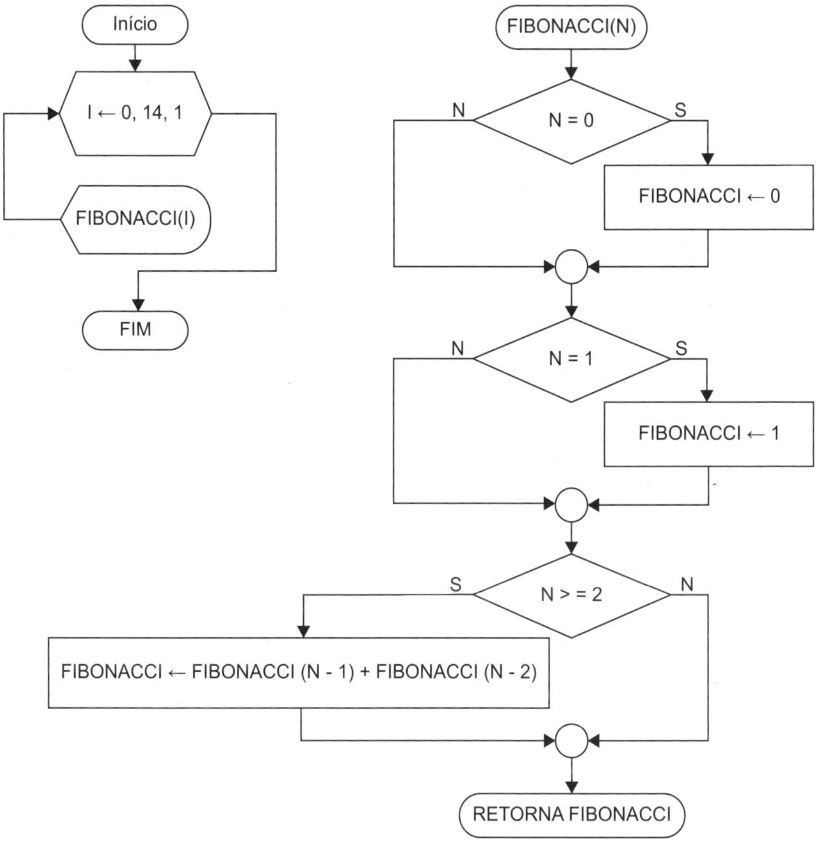

Figura 10.31 Diagramas de blocos do programa Fibonacci com recursão simples.

Codificação

```
programa SEQ_FIBONACCI_V1

  função FIBONACCI(N : inteiro) : inteiro
  início
    se (N = 0) então
      FIBONACCI ← 1
    fim_se
    se (N = 1) então
      FIBONACCI ← 1
    fim_se
    se (N >= 2) então
      FIBONACCI ← FIBONACCI(N - 1) + FIBONACCI(N - 2)
    fim_se
  fim
var
  I : inteiro
início
  para I de 0 até 14 passo 1 faça
    escreva FIBONACCI(I)
  fim_para
fim
```

O algoritmo do programa **SEQ_FIBONACCI_V1** utiliza a função recursiva **FIBONACCI()**, que tem por finalidade retornar o valor do termo da série de Fibonacci a partir do termo fornecido. O programa apresenta os dados 0, 1, 1, 2, 3, 5, 8, 13, 21, 34, 55, 89, 144, 233 e 377.

A tabela de dados seguinte mostra os valores que são retornados pela função recursiva **FIBONACCI()** para cada valor do contador de **0** a **14** passado para o parâmetro **N** por meio do laço **para** do trecho principal do programa.

Contador "I"	0	1	2	3	4	5	6	7	8	9	10	11	12	13	14
FIBONACCI(I)	0	1	1	2	3	5	8	13	21	34	55	89	144	233	377
Termo	-	1º.	2º.	3º.	4º.	5º.	6º.	7º.	8º.	9º.	10º.	11º.	12º.	13º.	14º.

A título de ilustração, observe em seguida a versão do programa para apresentação da série de Fibonacci a partir do uso de recursão por cauda (sempre considere escrever rotinas com esse tipo de recursão). Atente para as definições das funcionalidades **FIBONACCIBASE()** e **FIBONACCI()**. Observe a Figura 10.32 com os diagramas de blocos e, em seguida, o código em português estruturado e sua relação com a fórmula apresentada.

Fórmula Fibonacci: recursividade de cauda

$$\underset{\substack{x=0\\y=1}}{F(n,\ x,\ y)} = \begin{cases} x & \text{, se } n = 0 \\ y & \text{, se } n = 1 \\ x + y & \text{, se } n = 2 \\ F(n - 1,\ y,\ x + y) & \text{, se } n > 2 \end{cases}$$

Diagramação

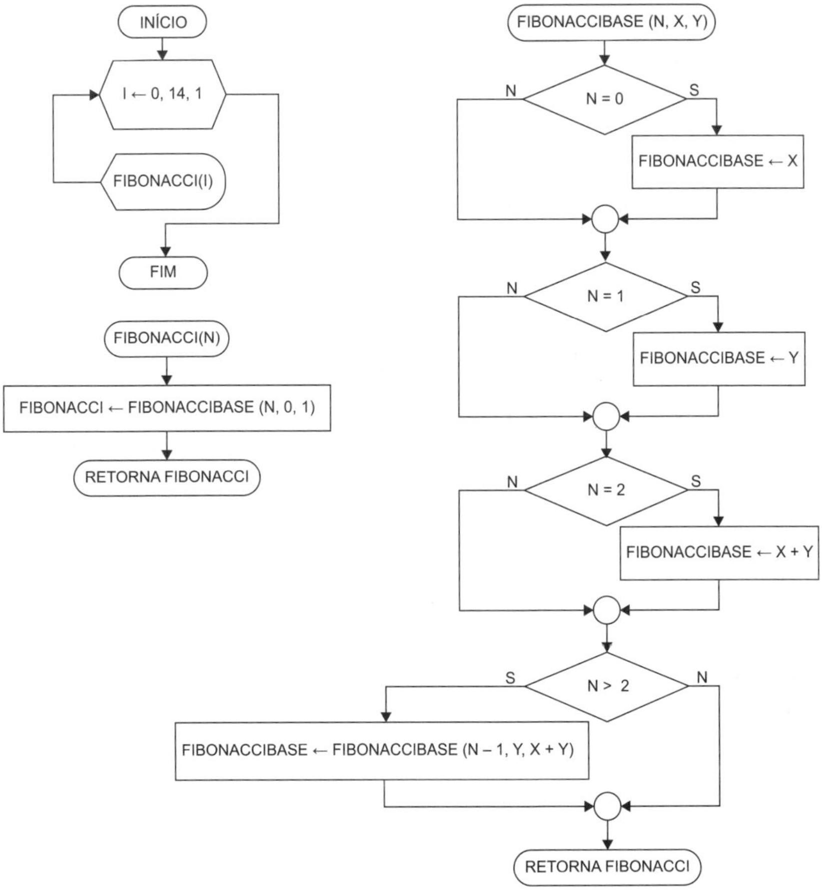

Figura 10.32 Diagramas de blocos do programa Fibonacci com recursão de cauda.

Codificação

```
programa SEQ_FIBONACCI_V2

  função FIBONACCIBASE(N, X, Y, : inteiro) : inteiro
  início
    se (N = 0) então
      FIBONACCIBASE ← X
    fim_se
    se (N = 1) então
      FIBONACCIBASE ← Y
    fim_se
    se (N = 2) então
      FIBONACCIBASE ← X + Y
    fim_se
    se (N >= 2) então
      FIBONACCIBASE ← FIBONACCIBASE(N - 1, Y, X + Y)
    fim_se
  fim
```

```
  função FIBONACCI(N : inteiro) : inteiro
  início
    FIBONACCI ← FIBONACCIBASE(N, 0, 1)
  fim

var
  I : inteiro

início
  para I de 0 até 14 passo 1 faça
    escreva FIBONACCI(I)
  fim_para
fim
```

O algoritmo do programa **SEQ_FIBONACCI_V2** utiliza para sua ação duas funções. A primeira é a função principal que efetiva a operação chamada **FIBONACCIBASE()**, que recebe para sua ação três argumentos: o limite de cálculo representado pelo parâmetro **N**, o valor inicial do argumento **X** (sempre como **0**) e o valor inicial do argumento **Y** (sempre como **1**). A segunda função chamada **FIBONACCI()** tem por objetivo ser uma operação auxiliar com a finalidade de simplificar o uso de forma transparente da função principal, recebendo apenas o parâmetro de limite **N** e passando internamente para a função principal além do valor do parâmetro **N** os valores de início dos argumentos **X** e **Y**.

Lembre-se de que a sequência de Fibonacci é calculada sempre a partir da soma do atual valor com seu valor antecessor, para gerar o próximo valor da sequência. Ao conseguir, o próximo valor atual torna-se um valor anterior e o próximo valor calculado torna-se valor atual.

Exemplo 7

O próximo exemplo demonstra o uso de uma sub-rotina do tipo função com recursividade simples que detecta o maior valor numérico inteiro fornecido a uma matriz, neste caso, de uma dimensão, com 10 elementos. A sub-rotina demonstrada poderá ser usada para qualquer tamanho de matriz, desde que seus limites sejam devidamente ajustados a partir do parâmetro **TAM**.

Diagramação

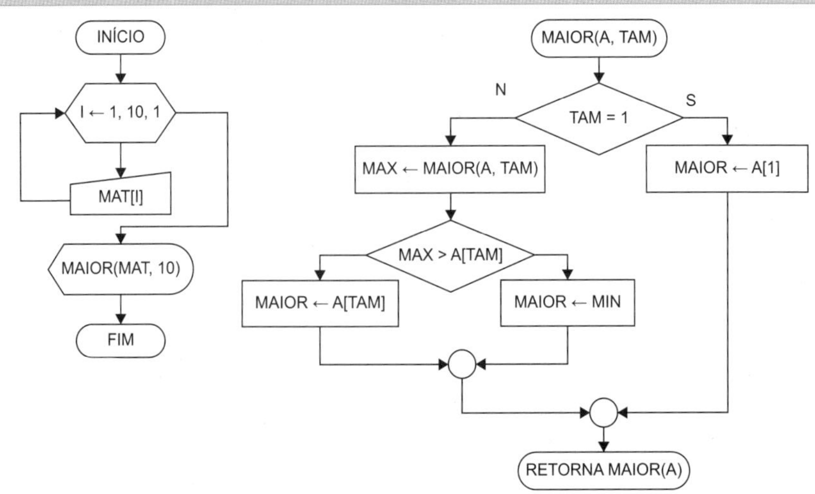

Figura 10.33 Diagramas de blocos com recursão simples para matriz.

Codificação

```
programa MOSTRA_MAIOR_VALOR_DA_MATRIZ

  função MAIOR(var A : conjunto[..] de inteiro; TAM : inteiro) : inteiro
  var
    MAX : inteiro
  início
    se (TAM = 1) então
      MAIOR ← A[1]
    senão
      MAX ← MAIOR(A, TAM)
      se (MAX > A[TAM]) então
        MAIOR ← MIN
      senão
        MAIOR ← A[TAM]
      fim_se
    fim_se
  fim

var
  MAT : conjunto[1..10] de inteiro
  I : inteiro
início
  para I de 1 até 10 passo 1 faça
    leia MAT[I]
  fim_para
  escreva MAIOR(MAT, 10)
fim
```

Quando se passa uma matriz como parâmetro de uma sub-rotina, esta deve ser passada por referência, daí o uso do comando **var** junto à sub-rotina **MAIOR**. A indicação **conjunto[..]** é usada na representação da recepção no argumento de uma variável composta (matriz), na qual não é necessário indicar os valores do primeiro e do último elementos, uma vez que isto já está definido no programa principal que faz a chamada da sub-rotina.

Anteriormente, foi observado que há linguagens de programação que consideram a passagem de parâmetro de matrizes por referência como padrão, não operando com passagem de parâmetro por valor. Por esta razão, o uso de variáveis compostas como passagem de parâmetro, na documentação de códigos em diagramas de blocos e codificação em português estruturado (LPP – Linguagem de Projeto de Programação), será sempre definido por referência.

Os detalhes retratados neste capítulo, sobre programação modular com uso de sub-rotinas, são facilmente encontrados em qualquer linguagem de programação estruturada, modular ou orientada a objetos, como: AWK, Structured BASIC, C, C++, C#, D, Dart, Fortran, Go, Groovy, Java, JavaScript, Julia, Kotlin, Lua, Pascal, Perl, PHP, Pike, Python, Raku, Ruby, Rust, Scala, Swift, Tcl, TypeScript, Visual Basic .Net, entre outras.

Exercícios de Fixação

1. Desenvolver os diagramas de bloco e a codificação em português estruturado dos problemas computacionais seguintes.

   a) Considerando a necessidade de desenvolver uma agenda que contenha nomes, endereços e telefones de 10 pessoas, defina a estrutura de registro apropriada, os diagramas de blocos e a codificação em português estruturado de um programa que, com o uso de subprogramas, apresente um menu e suas respectivas rotinas para a execução das seguintes etapas:

   I) Cadastrar os 10 registros.

   II) Pesquisar os 10 registros, um de cada vez, pelo campo nome (usar método sequencial).

   III) Classificar por ordem alfabética os registros cadastrados.

   IV) Apresentar todos os registros.

   V) Sair do programa de cadastro.

   b) Considerando a necessidade de um programa de computador que armazene o nome e as notas bimestrais de 20 alunos do curso de Técnicas de Programação, defina a estrutura de registro apropriada, os diagramas de blocos e a codificação em português estruturado de um programa que, com o uso de subprogramas, apresente um menu e suas respectivas rotinas para a execução das seguintes etapas:

   I) Cadastrar os 20 registros (após o cadastro, fazer a classificação por nome).

   II) Pesquisar os 20 registros, um de cada vez, pelo campo nome (usar o método binário; nessa pesquisa, o programa deve também apresentar a média do aluno e as mensagens "Aprovado", caso a média seja maior ou igual a 5, ou "Reprovado" para média abaixo de 5).

   III) Apresentar todos os registros, médias e a mensagem de aprovação ou reprovação.

   IV) Apresentar apenas os registros e as médias dos alunos aprovados.

   V) Apresentar apenas os registros e as médias dos alunos reprovados.

   VI) Sair do programa de cadastro.

   c) Elaborar um programa que armazene o nome e a altura de 15 pessoas com o uso de registros. O programa deve utilizar subprogramas tanto na apresentação do menu como de suas rotinas para a execução das seguintes etapas:

   I) Cadastrar os 15 registros.

   II) Apresentar os registros (nome e altura) das pessoas com 1.5 m ou menos.

   III) Apresentar os registros (nome e altura) das pessoas com mais de 1.5 m.

   IV) Apresentar os registros (nome e altura) das pessoas com mais de 1.5 m e menos de 2 m.

   V) Apresentar todos os registros com a média extraída de todas as alturas armazenadas.

VI) Sair do programa de cadastro.

d) Considerando os registros de 20 funcionários, com os campos matrícula, nome e salário, desenvolver um programa que utilize subprogramas e apresente um menu para a execução das seguintes etapas:

I) Cadastrar os 20 empregados.

II) Classificar os registros por número de matrícula.

III) Pesquisar determinado empregado pelo número de matrícula (método binário).

IV) Apresentar de forma ordenada os registros dos empregados que recebem salários acima de $1.000.

V) Apresentar de forma ordenada os registros dos empregados que recebem salários abaixo de $1.000.

VI) Apresentar de forma ordenada os registros dos empregados que recebem salários iguais a $1.000.

VII) Sair do programa de cadastro.

2. Desenvolver os diagramas de bloco e a codificação em português estruturado dos problemas computacionais seguintes com base no uso de módulos de procedimento com passagem de parâmetro por valor.

a) Criar um algoritmo que calcule o valor de uma prestação em atraso. Para tanto, utilize a fórmula PREST = VALOR + (VALOR * (TAXA/100) * TEMPO). Apresentar o valor da prestação.

b) Elaborar um programa de computador que calcule e apresente o valor do somatório dos N primeiros números inteiros, definidos por um operador (1 + 2 + 3 + 4 + 5 + 6 + 7 +...+ N).

c) Escrever um programa que calcule e apresente a série de Fibonacci de N termos. A série de Fibonacci é formada pela sequência 1, 1, 2, 3, 5, 8, 13, 21, 34... etc., a qual se caracteriza pela soma de um termo posterior com o seu anterior subsequente. Apresentar o resultado.

d) Desenvolver programa de computador que calcule e apresente o valor de uma potência inteira de um número qualquer elevado a um expoente qualquer (inteiros). Por exemplo, se for usado no programa principal o procedimento POTÊNCIA(2,3), deve-se apresentar o valor 8. Resolva a exponenciação com uso de laço. Não use o operador de exponenciação.

e) Elaborar um programa que leia um número inteiro e apresente uma mensagem informando se o número é par ou ímpar.

f) Elaborar um programa que leia três valores (A, B e C) e apresente como resultado a soma dos quadrados dos três valores lidos.

g) Elaborar um programa que leia três valores (A, B e C) e apresente como resultado o quadrado da soma dos três valores lidos.

h) Elaborar um programa de computador que apresente o valor de uma temperatura em graus Fahrenheit. O programa deve ler a temperatura em graus Celsius.

i) Elaborar um programa que apresente o valor da conversão em real (R$) de um valor lido em dólar (US$). Devem ser solicitados por meio do programa principal o valor da cotação do dólar e a quantidade de dólar disponível.

j) Elaborar um programa de computador que apresente a mensagem "Este valor é divisível por 2 e 3". Deve ser solicitado pelo programa principal o valor a ser verificado. Caso o valor não atenda à condição desejada, a sub-rotina deve apresentar a mensagem "Valor inválido".

k) Elaborar um programa que apresente a mensagem "Este valor é divisível por 2 ou 3". Deve ser solicitado pelo programa principal o valor a ser verificado. Caso o valor não atenda à condição desejada, a sub-rotina deve apresentar a mensagem "Valor inválido".

l) Elaborar um programa que apresente a mensagem "Este valor não é divisível por 2 e 3". Deve ser solicitado pelo programa principal o valor a ser verificado. Caso o valor não atenda à condição desejada, a sub-rotina deve apresentar a mensagem "Valor inválido".

m) Elaborar um programa que apresente como resultado um número estritamente positivo, mesmo que a entrada tenha sido feita com um valor negativo.

n) Elaborar um programa de computador que leia nome e sexo de um indivíduo. Por meio de uma sub-rotina, o programa deve apresentar a mensagem "Ilmo. Sr.", caso o sexo seja masculino, e "Ilma. Sra.", caso o sexo seja feminino. Apresentar junto com cada mensagem o nome do indivíduo.

o) Elaborar um programa de computador que apresente o resultado do valor de uma fatorial de um número qualquer.

p) Um estabelecimento fará uma promoção com descontos nos produtos A e B. Se forem comprados apenas os produtos A ou apenas os produtos B, o desconto será de 10%. Caso sejam comprados os produtos A e B, o desconto será de 15%. O custo de cada produto é, respectivamente, para os produtos A e B, $10 e $20. Elaborar um programa que, por meio de sub-rotina, calcule e apresente o valor da despesa do freguês na compra dos produtos. Lembre-se de que o freguês pode levar mais de uma unidade de um determinado produto.

3. Desenvolver os diagramas de blocos e a codificação em português estruturado dos problemas computacionais elencados no exercício 2, de "a" até "p", com base no uso de módulos de procedimento com passagem de parâmetro por referência.

4. Desenvolver os diagramas de bloco e a codificação em português estruturado dos problemas computacionais a seguir com uso de módulos de funções.

a) Elaborar um programa que apresente o somatório dos N primeiros números inteiros, definidos por um operador (1 + 2 + 3 + 4 + 5 + 6 + 7 +...+ N).

b) Escrever um programa de computador que calcule e apresente a série de Fibonacci de N termos. A série de Fibonacci é formada pela sequência 1, 1, 2, 3, 5, 8, 13, 21, 34... etc. Essa série caracteriza-se pela soma de um termo posterior com o seu anterior subsequente. Apresentar o resultado.

c) Criar um programa de computador que calcule e apresente o valor de uma prestação em atraso. Utilize a fórmula PREST = VALOR + (VALOR * (TAXA/100) * TEMPO).

d) Desenvolver um programa que calcule e apresente o valor de uma potência de um número qualquer. Ou seja, ao informar para a sub-rotina o número e sua potência, deve ser apresentado o seu resultado. Por exemplo, se for mencionada no programa principal a sub-rotina POTÊNCIA(2,3), deve ser apresentado o valor 8.

e) Elaborar um programa que leia três valores (A, B e C) e apresente como resultado final a soma dos quadrados dos três valores lidos.

f) Elaborar um programa que leia três valores (A, B e C) e apresente como resultado final o quadrado da soma dos três valores lidos.

g) Elaborar um programa que apresente o valor da conversão em real (R$) de um valor lido em dólar (US$). O programa deve solicitar o valor da cotação do dólar e também a quantidade de dólares disponível com o usuário.

h) Elaborar um programa que apresente o valor da conversão em dólar (US$) de um valor lido em real (R$). O programa deve solicitar o valor da cotação do dólar e também a quantidade de reais disponível com o usuário.

i) Elaborar um programa que apresente o valor de uma temperatura em graus Celsius. O programa deve ler a temperatura em graus Fahrenheit.

5. Desenvolver os diagramas de bloco e a codificação em português estruturado dos problemas computacionais seguintes com uso de módulos de funções com recursividade simples.

a) Elaborar um programa que apresente o somatório dos N primeiros números inteiros, definidos por um operador.

b) Elaborar um programa que apresente o resultado da potência de dois números naturais positivos. Considerar como valores positivos números maiores ou iguais a zero.

c) Elaborar um programa que conte a quantidade de números pares até o limite N fornecido pelo operador do programa a partir de 0.

d) Elaborar um programa que efetue a multiplicação de dois valores numéricos inteiros por soma. Em hipótese alguma o programa poderá usar o operador de multiplicação. Usar apenas o operador de adição.

e) Elaborar um programa que apresente o resultado real da potência de dois números naturais positivos ou negativos tanto para a base como para o expoente.

6. Desenvolver os diagramas de bloco e a codificação em português estruturado dos problemas computacionais seguintes com uso de módulos de funções com recursividade de cauda.

a) Elaborar um programa que apresente o somatório dos N primeiros números inteiros, definidos por um operador.

b) Elaborar um programa que apresente o resultado da potência de dois números naturais positivos. Considerar como valor positivo números maiores ou iguais a zero.

c) Elaborar um programa que conte a quantidade de números pares até o limite N fornecido pelo operador do programa a partir de 0.

d) Elaborar um programa que efetue a multiplicação de dois valores numéricos inteiros por soma. Em hipótese alguma o programa poderá usar o operador de multiplicação. Usar apenas o operador de adição.

e) Elaborar um programa que efetue o cálculo do máximo divisor comum de dois números inteiros fornecidos.

Videoaulas

Após a leitura do Capítulo 10, é propício assistir às videoaulas disponíveis no QR Code a seguir. Assista-as na ordem que apresentamos.

uqr.to/1wj5h

CAPÍTULO 11

PROGRAMAÇÃO ORIENTADA A OBJETOS

A Programação Orientada a Objetos (POO) é uma técnica de programação que vem sendo discutida há muitos anos. Sua origem data de meados da década de 1960 e até hoje parece não ser muito bem compreendida ou entendida, ocasionando muitas dúvidas aos profissionais da área de desenvolvimento de programação de computadores, principalmente aos iniciantes. Os Capítulos 9 e 10 dão grande atenção ao conceito da abstração de dados com uso de procedimentos e funções, que são técnicas de programação amplamente difundidas e usadas a partir da filosofia de programação estruturada sendo, por mais incrível que pareça, a base para uso e entendimento da POO. Este capítulo destaca teoricamente detalhes conceituais que embasam a técnica de programação orientada a objetos.

11.1 Origem

A técnica de programação de computadores baseada no paradigma da orientação a objetos não é recente, como muitos profissionais acreditam. Seu reconhecimento público data praticamente do início da década de 1990, apesar de sua popularização ter ocorrido a partir da década de 1970, no entanto, a base utilizada para a Programação Orientada a Objetos ou POO (em inglês, *Object Oriented Programming* - OOP) surgiu por volta do início da década de 1960, a partir da necessidade de simulações em computadores (Leite; Rahal Jr., 2008). Nessa ocasião, já havia grande preocupação com a qualidade no desenvolvimento de programas, o reaproveitamento de código escrito e o tempo gasto no desenvolvimento dos sistemas, que começava a ser demorado. Dessa necessidade desenvolveu-se a filosofia de programação estruturada que fundamentou o paradigma de programação estruturada, a qual se tornou naturalmente a base para o surgimento da técnica de programação orientada a objetos como se conhece hoje.

O cenário para a área de *software* na década de 1960 não era nada animador, pois a indústria de *hardware* estava muitos anos à frente. O modo de concepção dos programas era muito rústico, os programas eram escritos para certo computador em específico. Não existia um programa que fosse executado em qualquer computador ou plataforma. Essa concepção apareceu muito tempo depois.

A era da computação comercial iniciou-se na década de 1950, quando os computadores deixaram de ser ferramentas de uso militar, como ocorreu na década de 1940. A única linguagem utilizada era a da máquina, formada por códigos binários, quando muito hexadecimais. Em 1947, surgiu a linguagem Assembly (Priddy, 2019), mais fácil de programar que a linguagem de máquina. Apesar de a linguagem Assembly ser mais fácil, caracteriza-se por ser uma linguagem intimamente vinculada aos recursos da máquina, o que a torna de difícil compreensão por parte das pessoas comuns.

Um programa escrito em linguagem Assembly para um computador X não pode rodar em um computador Y. O mesmo programa necessita ser reescrito, segundo as regras do computador Y, o que, além de trabalhoso, é excessivamente dispendioso. Com a existência das linguagens de máquina e Assembly surge a primeira geração de linguagens de programação, que são linguagens de baixo nível.

Por volta de 1954 até 1968, surgiram as primeiras linguagens de programação de alto nível (maior proximidade com a forma escrita humana, considerando-se o idioma inglês), tendo como primeiro exemplar a linguagem FORTRAN (FORmula TRANslator, criada por John Backus e sua equipe para a IBM, em 1954). Depois vieram LISP (LISt Processing, criada por John McCarthy em 1958), COBOL (COmmon Business Oriented Language, criada pela almirante Gracy Murray Hopper para o Departamento de Defesa Norte-Americano, em 1959), ALGOL (ALGOrithmic Language, criada por um comitê internacional formado pela Association for Computing Machinery e German Applied Mathematics and Mechanics, em 1958) e BASIC (Beginner's All Purpose Symbolic Instruction Code, criada por J. Kemeny e T. Kurtz, em 1964), para citar as mais conhecidas, já que existem mais de 2.500 linguagens de programação catalogadas.[25] As linguagens de alto nível definiram a segunda geração de linguagens de programação.

Além de essas linguagens serem mais próximas da escrita humana, possibilitaram maior portabilidade, pois já era possível escrever um programa para um computador X e utilizá-lo (com algumas modificações e certa facilidade) em um computador Y.

As linguagens de segunda geração, na sua maioria, são lineares (não sendo regra geral), as quais identificam a execução de suas instruções a partir de linhas numeradas. Essa característica dificulta a adoção da filosofia de programação estruturada na codificação de programas. Não que essas linguagens não permitam o uso dessa filosofia, apenas dificultam sua adoção, o que leva programadores inexperientes a cometerem grandes absurdos na codificação de programas. Graças a este e a outros detalhes técnicos, começa-se a discutir uma maneira de tentar reaproveitar um código escrito e a necessidade de alterá-lo de maneira mais rápida e ágil. Essa ideia inicial, chamada de programação estruturada, dá origem às linguagens de terceira geração e acaba por nortear os parâmetros para a chamada programação orientada a objetos. Esta surgiu em 1960, a partir do trabalho dos pesquisadores noruegueses Ole-Johan Dahl e Kristen Nygaard, que apresentaram, entre 1962 e 1964, a primeira linguagem de programação para simulação em computadores, SIMULA I para computadores UNIVAC utilizados no The Norwegian Computing Center (Hostetter, 1998). Usou-se esta linguagem até 1965, e, posteriormente, a linguagem SIMULA 67, de 1967 (Cruysberghs, 2002).

Abrem-se aqui parênteses, pois em 1967 foi apresentada a linguagem SIMULA 67, que introduziu o conceito de classes e blocos estruturados (procedimentos e funções) como extensão da linguagem ALGOL 60 (ALGOrithmic Language), sendo a classe um dos principais pilares que sustentam a programação orientada a objetos. Durante a década de 1970, surge a linguagem SmallTalk desenvolvida por Alan Kay, em 1972, da empresa XEROX norte-americana. A SmallTalk, de certa maneira,

25 Disponíveis em: http://www.info.univ-angers.fr/~gh/hilapr/langlist/langlist.htm. Acesso em: 1 out. 2024.

popularizou a expressão *programação orientada a objetos* e incentivou seu uso (Leite; Rahal Jr., 2008). Durante a década de 1980 algumas linguagens impulsionaram o paradigma da POO, destacando-se as linguagens: Ada, desenvolvida por uma equipe gerenciada por Jean Ichibah entre 1973/80; C++, de Bjarne Stroustrup, desenvolvida entre 1982/85; Objetive-C, desenvolvida por Brad J. Cox entre 1984/85; Object PASCAL, desenvolvida em 1985 pela equipe de Larry Tesler com consultoria de Niklaus Wirth (criador da linguagem Pascal) para a Apple Computer; Eiffel, de Betrand Meyer, desenvolvida entre 1986/92; Modula-3, de 1988, criada para a Olivetti e DEC pela equipe de Luca Cardelli; Sather, de 1990, desenvolvida pela equipe de Omohundro e Lim, da Universidade de Berkeley; Java, entre 1994/95, criada pela equipe de Gosling para a empresa Sun Microsystems, atualmente Oracle; e C#, desenvolvida entre 1999/2000 pela equipe chefiada por Anders Hejlsberg para a Microsoft.

Surge a concepção das primeiras linguagens de programação pertencentes à terceira geração com uma estruturação de dados maior que as linguagens de segunda geração, mas não davam suporte à programação orientada a objetos, que estava ainda no início.

Entre 1968 e 1972, surgem as linguagens de programação PASCAL e C, que não eram orientadas a objetos, mas estruturadas de terceira geração. Depois vieram outras linguagens de programação, que embutiam os conceitos de orientação a objeto entre 1967 e 2000, como SmallTalk, Ada, C++, Objective-C, Object Pascal, Eiffel, Java e C#, entre outros exemplos. Nota-se que a programação orientada a objetos passou por um crescimento de 30 anos antes de começar a ser aceita com maior intensidade a partir de 1990, quando essa técnica passou a ser mais conhecida por uma pequena parcela de profissionais e muito requisitada a partir do início do século XXI.

A programação orientada a objetos baseia-se na aplicação de abstração (apresentada no capítulo anterior na forma de uso de sub-rotinas), que pode ser um pouco difícil de ser assimilada inicialmente. No entanto, a partir do momento em que se entende, é como apontar um refletor para um canto de quarto escuro. Tudo fica mais claro. Torna-se possível ver o que lá existe, mas que estava oculto, e então todo o conceito torna-se trivial.

A programação orientada a objetos é uma filosofia de trabalho. Não é a ferramenta em si, mas a forma de pensar, a forma de usar a lógica de programação para a solução de um problema do mundo real em um computador. Assim, é necessário ao desenvolvedor mudar a forma de pensar um problema computacional. É preciso utilizar a estrutura de dados de um programa com base na estrutura do mundo real.

Os primeiros programadores pensavam de forma linear, depois aprenderam a pensar de forma estruturada; surgiram as linguagens de programação que deram suporte a essa filosofia de trabalho. A partir do início do século XXI torna-se necessário levar a estruturação de programas a um nível mais abstrato do que era utilizado.

11.2 PE *versus* POO

No mundo computacional, há acirradas discussões sobre o modelo (paradigma) de PE (Programação Estruturada, também denominado erroneamente como Programação Modular ou até mesmo como Programação Procedimental) e o modelo de POO (Programação Orientada a Objetos). Afirma-se muito que o modelo da PE é ultrapassado e o modelo da POO é a vanguarda da programação. No entanto, muitos não entendem que a técnica de POO originou-se a partir da técnica da PE, sendo, portanto, técnicas complementares. Segundo Leite e Rahal Jr. (2008), a POO pode ser considerada uma extensão quase natural da Programação Modular e da Programação Estruturada. Os paradigmas de programação Estruturada, Modular e Orientação a Objetos são na verdade subparadigmas de um paradigma maior denominado *Paradigma Imperativo*, uma vez que nesses subparadigmas são encontrados elementos de uso de laços condicionais pré-testes e pós-testes, além da modularização com uso de sub-rotinas (funções, procedimentos, módulos ou métodos).

O estilo de POO é, de fato, naturalmente estruturado, como é a PE. Por esta razão, por mais estranho que possa parecer, são modelos de programação complementares. Pode-se afirmar que a POO é outra camada da filosofia da programação estruturada, pois, para desenvolver a POO, o programador deve ter raciocínio lógico preparado para entender e implementar programas de maneira estruturada e modularizada, ou seja, deve saber usar a abstração em uma camada lógica e operacional mais alta do que se usa no desenvolvimento simplesmente estruturado. Mas deve-se tomar cuidado em não confundir a filosofia de programação estruturada (modo de pensar um programa) com PE (modo de implementar um programa).

As estruturas clássicas de programação apresentadas neste trabalho, como sequência (entrada, processamento, saída), decisão, laços, dados homogêneos e heterogêneos e subprogramas são também premissas básicas para o desenvolvimento da POO. De maneira mais ampla, a POO é uma forma de PE a um nível mais alto de abstração, a qual lança mão de grande uso de abstração de dados (Capítulo 9) e abstração modular com o uso de sub-rotinas (Capítulo 10) em uma mesma estrutura de dados, denominada *classe*.

Um *objeto*, para Sebesta (2003, p. 412), é o encapsulamento de uma representação de dados de um tipo específico (abstração de dados) com os subprogramas (abstração de sub-rotinas) que fornecem as operações para esse tipo. *Grosso modo*, um *objeto* é uma *variável especial* definida a partir de uma classe, sendo a classe uma estrutura de dados similar a um registro com a capacidade de possuir atreladas sub-rotinas como métodos operacionais que auxiliam a manipulação dos dados representados por campos como atributos definidos dentro da classe.

A PE opera, basicamente, com duas categorias de tipos de dados: *primitivo* (Capítulo 3) e *derivado*, o registro (Capítulo 9). Já a POO opera com uma categoria denominada *tipo de dado abstrato*. O tipo de dado abstrato depende da representação de dados de um tipo específico (tipo de dado derivado - Capítulo 9) e de subprogramas (módulos de procedimento e módulos de função - Capítulo 10). O tipo de dado abstrato de uma linguagem de POO chama-se *classe*.

Na PE é necessário escolher um tipo de dado derivado antes de associá-lo a uma variável. Da mesma maneira, é necessário, na POO, especificar uma classe (tipo de dado abstrato) antes de associá-la a um objeto. Essa operação de associação, realizada tanto na PE como na POO, chama-se instância. *Grosso modo*, cria-se um objeto de forma semelhante à criação de uma variável estática e diz-se que o objeto é uma instância da classe definida (Gosling *et al.*, 2005, p. 67).

Instância é entendida como a qualidade daquilo que está para acontecer. Ao determinar a estrutura de um tipo de dado derivado ou de um tipo de dado abstrato, faz-se a preparação inicial da estrutura de dados que será utilizada pelo programa e que necessita ser previamente especificada.

11.3 Fundamentação

A *programação orientada a objetos* (POO) é um paradigma de programação que busca representar elementos do mundo real na forma de objetos. Cada objeto é uma entidade que possui características próprias (seus atributos) e comportamentos (seus métodos, ou seja, suas funcionalidades).

A POO é uma técnica que permite criar programas organizados e reutilizáveis, já que objetos, quando definidos, podem ser usados e reaproveitados em diferentes situações a partir dos conceitos de herança e polimorfismo.

Para entender a programação orientada a objetos, é importante conhecer os quatro pilares que a sustentam: *abstração*, *encapsulamento*, *herança* e *polimorfismo*.

A abstração é a definição da interface de uma classe e de seus elementos (sua forma de uso), enquanto o encapsulamento é a maneira de se definir como os atributos e os métodos de uma classe são implementados e visualizados (público, privado e protegido). Já a herança permite que uma classe filho (subclasse) possa herdar atributos e métodos, públicos e/o protegidos, de uma ou mais classes (classe pai). No entanto, se uma classe tiver seus elementos definidos como protegidos, estes não são transferidos via herança. Por fim, o polimorfismo é a capacidade de interagir atributos de um objeto sem a necessidade de conhecer inicialmente seu tipo.

Os conceitos de orientação a objetos podem parecer complexos à primeira vista, mas são fundamentais para a criação de sistemas bem estruturados e modulares. É importante lembrar que nem todas as linguagens de programação orientada a objetos trabalham exatamente com todos os conceitos apresentados, mas o entendimento desses conceitos é fundamental para a compreensão da POO e para a criação de sistemas orientados a objetos eficientes e reutilizáveis.

11.3.1 Classe

O dicionário Aurélio (2010) apresenta várias definições para o termo *classe*, que pode ser coleção, grupo, conjunto de coisas afins. Dá também a definição da área de lógica de programação como: **classe** "*é uma categoria descritiva geral, que abrange o conjunto de objetos que compartilham uma ou mais características quanto a seus itens de dados e procedimentos associados*". Entende-se por procedimentos o mesmo que módulos de procedimentos e/ou módulos de funções. Em outras palavras, classe é um modelo usado para formatar a estrutura de um objeto, ou seja, uma estrutura usada para criar (instanciar) um objeto. Uma classe é, em essência, um conjunto de campos e funcionalidades (procedimentos e funções) associados aos campos componentes da classe, com o objetivo de controlar sua funcionalidade e seu comportamento.

Classe é uma estrutura que permite especificar um *conjunto de objetos*, que pode ser uma coleção de vários objetos ou mesmo um só objeto. O conceito de classe estabelece o conjunto de objetos, seus *atributos* (semelhantes aos campos de um registro, chamados *campos membros*) e os métodos (semelhantes aos módulos de procedimento e função, chamados *sub-rotinas membros*) comuns a certo objeto. O conjunto de *campos membros* (atributos) e *sub-rotinas membros* (métodos, ou seja, suas funcionalidades) estabelece uma classe a ser instanciada a certo objeto e permite definir o nível de **encapsulamento** dos dados (como os dados são vistos e usados pelos objetos instanciados), podendo esses elementos ser públicos, privados ou protegidos.

Em sua obra, Ambler (1995) utiliza um exemplo muito pertinente a respeito de classe e faz um paralelo com o conceito de tabelas em um banco de dados. Explica que tabela é um conjunto de registros nela armazenados, e classe é o conjunto dos objetos (dados e funcionalidades) que serão criados e utilizados a partir da classe definida. Amplia também essa referência, apontando que, ao contrário de uma tabela, em que existem apenas os dados, a classe possui os dados (que são os atributos) e também a funcionalidade desses dados (que são os métodos). Assim, classe é um conjunto de objetos que possuem os mesmos atributos (membros) e as mesmas funcionalidades (métodos), ou seja, é uma interface que recebe o nome de **abstração**, a qual determina o processo de identificação de um objeto e permite concentrar-se no que o objeto é, no que o objeto faz, sem se preocupar em como ele faz (Bueno, 2002).

Para entender melhor, imagine a classe biológica dos mamíferos, cujos objetos (elementos) se alimentam de leite materno na fase primária de vida, ou seja, possuem, em particular, esse atributo, no entanto, cada elemento possui um método (funcionalidade) de comportamento diferente para obter o leite da mãe.

Na classe mamíferos existem vários objetos (elementos, ou melhor, animais), que podem ser referenciados como cavalos, baleias, golfinhos, ser humano, entre outros. Todos eles possuem como atributo a característica de mamar, no entanto, um cavalo possui um comportamento diferente do de um ser humano ao se alimentar na mãe. O cavalo mama em pé, e o ser humano, normalmente, apoiado no colo da mãe.

Uma classe pode ser derivada de outra classe existente. Nesse caso, chama-se **classe filho** (ou **sub-classe**), enquanto a classe existente denomina-se **classe pai** (ou **superclasse**). Assim, é possível determinar famílias de classes por meio de hierarquia. A classe filho automaticamente herda os atributos e as funcionalidades da classe pai. A este efeito dá-se o nome de **herança** (ou **derivação**). É possível também acrescentar atributos a uma classe filho, ou mesmo modificar os atributos herdados de uma classe pai. Quando isso ocorrer, utiliza-se **especificação**.

Como exposto anteriormente, classe é o conjunto de objetos com uma ou mais características comuns. Elas podem ser divididas em **classe abstrata** e **classe concreta**. Uma classe abstrata possui um conjunto de objetos que não estão relacionados (instanciados) com ela. Já uma classe concreta possui objetos instanciados a partir dela.

Note que um objeto tem acesso aos membros e funcionalidades de uma classe, seja de forma direta ou indireta, por intermédio da herança. Quando isso ocorre de forma direta, a classe é concreta, mas quando ocorre de forma indireta, ou seja, determinado membro ou funcionalidade é passado a um objeto por meio de herança, esse objeto estará associado a essa classe de forma abstrata. Assim, uma classe é abstrata quando não é definida a partir dela nenhuma instância a um objeto, a não ser uma linha de herança entre ela e sua classe filho, que, se estiver instanciada a um objeto, será então uma classe concreta.

Em uma aplicação computacional, utilizando programação orientada a objetos, é comum a necessidade de trabalhar com mais de uma classe no sistema. Em alguns casos, as classes precisam interagir, sendo necessário estabelecer **colaboração** entre elas, de modo que as classes envolvidas possam trabalhar em conjunto, uma colaborando com a outra, a fim de tornar a funcionalidade mais expressiva, ou seja, efetua-se **agregação**. Com a colaboração e a agregação de classes surge um efeito denominado **acoplamento**, que é a capacidade de as classes estarem conectadas e, assim, executarem operações comuns, ou seja, **generalização**.

11.3.2 Objeto

O dicionário Aurélio (2010) apresenta várias definições para o termo *objeto*. Pode referir-se a tudo que é apreendido pelo conhecimento, que não é o sujeito do conhecimento, sendo manipulável e perceptível por qualquer dos sentidos. Dá também a definição da área de lógica de programação, que diz: **objeto** "*é qualquer módulo que contém rotinas e estruturas de dados capaz de interagir com outros módulos similares, trocando mensagens*". Desta explicação deve-se entender por *rotinas* o mesmo que módulos de procedimentos e/ou módulos de funções (métodos), e por *troca de mensagens*, algo semelhante ao uso de passagem de parâmetros por referência. Um objeto só poderá existir se este for definido a partir de uma classe, ou seja, se for instanciado a partir de uma classe.

Em sua obra, Ambler (1995) compara objeto com a ocorrência de um registro, considerando o fato de ter definido anteriormente classe como se fosse uma tabela. Essas comparações são apresentadas hipoteticamente e servem apenas para efeito didático, e não prático.

Do ponto de vista mais amplo, para a programação de computador, objeto pode ser uma pessoa, um local, um relatório, uma tela, um veículo, um ser, entre outros elementos do mundo real que possam pertencer a uma classe de categorização, como, por exemplo, o objeto ser humano pertencer à classe mamíferos.

Perceba como não é fácil definir objeto, que pode ser qualquer coisa instanciada a partir de uma classe a ser tratada por um programa de computador que adote POO. Observe o grau de abstração desse conceito. Objeto é um elemento que sofre a ação direta e indireta de um programa. Assim, o objeto possui um **estado** de ocorrência significativa imputado a ele em algum momento para refletir uma condição do mundo real, ou seja, atribuir a ele um determinado **evento**.

Como definido anteriormente, todo objeto é a instância de uma classe, ou seja, é um elemento pertencente a uma classe. É possível instanciar objetos a partir de uma classe existente. Um objeto pode assumir dois papéis em um programa. Ele pode ser um **objeto persistente**, quando é mantido gravado como um registro de dados, ou pode ser um **objeto transitório**, quando é utilizado apenas na memória de um computador para acomodar uma estrutura de dados virtual, válido somente naquele momento específico. A ação de utilizar um objeto persistente recebe o nome de **persistência** e, para ocorrer, é necessária uma *memória persistente*, que é, principalmente, a memória secundária de um computador.

Todo objeto pode interagir com outros objetos e com os dados por ele tratados por meio de uso e definição dos métodos (procedimentos e funções membros). Quando isso ocorre, os objetos utilizam um mecanismo de comunicação denominado transmissão de **mensagem**, que normalmente é a execução de um pedido de informação ou a requisição para efetuar alguma ação por meio da passagem de parâmetros. A mensagem é um efeito que ocorre quando da chamada de um método associado a um objeto e que esteja definido dentro de uma classe. A partir do processo de comunicação por mensagens, um objeto também pode assumir uma forma de trabalho diferente da inicialmente planejada (desde que essa forma seja previamente codificada), daquela para qual foi inicialmente projetado; a esse efeito dá-se o nome de **polimorfismo (poliformismo)**, que é uma maneira de usar o recurso de reaproveitamento de código.

Um objeto polifórmico é capaz de mudar de uma forma para outra em consequência do tempo de sua existência (Jansa, 1995).

11.3.3 Atributo

O dicionário Aurélio (2010) apresenta várias definições para o termo *atributo*. Pode ser aquilo que é próprio de um ser, caráter essencial de uma substância. Dá também a definição da área de lógica de programação, que diz: **atributo** "*é cada uma das propriedades que definem um objeto ou entidade*". Acrescenta ainda que, em um banco de dados relacional, corresponde a cada um dos campos de um registro, o que vem de encontro ao exposto no tópico 11.3.1. Na POO, o termo *atributo* está relacionado com o dado (elemento) a ser armazenado em um campo membro de um objeto, sendo seu nome de identificação representado, normalmente, por substantivos.

Um atributo é uma característica ou propriedade que define o espaço de memória a ser usado para o armazenamento de dados de um objeto, representado por determinado campo membro, como: *nome*, *idade*, *formação*, *altura*, *salário*, *nota* etc., tendo então a definição de tipos de dados associados a cada campo membro, como: *cadeia*, *caractere*, *inteiro*, *real*, *lógico*, *classe*, *objetos*, entre outros.

A visibilidade do conteúdo de um atributo pode ser pública, privada e protegida. Quando privada ou protegida, ocorre o efeito de **ocultamento de informações** do atributo de uma classe ou objeto, o qual não será visualizado ou utilizado na forma de acesso público; a isso dá-se o nome de **encapsulamento**. O encapsulamento é um conceito fundamental na POO, que consiste em esconder o estado interno de um objeto e disponibilizar apenas métodos públicos para interagir com o objeto. O encapsulamento é frequentemente utilizado em conjunto com atributos privados para proteger as informações do objeto contra acesso indevido ou modificações não autorizadas.

11.3.4 Método

O dicionário Aurélio (2010) apresenta várias definições para o termo *método*. Pode ser o caminho pelo qual se atinge certo objetivo. O conceito de método está associado à forma como determinado atributo será alterado. **Método** "*é a característica que possibilita alterar a funcionalidade de um atributo*". É uma forma de efetuar o controle lógico que refletirá uma ação (designar um comportamento) no objeto e, por conseguinte, em sua classe, ou melhor, a sua **operação**.

Em sua obra, Ambler (1995) afirma que um método pode ser visto como uma função de um objeto, pois é por meio dos métodos que se torna possível modificar atributos de um objeto, ou seja, método é algo que estabelece o que realmente um objeto faz. Mas é propício extrapolar o conceito de função explicado por Ambler que está associado a algo maior como sendo formado por sub-rotinas membros de uma classe, as quais podem ser representadas por procedimentos e/ou funções.

O método deve ser coeso com a estrutura de classe utilizada. Ele deve representar uma funcionalidade condizente com a estrutura da classe em uso, sendo seu nome de identificação representado, normalmente, por verbos. Esta característica recebe o nome de **coesão**. Sua ação está vinculada diretamente ao objeto instanciado a partir de certa classe, podendo realizar operações de acesso de leitura e escrita sobre os campos membros no sentido de administrar seus atributos.

Pode-se concluir que o objeto ser humano, que pertence à classe mamíferos e possui como atributo a característica de mamar, pode ter o método desse atributo alterado. Normalmente, o ser humano mama na fase infantil, na posição horizontal (deitado) e no colo da mãe, mas nada impede que ele mame na posição vertical (em pé, como os cavalos fazem), ou seja, o método deitado pode ser alterado para o método em pé, mantendo as mesmas características operacionais do atributo existente.

11.4 Polimorfismo ou Poliformismo

O termo **polimorfismo**, usado em português, é a tradução ao pé da letra do termo análogo em inglês **polymorphic**, que é de fato a contração das palavras **poly** (muitos) e **morphic** (formas), ou seja, significa "muitas formas".

Há certa discussão sobre a forma correta de descrever o efeito de um objeto ao assumir variadas formas de comportamento e sobre outros objetos que podem interagir com esse objeto sem se preocupar com sua forma específica em um dado momento (Ambler, 1995).

A discussão está relacionada com o efeito de um objeto ao assumir uma de várias formas de comportamento. Grande parte dos profissionais faz uso do termo **polimorfismo**, mas há profissionais que utilizam o termo **poliformismo**.

Não é objetivo deste estudo polemizar o assunto, mas é necessário apresentar uma explicação sobre o uso dos termos **polimorfismo** ou **poliformismo** para melhor entendimento do que a POO faz quando um objeto é programado para assumir vários comportamentos.

O termo **polimorfismo** é um substantivo masculino usado para representar conceitos técnicos das áreas de botânica, química, genética ou zoologia. É preciso considerar que, no contexto botânico, refere-se ao fato de existirem órgãos ou plantas com diversas formas; no contexto químico, ao fenômeno apresentado por substâncias que cristalizam em diferentes sistemas (alotropia); no contexto genético, refere-se à ocorrência simultânea, na população, de genomas que apresentam variações nos alelos de um mesmo lócus, resultando em diferentes fenótipos, cada um com uma frequência determinada; no contexto zoológico, refere-se à propriedade de certas espécies de animais que apresentam formas diferentes de acordo com a função que desempenham em seu *habitat* (Dicionário Aurélio, 2010).

Tomando a palavra **polimorfismo** e separando-a em duas partes, **poli** representa muitos e **morfismo** é um substantivo masculino usado na matemática (álgebra moderna) que representa um conjunto que, aplicado sobre outro conjunto, mantém as operações definidas em ambos os conjuntos. Se este conceito for aplicado diretamente em POO, teremos algo muito semelhante e próximo à *herança* de objetos. Na prática, o termo **polimorfismo** está relacionado com algo que, durante sua evolução, adquire várias formas, algumas vezes até contrárias à sua forma natural, gerando certas deficiências e sofrendo mutações.

Considerando que POO nasceu na Noruega por volta de 1960 e, a partir de então, ocorreram muitas formas de interpretar seus conceitos iniciais, é fácil entender que se tenha instaurado certa confusão. Deve-se tomar cuidado ao considerar que o termo **polimorfismo** é aplicado em áreas das ciências anteriormente comentadas, e assim deve ser.

Em POO, um objeto (ou mesmo uma classe), quando definido e utilizado em algoritmos, não pode assumir, durante seu processamento, formas indiscriminadas, a não ser previamente especificadas. Um objeto (ou classe) pode ter múltiplas formas de aplicação, mas sempre previsíveis e previamente definidas (não ocorrem como o efeito de mutação); por isso, não é adequado aplicar o conceito **polimorfismo**. Sugere-se que se mantenha o termo **poliformismo** usado por alguns profissionais, apesar de não existir nos dicionários (nem sempre um termo técnico é encontrado nos dicionários, por ser uma descrição com propósito bem restrito).

Note a diferença entre a palavra **polimorfismo** (a ser aplicada em botânica, química, genética ou zoologia) e a palavra **poliformismo** (proposta para descrever um dos elementos aplicados na POO). O termo **poliformismo** está associado a um objeto (ou classe) que assume várias formas de comportamento durante a execução de um programa, e esse comportamento é sempre determinado por um algoritmo (por raciocínio lógico) e de forma controlada, diferentemente do que ocorre com algo sob o aspecto de **polimorfismo**.

Como dito inicialmente, não é objetivo polemizar esta discussão, mas esclarecer a interpretação dos dois termos utilizados nessa área.

11.5 Resumo dos Termos Normalmente Empregados na POO

Além dos conceitos apresentados sobre os pilares que norteiam o fundamento da POO, existe uma série de termos empregados no modelo de orientação a objetos. Nem sempre uma linguagem de programação orientada a objetos trabalha exatamente com todos os conceitos apresentados.

É de fundamental importância conhecer não só os termos empregados, mas saber fazer a distinção entre eles. A Tabela 11.1 apresenta um pequeno resumo de todos os termos utilizados para explicar os quatro pilares indicados (Ambler, 1995).

Tabela 11.1 Termos técnicos sobre POO (resumo)

Termo	Descrição	Exemplo
Abstração	Definição da interface de uma classe e de seus elementos.	A classe mamíferos possui como elemento o conjunto de diversos objetos de várias espécies, classificadas segundo a família biológica.
Acoplamento	Medida para avaliar o quanto duas ou mais classes estão conectadas.	O objeto ser humano e o objeto cavalo possuem, como pontos de conexão, a capacidade de respirar e de andar.
Agregação	Capacidade de representar um relacionamento do tipo "faz parte de".	O objeto cavalo para o objeto ser humano (em um cenário rural) faz parte de sua vida e, muitas vezes, de sua subsistência.
Atributo	Características específicas de uma classe ou objeto.	O objeto ser humano possui nome, sexo, data de nascimento.
Classe	Conjunto de objetos que possuem uma ou mais características comuns, que podem ser abstratas ou concretas.	O ser humano pertence à classe biológica mamíferos.
Coesão	Capacidade de medir o quanto uma determinada classe ou método faz sentido.	O objeto ser humano possui como atributo vocal a capacidade de falar, enquanto um objeto cavalo não.
Colaboração	Capacidade de uma determinada classe trabalhar em conjunto com outra classe a fim de desempenharem suas funções em conjunto.	A classe mamíferos vive em função da classe natureza, formando um só ecossistema.
Encapsulamento	Definição de como implementar atributos e métodos de uma classe.	Efetuar operação do cálculo da idade a partir do atributo data de nascimento que é herdado de uma classe pai.
Especificação	Capacidade de acrescentar ou modificar atributos e métodos herdados por uma classe filho a partir de sua classe pai.	A classe pai possui como atributo profissão o método de exercer medicina. No entanto, a classe filho possui como atributo profissão o método engenharia.
Estado	Situação do comportamento de determinado objeto em um dado momento.	O objeto ser humano encontra-se em hora de almoço.
Evento	Característica de uma ocorrência de nível significativo do mundo real que deve ser tratada.	O objeto ser humano possui como método de ação trabalhar após o almoço.
Generalização	Característica de compartilhamento por classes de atributos ou métodos comuns.	A classe filho e a classe pai possuem como atributo profissão a mesma atividade econômica.
Herança	Capacidade de uma classe filho (subclasse) herdar um ou mais atributos e métodos de uma ou mais classes (classe pai).	O objeto filho herda do objeto pai a cor azul dos olhos, e do objeto mãe, o cabelo liso.

Termo	Descrição	Exemplo
Instância de classe	O mesmo que objeto, que é uma ocorrência específica de uma classe.	O objeto ser humano é uma instância da classe mamíferos.
Mensagem	Capacidade de comunicação direcional entre objetos no sentido de invocar certa operação.	Informar o atributo idade do objeto ser humano que possua o atributo nome x.
Método	É a característica que possibilita alterar a funcionalidade do atributo de um objeto.	O objeto ser humano possui como atributo profissão a função vendedor. Ao ser promovido para a função gerente, ele muda a funcionalidade de seu atributo profissão.
Objeto	Representação de um elemento do mundo real. Instância de uma classe, que pode ser persistente ou transitória.	Ser humano, cavalo, baleia e golfinho são instâncias da classe mamíferos.
Ocultamento de informações	Capacidade de restringir o acesso externo dos atributos de um objeto.	O objeto ser humano possui os atributos de profissão e escolaridade desconhecidos.
Operações	Lógica de operação contida em uma classe com o objetivo de designar-lhe um comportamento.	Efetuar o cálculo da idade de um indivíduo a partir do atributo data de nascimento de um objeto ser humano pertencente à classe mamíferos.
Poliformismo	Capacidade de interagir atributos de um objeto sem a necessidade de conhecer inicialmente seu tipo. Capacidade que um objeto possui de mudar sua forma.	O objeto ser humano assume diferentes fases de desenvolvimento ao longo de sua vida: infantil, pré-adolescente, adolescente, adulto e ancião.

ANOTAÇÕES

CAPÍTULO 12

APLICAÇÃO BÁSICA DE POO

Este capítulo mostra, de maneira introdutória e de forma inicial, as regras básicas e essenciais de aplicação dos principais recursos (os mais comuns) encontrados no paradigma da programação orientada a objetos, proporcionando visão com cunho didático. Aborda conceitos e exemplos de aprendizagem com uso de classes, objetos, atributos (campos membros) e métodos (sub-rotinas membros), herança simples, herança múltipla, encapsulamento e poliformismo (polimorfismo). Não há, em momento algum, a pretensão de esgotar o assunto, apenas de apresentá-lo de maneira simples e, por esta razão, não são indicados particularmente conceitos específicos desse paradigma que deverá ser posteriormente aprofundado. Muitos detalhes do paradigma da POO podem ser encontrados em certa linguagem e em outra não, além de certos recursos existirem com nomenclaturas diferentes entre as diversas linguagens existentes. Desta maneira, faz-se explanação meramente conceitual.

Os diagramas relacionados com a representação dos detalhes da POO (Programação Orientada a Objetos) no que tange a classes, objetos e heranças estudados nesta obra baseiam-se na linguagem de modelagem unificada UML (*Unified Modeling Language*). Eles foram levemente adaptados para atender à necessidade didática deste livro. Para aprofundar-se no assunto UML, consulte uma obra que trate exclusivamente deste tema.

Além dos diagramas UML para a representação das estruturas de dados com base em objetos, mantêm-se em uso os diagramas de blocos, segundo a norma ISO 5807:1985, na representação das ações operacionais dos códigos dos programas apresentados e das funcionalidades associadas aos objetos, contrariando o que muitos afirmam não ser possível de ser realizado.

12.1 Fundamentação

O paradigma (conjunto de regras, modelos, padrões, métodos, teorias que servem como modelo, que determinam um padrão de como fazer a organização de certo grupo de conhecimento) da programação orientada a objetos possui forte influência e herança da programação estruturada e modular, mesmo que muitos não queiram admitir tal certeza.

O paradigma imperativo de programação estruturada (PE), apresentado ao longo dos capítulos anteriores, baseia-se na organização do código de um programa de computador no uso de sequências, decisões, laços e sub-rotinas; escopo de variáveis na passagem de parâmetros, além de usar o código escrito no formato de blocos de textos, e não em uma estrutura de escrita baseada em linhas de códigos numeradas como proposta na linguagem Classic BASIC. Já o paradigma imperativo da programação orientada a objetos, dependendo da linguagem formal em uso, como, por exemplo, a linguagem de programação C++, faz uso de todos os conceitos da programação estruturada anteriormente apresentados e alia esses conceitos aos conceitos de classe e objetos, que são apresentados mais adiante.

É fundamental ao iniciante em programação de computadores, desde seu início de estudo, não desenvolver mentalidade preconceituosa a respeito de que um paradigma é melhor que outro. Nada de pensar que a POO (programação orientada a objetos) é a máxima solução dos problemas e que a PE (programação estruturada) não serve mais por ser um paradigma considerado antiquado, coisa de dinossauro. Cada paradigma de programação é usado para solucionar classes de problemas distintas, pois, além da POO e da PE, existem outros paradigmas de programação que podem ser utilizados e, se isso fosse verdade, a linguagem C++ estaria fadada à morte e sepultamento. Faça uma pesquisa a esse respeito. Um profissional de desenvolvimento de *software* deve ser uma pessoa pronta para trabalhar com qualquer tipo de paradigma de programação e, acima de tudo, com qualquer tipo de linguagem de programação existente ou que venha a existir. É como se fosse um motorista profissional que tem de ter condições de dirigir qualquer tipo de veículo dentro da categoria de habilitação que possui.

Para alguém que conhece como trabalhar com a programação estruturada, entender inicialmente programação orientada a objeto é basicamente algo rápido, desde que consiga fazer os paralelos corretos. No sentido de tentar reproduzir esse efeito e com o objetivo de esclarecer a programação orientada a objetos ao programador habituado com a programação estruturada, considere as questões apresentadas a seguir.

Este paralelo de ideias é suficiente para que um novato no aprendizado da programação orientada a objetos, mas com noções de programação estruturada, tenha algumas ideias iniciais sobre as bases que norteiam a orientação a objetos. Atente para os detalhes simplificados e indicados na Tabela 12.1.

Tabela 12.1 Paralelo simplificado entre programação estruturada e orientada a objetos

Programação Estruturada	Programação Orientada a Objetos
Nesse tipo de programação, quando há necessidade de trabalhar com dados heterogêneos, usa-se a estrutura de dados denominada **registro**.	Nesse tipo de programação, quando há necessidade de trabalhar com dados heterogêneos, usa-se a estrutura de dados denominada **classe**.
Em uma estrutura de **registro** é possível definir as variáveis (chamadas de *campos*) que serão os pontos de armazenagem dos dados. Um registro permite, em sua composição, a definição apenas de campos, e toda a operação de consistência relacionada com os dados desses campos é tratada externamente na forma de procedimentos e/ou funções.	Em uma estrutura de **classe** é possível definir as variáveis (chamadas de *membros de classe* ou *propriedades* referenciadas popularmente como *atributos*) que serão os pontos de armazenagem dos dados. Diferentemente de um **registro**, as **classes** aceitam opcionalmente a definição interna de sub-rotinas especiais que são usadas exclusivamente para validar as operações sobre suas variáveis na forma de sub-rotinas membros, popularmente conhecidas como *métodos*.

Programação Estruturada	Programação Orientada a Objetos
Sub-rotinas na programação estruturada são formadas por componentes descritos como **funções** e **procedimentos**, entre outras denominações servindo de pontos de organização modular do código de um programa como um todo.	Sub-rotinas na programação orientada a objetos são formadas por componentes descritos como **métodos** (somente dentro das classes na forma de sub-rotinas membros), **funções** e **procedimentos** (quando declaradas e usadas fora das classes na composição organizacional do código de programa como um todo).
A consistência de validação dos dados que formam os campos de um **registro** é operacionalizada por meio de sub-rotinas que estão referenciadas no código principal do programa junto às sub-rotinas gerais que venham a efetuar outras operações para o mesmo código.	A consistência de dados dos atributos de uma **classe** é operacionalizada por meio de métodos (**procedimentos** e/ou **funções**) que são referenciados no código da própria classe ou no código do programa principal, dependendo da linguagem em uso. As sub-rotinas gerais são, normalmente, codificadas fora do escopo da classe dependendo, é claro, da estrutura da linguagem em uso.
Passagem de parâmetro entre sub-rotinas ou mesmo com o programa principal.	Passagem de mensagem entre métodos ou mesmo com o programa principal, dependendo da abordagem da linguagem em uso, é possível fazer uso também de passagens de parâmetros.
Definição estática ou mesmo dinâmica de variáveis.	Definição de objetos via instância, além da definição estática ou dinâmica de variáveis.

A partir do exposto, pode-se, *grosso modo*, inferir que um código de programa escrito sob a programação estruturada pode ser o conjunto de sub-rotinas (funções e procedimentos) anexo a uma rotina principal e que o código de um programa escrito sob a programação orientada a objetos pode ser o conjunto de diversos objetos inter-relacionados por meio de métodos que estabelecem um nível de comunicação, uma colaboração entre esses objetos, mas pode também lançar mão das mesmas estratégias encontradas na programação estruturada.

12.2 Classe e Objeto

Para um programa ser considerado orientado a objetos, deve estar calcado em quatro pilares de sustentação: classe, objeto, atributos (propriedades ou campos de dados) e métodos (caracterizados por sub-rotinas membros de funções ou procedimentos, membros, que determinam o nível de funcionalidade dos campos dentro da classe).

A definição desses pilares ocorre praticamente de forma simultânea à de uma classe, pois é a partir de uma classe que a programação orientada a objetos toma forma. Nesta etapa, deve-se ter o máximo cuidado. Uma classe deve manter uma estrutura de atributos e métodos mais genérica possível para seu pleno uso.

Uma classe é um tipo de dado determinado pelo programador, ou seja, é um tipo de dado naturalmente derivado (para atender a certa necessidade de modelagem de dados do *software* em desenvolvimento), ou seja, é um tipo de dado derivado definido por meio do comando **classe**.

O comando **classe** é usado de maneira muito semelhante ao comando **registro**, resguardando, é claro, suas particularidades, pois um **registro** acomoda apenas atributos de representação (campos de dados). Uma classe agrega, além dos atributos de representação (campos de dados), métodos de funcionamento (funções e procedimentos membros) que são usados, exclusivamente, para atender à manipulação dos atributos. É oportuno esclarecer que os métodos de uma classe são sub-rotinas usadas para gerenciar as características exclusivas dos atributos da classe e não do programa como um todo. As sub-rotinas membros (métodos) de uma classe não substituem as sub-rotinas de um programa que são usadas para organizar o código de forma modular.

Uma classe, após sua definição, é usada para instanciar *objetos*, podendo haver um conjunto de objetos, os quais possuirão características semelhantes de armazenamento de dados (seus atributos) e funcionalidades (seus métodos). Segundo Silva Filho (2004), "a ideia por trás das linguagens de programação orientadas a objetos [...] é combinar em uma única entidade tanto os dados quanto as funções que operam sobre esses dados", devendo-se compreender, neste contexto, entidade como sendo o objeto, dados como atributos e funções como métodos. Um *objeto*, por sua vez, é uma variável especial que além de armazenar dados como uma variável convencional possui a capacidade de aplicar operações funcionais (os métodos) sobre os seus dados (seus atributos).

A partir do exposto, é próprio considerar que classe é uma estrutura que congrega em uma única área de trabalho os dados (atributos) e o código de seu controle (método) que vai gerenciar os dados dessa área. Os atributos e métodos de uma classe também são chamados de membros da classe. Assim, do ponto de vista exposto e das regras já apresentadas ao longo desta obra, podem-se definir em *português estruturado* uma classe e a instância de um objeto a partir da sintaxe:

```
tipo
  <identificador> = classe | [herança de]
                     [seção_pública] / [seção_privada] / [seção_protegida]
                       <campos membros (membros de dados) e seus tipos de dados>
                       <sub-rotinas membros: funções e/ou procedimentos>
                    fim_classe
objeto
  <nome objeto> : <identificador>
```

em que **tipo** é o comando de definição de tipos derivados e *identificador* é o nome da classe a ser definida, que será escrito em caracteres maiúsculos precedidos dos caracteres **CLS** mais um símbolo de *underscore*, seguindo as demais regras de nomes para variáveis, comentadas no Capítulo 3. O uso dos caracteres **CLS** é um artifício para auxiliar a identificação da definição de uma classe, diferenciando-a dos demais tipos de dados derivados ou mesmo primitivos existentes. Os comandos **classe** e **fim_classe** são utilizados para estabelecer os limites de identificação da estrutura de uma classe, ou seja, são os limites da área de abrangência da definição de uma classe. O indicativo **herança** será usado no sentido de indicar o uso de uma relação de agregação entre uma ou mais classes.

Os termos **seção_pública**, **seção_privada** e **seção_protegida** estabelecem o nível de *encapsulamento*, ou seja, a forma de visibilidade dos atributos e métodos associados à classe. Esses termos estabelecem se a lista dos membros de uma classe, seus atributos e métodos terão visibilidade pública, privada ou protegida.

Os campos membros ou membros de dados (também referenciados como atributos, normalmente, por programadores Java) de uma classe serão públicos quando puderem ser utilizados livremente por qualquer outra classe, privados quando os campos membros (atributos) puderem ser utilizados apenas pela própria classe ou protegidos quando esses campos puderem ser utilizados pela própria classe ou por outras classes subordinadas a esta classe por meio de herança.

A instrução **objeto** tem por finalidade instanciar em *nome objeto* a classe especificada em *identificador*, fazendo com que o objeto possua acesso aos atributos (campos membros) e às sub-rotinas membros, formadas por funções e/ou procedimentos internos à classe, chamados genericamente de métodos da classe, principalmente por programadores Java e C#.

Note que a definição de um objeto e de uma variável possui certa semelhança. Como mencionado no Capítulo 3, variável é uma região de memória utilizada para armazenar, acessar e modificar certo valor por determinado espaço de tempo. De modo semelhante, pode-se dizer que objeto é uma região de memória utilizada para armazenar, acessar e modificar certa estrutura de dados (classe) por determinado espaço de tempo. A forma de definição e uso de um objeto é semelhante à forma de definição de uma variável, principalmente quando associada a um registro. Enquanto uma variável possui um tipo de dado, um objeto é associado a uma classe e passa a ter acesso às suas características. Assim, isso vem de encontro ao que dizem Gosling *et al.* (2005, p. 67) ao afirmarem que:

> *Uma variável do tipo classe T pode conter referência nula ou referência a uma instância da própria classe T ou de qualquer classe que seja subclasse de T. Uma variável de tipo interface pode conter referência nula ou referência a qualquer instância de qualquer classe que implemente a interface.*

Isto posto, fica claro entender que, além de uma variável poder ser definida a partir de um tipo primitivo de dados, pode também ser definida a partir de uma classe ou mesmo de subclasses definidas a partir de uma classe de instância maior. Desta maneira, uma variável definida a partir de uma classe é denominada objeto, ou seja, a definição de um objeto é idêntica à definição de uma variável, tendo como diferença principal o fato de um objeto ser uma variável que possui, além da capacidade de armazenar dados, a capacidade de estabelecer certas operações de processamento aos dados estabelecidos no objeto.

A título de ilustração, considere como exemplo o estabelecimento de uma classe muito simples denominada **CLS_ALUNO**, que contém apenas os campos membros (atributos) **NOME** e **NOTAS**, a qual será associada (instanciada) a um objeto (variável especial) chamado **ALUNO**.

Codificação

```
tipo
  CLS_ALUNO = classe
                seção_pública
                  NOME : cadeia
                  NOTAS : conjunto[1..4] de real
              fim_classe
objeto
  ALUNO : cls_aluno
```

A classe **CLS_ALUNO** possui os atributos (os campos membros de dados) **NOME** e **NOTAS** associados ao objeto **ALUNO** após sua instanciação a partir da execução da instrução **ALUNO : cls_aluno**. Observe o uso da instrução **seção_pública** dentro da classe com a finalidade de estabelecer a forma de visibilidade pública dos elementos internos da classe **CLS_ALUNO**.

Note a semelhança existente entre a definição do tipo de dado estruturado (registro) e do tipo de dado orientado a objeto (classe). Por isso, tome cuidado para não confundir tais estruturas, pois, mesmo havendo semelhanças, existem diferenças, principalmente no que tange à aplicação de uma classe que aceita internamente a definição de sub-rotinas membros (procedimentos e funções) dentro da própria classe, o que é impossível de ser usado em uma estrutura de registro.

O identificador **ALUNO** é a definição de objeto que pertence à classe **CLS_ALUNO**. Pode-se dizer, então, que o objeto **ALUNO** é uma instância da classe **CLS_ALUNO**, que possui como seu atributo de ação dois campos membros identificados como **NOME** e **NOTAS** (indexado de 1 a 4).

Para acessar os atributos de um objeto, usa-se como referência um ponto de separação entre o objeto e o atributo. Note, em seguida, a utilização do objeto **ALUNO** e a indicação dos atributos de dados **NOME**, **NOTAS[1]**, **NOTAS[2]**, **NOTAS[3]** e **NOTAS[4]**.

```
ALUNO.NOME ← "Zé das Couves"
ALUNO.NOTAS[1] ← 9.5
ALUNO.NOTAS[2] ← 8.7
ALUNO.NOTAS[3] ← 9.8
ALUNO.NOTAS[4] ← 6.9
```

Até este ponto foram definidos como atributos do objeto **ALUNO** apenas os campos membros definidos na classe **CLS_ALUNO**, demonstrando seu *estado* de ocorrência por meio das atribuições de valores que são os *eventos* associados, mas nenhum método de ação foi ainda definido. É válido lembrar que um método está relacionado com a forma de funcionamento de um objeto instanciado a partir de uma classe, ou seja, o método é um recurso que possibilita a execução de certa *operação* que dê ao objeto a capacidade de comportamento lógico ou matemático, além da capacidade que tem de armazenar dados.

Um método (sub-rotina membro: procedimento ou função) pode se apresentar de duas formas: externo ou interno à classe. A forma de uso e definição dos métodos de um objeto depende de alguns fatores que devem ser levados em consideração ou de restrições existentes na linguagem formal em uso, pois ambas as formas possuem vantagens e desvantagens, como apresentado em seguida.

O uso de métodos externos é comum na linguagem C++, além do uso de métodos internos. No entanto, linguagens de programação como Java ou C# somente utilizam métodos internos, não sendo possível o uso de métodos externos.

Cabe deixar aqui em aberto para consideração a seguinte questão: se para a definição de um objeto é importante tomar cuidado e ter atenção da definição de uma classe, por qual razão este paradigma de programação chama-se *programação orientada a objetos*? Não seria mais conveniente referir-se a este paradigma como *programação orientada a classes*? Fica aqui em aberto esta pergunta.

12.3 Método Externo

Para exemplificar o uso de método externo, é apresentada uma sub-rotina membro de função que retorna a média das notas bimestrais fornecidas como atributos. A função em questão, **CMÉDIA** (de calcula média), será um método associado indiretamente à classe **CLS_ALUNO**, por isso, é preciso indicar o seu protótipo dentro da classe. Além do método externo, será necessária a definição de um novo atributo para a referida classe: **MÉDIA**. A Figura 12.1 apresenta um diagrama de classe com a indicação dos atributos e os métodos públicos marcados com o símbolo adição (**+**) e um diagrama de objeto para a representação da classe **CLS_ALUNO** e seus atributos e método de acesso ao atributo **MÉDIA**. O trecho de código seguinte indica em negrito o atributo **MÉDIA** e a definição do método **CMÉDIA()**.

Diagramação UML

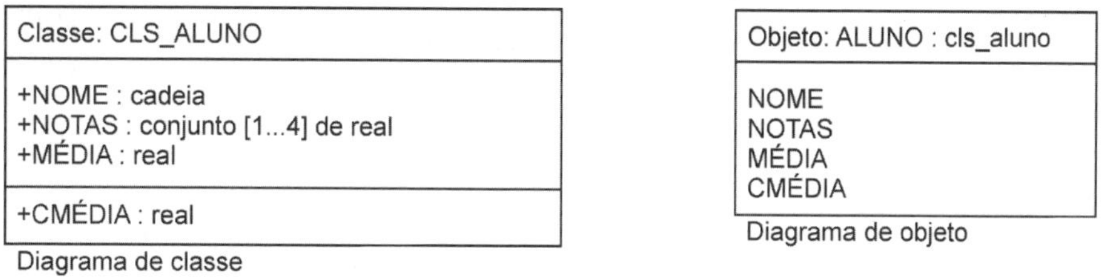

Figura 12.1 Diagrama de classe e de objeto.

Codificação

```
tipo
  CLS_ALUNO = classe
              seção_pública
                NOME : cadeia
                NOTAS : conjunto[1..4] de real
                MÉDIA : real
                função CMÉDIA() : real
            fim_classe
```

Além do método **CMÉDIA()** (cálculo da média), é definido o atributo **MÉDIA**, ambos do tipo **real**. Esse atributo será usado para guardar a média calculada pelo método **CMÉDIA()**.

É necessário também desenvolver a ação da função membro (o método) **CMÉDIA()**, que será usada como parte lógica do objeto **ALUNO**. A estrutura do método (função membro) **CMÉDIA()** está definida na Figura 12.2 e em seu respectivo código de programa.

Diagramação	Codificação

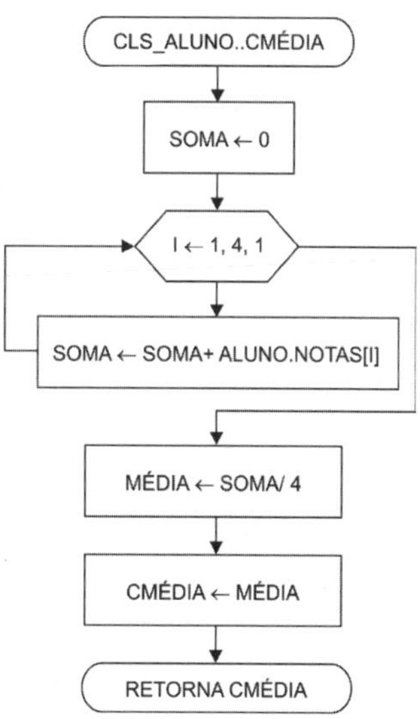

Figura 12.2 Diagrama de blocos do método CMÉDIA() da classe CLS_ALUNO.

```
função CLS_ALUNO..CMÉDIA() : real
var
  I : inteiro
  SOMA : real
início
  SOMA ← 0
  para I de 1 até 4 passo 1 faça
    SOMA ← SOMA + ALUNO.NOTAS[I]
  fim_para
  MÉDIA ← SOMA / 4
  CMÉDIA ← MÉDIA
fim
```

Observe o código anterior da função membro **CLS_ALUNO..CMÉDIA()** indicando que a função **CMÉDIA** é membro externo (identificado pelo operador de ligação de membro – pontos duplos – **..**) da classe **CLS_ALUNO**, ou seja, a função **CMÉDIA** é um método de funcionalidade a ser utilizado por todos os objetos que sejam instanciados a partir da classe **CLS_ALUNO**, como é o caso do objeto **ALUNO**, a partir do diagrama de objetos da Figura 12.1, como indicado a seguir:

```
objeto
  ALUNO : cls_aluno
```

A título de ilustração, o programa seguinte apresenta a classe **CLS_ALUNO** com o objeto **ALUNO** que utiliza os atributos **NOME**, **NOTAS** e **MÉDIA** e o método externo **CMÉDIA**. Observe atentamente a Figura 12.3 com os diagramas de blocos e a codificação do algoritmo do programa com o método externo.

Diagramação

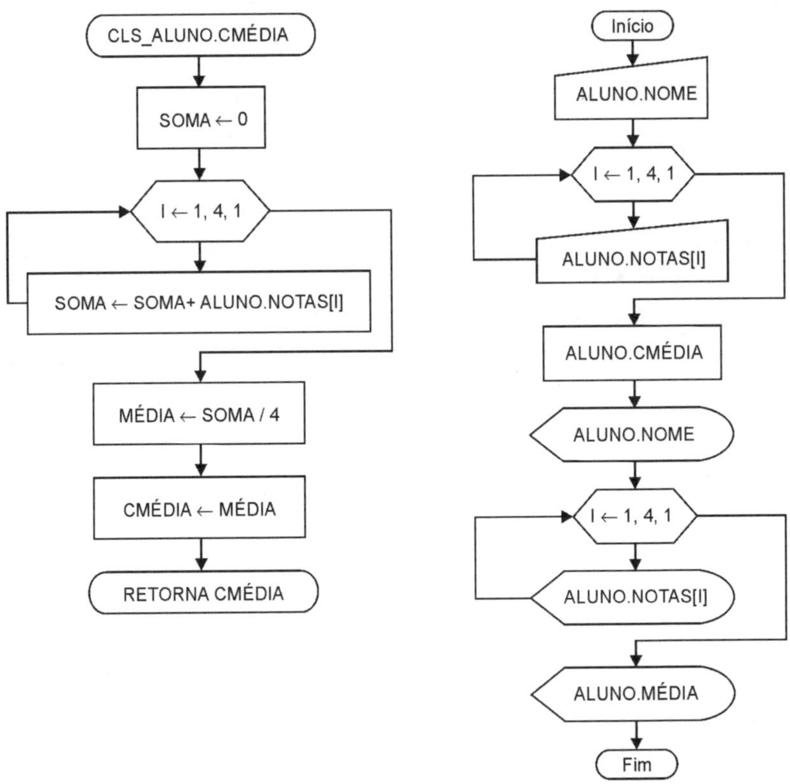

Figura 12.3 Diagramas de blocos para acesso a método externo.

Codificação

```
programa CLASSE_OBJETO_MÉTODO_EXTERNO

tipo
  CLS_ALUNO = classe
                seção_pública
                  NOME  : cadeia
                  NOTAS : conjunto[1..4] de real
                  MÉDIA : real
                  função CMÉDIA : real
              fim_classe

  função CLS_ALUNO..CMÉDIA() : real
  var
    I : inteiro
    SOMA : real
  início
    SOMA ← 0
    para I de 1 até 4 passo 1 faça
      SOMA ← SOMA + ALUNO.NOTAS[I]
    fim_para
    MÉDIA ← SOMA / 4
    CMÉDIA ← MÉDIA
  fim

objeto
  ALUNO : cls_aluno

var
  I : inteiro

início

  // *** Trecho de entrada dos dados ***

  escreva "Informe o nome: "
  leia ALUNO.NOME
  escreva "Informe as notas: "
  para I de 1 até 4 passo 1 faça
    escreva I, "a. nota: "
    leia ALUNO.NOTAS[I]
  fim_para
  ALUNO.CMÉDIA()

  // *** Trecho de saída dos dados ***

  escreva "Nome: ", ALUNO.NOME
  para I de 1 até 4 passo 1 faça
    escreva I, "a. nota: ", ALUNO.NOTAS[I]
  fim_para
  escreva "Média: ", ALUNO.MÉDIA()

fim
```

Observe a definição da classe **CLS_ALUNO**, do objeto **ALUNO**, dos atributos **NOME**, **NOTAS** e **MÉDIA** e do método **CMÉDIA** estabelecidos como recursos públicos (comando **seção_pública**).

A linha de código **função CLS_ALUNO..CMÉDIA : real** mostra que a função **CMÉDIA()** é membro da classe **CLS_ALUNO**. Note que a definição de membro se faz com uso de pontos duplos, que indicam a relação da função (ou procedimento, se for o caso) com a classe. Os pontos duplos denominam-se *operador de ligação de membro*, também referenciados como *operador de escopo*.

No trecho que realiza a entrada de dados, perceba que utilizar um objeto é algo similar a utilizar uma estrutura de registro. Após a entrada dos dados, solicita-se o cálculo da média pela instrução **ALUNO.CMÉDIA**, que é o método de funcionalidade para a obtenção da média associado ao objeto **ALUNO**. A função **CMÉDIA** encontra-se encapsulada no objeto **ALUNO**.

Na sequência, o programa apresenta os valores dos dados (dos atributos) armazenados no objeto **ALUNO**.

O uso de sub-rotina membro como método externo não é comum nas linguagens de programação orientadas a objetos, tanto que é encontrado em um número reduzido de linguagens, destacando-se: C++, JavaScript, Pascal, Raku, Ruby e Rust.

Como exemplo contextualizado, o programa anterior pode ser visto em algumas linguagens de programação a partir do repositório GitHub: **https://github.com/J-AugustoManzano/livro_Algoritmos_Logica/tree/main/Cap%2012/12.3%20-%20Metodo%20Externo**.

Se desejar, aponte para o QR Code ao lado e tenha acesso ao repositório indicado.

uqr.to/1wj5i

12.4 Método Interno

Para exemplificar o uso de método interno, é apresentada uma sub-rotina membro com operação semelhante ao exemplo anterior, que retorna a média das notas bimestrais fornecidas como atributos. A função método em questão será um método associado diretamente à classe **CLS_ALUNO**, como indicado em negrito, em seguida:

```
tipo
  CLS_ALUNO = classe
                seção_pública
                  NOME : cadeia
                  NOTAS : conjunto[1..4] de real
                  MÉDIA : real
                  função CMÉDIA : real
                  var
                    I : inteiro
                    SOMA : real
                  início
```

```
        SOMA ← 0
        para I de 1 até 4 passo 1 faça
          SOMA ← SOMA + ALUNO.NOTAS[I]
        fim_para
        MÉDIA ← SOMA / 4
        CMÉDIA ← MÉDIA
      fim
    fim_classe

objeto
  ALUNO : cls_aluno
```

O método é apresentado de forma direta no código da própria classe. Não foi necessário fazer referência, no corpo do código, ao nome da classe e da função com o símbolo (pontos duplos) de operador de ligação de membro (**ALUNO..CMÉDIA**), pois o método já está internamente definido na área de escopo da classe.

A título de ilustração, o programa seguinte apresenta a classe **CLS_ALUNO** com o objeto **ALUNO**, que utiliza os atributos **NOME**, **NOTAS** e **MÉDIA** e o método interno **CMÉDIA**. Observe atentamente a Figura 12.4 com os diagramas de blocos e a codificação do programa com o método interno. No símbolo **Terminal** tem-se a nomenclatura **CLS_ALUNO.CMÉDIA**, em que se separa o nome da classe do nome do método por um único ponto, indicando assim ser um método interno à classe. O uso de ponto e ponto caracteriza um método externo. Já o uso de apenas um ponto caracteriza um método interno.

Diagramação

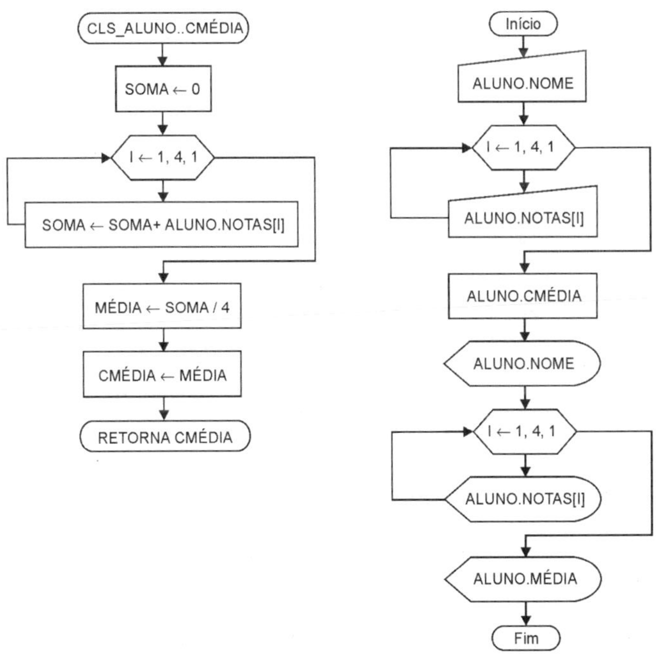

Figura 12.4 Diagramas de blocos para acesso a método interno.

Codificação

```
programa CLASSE_OBJETO_MÉTODO_INTERNO

tipo
  CLS_ALUNO = classe
            seção_pública
                NOME  : cadeia
                NOTAS : conjunto[1..4] de real
                MÉDIA : real
                função CMÉDIA() : real
                var
                  I : inteiro
                  SOMA : real
                início
                  SOMA ← 0
                  para I de 1 até 4 passo 1 faça
                    SOMA ← SOMA + ALUNO.NOTAS[I]
                  fim_para
                  MÉDIA ← SOMA / 4
                  CMÉDIA ← MÉDIA
                fim
            fim_classe

objeto
  ALUNO : cls_aluno

var
  I : inteiro

início

  // *** Trecho de entrada dos dados ***

  escreva "Informe o nome: "
  leia ALUNO.NOME
  escreva "Informe as notas: "
  para I de 1 até 4 passo 1 faça
    escreva I, "a. nota: "
    leia ALUNO.NOTAS[I]
  fim_para
  ALUNO.CMÉDIA()

  // *** Trecho de saída dos dados ***

  escreva "Nome: ", ALUNO.NOME
  para I de 1 até 4 passo 1 faça
    escreva I, "a. nota: ", ALUNO.NOTAS[I]
  fim_para
  escreva "Média: ", ALUNO.MÉDIA()

fim
```

Não há nenhuma mudança na parte operacional do programa, porém, a forma de tratamento do método é diferente, pois o método está dentro da classe. Esse efeito caracteriza uma das vantagens dessa forma, pois o código da classe se apresenta completo.

Em contrapartida, o uso de método interno aumenta o tamanho e a complexidade do código da classe propriamente dito, pois, quanto maior for o código da classe, mais difícil sua compreensão. Outra desvantagem nessa forma é o encapsulamento do método, aumentando o consumo de memória, pois o código de uma classe é replicado por completo dentro do objeto. Se forem criados dois objetos a partir da classe **CLS_ALUNO**, ambos os objetos possuirão o código copiado de forma completa para cada objeto, aumentando o consumo do espaço de memória.

O método no formato externo proporciona maior economia do espaço, pois está fora da classe. Assim, copia-se para o objeto apenas o protótipo de chamada, e não o código inteiro, que se encontra externamente como se fosse uma sub-rotina.

Esse mecanismo de definição de métodos externos é encontrado na totalidade das linguagens de programação que dão suporte ao paradigma da orientação a objetos.

Como exemplo contextualizado, o programa anterior pode ser visto em algumas linguagens de programação a partir do repositório GitHub: **https://github.com/J-AugustoManzano/livro_Algoritmos_Logica/tree/main/Cap%2012/12.4%20-%20Metodo%20Interno**.

Se desejar, aponte para o QR Code ao lado e tenha acesso ao repositório indicado.

uqr.to/1wj5j

12.5 Encapsulamento

Encapsulamento é uma estratégia de trabalho que permite proteger o acesso direto aos recursos (campos membros - atributos e/ou sub-rotinas membros - métodos) de uma classe instanciada a um objeto (variável especial que armazena dados e fornece acesso a funcionalidades sobre os dados). Desse modo, o objeto instanciado somente terá acesso aos recursos privados e protegidos por meio de modificadores de acesso que sejam restritivos aos atributos (campos) da classe, com auxílio de métodos (funções/procedimentos membros do tipo *getters* e *setters*) que manipulem esses atributos tanto nas operações de escrita (*setters*) como nas de leitura (*getters*). Assim, a ação de uso de encapsulamento garante que se escondam do objeto a ser instanciado detalhes de implementação de atributos e de métodos que não devem ser acessados. Em outras palavras, o encapsulamento estabelece uma interface de proibição que impede o acesso direto inadvertido aos membros de um objeto.

Encapsulamento é a capacidade que uma classe tem em ocultar seus campos e/ou sub-rotinas membros de outras classes. O encapsulamento garante que o objeto não tenha acesso direto aos atributos privados e protegidos da classe que o instanciou e até mesmo em relação a sub-rotinas que estejam declaradas como protegidas e/ou privadas. O acesso ocorrerá indiretamente por meio de funções/procedimentos membros (métodos) públicos que estabelecem as ações de leitura e escrita dos atributos encapsulados como **seção_privada** ou **seção_protegida**. Atributos **seção_pública** são, por natureza, acessados de maneira direta sem o uso de funções definidas para essa operação e, por essa razão, devem ser evitados. Assim, normalmente, atributos devem ser operados com encapsulamento privado e/ou protegido para que ocorra proteção nas operações de acesso e métodos; em média, devem ser definidos como públicos, para que possam realizar acessos aos atributos privados e/ou protegidos. Métodos privados ou protegidos são usados como métodos auxiliares para ações de controle da própria classe, não sendo acessíveis aos objetos instanciados, ou seja, um método que não possua acesso fora de uma classe não necessita ser visível e acessível fora da classe. Note que a ação de encapsulamento tem a ver com a acessibilidade dos recursos de uma classe. Em linhas gerais, o encapsulamento protege os recursos de uma classe de modificações acidentais advindas de instruções de programa externas à classe a que o objeto pertença. Com o encapsulamento é possível especificar a forma de acesso aos recursos de uma classe.

Com relação ao diagrama de classes (definidos na UML), utilizam-se os símbolos de visibilidade **+**, **–** e **#** para representar, respectivamente, as seções pública, privada e protegida. Os símbolos de visibilidade devem ser utilizados na frente dos atributos e métodos de uma classe. O símbolo **+** (seção pública) pode ser omitido sem que isso altere seu significado, no entanto, os demais símbolos devem estar sempre presentes na visibilidade de um atributo ou método.

Ao desenvolver um objeto específico, pode-se permitir acesso total a todas as partes de seus recursos (atributos e métodos), que são do tipo **seção_pública**. No entanto, alguns recursos somente são acessados por um método predefinido da própria classe, que são do tipo **seção_privada**. É possível, ainda, realizar especificações protegidas com a instrução **seção_protegida**, forma utilizada com relação à herança, pois permite que seus recursos sejam utilizados pela própria classe e também pelas classes derivadas de uma classe pai. Assim, o efeito de encapsulamento é a capacidade que um objeto possui de ocultar dados e métodos a ele associados a partir da classe que deriva, buscando proteger seus recursos por meio da *ocultação de informações*.

Observe os diagramas de classe e de objeto (Figura 12.5) em que os atributos **NOTAS** e **MÉDIA** são privados e o acesso a eles é configurado pelos métodos **PÕENOTA(NT,POS)**, **PEGANOTA(POS)** e **PEGAMÉDIA**, que farão o acesso de entrada e de saída e a devida manipulação indireta dos atributos em questão. A Figura 12.6 apresenta os diagramas de blocos do programa, e, em seguida, se encontra a codificação do algoritmo do programa.

Diagramação UML

Classe: CLS_ALUNO
+NOME : cadeia –NOTAS : conjunto [1...4] de real –MÉDIA : real
+CMÉDIA : real +PEGANOTA(POS : inteiro) : real +PEGAMÉDIA : real +PÕENOTA(NT : real, POS : inteiro)

Diagrama de classe

Objeto: ALUNO : CLS_ALUNO
NOME PÕENOTA(NT,POS) CMÉDIA PEGANOTA(POS) PEGAMÉDIA

Diagrama de objeto

Figura 12.5 Diagramas de classe e objeto com definição de visibilidade.

Diagramação

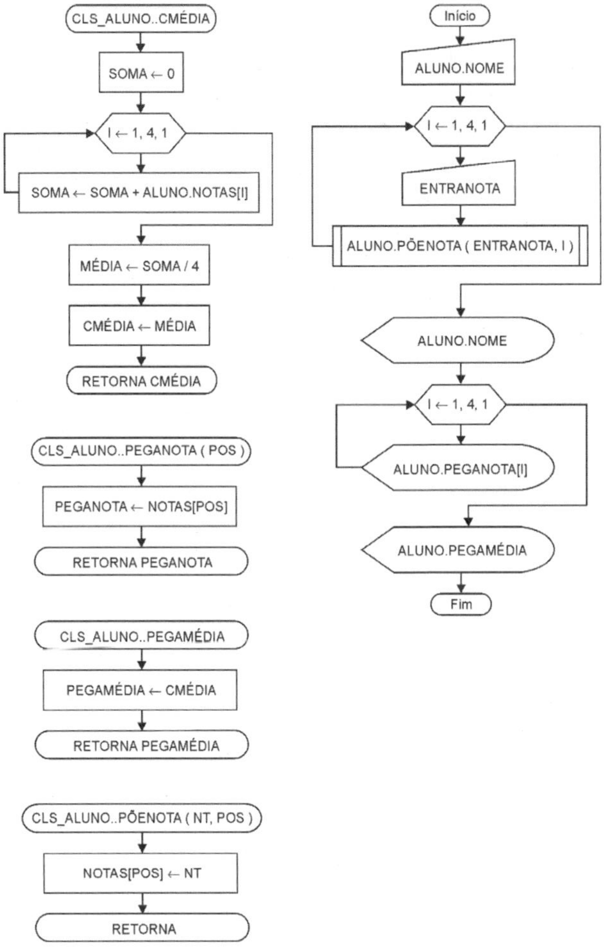

Figura 12.6 Diagramas de blocos com encapsulamento.

Codificação

```
programa ENCAPSULAMENTO

tipo

  CLS_ALUNO = classe
                seção_pública
                  NOME : cadeia
                  função CMÉDIA() : real
                  função PEGANOTA(POS : inteiro) : real
                  função PEGAMÉDIA() : real
                  procedimento PÕENOTA(NT : real, POS : inteiro)
                seção_privada
                  NOTAS : conjunto[1..4] de real
                  MÉDIA : real
              fim_classe
```

```
    função CLS_ALUNO..CMÉDIA() : real
    var
      I : inteiro
      SOMA : real
    início
      SOMA ← 0
      para I de 1 até 4 passo 1 faça
        SOMA ← SOMA + ALUNO.NOTAS[I]
      fim_para
      MÉDIA ← SOMA / 4
      CMÉDIA ← MÉDIA
    fim

    função CLS_ALUNO..PEGANOTA(POS : inteiro) : real
    início
      PEGANOTA ← NOTAS[POS]
    fim

    função CLS_ALUNO..PEGAMÉDIA : real
    início
      PEGAMÉDIA ← CMÉDIA()
    fim

    procedimento CLS_ALUNO..PÕENOTA(NT : real, POS : inteiro)
    início
      NOTAS[POS] ← NT
    fim

objeto
  ALUNO : cls_aluno

var
  I : inteiro
  ENTRANOTA : real

início

  // *** Trecho de entrada dos dados ***

  escreva "Informe o nome: "
  leia ALUNO.NOME
  escreva "Informe as notas: "
  para I de 1 até 4 passo 1 faça
    escreva I, "a. nota: "
    leia ENTRANOTA
    ALUNO.PÕENOTA(ENTRANOTA, I)
  fim_para

  // *** Trecho de saída dos dados ***

  escreva "Nome: ", ALUNO.NOME
  para I de 1 até 4 passo 1 faça
    escreva I, "a. nota: ", ALUNO.PEGANOTA(I)
  fim_para
  escreva "Média: ", ALUNO.PEGAMÉDIA()

fim
```

O programa apresenta, na classe **CLS_ALUNO**, o atributo **NOME** como público e os métodos **CMÉDIA**, **PEGANOTA**, **PEGAMÉDIA** e **PÕENOTA** como públicos. Os atributos **NOTAS** e **MÉDIA** estão como privados. Pelo fato de os atributos **NOTAS** e **MÉDIA** serem privados, são acessados pelos métodos da parte pública da classe.

No uso do paradigma da POO, é ideal que os atributos sejam privados e que estes sejam acessados por métodos públicos. Há a possibilidade de se fazer uso de métodos privados, como métodos auxiliares. No entanto, um método privado não pode ser instanciado e será usado apenas pela própria classe no sentido de auxiliar operações executadas pela classe sobre o objeto instanciado sem que o objeto tenha acesso a esses métodos.

Para inserir e selecionar a nota bimestral do atributo **NOTAS**, existem os métodos **PÕENOTA**, que insere a nota no atributo **NOTAS** do objeto **ALUNO**, e **PEGANOTA**, que pega o valor do atributo **NOTAS** do objeto **ALUNO**. O método **PÕENOTA** utiliza dois parâmetros que informam a ele o valor a ser inserido e a posição em que a nota deve ser inserida no vetor. Já o método **PEGANOTA** utiliza apenas um parâmetro que informa a posição em que a nota deve ser apresentada.

Para inserir e selecionar o valor do atributo **MÉDIA**, emprega-se o método **PEGAMÉDIA**, que pega o valor do atributo **MÉDIA** do objeto **ALUNO**. Já o método **PEGANOTA** apenas informa o valor da média armazenado no atributo **MÉDIA**.

Observe, no programa principal, as funções de método para efetuar a entrada e a saída das informações dos atributos privados.

Os atributos e os métodos classificados como **seção_privada** não são acessíveis a classes derivadas, ou seja, não serão herdados pela classe filho. Os únicos atributos automaticamente herdados são **seção_pública**. Com a finalidade de contornar essa rigidez entre **seção_pública** e **seção_privada**, existe o tipo **seção_protegida**, que possibilita criar um atributo ou método protegido com a mesma característica de segurança conseguida na **seção_privada** e a flexibilidade existente na **seção_pública**. Os atributos e os métodos indicados como **seção_protegida** são visíveis para classes derivadas de forma pública e privados para outras classes e devem ser tratados pelo programa tal como são tratados os do tipo **seção_privada**.

O uso de encapsulamento não é ação obrigatória. Trata-se de uma convenção que pode ou não ser seguida, tanto que existem algumas linguagens de programação que dão suporte à orientação a objetos que não operam esse mecanismo, como, por exemplo: Dart, JavaScript, Perl e Python. Mas há linguagens que possuem tal suporte, como: C++, C#, Groovy, Java, Kotlin, Ruby, Scala, Visual Basic .Net, entre outras.

Como exemplo contextualizado, o programa anterior pode ser visto em algumas linguagens de programação a partir do repositório GitHub: **https://github.com/J-AugustoManzano/livro_Algoritmos_Logica/tree/main/Cap%2012/12.5%20-%20Encapsulamento/Efetivo**.

Se desejar, aponte para o QR Code ao lado e tenha acesso ao repositório indicado.

uqr.to/1wj5k

12.6 Herança

A herança, também denominada generalização ou especialização, é uma das quatro formas de associação em que se pode estabelecer o relacionamento entre classes. A herança é um tipo de relacionamento que possibilita a uma classe filho (classe derivada, subclasse ou classe secundária) herdar da classe pai (classe base, superclasse ou classe principal) diretamente todos os atributos e métodos que sejam públicos ou protegidos. Atributos e métodos privados não são passados da classe pai para a classe filho em uma operação de herança. As outras três formas de relacionamento entre classes são agregação, composição e dependência, e serão apresentadas em momento oportuno.

É possível, com o princípio de herança, reutilizar o código que foi escrito e testado na classe hierarquicamente maior, modificar e/ou ampliar recursos de uma classe pai. Se bem aplicado, pode proporcionar ganho de tempo no desenvolvimento de novos sistemas maiores, pois não é necessário "reinventar a roda". Ajuda a organizar estruturalmente a organização do código e facilita a execução de manutenções.

A herança manifesta-se segundo duas óticas de aplicação: pode ser simples ou múltipla. No entanto, cabe ressaltar que nem todas as linguagens de programação orientadas a objetos trabalham com as duas formas de operação. As linguagens Java e C# operam apenas com herança simples, já a linguagem C++ opera com herança simples e múltipla. As linguagens que usam apenas herança simples normalmente disponibilizam o uso de classes com definição de atributos abstratos para o tratamento e simulação de herança múltipla. O uso de atributos abstratos de classe não é discutido neste texto. Seu uso deve ser visto quando do estudo das linguagens que utilizam essa abordagem.

12.6.1 Herança Simples

Como exemplo de *herança simples*, considere uma classe chamada **CLS_SALA** (que será a classe pai) com o atributo **SALA** (atributo genérico) e que a classe **CLS_ALUNO** (que será a classe filho) herdará da classe pai o atributo **SALA**, podendo usá-lo como se fosse seu próprio atributo. A herança usa os comandos **herança de**.

Para exemplificar essa situação, considere como herança simples a Figura 12.7 com as classes **CLS_SALA** e **CLS_ALUNO**. A Figura 12.8 mostra o diagrama de objeto a partir de herança simples.

Diagramação UML

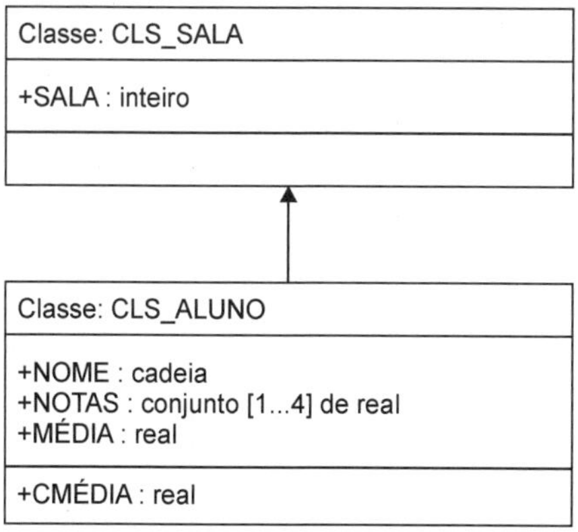

Figura 12.7 Herança simples com diagrama de classe.

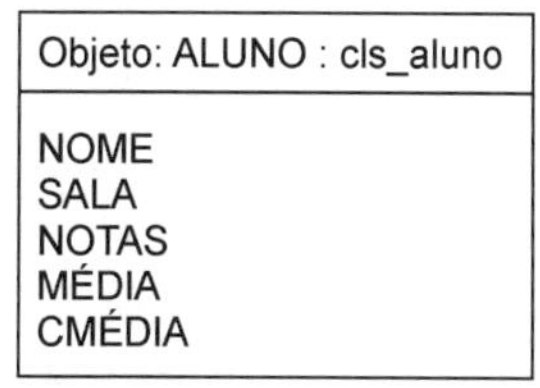

Figura 12.8 Diagrama de objeto obtido a partir de herança simples.

Codificação

```
tipo

  CLS_SALA = classe
                seção_pública
                  SALA : inteiro
               fim_classe

  CLS_ALUNO = classe herança de CLS_SALA
                seção_pública
                  NOME : cadeia
                  NOTAS : conjunto[1..4] de real
                  MÉDIA : real
                  função CMÉDIA() : real
               fim_classe
```

A classe **CLS_ALUNO** herda as características da classe **CLS_SALA** por meio da linha de instrução **CLS_ALUNO = classe herança de CLS_SALA**. A indicação **herança** permite à classe filho **CLS_ALUNO** herdar as características da classe pai **CLS_SALA**. Assim, o objeto **ALUNO** tem acesso a todos os membros das classes **CLS_SALA** e **CLS_ALUNO** como se esses membros fossem todos de uma mesma classe. A classe **CLS_ALUNO** é para o objeto **ALUNO** sua classe concreta e a classe **CLS_SALA** é sua classe abstrata. O efeito do estabelecimento da herança entre as classes **CLS_SALA** e **CLS_ALUNO** pode ser chamado de *colaboração*, ou seja, foi estabelecida uma relação de *agregação* que proporciona o *acoplamento* entre as duas classes. A Figura 12.9 exibe os diagramas de blocos e, em seguida, é demonstrada a codificação do programa com o uso de herança.

Diagramação

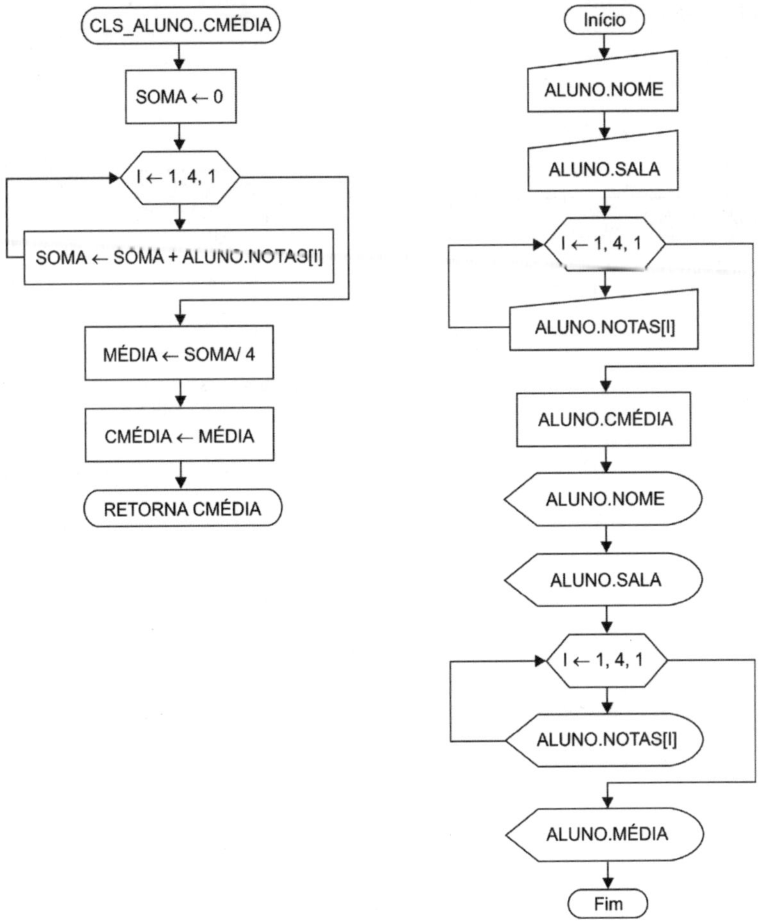

Figura 12.9 Diagramas de blocos com uso de herança simples.

Codificação

```
programa HERANÇA_SIMPLES

tipo

  CLS_SALA = classe
               seção_pública
                 SALA : inteiro
             fim_classe

  CLS_ALUNO = classe herança de CLS_SALA
                seção_pública
                  NOME : cadeia
                  NOTAS : conjunto[1..4] de real
                  MÉDIA : real
                  função CMÉDIA() : real
              fim_classe
```

```
    função CLS_ALUNO..CMÉDIA() : real
    var
      I : inteiro
      SOMA : real
    início
      SOMA ← 0
      para I de 1 até 4 passo 1 faça
        SOMA ← SOMA + ALUNO.NOTAS[I]
      fim_para
      MÉDIA ← SOMA / 4
      CMÉDIA ← MÉDIA
    fim

  objeto
    ALUNO : cls_aluno

  var
    I : inteiro

  início

    // *** Trecho de entrada dos dados ***

    escreva "Informe o nome: "
    leia ALUNO.NOME
    escreva "Informe a sala: "
    leia ALUNO.SALA
    escreva "Informe as notas: "
    para I de 1 até 4 passo 1 faça
      escreva I, "a. nota: "
      leia ALUNO.NOTAS[I]
    fim_para
    ALUNO.CMÉDIA()

    // *** Trecho de saída dos dados ***

    escreva "Nome: ", ALUNO.NOME
    escreva "Sala: ", ALUNO.SALA
    para I de 1 até 4 passo 1 faça
      escreva I, "a. nota: ", ALUNO.NOTAS[I]
    fim_para
    escreva "Média: ", ALUNO.MÉDIA()

  fim
```

O efeito de uso de herança simples é encontrado na totalidade das linguagens de programação que dão suporte à orientação a objetos.

Como exemplo contextualizado, o programa anterior pode ser visto em algumas linguagens de programação a partir do repositório GitHub: **https://github.com/J-AugustoManzano/livro_Algoritmos_Logica/tree/main/Cap%2012/12.6%20-%20Heranca/12.6.1%20-%20Heranca%20Simples**.

Se desejar, aponte para o QR Code ao lado e tenha acesso ao repositório indicado.

uqr.to/1wj5l

12.6.2 Herança Múltipla

A *herança múltipla* ocorre quando há necessidade de estabelecer uma classe filho que utilize as características (atributos e métodos) existentes em duas ou mais classes pai. A utilização de herança múltipla requer a seguinte sintaxe:

```
tipo

  <pai_1> = classe
               <definição dos atributos e métodos>
            fim_classe

  <pai_2> = classe
               <definição dos atributos e métodos>
            fim_classe

  <filho> = classe herança de <pai_1>, de <pai_2>
               <definição dos atributos e métodos>
            fim_classe
```

A classe filho herda as características das classes pai associadas. Em geral, não existe muito o que abordar a respeito dessa forma de herança. Veja o diagrama de herança múltipla (Figura 12.10), diagrama de objeto (Figura 12.11), os diagramas de blocos (Figura 12.12) e a codificação do programa com o uso de herança múltipla. Atente às partes em negrito do programa seguinte.

Diagramação UML

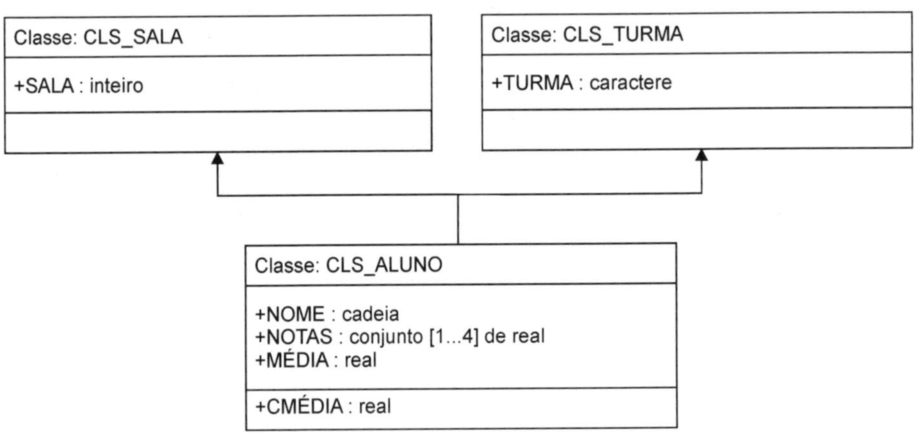

Figura 12.10 Herança múltipla com diagrama de classe.

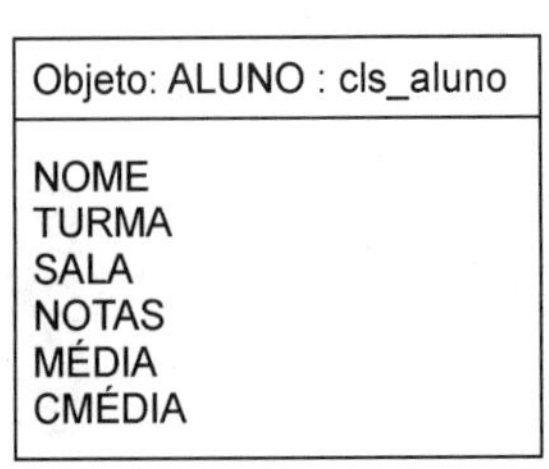

Figura 12.11 Diagrama de objeto obtido a partir de herança múltipla.

Diagramação

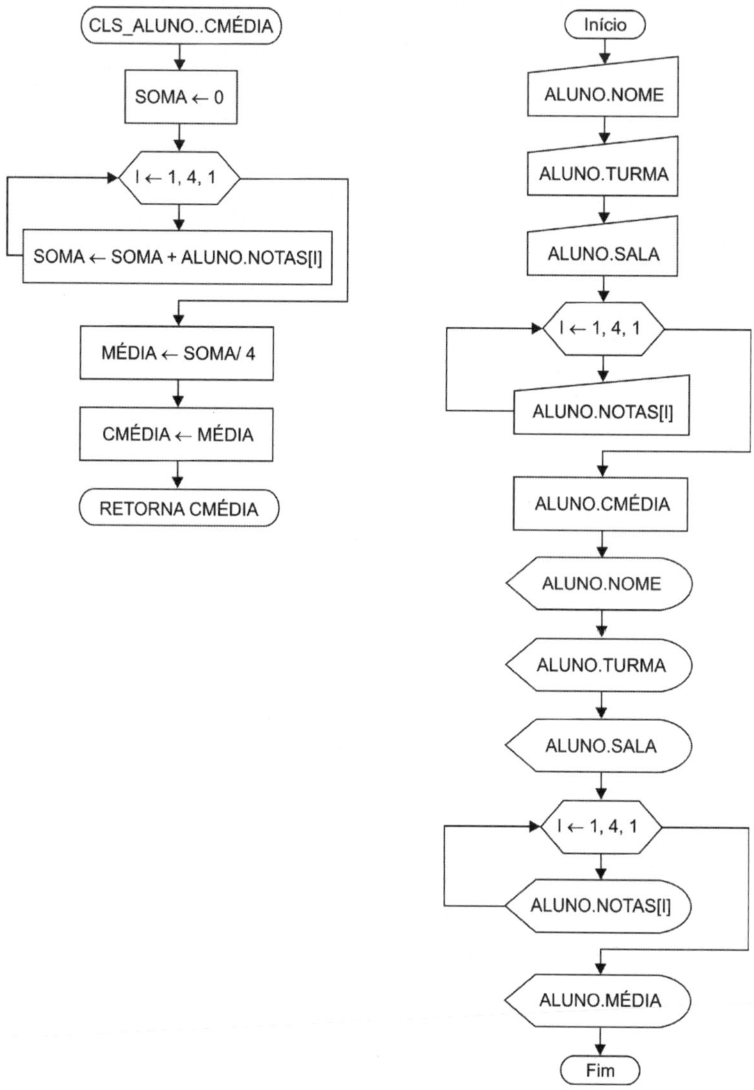

Figura 12.12 Diagramas de blocos com uso de herança múltipla.

Codificação

```
programa HERANÇA_MÚLTIPLA

tipo

  CLS_SALA = classe
               seção_pública
                 SALA : inteiro
             fim_classe
```

```
  CLS_TURMA = classe
                seção_pública
                  TURMA : caractere
              fim_classe

  CLS_ALUNO = classe herança de CLS_SALA, de CLS_TURMA
                seção_pública
                  NOME : cadeia
                  NOTAS : conjunto[1..4] de real
                  MÉDIA : real
                  função CMÉDIA() : real
              fim_classe

  função CLS_ALUNO..CMÉDIA() : real
  var
    I : inteiro
    SOMA : real
  início
    SOMA ← 0
    para I de 1 até 4 passo 1 faça
      SOMA ← SOMA + ALUNO.NOTAS[I]
    fim_para
    MÉDIA ← SOMA / 4
    CMÉDIA ← MÉDIA
  fim

objeto
  ALUNO : cls_aluno

var
  I : inteiro

início

  // *** Trecho de entrada dos dados ***

  escreva "Informe o nome: "
  leia ALUNO.NOME
  escreva "Informe a turma: "
  leia ALUNO.TURMA
  escreva "Informe a sala: "
  leia ALUNO.SALA
  escreva "Informe as notas: "
  para I de 1 até 4 passo 1 faça
    escreva I, "a. nota: "
    leia ALUNO.NOTAS[I]
  fim_para
  ALUNO.CMÉDIA();

  // *** Trecho de saída dos dados ***

  escreva "Nome: ", ALUNO.NOME
  escreva "Turma: ", ALUNO.TURMA
  escreva "Sala: ", ALUNO.SALA
  para I de 1 até 4 passo 1 faça
    escreva I, "a. nota: ", ALUNO.NOTAS[I]
  fim_para
  escreva "Média: ", ALUNO.MÉDIA()

fim
```

O programa anterior mostra a aplicação de herança múltipla à classe **CLS_ALUNO** a partir das classes pai **CLS_SALA** e **CLS_TURMA**, conforme indicação em negrito. A classe filho **CLS_ALUNO** herda da classe pai **CLS_SALA** o atributo **SALA** e herda da classe pai **CLS_TURMA** o atributo **TURMA**.

Quando se usa herança múltipla, é importante tomar cuidado para não incorrer no uso de elementos ambíguos. A ambiguidade ocorre quando duas classes pai possuem elementos a serem herdados com o mesmo nome pela classe filho. Fica difícil saber no contexto da linguagem de programação qual dos elementos deve ser herdado, exigindo planejamento prévio. Neste sentido, muitas linguagens de programação orientadas a objetos buscam tratar a ocorrência de ambiguidade de modo particular, sendo este um assunto a ser tratado em livros específicos sobre POO.

Linguagens que operam diretamente com herança múltipla são, por exemplo: C++, Perl e Python. No entanto, existe um grande conjunto de linguagens (C#, Dart, Java, JavaScript, Raku, Ruby, entre outras) que não opera diretamente esse modelo de herança, disponibilizando outras formas de operações para simulá-la, como: interface, papel, traço, mixagem, composição ou inclusão.

Como exemplo contextualizado, o programa anterior pode ser visto em algumas linguagens de programação a partir do repositório GitHub: **https://github.com/J-AugustoManzano/livro_Algoritmos_Logica/tree/main/Cap%2012/12.6%20-%20Heranca/12.6.2%20-%20Heranca%20Multipla/Efetivo**.

Se desejar, aponte para o QR Code ao lado e tenha acesso ao repositório indicado.

uqr.to/1wj5m

12.7 Poliformismo

Poliformismo (polimorfismo) é, para Jansa (1995), a capacidade que um objeto possui de apresentar diferentes comportamentos em resposta a chamadas de métodos com o mesmo nome, mas que podem ter diferentes implementações, dependendo do objeto que está sendo invocado. Em outras palavras, o polimorfismo permite que diferentes objetos sejam tratados de modo semelhante, mesmo que tenham tipos diferentes, desde que implementem os mesmos métodos. Assim, é possível escrever métodos que se comportem corretamente para objetos de tipos diferentes. Pode-se deduzir que o efeito de poliformismo está vinculado ao comportamento dos métodos de um objeto e como esses métodos podem vir a ser utilizados e/ou alterados em tempo de execução do programa. Esta é uma técnica que permite a programadores escreverem códigos mais genéricos, modulares e reutilizáveis, aumentando a eficiência e a qualidade dos programas desenvolvidos.

Um detalhe importantíssimo a ser considerado, e até desconhecido por muitos desenvolvedores, é o fato de existir em programação orientada a objetos a possibilidade de operacionalizar quatro formas diferentes de poliformismo, categorizadas em duas instâncias diferentes: universal e *ad-hoc*[26] (lê-se *adóqui*):

26 O termo "ad-hoc", em latim, significa "para este fim" ou "para esta situação específica". Na computação, o termo é usado para se referir a soluções definidas para resolver problemas específicos ou pontuais, sem seguir um padrão ou protocolo estabelecido.

- *Poliformismo universal*:
  - **De inclusão:** ocorre quando uma classe filho indica uma instância sobreposta à classe pai. É uma das formas mais simples de polimorfismo existentes, uma vez que é facilmente implementado por meio de sobrecarga de sub-rotinas membros (métodos) ou de coerção de tipos, sendo comum na maior parte das linguagens de programação orientadas a objeto existentes. Nesse contexto, a classe pai tem seu método de mesmo nome sobreposto pelo método da classe filho, sem que a classe pai perca seu método próprio.
  - **Paramétrico:** ocorre quando estruturas preestabelecidas (cenários ou contextos) de operação são definidas em um contexto e precisam ser complementadas (parametrizadas) em outro contexto de sua operaçao. Cada cenário possui uma ação preestabelecida que deve ser ampliada fora de seu domínio. Assim, um objeto pode ser usado harmoniosamente em diferentes cenários, sem a necessidade de ser efetivamente modificado. Os cenários manifestam-se, normalmente, quando do encapsulamento nas heranças.
- *Poliformismo ad-hoc*:
  - **De sobrecarga:** ocorre quando são usadas várias sub-rotinas membros com o mesmo nome de identificação, mas com número diferente de parâmetros, ou quando sub-rotinas membros diferentes são aplicadas a um mesmo objeto ou mesmo variável. É uma forma comum de polimorfismo existente.
  - **De coerção:** ocorre quando se utilizam recursos para converter o tipo de dado de um objeto em outro tipo de dado, a fim de efetuar uma operação direcionada ao método de uma classe, evitando erro de tipo. Esse tipo de polimorfismo é a forma mais simples de definição de ações polimórficas, podendo ser estabelecido a partir dos conceitos de ampliação (conversão de um tipo de dado menor para um tipo de dado maior), redução (conversão de um tipo de dado maior para um tipo de dado menor, podendo haver perda de informação) e manutenção (conversão de características de comportamento de um mesmo tipo de dado, como alterar seu estado de números sinalizados para não sinalizados). Esse mecanismo também é conhecido com o nome de *casting* (algo como *modelagem*).

O poliformismo do tipo *universal* de inclusão e paramétrico é plenamente aceito pela comunidade de desenvolvimento e está presente em grande parte das linguagens de programação que atendem ao paradigma da programação orientada a objetos.

Em relação ao poliformismo do tipo *ad-hoc*, podem-se perceber certas semelhanças no sentido de efetuarem sobreposições de recursos, mas com algumas diferenças: o *poliformismo ad-hoc de coerção* usa sub-rotinas com mesmo nome e mesmo número de argumentos com tipos diferentes de dados; o poliformismo *ad-hoc* de sobrecarga opera também com sub-rotinas de mesmo nome, mas com número de argumentos diferentes. O poliformismo *ad-hoc* não é aceito plenamente pela comunidade de desenvolvimento como uma forma de poliformismo pura, por esta razão este estilo é categorizado como *ad-hoc*.

12.7.1 Poliformismo Universal de Inclusão

O poliformismo universal de inclusão, também conhecido como *subtipo*, *sobrescrita* ou *overriding*, está relacionado à herança e à sobreposição de sub-rotinas membros em classes derivadas, podendo ser aplicado a qualquer classe que utilize herança e sobreposição de sub-rotinas (métodos). Esse poliformismo aplica-se quando uma classe filho sobrepõe-se à classe pai. Nesse caso, a classe pai tem seu método de mesmo nome sobreposto pelo método da classe filho, sem que a classe pai perca seu método próprio. Ao executar o método na classe filho, a implementação da classe filho é operacionalizada em vez da implementação da classe pai. Esse poliformismo é popular na maioria das linguagens orientadas a objetos, sendo encontrado em: C++, C#, Java, JavaScript, Kotlin, PHP, Perl, Python, Raku, Ruby, Rust, Scala, TypeScript e Visual Basic .Net.

A Figura 12.13 indica a definição das classes, os diagramas de blocos estão na Figura 12.14 e, em seguida, a codificação do algoritmo do programa em português estruturado.

Diagramação UML

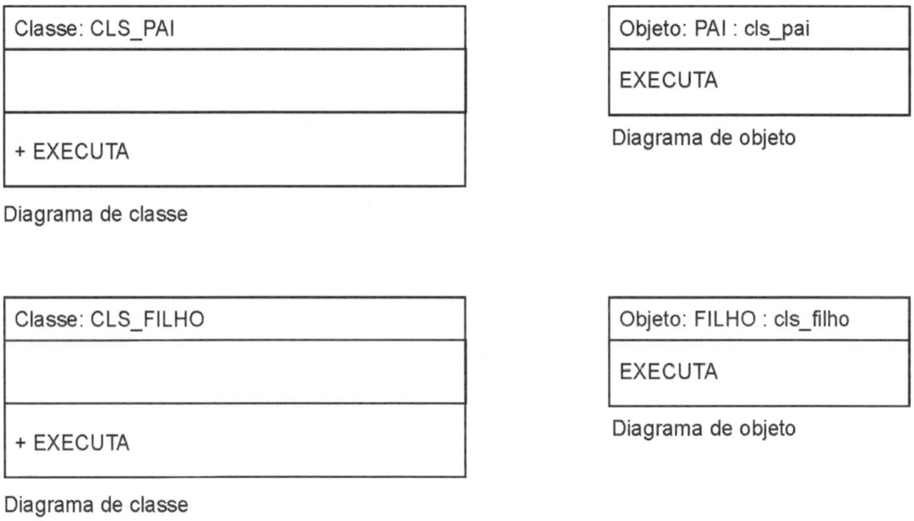

Figura 12.13 Diagrama de classe e de objeto para poliformismo universal de inclusão.

Diagramação

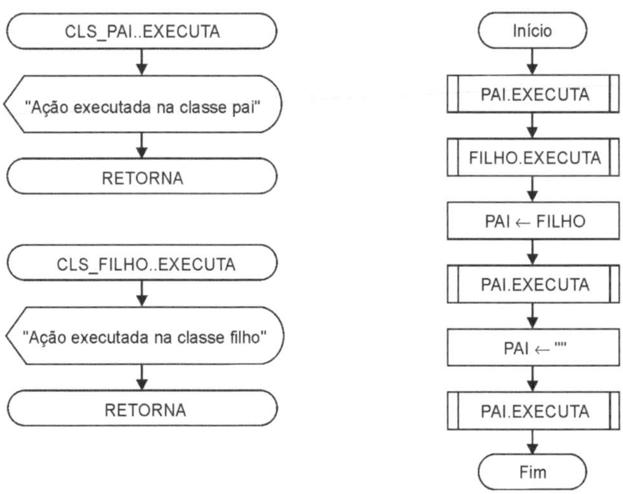

Figura 12.14 Diagramas de blocos com poliformismo universal de inclusão.

Codificação

```
programa POLIFORMISMO_UNIVERSAL_INCLUSÃO

tipo

  CLS_PAI = classe
              seção_pública
                procedimento EXECUTA()
            fim_classe

  procedimento CLS_PAI..EXECUTA
  início
    escreva "Ação executada na classe-pai"
  fim

  CLS_FILHO = classe
                seção_pública
                  procedimento EXECUTA()
              fim_classe

  procedimento CLS_FILHO..EXECUTA()
  início
    escreva "Ação executada na classe-filho"
  fim

objeto
  PAI : cls_pai
  FILHO : cls_filho

início

  PAI.EXECUTA()

  FILHO.EXECUTA()

  PAI ← FILHO

  PAI.EXECUTA()

  PAI ← ""

  PAI.EXECUTA()

fim
```

O algoritmo anterior estabelece o mecanismo de execução de um poliformismo de sobreposição quando for usada a linha de código **PAI** ← **FILHO**, que implica a sobreposição do método **EXECUTA** do objeto **FILHO** ao objeto **PAI**. O método **EXECUTA** do objeto **FILHO** passa a ter prioridade sobre o método **EXECUTA** do objeto **PAI**. Quando ocorre a execução da instrução **PAI** ← **""** o método **EXECUTA** da classe pai é restabelecido. O resultado da execução do programa corresponde a:

```
Ação executada na classe pai
Ação executada na classe filho
Ação executada na classe filho
Ação executada na classe pai
```

Como exemplo contextualizado, o programa anterior pode ser visto em algumas linguagens de programação a partir do repositório GitHub: **https://github.com/J-AugustoManzano/livro_Algoritmos_Logica/tree/main/Cap%2012/12.7%20-%20Poliformismo/12.7.1%20-%20Poliformismo%20Universal%20de%20Inclusao**.

Se desejar, aponte para o QR Code ao lado e tenha acesso ao repositório indicado.

uqr.to/1wj5n

12.7.2 Poliformismo Universal Paramétrico

O Poliformismo Universal Paramétrico, forma considerada mais pura de poliformismo, ocorre quando estruturas preestabelecidas de operação são definidas em um contexto e precisam ser complementadas (parametrizadas) em outro contexto de sua operação. Cada cenário possui uma ação preestabelecida que deve ser ampliada fora de seu domínio. Assim, um objeto pode ser usado harmoniosamente em diferentes cenários, sem a necessidade de ser efetivamente modificado. Esse poliformismo é extremamente popular e disponível na maioria das linguagens orientadas a objetos, sendo encontrado em: C++, C#, Dart, Groovy, Java, JavaScript, Kotlin, PHP, Perl, Python, Raku, Ruby, Rust, Scala, Swift, TypeScript e Visual Basic .Net.

O programa seguinte estabelece uma estrutura de classe pai para o controle de pessoas e suas profissões, utilizando um método (procedimento) predenominado **PROFISSÃO** pertencente à classe pai **CLS_PESSOA**, a qual será a base para o método polifórmico **PROFISSÃO** em uso nas classes filho **MÉDICO** e **ADVOGADO**. A Figura 12.15 indica o uso da classe nos diagramas de blocos e as Figuras 12.16(a) e 12.16(b) mostram os diagramas de blocos do programa. A codificação do algoritmo é mostrada na sequência.

Diagramação UML

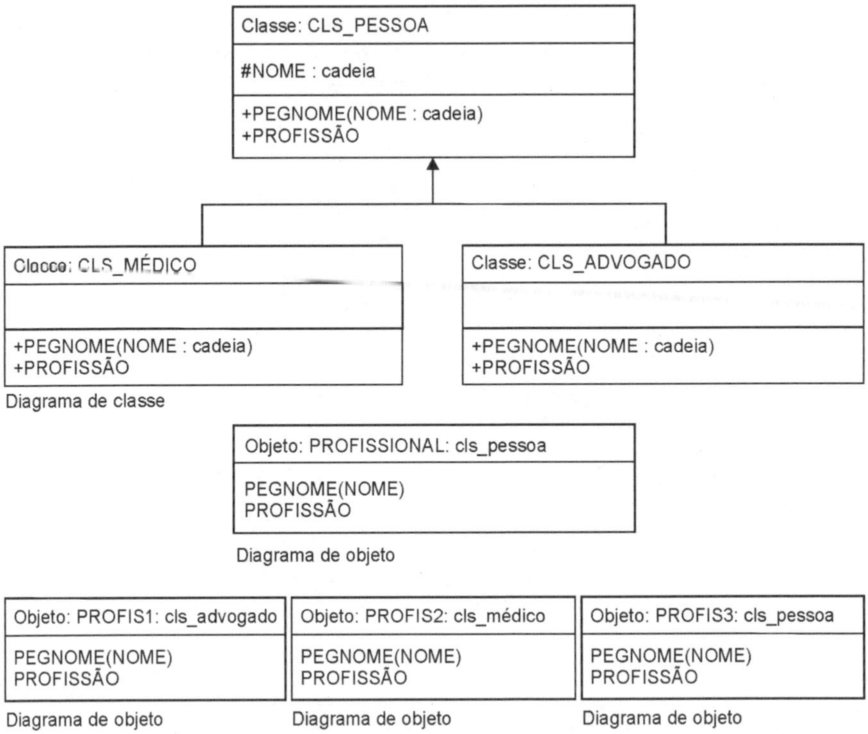

Figura 12.15 Diagrama de classe e de objeto para poliformismo universal paramétrico.

Diagramação

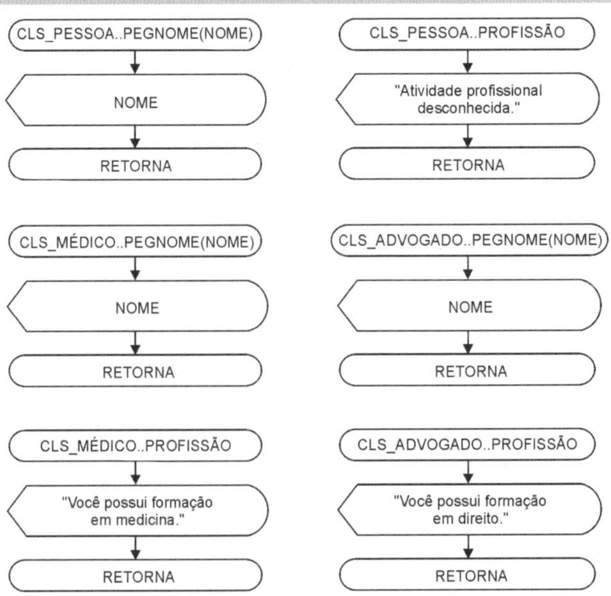

Figura 12.16(a) Diagramas de blocos com poliformismo universal paramétrico.

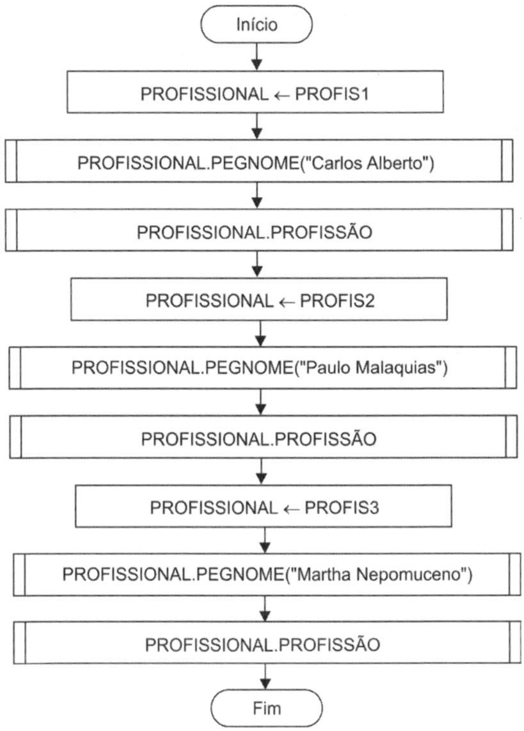

Figura 12.16(b) Diagramas de blocos com poliformismo universal paramétrico.

Codificação

```
programa POLIFORMISMO_UNIVERSAL_PARAMÉTRICO

tipo

  CLS_PESSOA = classe
                 seção_protegida
                   NOME : cadeia
                 seção_pública
                   procedimento CLS_PESSOA(NOME : cadeia)
                   procedimento PEGNOME(NOME : cadeia)
                   virtual procedimento PROFISSÃO()
               fim_classe

  procedimento CLS_PESSOA..CLS_PESSOA(NOME : cadeia)
  início
    este.NOME ← NOME
  fim

  procedimento CLS_PESSOA..PEGNOME(NOME : cadeia)
  início
    escreva NOME
  fim
```

```
  procedimento CLS_PESSOA..PROFISSÃO()
  início
    escreva "Atividade profissional desconhecida."
  fim

  CLS_MÉDICO = classe herança de CLS_PESSOA
                 seção_pública
                   CLS_MÉDICO(cadeia NOME) : CLS_PESSOA(NOME)
                   sobrepor procedimento PROFISSÃO()
               fim_classe

  procedimento CLS_MÉDICO..PEGNOME(NOME : cadeia)
  início
    escreva NOME
  fim

  procedimento CLS_MÉDICO..PROFISSÃO()
  início
    escreva "Você possui formação em medicina."
  fim

  CLS_ADVOGADO = classe herança de CLS_PESSOA
                   seção_pública
                     CLS_ADVOGADO(cadeia NOME) : CLS_
PESSOA(NOME)
                     sobrepor procedimento PROFISSÃO()
                 fim_classe

  procedimento CLS_ADVOGADO..PEGNOME(NOME : cadeia)
  início
    escreva NOME
  fim

 procedimento CLS_ADVOGADO..PROFISSÃO()
  início
    escreva "Você possui formação em direito."
  fim

objeto
  PROFISSIONAL : cls_pessoa
  PROFIS1 : cls_advogado("Carlos Alberto");
  PROFIS2 : cls_médico("Paulo Malaquias");
  PROFIS3 : cls_pessoa("Martha Nepomuceno");

início

  PROFISSIONAL ← PROFIS1
  PROFISSIONAL.PEGNOME()
  PROFISSIONAL.PROFISSÃO()

  PROFISSIONAL ← PROFIS2
  PROFISSIONAL.PEGNOME()
  PROFISSIONAL.PROFISSÃO()
  PROFISSIONAL ← PROFIS3
  PROFISSIONAL.PEGNOME()
  PROFISSIONAL.PROFISSÃO()
fim
```

Observe atentamente o código da classe pai **CLS_PESSOA**. Note a existência da função membro (método) **PROFISSÃO**, que tem a finalidade de executar uma ação padrão (apresentar a mensagem *Atividade profissional desconhecida.*), caso não seja encontrada uma definição válida de profissão. O programa apresenta como saída uma das seguintes mensagens:

```
Carlos Alberto
Você possui formação em direito.

Paulo Malaquias
Você possui formação em medicina.

Martha Nepomuceno
Atividade profissional desconhecida.
```

Note no código do programa a definição das classes filho **CLS_MÉDICO** e **CLS_ADVOGADO**, que herdam o atributo **NOME** da classe pai **CLS_PESSOA** e utilizam o método **PROFISSÃO()**, que existe nas três classes, sendo o método um procedimento do tipo *virtual* em **CLS_PESSOA** e do tipo sobrepor nas classes **CLS_MÉDICO** e **CLS_ADVOGADO**.

Neste contexto, a classe **CLS_PESSOA** é definida com um campo membro protegido **NOME**, que armazena o nome da pessoa. Após a definição do campo membro, definem-se como componentes públicos as sub-rotinas membros: **CLS_PESSOA()**, **PEGNOME()** e **PROFISSÃO()**.

Principalmente a sub-rotina membro **CLS_PESSOA()** é uma sub-rotina especial denominada *construtor*. Sua finalidade é iniciar os membros da classe, alocar recurso de memória, executar operações iniciais e garantir a consistência do objeto instanciado, ou seja, garantir que os objetos sejam criados com um estado inicial consistente e que as variáveis membros sejam devidamente inicializadas. Esse método não precisa ser chamado, pois é executado automaticamente pelo próprio objeto. O comando **este** usado antes do campo **NOME** na sub-rotina construtora serve para indicar que este é o campo membro da classe e se diferencia do parâmetro **NOME** recebido como argumento do método construtor da classe a partir do padrão de formato: **este.CAMPO = ARGUMENTO**.

A sub-rotina **PEGNOME()** tem como método a capacidade de apresentar o valor do campo membro **NOME** na operação de saída do programa. Já a sub-rotina **PROFISSÃO()** é declarada como **virtual**, que significa que ela pode ser sobreposta nas classes derivadas, neste caso **CLS_MÉDICO** e **CLS_ADVOGADO**.

As classes **CLS_MÉDICO** e **CLS_ADVOGADO** são declaradas como derivadas (classe filho) da classe **CLS_PESSOA**. Essas classes possuem a indicação de acesso ao campo membro **NOME** da classe **CLS_PESSOA()** a partir da instrução "**CLS_MÉDICO(cadeia NOME) : CLS_PESSOA(NOME)**" e da instrução "**CLS_ADVOGADOcadeia NOME) : CLS_PESSOA(NOME)**", que fazem a captura do campo **NOME** na classe base (classe pai) **CLS_PESSOA** usando **CLS_PESSOA(NOME)**. Isso garante que o campo **NOME** seja usado na classe filho como se nela estivesse sido definido.

As sub-rotinas membro **PROFISSÃO()** das classes **CLS_MÉDICO** e **CLS_ADVOGADO** são recursos que sobrescrevem sua ação a partir do uso do comando **sobrepor**, ou seja, a prioridade na operação é da sub-rotina **PROFISSÃO()** da classe **CLS_PESSOA**, mas como essa sub-rotina é definida como **virtual** ela pode e será sobreposta quando uma classe filho tiver uma sub-rotina de mesmo nome que seja do tipo **sobrepor**.

Após a declaração das classes, de seus atributos e métodos de funcionalidade, faz-se a declaração dos objetos: **PROFISSIONAL** (instanciado a partir da classe **cls_pessoa** que será utilizado como ponto de ligação entre ele e os demais objetos). Assim, o objeto **PROFISSIONAL** torna-se o componente que assumirá, além de sua funcionalidade, a dos demais objetos (objeto polimórfico), desde que esse objeto possa ser atribuído aos outros objetos, neste caso: **PROFIS1** (classe **CLS_ADVOGADO**), **PROFIS2** (classe **CLS_MÉDICO**) e **PROFIS3** (classe **CLS_PESSOA**).

Cada um dos objetos definidos possui os métodos **PEGNOME()** e **PROFISSÃO()**. O método **PROFISSÃO()** de cada classe tem uma mensagem diferente de retorno para cada uma das classes filho definidas. Para cada objeto instanciado a partir de uma das classes filho, o método **PROFISSÃO()** retorna um valor diferente para o objeto **PROFISSIONAL**, dependendo da atribuição estabelecida nos demais objetos.

O vínculo de efeito de poliformismo universal paramétrico ocorre com o uso do símbolo de atribuição **(←)** junto ao objeto **PROFISSIONAL** a ser parametrizado com o vínculo dos objetos atribuídos, que são fornecedores de recursos. Neste caso, por meio da funcionalidade definida para cada objeto: **PROFIS1**, **PROFIS2** e **PROFIS3** no método **PROFISSÃO()** é transferida para o objeto **PROFISSIONAL**, que pode, assim, assumir uma das formas de operação estabelecidas nos objetos **PROFIS1**, **PROFIS2** e **PROFIS3**, daí ser o objeto **PROFISSIONAL** polifórmico, pois pode assumir a funcionalidade de cada um dos métodos **PROFISSÃO()** a partir da atribuição dos recursos dos objetos **PROFIS1**, **PROFIS2** e **PROFIS3**. Esse efeito é produzido pelas linhas de código:

PROFISSIONAL ← PROFIS1;

PROFISSIONAL ← PROFIS2;

PROFISSIONAL ← PROFIS3.

Como exemplo contextualizado, o programa anterior pode ser visto em algumas linguagens de programação a partir do repositório GitHub: **https://github.com/J-AugustoManzano/livro_Algoritmos_Logica/tree/main/Cap%2012/12.7%20-%20Poliformismo/12.7.2%20-%20Poliformismo%20Universal%20Parametrico**.

Se desejar, aponte para o QR Code ao lado e tenha acesso ao repositório indicado.

uqr.to/1wj5o

12.7.3 Poliformismo *Ad-hoc* de Sobrecarga

O poliformismo *ad-hoc* de sobrecarga ocorre quando são usadas várias sub-rotinas membros (métodos) com os mesmos nomes de identificação, mas com número de parâmetros diferentes, ou quando sub-rotinas membros diferentes são aplicadas a um mesmo objeto ou variável. Essa é a forma mais simples de poliformismo, permitindo que sub-rotinas membros sejam diferenciadas pelo número e/ou tipo de parâmetros, sendo plenamente encontrado em: C++, C#, D, Dart, Groovy, Java, JavaScript, Kotlin, Pascal, PHP, Perl, Raku, Ruby, Rust, Scala, TypeScript e Visual Basic .Net. No entanto, sua disponibilidade nas linguagens citadas depende do modo como é implementado.

O programa seguinte fornece como resposta o cálculo da área de algumas figuras geométricas. Observe a Figura 12.17 com o diagrama de classe, os diagramas de blocos (Figura 12.18) e a codificação do algoritmo do programa em português estruturado.

Diagramação UML

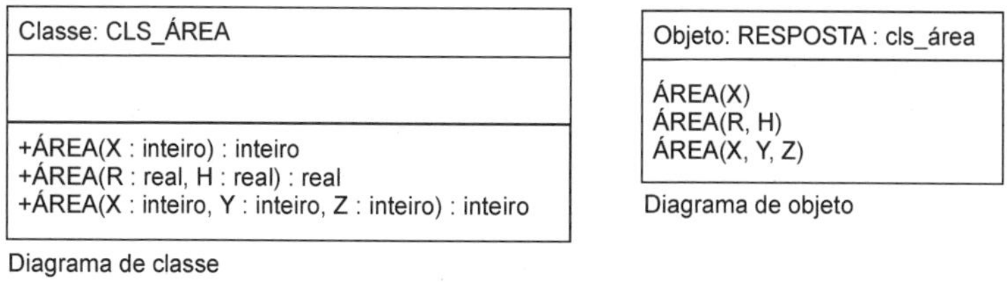

Figura 12.17 Diagramas de classe e de objeto para poliformismo *ad-hoc* de sobrecarga.

Diagramação

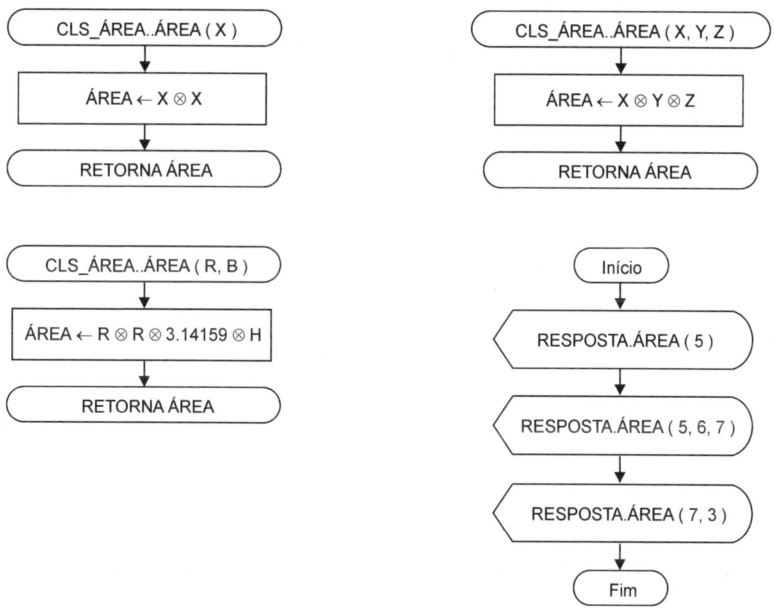

Figura 12.18 Diagramas de blocos com poliformismo *ad-hoc* de sobrecarga.

Codificação

```
programa POLIFORMISMO_ADHOC_SOBRECARGA_1

tipo

  CLS_ÁREA = classe
               seção_pública
                 função ÁREA(X : inteiro) : inteiro
                 função ÁREA(R : real, H : real) : real
                 função ÁREA(X : inteiro, Y : inteiro, Z : inteiro) : inteiro
             fim_classe
```

```
    função CLS_ÁREA..ÁREA(X : inteiro) : inteiro
    início
      ÁREA ← X * X
    fim

    função CLS_ÁREA..ÁREA(R : real, H : real) : real
    início
      ÁREA ← R * R * 3.14159 * H
    fim

    função CLS_ÁREA..ÁREA(X : inteiro, Y : inteiro, Z : inteiro) :
  inteiro
    início
      ÁREA ← X * Y * Z
    fim

  objeto
    RESPOSTA : cls_área

  início

    escreva "Área: Quadrado ..: ", RESPOSTA.ÁREA(5)
    escreva "Área: Cubo ......: ", RESPOSTA.ÁREA(5, 6, 7)
    escreva "Área: Cilindro ..: ", RESPOSTA.ÁREA(7, 3)

  fim
```

O código anterior mostra três métodos diferentes com o mesmo nome: **ÁREA**. Cada método trata de maneira diferente os parâmetros que recebe (mais de uma forma, é polifórmico). Assim, é possível realizar uma de três tarefas diferentes. Este exemplo é facilmente codificado em linguagens como: C++, C#, D, Groovy, Java, Kotlin, Pascal, Raku, Scala, Swift e Visual Basic .Net.

Como exemplo contextualizado, o programa anterior pode ser visto em algumas linguagens de programação a partir do repositório GitHub: **https://github.com/J-AugustoManzano/livro_Algoritmos_Logica/tree/main/Cap%2012/Topico%2012.7/Polimorfismo/Ad-hoc/Sobrecarga/Exemplo%201**.

Se desejar, aponte para o QR Code ao lado e tenha acesso ao repositório indicado.

uqr.to/1wj5p

Outra maneira de estabelecer o efeito de poliformismo *ad-hoc* de sobrecarga é por meio da definição de uma variável associada a uma sub-rotina, em que esta variável poderá assumir o comportamento de mais de uma sub-rotina diferente. Para tanto, observe os detalhes apresentados no programa seguinte:

```
programa POLIFORMISMO_ADHOC_SOBRECARGA_2

  função SOMATÓRIO(N : inteiro) : inteiro
  var
```

```
    I, SOMA : inteiro
  início
    SOMA ← 0
    para I de 1 até N passo 1 faça
      SOMA ← SOMA + I
    fim_para
    SOMATÓRIO ← SOMA
  fim

  função FATORIAL(N : inteiro) : inteiro
  var
    I, FAT : inteiro
  início
    FAT ← 1
    para I de 1 até N passo 1 faça
      FAT ← FAT * I
    fim_para
    FATORIAL ← FAT
  fim

tipo
  FUNÇÃO(inteiro)

var
  ENTRA : inteiro
  RESPOSTA : função

início
  leia ENTRA

  RESPOSTA ← SOMATÓRIO
  escreva RESPOSTA(ENTRA)

  RESPOSTA ← FATORIAL
  escreva RESPOSTA(ENTRA)
fim
```

No programa anterior são definidas as sub-rotinas de funções **somatório** e **fatorial**, que recebem como parâmetro um valor para a variável **N** do tipo **inteiro** e retornam como resposta um valor do tipo **inteiro**.

Após a definição das sub-rotinas de funções encontra-se a definição do tipo **função(inteiro)**, que representa a estrutura que será usada para receber uma ou outra função sobrecarregada.

No programa principal se faz a definição da variável **ENTRA** do tipo **inteiro** e da variável **RESPOSTA** do tipo **função(inteiro)**, que será associada à função a ser usada com o uso do símbolo de atribuição, definido junto às linhas de código **RESPOSTA ← SOMATÓRIO** e **RESPOSTA ← FATORIAL**, que representam as ações de sobrecarga junto à variável **RESPOSTA**, que recebe o nome da função desejada e, em seguida, na linha de saída, faz uso da instrução **RESPOSTA(ENTRA)**, que faz a chamada da função associada à variável **RESPOSTA**, passando-se como parâmetro o valor definido junto à variável **ENTRA**.

Este exemplo é facilmente codificado nas linguagens: C++, C#, D, Dart, Groovy, Java, JavaScript, Kotlin, Pascal, PHP, Perl, Raku, Ruby, Rust, Swift, TypeScript e Visual Basic .Net.

Como exemplo contextualizado, o programa anterior pode ser visto em algumas linguagens de programação a partir do repositório GitHub: **https://github.com/J-AugustoManzano/livro_Algoritmos_Logica/tree/main/Cap%2012/12.7%20-%20Poliformismo/12.7.3%20-%20Poliformismo%20Ad-hoc%20de%20Sobrecarga/Exemplo%202**.

Se desejar, aponte para o QR Code ao lado e tenha acesso ao repositório indicado.

uqr.to/1wj5q

12.7.4 Poliformismo *Ad-hoc* de Coerção

O poliformismo *ad-hoc* de coerção ocorre quando se utilizam recursos para converter o tipo de dado de um objeto em outro tipo de dado, a fim de efetuar uma operação direcionada ao método de uma classe, evitando-se o erro de tipo. Essa técnica utiliza a conversão de dados para permitir que um método seja aplicado a um objeto de tipo diferente do esperado de forma automática. No entanto, o uso dessa técnica pode resultar em perda de informação, e deve ser utilizado com cautela, principalmente em casos de redução de tipos de dados. Para tanto, observe os detalhes apresentados no programa seguinte.

```
programa POLIFORMISMO_ADHOC_COERÇÃO_1

  procedimento ESCREVANUM(NÚMERO : inteiro)
  início
    escreva "Número inteiro: ", NÚMERO
  fim

  procedimento ESCREVANUM(NÚMERO : real)
  início
    escreva "Número real: ", NÚMERO
  fim

var
  VALOR1 : inteiro
  VALOR2 : real

início
  VALOR1 ← 10
  VALOR2 ← 3.14159
  ESCREVANUM(VALOR1) // Chama sub-rotina ESCREVANUM(inteiro)
  ESCREVANUM(VALOR2) // Chama sub-rotina ESCREVANUM(real)
fim
```

Note que o código em português estruturado ilustra de forma simples o uso de poliformismo *ad-hoc* de coerção. Atente para a definição de duas sub-rotinas chamadas **ESCREVANUM()** definidas em duas versões: a primeira versão aceita parâmetro inteiro e a segunda, parâmetro real. Cada sub-rotina apresenta uma mensagem indicando o tipo de número passado em seu parâmetro.

O programa possui a declaração das variáveis **VALOR1** do tipo inteiro e **VALOR2** do tipo real, respectivamente, com valores atribuídos como "10" e "3.14159" e, em seguida, a sub-rotina **ESCREVANUM()** é chamada duas vezes: primeiro com o parâmetro **VALOR1** (inteiro) e depois com o parâmetro **VALOR2** (real), retornando as mensagens:

```
Número inteiro: 10
Número real: 3.14159
```

O polimorfismo *ad-hoc* de coerção ocorre pelo fato de existirem duas versões da sub-rotina de apresentação de número **ESCREVANUM()** definidas, uma que aceita valor numérico inteiro e outra que aceita valor numérico real. O computador selecionará automaticamente a versão correta da sub-rotina com base no tipo do argumento passado.

Este exemplo é facilmente codificado em linguagens como: C++, C#, Groovy, Java, Kotlin, Raku, Ruby, Scala, Swift e Visual Basic .Net.

Como exemplo contextualizado, o programa anterior pode ser visto em algumas linguagens de programação a partir do repositório GitHub: **https://github.com/J-AugustoManzano/livro_Algoritmos_Logica/tree/main/Cap%2012/12.7%20-%20Poliformismo/12.7.4%20-%20Poliformismo%20Ad-hoc%20de%20Coercao/Exemplo%201**.

Se desejar, aponte para o QR Code ao lado e tenha acesso ao repositório indicado.

uqr.to/1wj5r

A partir do exposto, considere o próximo exemplo indicado junto à Figura 12.19, que demonstra a definição do poliformismo *ad-hoc* de coerção em uma classe e objeto dela instanciado. Os diagramas de blocos estão na Figura 12.20 e, em seguida, é apresentada a codificação do algoritmo do programa em português estruturado. Os métodos **SOMAR** são iguais nas suas definições, tendo apenas como diferença os tipos de dados. Assim, não há necessidade de fazer dois desenhos de diagramas iguais.

Diagramação UML

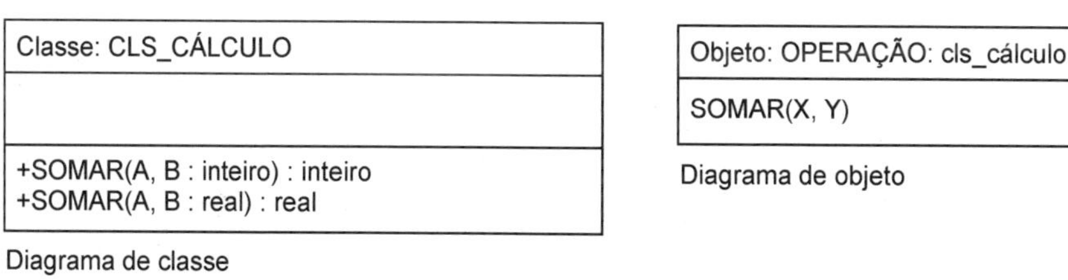

Figura 12.19 Diagramas de classe e de objeto para poliformismo *ad-hoc* de sobrecarga.

Diagramação

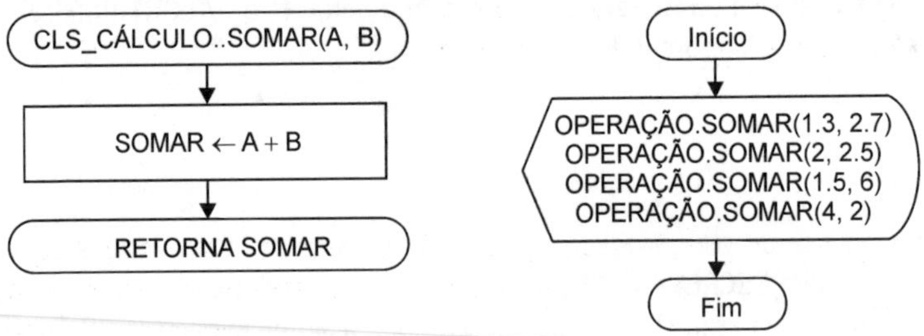

Figura 12.20 Diagramas de blocos com poliformismo *ad-hoc* de sobrecarga.

Codificação

```
programa POLIFORMISMO_ADHOC_COERÇÃO_2

tipo

  CLS_CÁLCULO = classe
                  seção_pública
                    função SOMAR(A, B : inteiro) : inteiro
                    função SOMAR(A, B : real) : real
                fim_classe

  função SOMAR(A, B : inteiro) : inteiro
  início
    SOMAR ← A + B
  fim

  função SOMAR(A, B : real) : real
  início
    SOMAR ← A + B
  fim

objeto
  OPERAÇÃO : cls_cálculo
início
  escreva OPERAÇÃO.SOMAR(1.3, 2.7)
  escreva OPERAÇÃO.SOMAR(2, 2.5)
  escreva OPERAÇÃO.SOMAR(1.5, 6)
  escreva OPERAÇÃO.SOMAR(4, 2)
fim
```

O programa anterior estabelece uma segunda forma de uso do recurso de coerção no sentido de escolher o melhor caminho para efetuar a operação da função (método) **SOMAR** a partir do tipo de valor fornecido como parâmetro.

Este exemplo é facilmente codificado em linguagens como: C#, Groovy, Java, Scala, Swift e Visual Basic .Net.

Como exemplo contextualizado, o programa anterior pode ser visto em algumas linguagens de programação a partir do repositório GitHub: **https://github.com/J-AugustoManzano/livro_Algoritmos_Logica/tree/main/Cap%2012/12.7%20-%20Poliformismo/12.7.4%20-%20Poliformismo%20Ad-hoc%20de%20Coercao/Exemplo%202**.

Se desejar, aponte para o QR Code ao lado e tenha acesso ao repositório indicado.

uqr.to/1wj5s

Os detalhes sobre orientação a objetos apresentados neste capítulo caracterizam-se por serem os mais genéricos possíveis, são os que têm maior probabilidade de serem encontrados nas linguagens de programação existentes. Detalhes mais específicos que podem ser encontrados em uma linguagem e em outras não foram propositalmente desconsiderados. Para dar ideia do que isto significa observe a Tabela 12.2.

Tabela 12.2 Comparativo de recurso POO

Tabela com recursos de POO apresentados									
Linguagem	**ME**	**MI**	**ENC**	**HS**	**HM**	**PUI**	**PUP**	**PAS**	**PAC**
C++	P	P	P	P	P	P	P	P	R
C#	-	P	P	P	S	P	P	P	P
Dart	-	P	S	P	S	-	P	R	-
Groovy	-	P	P	P	S	-	P	P	P
Java	-	P	P	P	S	P	P	P	P
JavaScript	P	P	S	P	S	P	P	R	S
Kotlin	-	P	P	P	S	P	P	P	P
Perl	-	P	S	P	P	P	P	R	S
PHP	-	P	P	P	S	P	P	R	S
Pike	P	P	P	P	S	-	-	-	-
Python	-	P	S	P	P	P	P	-	-
Raku	P	P	P	P	S	P	P	P	R
Ruby	P	P	P	P	S	P	P	R	P
Rust	P	-	S	P	S	P	P	R	-
Scala	-	P	P	P	S	P	P	R	P
Swift	-	P	P	P	S	-	P	P	P

Tabela com recursos de POO apresentados									
Linguagem	**ME**	**MI**	**ENC**	**HS**	**HM**	**PUI**	**PUP**	**PAS**	**PAC**
TypeScript	P	P	P	P	S	P	P	R	S
VB .Net	-	P	P	P	S	P	P	P	P

Legendas				
	ME	Método Externo	P	Possui plenamente o recurso
	MI	Método Interno	S	Recurso apenas simulado
	ENC	Encapsulamento	-	Não possui o recurso
	HS	Herança Simples	R	Possui o recurso com restrição
	HM	Herança Múltipla		
	PUI	Poliformismo Universal de Inclusão		
	PUP	Poliformismo Universal Paramétrico		
	PAS	Poliformismo *Ad-hoc* de Sobrecarga		
	PAC	Poliformismo *Ad-hoc* de Coerção		

A Tabela 12.2 apresenta comparativo dos recursos mínimos básicos de 18 linguagens orientadas a objetos, ressaltando que existem outras tantas linguagens que foram propositalmente omitidas, pois seria inviável retratá-las. Esta tabela pode ser útil para direcionar você na escolha da linguagem a estudar primeiro.

Mas antes de falar sobre isso, é importante esclarecer que o fato de uma linguagem não possuir certo recurso não a desmerece, pois é apenas uma característica. Em nenhum lugar está escrito que uma linguagem orientada a objetos deve obrigatoriamente possuir todos esses recursos. O único detalhe, obrigatório, é saber se a linguagem opera com a definição de classes e permite a partir desta instanciar objetos.

Como visto, a classe é uma estrutura de dado derivado (tipo de dado definido) que agrega campos membros (atributos) e sub-rotinas membros (métodos). Todas as linguagens citadas na Tabela 12.2 operam com essa estrutura, então são todas linguagens orientadas a objetos. A partir daí, se a linguagem opera com métodos internos ou externos, com encapsulamento (público, privado e/ou protegido), com herança (simples ou múltipla) ou poliformismo (seja do tipo que for), trata-se apenas de convenções, meros detalhes. Algumas convenções são explícitas e definidas por meio de comandos específicos da linguagem e outras são implícitas e implementadas a partir de certo posicionamento comportamental do profissional de desenvolvimento.

Os recursos explícitos e definidos em cada linguagem são sinalizados com "**P**" quando a linguagem possui o recurso plenamente, "**R**" quando a linguagem possui o recurso com certa restrição; já os recursos implícitos são sinalizados com "**S**" quando simulados. A indicação "**-**" mostra que o recurso não existe de forma plena nem simulada.

Para selecionar a primeira linguagem a ser estudada, é importante mudar o foco da visão libertária para o foco ortodoxo. Desse modo, observe quais linguagens abordam os nove recursos comentados, não importando a classificação "**P**", "**S**" ou "**R**", nessa ordem.

Veja que surgem cinco possibilidades: C++, JavaScript, Raku, Ruby e TypeScript. Agora, pontue quais dessas possuem o maior número de "**P**" e "**S**" (ponto forte) e o menor número de "**R**" (ponto fraco). Você verá que C++ se destaca. Assim, comece a estudar orientação a objetos com C++, não importa o que outros falem em contrário, pois a tabela não mente.

Estudar POO primeiramente com C++ lhe proporcionará a visão mais abrangente possível do modelo, pois das linguagens existentes é a mais restritiva. Essa restrição proporcionará a visão fundamentada sobre a filosofia do paradigma POO. Como alternativa, você pode escolher Raku ou Ruby.

Na sequência, é importante aprender outra linguagem POO. E qual seria a segunda linguagem a ser estudada? Bem, para responder a esta pergunta, veja novamente a Tabela 12.2. Considere que você já sabe a diferença entre métodos internos e externos, sendo que esse quesito agora é desnecessário. Olhe, segundo o critério anterior de pontuação, demais linguagens e três se destacam: C#, Java e Visual Basic .Net. Analisando o mercado, têm-se C# e Java bastante requisitados, então escolha uma delas para ser sua segunda, e a outra deixe para ser sua terceira linguagem.

Se você fizer isso terá, neste instante, com as linguagens C++, Java/C#, basicamente todo o conjunto mínimo de conhecimento usado na POO. Se quiser, poderá ainda aplicar o mesmo critério de avaliação e perceberá que a próxima linguagem a ser estudada é Kotlin e, a partir daí, brinque com as demais linguagens.

É importante ressaltar que a Tabela 12.2 apenas dá um norte de escolhas. Essa tabela não indica qual é a melhor ou a pior linguagem orientada a objetos. Todas essas e outras linguagens foram desenvolvidas com objetivos distintos, cada uma é excelente naquilo que está preparada para operar.

Por isso que um profissional de desenvolvimento não pode e não deve focar sua aprendizagem na linguagem. Foque sua aprendizagem na técnica e você aprenderá a perceber quando determinada linguagem não é adequada para certo tipo de trabalho.

12.8 Considerações Finais

Você chegou ao final da apresentação deste livro. Que jornada, hem? Nós, autores, esperamos que tenha sido uma excelente viagem ao mundo da introdução à programação de computadores. No entanto, é necessário ressaltar que este foi apenas o primeiro passo neste universo que se descortina à sua frente. Esperamos ter-lhe proporcionado o necessário para fundamentar sua carreira profissional.

Durante este caminho, você teve uma introdução geral sobre alguns importantes aspectos da computação nos Capítulos 1 e 2. Diversos aspectos foram apresentados com o objetivo de criar uma base cultural inicial.

O Capítulo 3 é um dos mais importantes, pois foi nele que você recebeu as primeiras informações sobre a aplicação prática da lógica de programação no desenvolvimento de algoritmos. Neste ponto, você viu o que eram tipos de dados primitivos (inteiro, real, cadeia, caractere e lógico, variável, constantes, operadores aritméticos, expressões matemáticas) e, o mais importante, conheceu as operações básicas computacionais da programação: a entrada de dados, o processamento matemático desses dados e a saída dos dados processados.

No Capítulo 4, você teve contato com a etapa de trabalho do processamento lógico com: tomadas de decisão, uso de operadores relacionais e lógicos. Nesta etapa você percebeu que o processamento das operações computacionais pode ser controlado com um nível de "inteligência computacional" mais apurado. Foi aqui que os programas ficaram mais "espertos".

Depois, no Capítulo 5, você viu os detalhes das operações de repetição de trechos de programas. Essa técnica proporcionou a visão do estabelecimento de algoritmos mais especializados. Foram abordadas todas as formas de laços existentes. Você conhece todas elas, saberá utilizá-las e adaptá-las quando a linguagem em uso não as tiver.

Veja que os Capítulos 3, 4 e 5 são uma trinca de "ouro" para o desenvolvimento de seu trabalho profissional com o desenvolvimento de *software*. Essa trinca cria a base conceitual e operacional que será usada para sempre na elaboração de seus projetos de programas.

Depois veio o Capítulo 6, com a apresentação da técnica de programação que permite trabalhar com grande quantidade de dados com o menor esforço possível a partir do conceito de matrizes de uma dimensão. Ele foi ampliado pelo Capítulo 7, que mostrou como fazer uso prático da técnica do Capítulo 6 a partir das ações de classificação e pesquisa, tanto sequencial quanto binária.

Os assuntos tratados nos Capítulos 6 e 7 foram ampliados no Capítulo 8, que mostrou como fazer uso da técnica de agrupamento de dados em mais de uma dimensão, proporcionando outra visão da organização de dados na memória.

No entanto, os Capítulos 6, 7 e 8 mostram uma grande e chata fragilidade, que é o uso do agrupamento de dados apenas com elementos do mesmo tipo, inviabilizando a combinação mais eficiente dos variados dados na programação.

Mas aí entra o Capítulo 9, que mostra como fazer o tratamento de dados variados, a partir de uma mesma estrutura. Neste ponto, você aprende como trabalhar com registros que são uma das formas de derivação de tipos de dados. É neste momento que você entende a diferença entre tipos de dados primitivos e tipos de dados derivados, lembrando que os dados primitivos são fornecidos pela linguagem e os dados derivados são modelados por você.

A partir de tudo o que foi visto, você desenvolveu o conhecimento fundamental da filosofia da programação estruturada, ressaltando que a técnica isolada da programação estruturada concentra-se no estudo do Capítulo 5, tão somente. O estudo dos Capítulos 3 e 4 fornece elementos operacionais existentes e encontrados em qualquer paradigma de programação. A junção do conhecimento abordado entre os Capítulos 3 e 9 proporcionou visão básica da filosofia de programação estruturada que foi construída ao longo da apresentação do livro.

Chegou-se ao estudo do Capítulo 10, importante por proporcionar o desenvolvimento mais simplificado e modular de um programa a partir do uso de sub-rotinas (procedimentos e funções), além do conjunto operacional de controle dessa técnica. Esse capítulo apresenta o modelo de programação modular, dando-lhe a visão necessária e confortável para o desenvolvimento de qualquer tipo de programa. Haja vista a quantidade de exemplos apresentados ao longo desta jornada.

O assunto do livro poderia ter se encerrado aí, no Capítulo 10. Mas parar para quê? Então, os Capítulos 11 e 12 fazem uma introdução contextualizada ao modelo de orientação a objetos. É neste ponto que você percebe que tudo que aprendeu de programação estruturada e modular é agora concentrado dentro do modelo de programação orientada a objetos. Nesta etapa, você viu os elementos essenciais desse modelo de programação e, com certeza, ao chegar neste ponto, desenvolveu toda a visão operacional sobre o uso da filosofia da programação estruturada. Vale ressaltar que o conceito da filosofia da programação estruturada concentra em si os paradigmas da programação estruturada, modular e orientada a objetos.

Então, chegou-se ao final, e durante este caminho você aprendeu muita coisa. Temos, como autores, a certeza absoluta de que você sabe criar os diagramas de blocos e fazer sua documentação algorítmica com pseudocódigo, deixando o projeto pronto para a fase de escrita do algoritmo na forma de programa quando do desenvolvimento do projeto físico (a programação de fato em uma linguagem computacional real).

Queremos agradecer a confiança e a permissão dada em nos aceitar como seus mentores.

Um grande abraço e até a próxima.

Augusto Manzano e Jayr Figueiredo.

ANOTAÇÕES

APÊNDICE A

RESOLUÇÃO DE ALGUNS EXERCÍCIOS DE FIXAÇÃO

A título de ilustração, este apêndice apresenta alguns dos exercícios de fixação resolvidos para auxiliar na resolução dos demais exercícios. As codificações desses exercícios em algumas linguagens de programação podem ser vistas no endereço **https://github.com/J-AugustoManzano/livro_Algoritmos_Logica/tree/main/Cap%20xA**.

Se desejar, aponte para o QR Code ao lado e tenha acesso ao repositório indicado.

uqr.to/1wj5t

Capítulo 3 – Exercício 4a

Ler uma temperatura em graus Celsius e apresentá-la convertida em graus Fahrenheit. A fórmula de conversão é F ← C * 9 / 5 + 32, sendo F a temperatura em Fahrenheit e C a temperatura em Celsius.

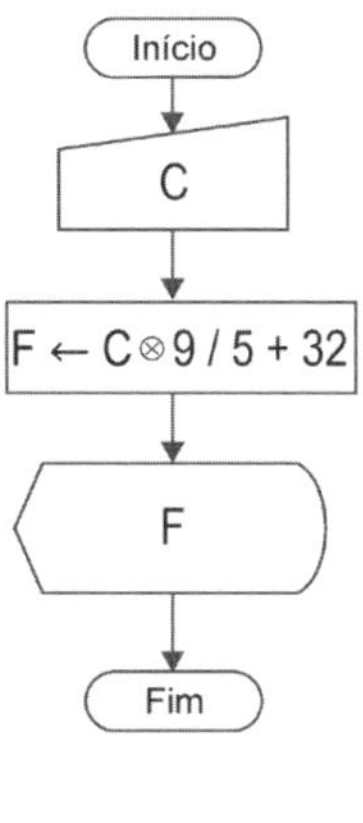


```
programa TEMPERATURA
var
  C, F : real
início
  leia C
  F ← C * 9 / 5 + 32
  escreva F
fim
```

Capítulo 4 – Exercício 3c

Realizar a leitura dos valores de quatro notas escolares bimestrais de um aluno representadas pelas variáveis N1, N2, N3 e N4. Calcular a média aritmética (variável MD) desse aluno e apresentar a mensagem "Aprovado" se a média obtida for maior ou igual a 5; caso contrário, apresentar a mensagem "Reprovado". Informar também, após a apresentação das mensagens, o valor da média obtida pelo aluno.

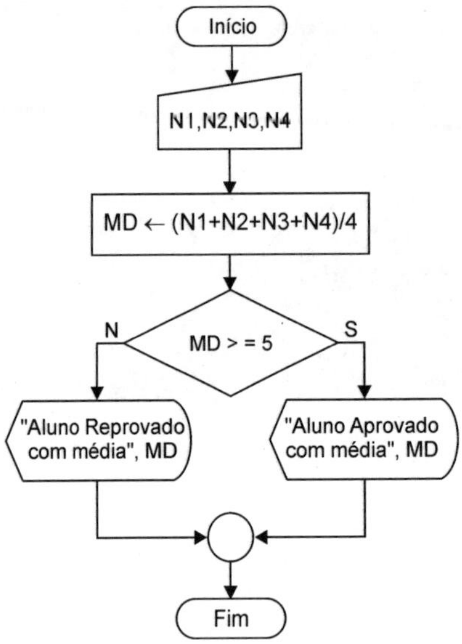


```
programa MÉDIA
var
  MD, N1, N2, N3, N4 : real
início
  leia N1, N2, N3, N4
  MD ← (N1 + N2 + N3 + N4) / 4
  se (MD >= 5) então
    escreva "Aluno aprovado com média: ", MD
  senão
    escreva "Aluno reprovado com média: ", MD
  fim_se
fim
```

Capítulo 5 – Exercício 1c

Construir um programa que apresente a soma dos 100 primeiros números naturais (1 + 2 + 3 +...+ 98 + 99 + 100).

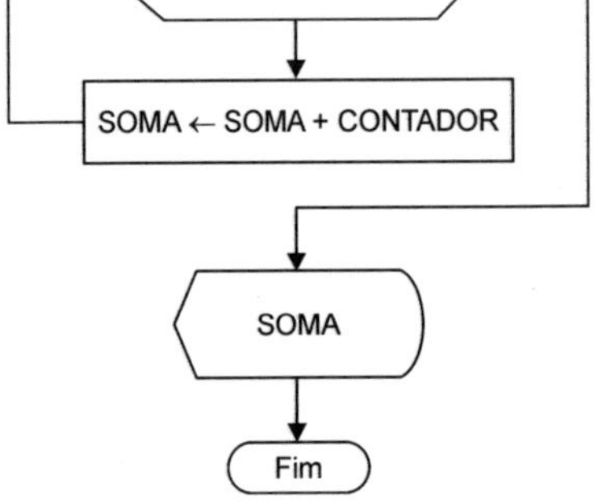


```
programa SOMATÓRIO
var
  SOMA, CONTADOR : inteiro
início
  SOMA ← 0
  para CONTADOR de 1 até 100 passo 1 faça
    SOMA ← SOMA + CONTADOR
  fim_para
  escreva SOMA
fim
```

Capítulo 6 – Exercício 1g

Elaborar um programa que leia duas matrizes do tipo vetor para o armazenamento de nomes de pessoas, sendo a matriz A com 20 elementos e a matriz B com 30 elementos. Construir uma matriz C, sendo esta a junção das matrizes A e B. Dessa maneira, a matriz C deve ter a capacidade de armazenar 50 elementos. Apresentar os elementos da matriz C.

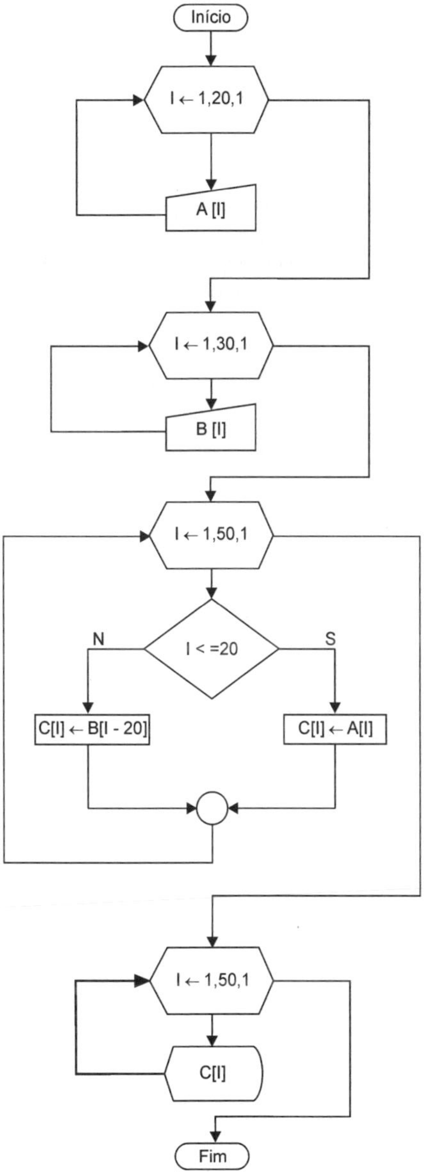


```
programa JUNÇÃO
var
  A : conjunto[1..20] de inteiro
  B : conjunto[1..30] de inteiro
  C : conjunto[1..50] de inteiro
  I : inteiro
início
  para I de 1 até 20 passo 1 faça
    leia A[I]
  fim_para
  para I de 1 até 30 passo 1 faça
    leia B[I]
  fim_para
  para I de 1 até 50 passo 1 faça
    se (I <= 20) então
      C[I] ← A[I]
    senão
      C[I] ← B[I - 20]
    fim_se
  fim_para
  para I de 1 até 50 passo 1 faça
    escreva C[I]
  fim_para
fim
```

Capítulo 7 – Exercício 1a

Elaborar um programa que leia 12 elementos numéricos inteiros em uma matriz do tipo vetor. Coloque-os em ordem decrescente e apresente os elementos ordenados.

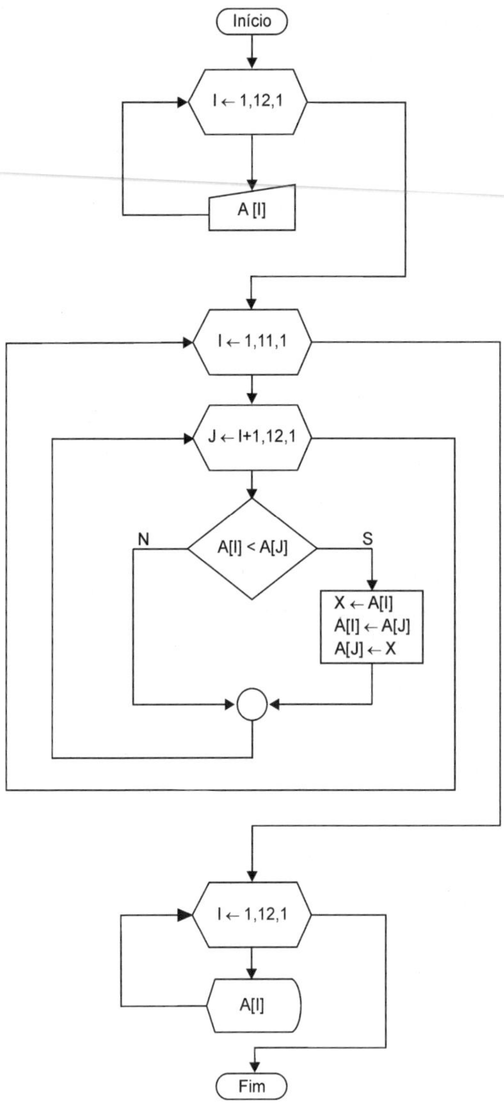


```
programa CLASSIFICAÇÃO
var
  A : conjunto[1..12] de inteiro
  I, X, J : inteiro
início
  para I de 1 até 12 passo 1 faça
    leia A[I]
  fim_para
  para I de 1 até 11 passo 1 faça
    para J de I + 1 até 12 passo 1 faça
      se (A[I] < A[J]) então
         X ← A[I]
         A[I] ← A[J]
         A[J] ← X
      fim_se
    fim_para
  fim_para
  para I de 1 até 12 passo 1 faça
    escreva A[I]
  fim_para
fim
```

EXEMPLOS DE CODIFICAÇÃO

Este apêndice apresenta, a título de ilustração, a codificação de uma versão aprimorada, neste caso, versão 4 do programa calculadora desenvolvido no Capítulo 10, aqui definido como CALCULADORA_V4.

O programa **CALCULADORA_V4** é apresentado codificado em *português estruturado* e em suas versões equivalentes nos processadores de interpretação algorítmica: *ILA*, *G-Portugol*, *Portugol Online*, *Portugol Studio* e o famoso *VisuAlg*.

Neste exemplo, busca-se manter ao máximo a relação entre o código em português estruturado e as linguagens de interpretação algorítmicas apontadas, traçando um paralelo entre a codificação apresentada no livro e essas ferramentas.

Os conceitos de programação apresentados nesta obra podem ser facilmente aplicados em diversas linguagens de programação imperativas, sejam elas estruturadas ou orientadas a objetos. O fundamental para o profissional de programação é dominar a lógica de programação de forma independente, antes de se dedicar à escrita adequada de programas em uma linguagem formal específica. Cada linguagem de programação possui particularidades que, muitas vezes, não estão presentes em outras.

Além dos exemplos indicados, você poderá, no repositório de um dos autores, ter acesso a um conjunto maior de exemplos do programa calculadora codificado em outras linguagens. Para tanto, acesse o endereço **https://github.com/J-AugustoManzano/livro_Algoritmos_Logica/tree/main/Cap%20xB**.

Se desejar, aponte para o QR Code ao lado e tenha acesso ao repositório dos programas exemplos do programa calculadora, versão 4.

Observe atentamente cada exemplo de código demonstrado e será possível perceber tais detalhes. O foco do programa calculadora, nesta versão, é fazer máximo uso dos principais detalhes apresentados neste livro ao estilo do paradigma imperativo estruturado/modular, excetuando-se o uso de matrizes (vetores, tabelas e registros) e orientação a objetos.

uqr.to/1wj5u

Nos códigos apresentados neste apêndice, é possível verificar que a maior diferença entre os exemplos dos interpretadores algorítmicos é o modo de realizar as operações de entrada e saída dos dados. A parte referente ao processamento matemático e lógico é basicamente a mesma estrutura em qualquer ferramenta de programação, e isto não pode ser diferente, uma vez que a arquitetura computacional é sempre a mesma, não importando o tipo de computador (*micro*, *mini* ou *mainframe*). Na parte relacionada com a entrada de dados, é possível notar que existem duas maneiras de fazê-la: uma direta (ILA, Portugol Online, Portugol Studio e VisuAlg) e outra indireta (G-Portugol). A forma direta de entrada de dados refere-se ao princípio de ação "**LEIA <variável>**" usada ao longo do texto desta obra. No entanto, existem linguagens de programação que fazem uso do princípio de entrada indireta de dados, a partir da ação grafada como **<variável> ← LEIA**. É importante levar em conta que, não importa a forma de ação da entrada de dados de uma linguagem (seja direta ou indireta), o uso do símbolo **manual input** (entrada manual) em um diagrama de bloco não será alterado, em razão do mecanismo de operação da ação de entrada na linguagem de programação em uso.

Observe atentamente cada detalhe apresentado, cada linha de código. Faça um paralelo entre as sintaxes indicadas e usadas. Procure localizar os elementos apresentados ao longo do texto desta obra e trace um viés de análise entre esses detalhes. Note atentamente o uso da técnica de codificação *bottom-up* em todos os códigos apresentados, contrariando inclusive a crença de que programas escritos em linguagem C ou C++ não usam tal paradigma.

Algoritmo em português estruturado

```
programa CALCULADORA_V4

var
  R, A, B : real
  OPÇÃO : inteiro

  // Trecho de sub-rotinas de entrada e saída

  procedimento ENTRADA
  início
    escreva "Entre o 1o. valor: "
    leia A
    escreva "Entre o 2o. valor: "
    leia B
  fim

  procedimento SAÍDA
  início
    escreva "O resultado da operação equivale a: ", R, "."
  fim

  // Trecho com função para o cálculo das operações

  função CÁLCULO(X, Y : real, OPERADOR : caractere) : real
  início
    caso OPERADOR
      seja "+" faça CÁLCULO ← X + Y
      seja "-" faça CÁLCULO ← X - Y
      seja "*" faça CÁLCULO ← X * Y
      seja "/" faça CÁLCULO ← X / Y
    fim_caso
  fim
```

```
// Trecho com sub-rotina geral

procedimento ROTCALC(OPERAÇÃO : caractere)
início
  caso OPERAÇÃO
    seja "+" faça escreva "Rotina de Adição"
    seja "-" faça escreva "Rotina de Subtração"
    seja "*" faça escreva "Rotina de Multiplicação"
    seja "/" faça escreva "Rotina de Divisão"
  fim_caso
  ENTRADA
  se (OPERAÇÃO = "/") então
    se (B = 0) então
      escreva "O resultado da operação equivale a: ERRO."
    senão
      R ← CÁLCULO(A, B, "/")
      SAÍDA
    fim_se;
  fim_se
  se .não. (OPERAÇÃO = "/") então
    R ← CÁLCULO(A, B, OPERAÇÃO)
    SAÍDA
  fim_se
fim
```

```
// Trecho principal do programa

início
  OPÇÃO ← 0
  enquanto (OPÇÃO <> 5) faça
    escreva "1 - Adição"
    escreva "2 - Subtração"
    escreva "3 - Multiplicação"
    escreva "4 - Divisão"
    escreva "5 - Fim de Programa"
    escreva "Escolha uma opção: "
    leia OPÇÃO
    se (OPÇÃO <> 5) então
      caso OPÇÃO
        seja 1 faça ROTCALC("+")
        seja 2 faça ROTCALC("-")
        seja 3 faça ROTCALC("*")
        seja 4 faça ROTCALC("/")
      senão
        escreva "Opção inválida - Tente novamente."
      fim_caso
    fim_se
  fim_enquanto
fim
```

Codificação do programa calculadora no processador de algoritmo ILA

```
// programa CALCULADORA_V4

variaveis
  numerico R, A, B
  numerico OPCAO
  numerico X, Y
  caracter OPERADOR
```

```
caracter OPERACAO
caracter TECLA

// Trecho de sub-rotinas de entrada e saída

funcao ENTRADA()
inicio
  escrever "Entre o 1o. valor: "
  ler A
  escrever "Entre o 2o. valor: "
  ler B
fim

funcao SAIDA()
inicio
  escrever "O resultado da operacao equivale a: ", R, "."
  TECLA = lertecla()
fim

// Trecho com função para o cálculo das operações

funcao CALCULO(X, Y, OPERADOR)
inicio
  faca caso
    caso (OPERADOR = "+"):
      retornar X + Y
    caso (OPERADOR = "-"):
      retornar X - Y
    caso (OPERADOR = "*"):
      retornar X * Y
    caso (OPERADOR = "/"):
      retornar X / Y
  fim_caso
fim

// Trecho com sub-rotina geral

funcao ROTCALC(OPERACAO)
inicio
  faca caso
    caso (OPERACAO = "+"):
      escrever "Rotina de Adicao"
    caso (OPERACAO = "-"):
      escrever "Rotina de Subtracao"
    caso (OPERACAO = "*"):
      escrever "Rotina de Multiplicacao"
    caso (OPERACAO = "/"):
      escrever "Rotina de Divisao"
  fim_caso
  ENTRADA()
  se (OPERACAO = "/") entao
    se (B = 0) entao
      escrever "O resultado da operacao equivale a: ERRO."
      TECLA = lertecla()
    senao
      R = CALCULO(A, B, "/")
      SAIDA()
    fim_se
  fim_se
```

```
    se nao (OPERACAO = "/") entao
      R = CALCULO(A, B, OPERACAO)
      SAIDA()
    fim_se
  fim

// Trecho principal do programa

inicio
  OPCAO = 0
  faca enquanto (OPCAO <> 5)
    limpar
    escrever "1 - Adicao"
    escrever "2 - Subtracao"
    escrever "3 - Multiplicacao"
    escrever "4 - Divisao"
    escrever "5 - Fim de Programa"
    escrever "Escolha uma opcao: "
    ler OPCAO
    se (OPCAO <> 5) entao
      faca caso
        caso (OPCAO = 1):
          ROTCALC("+")
        caso (OPCAO = 2):
          ROTCALC("-")
        caso (OPCAO = 3):
          ROTCALC("*")
        caso (OPCAO = 4):
          ROTCALC("/")
        outro_caso:
          escrever "Opcao invalida - Tente novamente."
      fim_caso
    fim_se
  fim_enquanto
fim
```

Codificação do programa calculadora no processador de algoritmo G-Portugol

```
algoritmo CALCULADORA_V4

variáveis
  R, A, B : real;
  OPCAO : inteiro;
fim-variáveis

// Trecho principal do programa

início
  OPCAO := 0;
  enquanto (OPCAO <> 5) faça
    imprima("1 - Adicao");
    imprima("2 - Subtracao");
    imprima("3 - Multiplicacao");
    imprima("4 - Divisao");
    imprima("5 - Fim de Programa");
    imprima("Escolha uma opcao: ");
    OPCAO := leia();
    se (OPCAO <> 5) então
      se (OPCAO = 1) então
        ROTCALC('+');
      fim-se
```

```
      se (OPCAO = 2) então
        ROTCALC('-');
      fim-se
      se (OPCAO = 3) então
        ROTCALC('*');
      fim-se
      se (OPCAO = 4) então
        ROTCALC('/');
      fim-se
      se (OPCAO < 1) ou (OPCAO > 5) então
        imprima("Opcao invalida - Tente novamente.");
      fim-se
    fim oo
  fim-enquanto
fim

// Trecho de sub-rotinas de entrada e saída

função ENTRADA()
início
  imprima(" ");
  imprima("Entre o 1o. valor: ");
  A := leia();
  imprima("Entre o 2o. valor: ");
  B := leia();
fim

função SAIDA()
início
  imprima(" ");
  imprima("O resultado da operacao equivale a: ", R, ".");
  imprima(" ");
fim

// Trecho com função para o cálculo das operações

função CALCULO(X : real, Y : real, OPERADOR : caractere) : real
início
  se (OPERADOR = '+') então
    retorne X + Y;
  fim-se
  se (OPERADOR = '-') então
    retorne X - Y;
  fim-se
  se (OPERADOR = '*') então
    retorne X * Y;
  fim-se
  se (OPERADOR = '/') então
    retorne X / Y;
  fim-se
fim

// Trecho com sub-rotina geral

função ROTCALC(OPERACAO : caractere)
início
  se (OPERACAO = '+') então
    imprima("Rotina de Adicao");
  fim-se
  se (OPERACAO = '-') então
    imprima("Rotina de Subtracao");
  fim-se
```

```
  se (OPERACAO = '*') então
    imprima("Rotina de Multiplicacao");
  fim-se
  se (OPERACAO = '/') então
    imprima("Rotina de Divisao");
  fim-se
  ENTRADA();
  se (OPERACAO = '/') então
    se (B = 0) então
      imprima(" ");
      imprima("O resultado da operacao equivale a: ERRO.");
      imprima(" ");
    senão
      R := CALCULO(A, B, '/');
      SAIDA();
    fim-se
  fim-se
  se não (OPERACAO = '/') então
    R := CALCULO(A, B, OPERACAO);
    SAIDA();
  fim-se
fim
```

Codificação do programa calculadora no processador de algoritmo Portugol Online

```
algoritmo // CALCULADORA_V4

// Trecho principal do programa

declare
  R, A, B, OPCAO numerico
  OPERADOR literal
  OPCAO <- 0
  enquanto (OPCAO <> 5) faca
    inicio
      escreva "1 - Adicao"
      escreva "2 - Subtracao"
      escreva "3 - Multiplicacao"
      escreva "4 - Divisao"
      escreva "5 - Fim de Programa"
      escreva "Escolha uma opcao: "
      leia OPCAO
      se (OPCAO <> 5) entao
        inicio
          se (OPCAO = 1) entao
            ROTCALC("+")
          se (OPCAO = 2) entao
            ROTCALC("-")
          se (OPCAO = 3) entao
            ROTCALC("*")
          se (OPCAO = 4) entao
            ROTCALC("/")
          se (OPCAO < 1) ou (OPCAO > 5) entao
            escreva "Opcao invalida - Tente novamente."
        fim
    fim
fim_algoritmo.
```

```
// Trecho de sub-rotinas de entrada e saída

sub-rotina ENTRADA()
  escreva " "
  escreva "Entre o 1o. valor: "
  leia A
  escreva "Entre o 2o. valor: "
  leia B
fim_sub_rotina ENTRADA

sub-rotina SAIDA()
  escreva " "
  escreva "O resultado da operacao equivale a: ", R, "."
  escreva " "
fim_sub_rotina SAIDA

// Trecho com função para o cálculo das operações

sub-rotina CALCULO(X, Y numerico OPERADOR literal)
  se (OPERADOR = "+") entao
    retorne X + Y
  se (OPERADOR = "-") entao
    retorne X - Y
  se (OPERADOR = "*") entao
    retorne X * Y
  se (OPERADOR = "/") entao
    retorne X / Y
fim_sub_rotina CALCULO

// Trecho com sub-rotina geral

sub-rotina ROTCALC(OPERACAO literal)
  se (OPERACAO = "+") entao
    escreva "Rotina de Adicao"
  se (OPERACAO = v-") entao
    escreva "Rotina de Subtracao"
  se (OPERACAO = "*") entao
    escreva "Rotina de Multiplicacao"
  se (OPERACAO = "/") entao
    escreva "Rotina de Divisao"
  ENTRADA()
  se (OPERACAO = "/") entao
    se (B = 0) entao
      inicio
        escreva " "
        escreva "O resultado da operacao equivale a: ERRO."
        escreva " "
      fim
    senao
      inicio
        R <- CALCULO(A, B, "/")
        SAIDA()
      fim
  se nao (OPERACAO = "/") entao
    inicio
      R <- CALCULO(A, B, OPERACAO)
```

```
      SAIDA()
    fim
fim_sub_rotina ROTCALC
```

Codificação do programa calculadora no processador de algoritmo Portugol Studio

```
programa // CALCULADORA_V4
{

  real R = 0.0, A, B
  inteiro OPCAO

  // Trecho de sub-rotinas de entrada e saída

  funcao ENTRADA()
  {
    escreva("\n")
    escreva("Entre o 1o. valor: ")
    leia(A)
    escreva("Entre o 2o. valor: ")
    leia(B)
  }

  funcao SAIDA()
  {
    escreva("\n")
    escreva("O resultado da operação equivale a: ", R, ".\n")
    escreva("\n")
  }

  // Trecho com função para o cálculo das operações

  funcao real CALCULO(real X, real Y, caracter OPERADOR)
  {
    escolha (OPERADOR)
    {
      caso '+':
        retorne X + Y
      pare
      caso '-':
        retorne X - Y
      pare
      caso '*':
        retorne X * Y
      pare
      caso '/':
        retorne X / Y
      pare
    }
  }

  // Trecho com sub-rotina geral

  funcao ROTCALC(caracter OPERACAO)
```

```
{
  escolha (OPERACAO)
  {
    caso '+':
      escreva("Rotina de Adição\n")
    pare
    caso '-':
      escreva("Rotina de Subtração\n")
    pare
    caso '*':
      escreva("Rotina de Multiplicação\n")
    pare
    caso '/':
      escreva("Rotina de Divisão\n")
    pare
  }
  ENTRADA()
  se (OPERACAO == '/')
  {
    se (B == 0)
    {
      escreva("\n")
      escreva("O resultado da operação equivale a: ERRO.\n")
      escreva("\n")
    }
    senao
    {
      R = CALCULO(A, B, '/')
      SAIDA()
    }
  }
  se (nao (OPERACAO == '/'))
  {
    R = CALCULO(A, B, OPERACAO)
    SAIDA()
  }
}

// Trecho principal do programa

funcao inicio()
{

  OPCAO = 0
  enquanto (OPCAO != 5)
  {
    escreva("1 - Adição\n")
    escreva("2 - Subtração\n")
    escreva("3 - Multiplicação\n")
    escreva("4 - Divisão\n")
    escreva("5 - Fim de Programa\n")
    escreva("Escolha uma opção: ")
    leia(OPCAO)
    escolha (OPCAO)
    {
      caso 1:
        ROTCALC('+')
```

```
        pare
        caso 2:
          ROTCALC('-')
        pare
        caso 3:
          ROTCALC('*')
        pare
        caso 4:
          ROTCALC('/')
        pare
         caso contrario:
          escreva("Opção inválida - Tente novamente.\n")
      }
    }
  }
}
```

Codificação do programa calculadora no processador de algoritmo VisuaAlg

```
algoritmo "CALCULADORA_V4"

var
  R, A, B : real
  OPCAO : inteiro
  OPERADOR : caracter

inicio

// Trecho de sub-rotinas de entrada e saída

  procedimento ENTRADA()
  inicio
    escreval("")
    escreva("Entre o 1o. valor: ")
    leia(A)
    escreva("Entre o 2o. valor: ")
    leia(B)
  fimprocedimento

  procedimento SAIDA()
  inicio
    escreval("")
    escreval("O resultado da operação equivale a: ", R, ".")
    escreval("")
  fimprocedimento

  // Trecho com função para o cálculo das operações

  funcao CALCULO(X, Y : real; OPERADOR : caracter) : real
  inicio
    escolha (OPERADOR)
      caso "+"
        retorne X + Y
      caso "-"
        retorne X - Y
      caso "*"
```

```
      retorne X * Y
    caso "/"
      retorne X / Y
  fimescolha
fimfuncao

// Trecho com sub-rotina geral

procedimento ROTCALC(OPERACAO : caracter)
inicio
  escolha (OPERACAO)
    caso "+"
       escreva("Rotina de Adição")
    caso "-"
       escreva("Rotina de Subtração")
    caso "*"
       escreva("Rotina de Multiplicação")
    caso "/"
       escreva("Rotina de Divisão")
  fimescolha
  ENTRADA()
  se (OPERACAO = "/") entao
    se (B = 0) entao
      escreval("")
      escreval("O resultado da operação equivale a: ERRO.")
      escreval("")
    senao
      R <- CALCULO(A, B, "/")
      SAIDA()
    fimse
  fimse
  se nao (OPERACAO = "/") entao
    R <- CALCULO(A, B, OPERACAO)
    SAIDA()
  fimse
fimprocedimento

// Trecho principal do programa

OPCAO <- 0
enquanto (OPCAO <> 5) faca
  escreval("1 - Adição")
  escreval("2 - Subtração")
  escreval("3 - Multiplicação")
  escreval("4 - Divisão")
  escreval("5 - Fim de Programa")
  escreva("Escolha uma opção: ")
  leia(OPCAO)
  escolha (OPCAO)
    caso 1
       ROTCALC("+")
    caso 2
       ROTCALC("-")
    caso 3
       ROTCALC("*")
    caso 4
       ROTCALC("/")
```

```
      outrocaso
        escreval("Opção inválida - Tente novamente.”)
    fimescolha
  fimenquanto

fimalgoritmo
```

No repositório indicado, você encontrará este mesmo exemplo de código escrito em um grande conjunto de linguagens de programação. Assim, poderá fazer um paralelo entre o que foi exposto neste trabalho e neste apêndice com os códigos das linguagens disponibilizadas.

ANOTAÇÕES

BIBLIOGRAFIA

ABE, J. M.; SCALZITTI, A.; SILVA FILHO, J. I. **Introdução à lógica para ciência da computação**. São Paulo: Arte e Ciência, 2001.

ABELLO, A. M. F. **Biblioteca básica de informática**: introdução ao Pascal. Rio de Janeiro: Século Futuro, 1986. v. 8.

ALCALDE, G.; GARCIA, M.; PENUELAS, S. **Informática básica**. São Paulo: Makron Books, 1991.

ALVAREZ, B.; ESMERALDA, M. **Manual de organização, sistemas e métodos**. 3. ed. São Paulo: Atlas, 2006.

AMBLER, S. W. **Object Primer**. United Kingdom: SIGS Books, 1995.

AMBLER, S. W. **The Object Primer:** agile model-driver development with UML 2.0. 3. ed. United Kingdom: Cambridge University Press, 2004.

ANSI-X3.5. **Standard flowchart symbols and their use in information processing**. New York: American National Standards Institute, Inc., 1970.

AZEREDO, P. A. **Métodos de classificação de dados e análise de suas complexidades**. Rio de Janeiro: Campus, 1996.

BACKUS, J. W.; BAUER, F. L.; GREEN, J.; KATZ, C.; MCCARTHY, J.; PERLIS, A. J.; RUTISHAUSER, H.; SAMELSON, K.; VAUQUOIS, B.; WEGSTEIN, J. H. Report on the algorithmic language Algol 60. **Acta Polytechnica Scandinavica**, AP 284, n. 5, p. 1-39, 1960.

BATISTA, L. **Elementos de programação**. São Paulo: Blücher, 1983.

BERG, A. C.; FIGUEIRÓ, J. P. **Lógica de programação.** 2. ed. Rio Grande do Sul: ULBRA, 2002.

BERLINSKI, D. **O advento do algoritmo:** a ideia que governa o mundo. São Paulo: Globo, 2002.

BEZERRA, E. **Princípios de análise e projeto de sistemas com UML**. Rio de Janeiro: Campus, 2002.

BOHM, C.; JACOPINI, G. Flow diagrams, Turing machines, and languages with only two formation rules. **Communications of the ACM**, v. 9, n. 5, p. 336-371, May 1966.

BORGES, H. R. **Citação**. São Paulo, 2017. Disponível em: http://everconsultoria.com.br/tudoaver/eversatil/citacao/ounicolugarondesucessovemantesdetrabalhoendicionario/. Acesso em: 23 jan. 2019.

BOUTE, R. T. The Euclidean definition of the functions div and mod. **ACM Transactions on Programming Languages and Systems (TOPLAS)**, v. 14, p. 127-144, 2 Apr. 1992.

BUENO, A. D. **Programação orientada a objetos em C++** (Apostila). Universidade Federal de Santa Catarina, Laboratório de Meios Porosos e Propriedades Termofísicas e Núcleo de Pesquisa em Construção, 12 dez. 2002. Disponível em: www.lmpt.ufsc.br/~andre/. Acesso em: 3 jun. 2003.

CAINE, S. H.; GORDON, E. K. PDL: a tool for software design. *In*: PROCEEDINGS OF THE I975 NATIONAL COMPUTING CONFERENCE, Anaheim, CA. Montvale, NJ: AFIPS Press, p. 271-276, 1975.

CAJORI, F. **A history of mathematical notations**: notations in elementary mathematics. London: The Open Court Company, 1928.

CARDELLI, L.; WEGNER, P. On understanding types, data abstraction, and polymorphism. **Computing Surveys**, v. 17, n. 4, p. 471-522, Dec. 1985.

CCN. **Informática**. Paris: CCM Benchmark Group, 2017. Disponível em: https://br.ccm.net/contents/252-informatica. Acesso em: 15 jul. 2017.

CHAN, M. C.; GRIFFITH, S. W.; IASI, A. I. **Java 1001 dicas de programação**. São Paulo: Makron Books, 1999.

CHAPIN, N. A new format for flowcharts. **Software Practice and Experience**. v. 4, n. 4, p. 341-357, Oct. 1974.

CONCEITO DE COMPUTAÇÃO, Conceito de, 2012. Disponível em: https://conceito.de/computacao. Acesso em: 9 abr. 2023.

CORMEN, T. H.; LEISERSON, C. E.; RIVEST, R. L.; STEIN, C. **Algoritmos:** teoria e prática. Rio de Janeiro: Elsevier, 2002.

CRUYSBERGHS, S. History of OPP. **SCIP.be,** 2002. Disponível em: www.scip.be/index.php?Page=ArticlesProgram01&Lang=EN. Acesso em: 13 maio 2015.

DAHL, O. J.; DIJKSTRA, E. W.; HOARE, C. A. R. **Structured Programming**. London: Academic Press, 1972.

DIJKSTRA, E. On the teaching of programming, i.e. on the teaching of thinking. *In*: **Selected writings on computing**: a personal perspective. New York: Springer, 1982.

DIN-66001. **Informationsverarbeitung Sinnbilder für Datenfluss und Programmablaufpläne**. Berlin: Deutsches Institut für Normung, 1966.

EINSTEIN, A. A mente que se abre a uma nova ideia, jamais volta ao seu tamanho original. 2014. Disponível em: http://www.desistirnunca.com.br/a-mente-que-se-abre-a-uma-nova-ideia-albert-einstein/. Acesso em: 23 jan. 2019.

FARRER, H. **Algoritmos estruturados**. 3. ed. Rio de Janeiro: Livros Técnicos e Científicos, 1999.

FEOFILOFF, P. Recursão e algoritmos recursivos. São Paulo: USP, 2016. Disponível em: www.ime.usp.br/~pf/algoritmos/aulas/recu.html. Acesso em: 20 nov. 2016.

FERREIRA, A. B. de H. **Dicionário Aurélio da língua portuguesa**. 5. ed. Curitiba: Positivo, 2010.

FORBELLONE, A. L. V.; EBERSPACHER, H. F. **Lógica de programação:** a construção de algoritmos e estruturas de dados. 3. ed. São Paulo: Prentice Hall Brasil, 2005.

FURGERI, S. **Java 2 ensino didático:** desenvolvendo e implementando aplicações. 2. ed. São Paulo: Érica, 2003.

GIECK, K. **Manual de fórmulas técnicas**. 29. ed. Curitiba: Hemus, 2001.

GIL, A. L. **Sistemas de informações contábil / financeiros**. São Paulo: Atlas, 1992.

GOLDSTEIN, H. H.; VON NEUMANN, J. Planning and coding problems of an electronic computing instrument. *In*: TAUB, A. H.; VON NEUMANN, J. (ed.). **Collected works**. New York: McMillan, 1947. p. 80-151.

GOSLING, J.; JOY, B.; STEELE, G.; BRACHA, G. **Java language specification**. 3. ed. Reading: Addison-Wesley, 2005.

GUERREIRO, P. J. V. D. **Programação com classes em C++**. Lisboa: FCA, 2000.

GUIMARÃES, A. M.; LAGES, N. A. C. **Algoritmos e estruturas de dados**. 18. ed. Rio de Janeiro: Livros Técnicos e Científicos, 1994.

HOSTETTER, C. Survey of object oriented programming languages. Berkeley: University of California, 23 May 1998. Disponível em: www.rescomp.berkeley.edu/~hossman/cs263/paper.html. Acesso em: 2 jun. 2003.

HOUAISS, A. **Dicionário eletrônico Houaiss da língua portuguesa**. 2. ed. [S.l.]: Objetiva, 2007. 1 CD-ROM.

IBM. **Data processing techniques:** flowcharting techniques. New York: International Business Machines Corporation, 1969.

INTERNATIONAL ORGANIZATION FOR STANDARDIZATION. **ISO 5807:1985. Information processing – Documentation symbols and conventions for data, program and system flowcharts, program network charts and system resources charts.** Geneva: ISO, 1985. Disponível em: https://www.iso.org/standard/11955.html. Acesso em: 27 jan. 2025.

IVERSON, K. E. **A programming language**. New York: Wiley, 1962.

JACKSON, M. A. **Principles of program design**. Cambridge: Academic Press, 1975.

JANSA, K.; KLAMBER, L. **Programando em C/C++:** a bíblia - o melhor guia para programação em C/C++. São Paulo: Makron Books, 1999.

JANSA, K. **Sucesso com C++**. São Paulo: Érica, 1995.

KINNERSLEY, B. **The Language List**. Disponível em: http://www.info.univ-angers.fr/~gh/hilapr/langlist/langlist.htm. Acesso em: 23 jan. 2019.

KNUTH, D. E. **The art of computer programming:** fundamental algorithms. Reading: Addison-Wesley, 1972. v. 1.

KOTANI, A. M.; SOUZA, R. L.; UCCI, W. **Lógica de programação:** os primeiros passos. 5. ed. São Paulo: Érica, 1991.

LEIJEN, D. Division and modulus for computer scientists. dec. 2001. Disponível em: http://research.microsoft.com/en-us/um/people/daan/download/papers/divmodnote.pdf. Acesso em: 27 fev. 2011.

LEITE, M.; RAHAL JR., N. A. S. Programação orientada ao objeto: uma abordagem didática. 2008. Disponível em: www.ccuec.unicamp.br/revista/infotec/artigos/leite_rahal.html. Acesso em: 24 nov. 2008.

LIPSCHUTZ, S.; LIPSON, M. **Matemática discreta**. 3. ed. Porto Alegre: Bookman, 2013.

MACHADO, F. B.; MAIA, L. P. **Arquitetura de sistemas operacionais**. 3. ed. Rio de Janeiro: Livros Técnicos e Científicos, 2002.

MALVINO, A. P. **Microcomputadores e microprocessadores**, São Paulo: McGraw-Hill do Brasil, 1985.

MANZANO, J. A. N. G. **Lógica estruturada para programação de computadores**. São Paulo: Érica, 2002.

MANZANO, J. A. N. G. Proposta sintáctica: linguagem projecto de programação. **Programar**, n. 14, p. 16-18, maio 2008. Disponível em: www.revista-programar.info/front/edition/14. Acesso em: 19 out. 2020.

MANZANO, J. A. N. G. Revisão e discussão da Norma ISO 5807 - 1985 (E): proposta para padronização formal da representação gráfica da linha de raciocínio lógico utilizada no desenvolvimento da programação de computadores a ser definida no Brasil. **Thesis Revista Eletrônica**, v. 1, n. 1, p. 1-31, set. 2004. Disponível em: http://www.cantareira.br/thesis2/ed_1/1_navarro.pdf. Acesso em: 19 out. 2020.

MARTIN, J.; CARMA, M. **Técnicas estruturadas e case**. São Paulo: Makron Book, 1991.

MENESES, P. B. **Matemática discreta para computação e informática**. 4. ed. Porto Alegre: Bookman, 2013.

NASSI, I.; SHNEIDERMAN, B. Flowchart techniques for structured programing. **ACM SIGPLAN Notices**, v. 8, n. 8, p. 12-26, Aug. 1973.

NORTON, P. **Introdução à informática**. São Paulo: Makron Books, 1996.

NORVIG, P. Aprenda a programar em dez anos. **Blog Pih is All**, 15 mar. 2007. Disponível em: http://pihisall.wordpress.com/2007/03/15/aprenda-a-programar-em-dez-anos. Acesso em: 19 jul. 2008.

ODIFREDDI, P.; COOPER, S. B. Recursive functions. **Stanford Encyclopedia of Philosophy**, 2012. Disponível em: https://plato.stanford.edu/entries/recursive-functions/. Acesso em: 5 jul. 2019.

ORTH, A. I. **Algoritmos**. Porto Alegre: Pallotti, 1985.

PIAZZI, P. **Ensinando inteligência:** manual de instruções do cérebro de seu aluno. São Paulo: Goya, 2014.

PINTO, W. S. **Introdução ao desenvolvimento de algoritmos e estrutura de dados**. São Paulo: Érica, 1990.

PRESSMAN, R. S. **Engenharia de software**. São Paulo: Makron Books, 1995.

PRIDDY, J. Programmers Assemble!. 2019. Disponível em: https://medium.com/@BatmanPriddy/kathleen-booth-7bb303fb15be. Acesso em: 8 dez. 2021.

ROVEDA, U. **Ciência da computação**: o que é, grade curricular e como aprender. Curitiba: Kenzie, 2023. Disponível em: https://kenzie.com.br/blog/ciencia-computacao/. Acesso em: 9 abr. 2023.

ROMÁN, L. L. **Metodología de la programación orientada a objetos**. México: Alfaomega, 2008.

SALIBA, W. L. C. **Técnicas de programação:** uma abordagem estruturada. São Paulo: Makron Books, 1993.

SANTOS, J. P. de O. **Introdução à teoria dos números**. Brasília: CNPq, 1998.

SEBESTA, R. W. **Conceitos de linguagens de programação**. 5. ed. Porto Alegre: Bookman, 2003.

SEBESTA, R. W. **Conceitos de linguagens de programação**. 9. ed. Porto Alegre: Bookman, 2010.

SILVA FILHO, A. M. Introdução à programação orientada a objetos. **Espaço Acadêmico**, v. 35, abr. 2004. Disponível em: www.espacoacademico.com.br/035/35amsf.htm. Acesso em: 24 nov. 2008.

SIMCSIK, T. O. **Organização, métodos, informação, sistemas**. São Paulo: Makron Books, 1992.

SINGH, S. **O livro dos códigos**: a ciência do sigilo, do antigo Egito à criptografia quântica. São Paulo: Record, 2011.

SOLECKI, A. Teoria combinatória: diagramas de Venn. Disponível em: http://www.andsol.org/portugues/mat/index.html. Acesso em: 23 jan. 2019.

STRACHEY, C. **Fundamental concepts in programming languages**: lecture notes. Copenhagen: International Summer School in Computer Programming, 1967.

SZWARCFITER, J. L.; MARKENZON, L. **Estruturas de dados e seus algoritmos**. 2. ed. Rio de Janeiro: Livros Técnicos e Científicos, 1994.

TENÓRIO, R. **Computadores de papel:** máquinas abstratas para o ensino concreto. 2. ed. São Paulo: Cortez, 2001.

TERADA, R. **Desenvolvimento de algoritmos e estruturas de dados**. São Paulo: Makron Books, 1991.

THAKUR, D. Programming practices with top-down, bottom-up, structured programming, and information hiding. **Computer Notes**. Disponível em: http://ecomputernotes.com/software-engineering/programmingpractices. Acesso em: 19 jan. 2017.

THOMPSON, G. L. **Programming loops in computer code**. Suite101, 11 abr. 2006. Disponível em: http://computerprogramming.suite101.com/article.cfm/loops. Acesso em: 16 jul. 2008.

VELOSO, P. *et al.* **Estruturas de dados**. Rio de Janeiro: Campus, 1996.

VENANCIO, C. F. **Desenvolvimento de algoritmos:** uma nova abordagem. São Paulo: Érica, 1998.

VERZELLO, R. J. **Processamento de dados**. São Paulo: McGraw-Hill, 1984.

WEBER, R. F. **Fundamentos de arquitetura de computadores**, 3. ed. Porto Alegre: Sagra Luzzato, 2004.

WIRTH, N. **Algoritmos e estruturas de dados**. Rio de Janeiro: Prentice-Hall Brasil, 1989.

WIRTH, N. **Program development by stepwise refinement**. CACM, v. 14, n. 4, p. 12-26, 1971.

2025 1 2 3 4 5 6 7 8 9 10